W0345291

Der siebte Sinn des Menschen

Rupert Sheldrake

Der siebte Sinn des Menschen

Gedankenübertragung, Vorahnungen und andere unerklärliche Fähigkeiten

Übersetzt aus dem Englischen
von Michael Schmidt

Scherz

Zum Gedenken an
Henry Sidgwick, Frederic Myers, Edmund Gurney,
Eleanor Sidgwick, John Dunne, Joseph und Louisa Rhine
und andere Pioniere bei der Erforschung
unerklärter menschlicher Fähigkeiten

www.scherzverlag.de

Die Originalausgabe erschien 2003 unter dem Titel
«The Sense Of Being Stared At And Other Aspects Of The Extended Mind»
bei Crown Publishers, New York

1. Auflage 2003
Copyright © 2003 by Rupert Sheldrake
Alle deutschsprachigen Rechte beim Scherz Verlag, Bern
Alle Rechte der Verbreitung, auch durch Funk, Fernsehen,
fotomechanische Wiedergabe, Tonträger jeder Art und
auszugsweisen Nachdruck, sind vorbehalten.

Inhalt

Vorwort

Unser Wissen über die Natur des Menschen und der Tiere ist doch sehr begrenzt. Dieses Buch geht von der Überzeugung aus, dass wir mit einem neuen Wissen reich belohnt werden, wenn wir nur unseren Geist öffnen und uns bemühen, diese Natur zu verstehen. Wir sind von einer Fülle unbeachteter Hinweise umgeben. Seit Generationen behindern in der Philosophie des 17. und 18. Jahrhunderts verwurzelte Vorurteile die Forschung. Folglich gibt es noch viel hinsichtlich der biologischen Natur von Mensch und Tier zu entdecken. In meinen Büchern *Sieben Experimente, die die Welt verändern könnten* (1994) und *Der siebte Sinn der Tiere* (1999) habe ich gezeigt, dass relativ einfache Experimente in dieser neuen Phase der wissenschaftlichen Erforschung sehr viele Ergebnisse liefern können.

In diesem Buch nun lege ich dar, dass unerklärte menschliche Fähigkeiten wie Telepathie, das Gefühl, angestarrt zu werden, sowie Vorahnungen keineswegs paranormal, sondern normal sind, Teil unserer biologischen Natur. In *Der siebte Sinn der Tiere* habe ich nachgewiesen, dass diese unerklärten Kräfte im Tierreich weit verbreitet sind – demonstriert von einigen Tieren, die wir bestens kennen, wie Hunde, Katzen, Pferde und Papageien. Wir selbst sind im Allgemeinen zwar weniger sensibel, haben aber diese Fähigkeiten mit vielen anderen Arten gemein. Zum Teil haben wir diese Aspekte unseres evolutionären Erbes verloren oder vernachlässigt.

Wenn wir diese Fähigkeiten untersuchen, statt sie abzutun, werden wir die Natur unseres Geistes und die unsichtbaren Verbindungen zwischen uns Menschen und der Welt um uns herum besser verstehen. In diesem Buch konzentriere ich mich zwar auf unerklärte menschliche Fähigkeiten, baue dabei aber auf den in *Der siebte Sinn der Tiere* vorgelegten Untersuchungen tierischer Kräfte auf.

Das vorliegende Buch unterscheidet sich von anderen Darstellungen unerklärter menschlicher Fähigkeiten in vielerlei Hinsicht. Erstens geht es von der Biologie und vom tierischen Verhalten aus und behandelt Telepathie und andere unerklärte Fähigkeiten als Aspekte unserer biologischen, tierischen Natur.

Zweitens stellen manche Bücher entweder Sammlungen von Geschichten dar oder sie sind streng experimentell und schließen alles aus, was nicht im Labor getestet worden ist. Ich glaube hingegen an eine Kombination beider Methoden. Dieses Buch geht von der Naturgeschichte persönlicher Erlebnisse aus, bezieht aber, wo immer dies möglich ist, Experimente ein, die das, was geschieht, erhellen können.

Drittens zeige ich, dass sich unerklärte menschliche Kräfte ganz einfach wissenschaftlich erforschen lassen, und in Anhang A verweise ich auf Möglichkeiten, wie sich die Leser selbst an dieser Forschung beteiligen können.

Viertens sind die Phänomene, die ich hier vorstelle, zwar gegenwärtig unerklärt, aber ich glaube nicht, dass sie an sich unerklärlich sind. In diesem Buch gehe ich stets davon aus, dass die Erforschung dieser Fähigkeiten zu einem neuen Verständnis der Natur des menschlichen und tierischen Geistes führen kann. Statt die Meinung zu vertreten, der Geist wäre auf das Gehirn beschränkt, lege ich dar, dass er auch ausgedehnte Einflussfelder umfasst, die weit über Gehirn und Körper hinausreichen.

In diesem Buch sind Forschungen zusammengefasst, mit denen ich mich seit über fünfzehn Jahren befasse und bei denen mir viele Menschen geholfen haben.

Über 5000 Leser haben mir geschrieben und zu meinen Datenbanken Fallgeschichten beigesteuert, die auf ihren eigenen Erlebnissen mit Tieren und auf ihren Beobachtungen von Tieren basieren. Hunderte von Menschen – Tiertrainer, Bauern, Tierärzte, Naturforscher, Jäger, Tierfotografen, Haustierhalter, Überwachungsbeamte, Soldaten, Detektive, Lehrer und Kampfsportler – haben sich an diesen Forschungen beteiligt, indem sie sich von mir oder meinen Mitarbeitern befragen ließen. Über 2000 Menschen haben meine auf dem Zufallsprinzip basierenden Haushaltsumfragen beantwortet, und weitere 2000 haben mir bei meinen Forschungen geholfen, indem sie Fragebögen über ihre Erlebnisse ausgefüllt haben. Darüber hinaus haben mehr als 20 000 Personen an experimentellen Tests teilgenommen. Ich danke all diesen Menschen für ihre Hilfe. Einige von ihnen werde ich in diesem Buch namentlich zitieren.

Meine Forschungskollegen und ich haben viele Experimente persönlich veranstaltet. Viele andere sind von dutzenden unabhängiger Forscher, vorwiegend an Schulen und Hochschulen, durchgeführt worden. Außerdem haben über fünfzig Studenten Forschungsprojekte absolviert, die auf formalen Experimenten basierten, wie ich sie in meinen Büchern und auf meiner Webseite vorgeschlagen habe. Ich danke allen, die mir freundlicherweise Berichte und Rohdaten ihrer Experimente geschickt haben.

Überaus dankbar bin ich meinen Mitarbeitern, die für mich Umfragen, Interviews und Experimente durchgeführt und alle möglichen Informationen gesammelt haben. Pam Smart in Lancashire war und ist in erster Linie dafür zuständig, meine Computerdatenbanken auf dem Laufenden zu halten, die vielen E-Mails zu beantworten, die ich aufgrund meiner Webseite erhalte, und hunderte von Experimenten über Telefontelepathie zu koordinieren. Jane Turney und Katy Barber haben mir in London geholfen, ebenso meine Sekretärin Cathy Lawlor. Susanne Seiler hat für mich in Zürich, David Jay Brown in Kalifornien, Helen Robinette in New York, Nina Nikolajewa in Moskau und Socrates Seferiades in Athen gearbeitet. Ihnen allen danke ich von Herzen.

Jan van Bolhuis, Assistenzprofessor für Statistik an der Freien Universität Amsterdam, hat mich im Hinblick auf statistische Methodologien beraten und zahlreiche statistische Analysen für mich durchgeführt. Ich bin ihm für seine Geduld, Gründlichkeit und Freundlichkeit sehr verbunden.

Matthew Clapp hat meine Webseite – www.sheldrake.org – 1996 als junger Student an der University of Georgia eingerichtet und war mein Webmaster bis Anfang 2002, als seine beruflichen Pflichten ihn zu sehr in Beschlag nahmen. Die ganze Zeit hat er umsonst für mich gearbeitet, ebenso wie mein deutscher Webmaster Helmut Lasarcyk in Hamburg. Helmut hat auch hunderte von Fallgeschichten und andere Korrespondenz für mich übersetzt. Beiden bin ich sehr dankbar.

Die in diesem Buch dargelegten Forschungen wurden ermöglicht dank der finanziellen Unterstützung durch den verstorbenen Ben Webster aus Toronto, durch Stipendien der Lifebridge Foundation in New York, des Institute of Noetic Sciences in Kalifornien, der Bial Foundation in Portugal, der Fred Foundation in den Niederlanden und durch Zuwendungen von Evelyn Hancock aus Old Greenwich in Connecticut. Für diese großzügige Unterstützung danke ich den genannten Personen und Institutionen.

Im Laufe dieser Forschungen habe ich viele anregende Gespräche geführt und von den Kommentaren, der Kritik und dem Rat vieler Menschen profitiert. Insbesondere verweise ich auf die Beiträge von Ralph Abraham, Hunter Beaumont, John Beloff, Dick Bierman, John Brockman, Christopher Clarke, Larry Dossey, Lindy Dufferin und Ava, Brenda Dunne, Leni Erikson, Sally Rhine Feather, Peter Fenwick, Jan Fjellander, David Fontana, Mathew Fox, Robert Freeman, Alan Gauld, Franz-Theo Gottwald, Anne Harrison, der verstorbenen Renée Haynes, Bert Hellinger, Myles Hildyard, Rupert Hitzig, John Hubbard, Nicholas Humphrey, Francis Huxley, Diana Issidorides, Theodore Itten, Robert Jahn, David Lorimer, Betty Markwick, Katinka Matson, Robert Matthews, Elizabeth Lloyd Mayer, dem verstorbenen Terence McKenna, John Michell, Guido Mino di Sospiro, Aimée Morgana, Robert Morris, Roger Nelson, Charles Overby, John Palmer, Guy Lyon Playfair, Wyllys Poynton, Dean Radin, Anthony Ramsay, John Roche, Miriam Rothschild, Janis Rozé, George Sassoon, Gary Schwartz, Edward St. Aubyn, Marilyn Schlitz, Stephan Schmidt, Giuseppe Sermonti, Ian Stevenson, Harris Stone, James Trifone, Barbara Valocore, Mario Varvoglis, Ian und Victoria Watson, Zofia Weaver und Goetz Wittneben. Darüber hinaus haben meine Frau Jill Purce und unsere Söhne Merlin und Cosmo mir in vielerlei Hinsicht geholfen, nicht zuletzt als erste Teilnehmer beim Ausprobieren neuer Experimente.

Ich danke allen, die die verschiedenen Fassungen dieses Buches kommentiert und mir dazu Vorschläge gemacht haben, insbesondere David Christie-Murray, Ted Dace, Montague Keen, Aimée Morgana, Guy Lyon Playfair, George Sassoon und Pam Smart. Und ich hätte mir keine bessere Lektorin vorstellen können als Kristin Kiser von Crown Publishers in New York.

Dankbar bin ich folgenden Personen und Institutionen für die Erlaubnis zum Abdruck von Illustrationen: Aimée Morgana (Abbildung 1.1), dem Nachlass von E. N. Willmer (Abbildung 10.2), Max Velmans und Routledge Publishers (Abbildung 13.2), Dean Radin (Abbildung 17.1) und Dick Bierman (Abbildung 17.2).

London, Mai 2003

Einführung
Der siebte Sinn und der erweiterte Geist

> «Schon seit langem habe ich das Gefühl, mit meinen beiden Töchtern, die mir sehr nahe stehen, telepathisch verbunden zu sein. Ich denke schon an sie, kurz bevor das Telefon läutet. Das geht mir auch mit meinen Freundinnen so. Ich sage dann immer: ‹Ich hab gerade an dich gedacht›, wenn ich den Hörer abnehme und eine von ihnen ist dran.» (Janet Ward)

Leto Seferiades schlief mit ihrer kleinen Tochter in einem Zimmer.

> «Plötzlich bin ich aufgewacht, war ganz wach und voller gespannter Aufmerksamkeit. Ich konnte sehen, wie meine sechs Monate alte Tochter friedlich in ihrem Bettchen unterm Fenster schlief. Dann meinte ich eine innere Stimme zu hören, die mir befahl nachzuschauen, ob auch wirklich alles mit ihr in Ordnung war. Als ich ihr Bettchen erreichte, drängte mich die Stimme, ja, es war wie ein Befehl, ihr Bettchen sofort vom Fenster wegzurücken. Ich packte das Bettchen und zog es ein Stück zurück ins Zimmer, kurz bevor der ganze schwere hölzerne Vorhangkasten samt den Schienen zerbrach und genau auf die Stelle fiel, wo das Bettchen gestanden hatte!»

William Carter führte 1951 eine Gurkhapatrouille bei einem Antiterroreinsatz auf der Malaiischen Halbinsel, als sie auf ein Lager stießen, das offensichtlich gerade verlassen worden war. «Während wir noch die herumliegenden Sachen untersuchten, hatte ich das unheimliche Gefühl, dass jemand mich beobachtete. Es war dieses Gefühl von Gefahr. Ich hatte die Empfindung, als ob mich etwas fast im Nacken packen würde. Ich fuhr herum, und da, keine zwanzig Meter entfernt, starrte mich ein Kerl in Uniform mit einem roten Stern an seiner Kappe unverwandt an. Er hob gerade das Gewehr, und ich wusste, dass einer von uns gleich getötet würde. Ich erschoss ihn, bevor er mich erschießen konnte, also bin ich am Leben geblieben, um diese Geschichte zu erzählen.» Er sagt, er zweifle nicht an der Existenz eines Gefühls, angestarrt zu werden. «Ohne es würde ich heute nicht mehr leben.»[1]

Für Telepathie, Vorahnungen und das Gefühl, angestarrt zu werden, gibt es derzeit keinerlei wissenschaftliche Erklärung. Ihre Existenz ist sogar umstritten. Es scheint sie zu geben, aber wenn alle möglichen Arten von Kräften, Feldern und Informationstransfers der Wissenschaft bereits bekannt sind, dürften sie eigentlich nicht existieren. Ist unser wissenschaftliches Verständnis fundamentaler Prinzipien bereits mehr oder weniger abgeschlossen? Sind alle großen Fragen längst beantwortet? Manche Wissenschaftler glauben das jedenfalls.[2]

Falls diese Phänomene andererseits tatsächlich vorkommen, beweist dies, dass die Wissenschaft derzeit noch nicht abgeschlossen ist. Wenn sie in der wissenschaftlichen Gemeinschaft ernst genommen werden, wird dies revolutionäre Auswirkungen haben. Sie werden unsere Vorstellungen über Geist und Gehirn, über tierische und menschliche Natur und über Raum und Zeit erweitern.

In diesem Buch lege ich umfangreiches Beweismaterial vor und fasse die neuere Forschung zusammen, die nachweist, dass Telepathie, das Gefühl, angestarrt zu werden, und Vorahnungen sowohl bei Tieren wie Hunden und Katzen als auch bei Menschen vorkommen. Sie sind eben nicht «paranormal» oder «übernatürlich», sondern normal und natürlich, ein Teil unserer biologischen Natur.

Für diese Phänomene gibt es die unterschiedlichsten Bezeichnungen. Manche Menschen nennen sie psychisch, womit sie sagen wollen, dass sie mit der Psyche oder Seele zusammenhängen, oder kurz Psi-Phänomene. Andere bezeichnen sie als Formen außersinnlicher Wahrnehmung, kurz ESP (nach dem englischen *extrasensory perception*), also Formen der Wahrnehmung jenseits der Sinne. Wieder andere nennen sie lieber paranormal, jenseits (griechisch *para*) des Normalen, oder parapsychologisch, also jenseits der Psychologie angesiedelt. Oder man sieht darin Aspekte eines «sechsten Sinns», eines zusätzlichen Sinns neben den fünf vertrauten Sinnen des Sehens, Hörens, Riechens, Schmeckens und Tastens.

Der Umstand, dass so viele verschiedene Begriffe dafür gebraucht werden, ist verwirrend. Und in ihnen allen schwingen unterschiedliche Bedeutungen mit. *Psychisch* impliziert eine Abhängigkeit von der Psyche oder Seele. Damit stehen wir wieder vor einem Problem, denn niemand weiß, wie die Psyche für diese Erlebnisse verantwortlich sein könnte. Damit müsste sie sich ja über das Gehirn hinaus erstrecken. Aber wie?

Der Begriff *außersinnliche Wahrnehmung* formuliert das Problem mit anderen Worten. Er sagt uns zwar, dass sich diese Phänomene nicht mit den bekannten Sinnen erklären lassen, aber er sagt nichts darüber aus, wie sie sich wirklich erklären lassen.

Das Wort *paranormal* wirft die Frage auf, was denn normal ist. Das Gefühl, angestarrt zu werden, und die Telepathie sind insofern normal, als sie häufig vorkommen. Die meisten Menschen haben beides schon erlebt. Aber aus der Sicht der materialistischen Theorie des Geistes, die in der Schulwissenschaft noch immer Geltung hat, erscheinen sie als paranormal. Danach ist der Geist nur ein Aspekt der Hirntätigkeit. Ein auf die Innenseite des Kopfes beschränkter Geist kann nicht für psychische, übersinnliche Phänomene verantwortlich sein, weshalb es sie aus einer materialistischen Sicht eigentlich gar nicht geben dürfte. Was aber geschähe, wenn sich die Wissenschaft eine umfassendere Vorstellung vom Geist machen würde?

Mit ihren Fortschritten verschiebt die Wissenschaft ständig die Grenzen dessen, was als «normal» gilt. Ein Physiker des 18. Jahrhunderts, der nichts von elektromagnetischen Feldern wusste, hätte das Fernsehen und die Mobiltelefone für Wunder gehalten. Dinge über eine größere Entfernung hinweg zu sehen oder die Stimmen weit entfernter Menschen zu hören wäre ihm wie Hexenwerk oder als Wahnvorstellung Geisteskranker erschienen. Inzwischen sind dies dank Fernsehen, Radio und Telefon Alltagserfahrungen.

Ebenso undenkbar wären Wasserstoffbomben für Physiker des 19. Jahrhunderts gewesen. Im Zeitalter von Dampf und Schießpulver hätte das nach apokalyptischer Phantasie geklungen. Laser hätte man damals für mythische Lichtschwerter gehalten. Sie wurden für Physiker des 20. Jahrhunderts erst durch die von Relativitätstheorie und Quantentheorie ermöglichten wissenschaftlichen Revolutionen denkbar.

Diese Erweiterungen der Wissenschaft widersprachen weder dem, was bereits bekannt war, noch entwerteten sie es, sondern bauten darauf auf. Das Erkennen elektromagnetischer Felder ergänzte im 19. Jahrhundert die klassische Newton'sche Physik eher, als dass es sie über Bord warf. Die von der Quanten- und der Relativitätstheorie sowie von der modernen Kosmologie herbeigeführten Revolutionen in der Physik des 20. Jahrhunderts vernichteten nicht die Leistungen der Physiker des 19. Jahrhunderts, sondern trugen etwas zu ihnen bei. In der Biologie erhellte Darwins Evolutionstheorie eher die Klassifikation lebender Organismen durch Linné, den großen Biologen des 18. Jahrhunderts, als dass sie sie in den Schatten stellte.

Wissenschaftshistoriker, allen voran Thomas Kuhn,[3] haben erkannt, dass in irgendeinem Stadium der Geschichte der Wissenschaft Phänomene oder Paradigmen, die nicht in das vorherrschende Modell passen, abgetan, ignoriert oder hinwegerklärt werden. Sie gelten als Anomalien. Doch sie weigern sich zu verschwinden. Zum Ärger der herrschenden Theorien halten sie sich hartnäckig am Leben. Früher oder später muss die Wissenschaft sie einbeziehen.

Ein Beispiel. Meteoriten waren im 18. Jahrhundert Anomalien. Das vollkommene mathematische Universum der Newton'schen Physik sah nicht vor, dass Steine scheinbar zufällig vom Himmel fielen. Wenn Menschen daher behaupteten, sie hätten gesehen, wie solche Dinge geschahen, meinten die Wissenschaftler, dies bestreiten und sie als Illusionen wegerklären oder als Aberglaube abtun zu müssen.

In einem berühmten Fall hörten am 13. September 1768 mehrere Bewohner von Maine in Frankreich ein Geräusch wie ein Donnerschlag, gefolgt von einem Pfeifen, und dann sahen sie, wie etwas auf eine Wiese fiel. Es war ein Stein, der so heiß war, dass man ihn nicht anfassen konnte. Ein einheimischer Priester schickte einen Teil davon zur Identifikation an die Akademie der Wissenschaften in Paris. Der Chemiker Lavoisier zerkleinerte ihn, machte einige Tests und behauptete, er habe den Beweis erbracht, dass der Stein nicht vom Himmel gefallen, sondern ein ganz gewöhnlicher Stein sei, den wahrscheinlich ein Blitzschlag getroffen habe.[4] Vor der Akademie erklärte er: «Es gibt keine Steine im Himmel. Folglich können auch keine Steine vom Himmel fallen.»[5] Heutzutage stellen Meteoriten natürlich kein theoretisches Problem dar, und ihre Existenz ist nicht mehr umstritten.

Der Materialismus als Philosophie entwickelt sich mit den wissenschaftlichen Vorstellungen über die physikalische Wirklichkeit weiter. Die Grenzen des «Normalen» sind nicht fixiert, sondern verschieben sich entsprechend den Veränderungen in den orthodoxen wissenschaftlichen Lehrmeinungen. Im Laufe des 20. Jahrhunderts hat sich der Materialismus durch die Physik «selbst transzendiert», wie der Wissenschaftsphilosoph Karl Popper einmal bemerkt hat.[6] Die Materie ist nicht mehr die grundlegende Wirklichkeit, wie sie es für den Materialismus alten Stils gewesen war. Inzwischen sind Felder und Energie grundlegender als Materie. Die fundamentalen Materieteilchen sind Energieschwingungen in Feldern geworden.

Die Grenzen der wissenschaftlichen «Normalität» verschieben sich erneut mit der sich abzeichnenden Anerkennung der Wirklichkeit von Bewusstsein. Die bislang von den Physikern ignorierten Kräfte des Geistes stellen die neue wissenschaftliche Grenze dar.

Der sechste Sinn und der siebte Sinn

Von allen Begriffen, die zur Beschreibung solcher Phänomene wie Telepathie verwendet werden, scheint mir der «sechste Sinn» besser als irgendein anderer als Ausgangspunkt geeignet zu sein. Er hat eine positivere Bedeutung als «ESP» oder «das Paranormale», impliziert er doch die Existenz eines sensorischen Systems jenseits der bekannten Sinne und ist dennoch ein Sinn. Als solcher ist er in Zeit und Raum verwurzelt – er ist biologisch, nicht übernatürlich. Er reicht über den Körper hinaus, auch wenn wir noch nicht wissen, wie er funktioniert.

Noch besser ist der Begriff «siebter Sinn». Denn der sechste Sinn wird bereits von Biologen besetzt, die über die elektrischen und magnetischen Sinne von Tieren arbeiten. Manche Aalarten beispielsweise erzeugen elektrische Felder um sich herum, durch die sie Objekte in ihrer Umwelt aufspüren, sogar im Dunkeln.[7] Haie und Rochen nehmen mit erstaunlicher Empfindlichkeit die Körperelektrizität einer potenziellen Beute wahr.[8] Verschiedene Arten von Migrationsfischen und -vögeln besitzen einen magnetischen Sinn, eine Art biologischen Kompass, der es ihnen ermöglicht, auf das Magnetfeld der Erde zu reagieren.[9]

Es gibt auch eine Vielzahl anderer Sinne, die man als sechsten Sinn bezeichnen könnte, wie die wärmeempfindlichen Organe von Klapperschlangen und verwandten Arten, mit denen diese Wärme wahrnehmen und ihre Beute durch eine Art von thermographischer Technik aufspüren können.[10] Und dann gibt es da noch den Schwingungssinn von Netze webenden Spinnen, durch den sie wahrnehmen, was in ihren Netzen geschieht, und mit dessen Hilfe sie sogar über eine Art von Schwingungstelegraf miteinander kommunizieren können.[11]

In dem Begriff «siebter Sinn» kommt zum Ausdruck, dass Telepathie, das Gefühl, angestarrt zu werden, und Vorahnungen in eine andere Kategorie gehören als die fünf normalen Sinne ebenso wie die so genannten sechsten Sinne, die auf bekannten physikalischen Prinzipien beruhen.

Das Beweismaterial

Der erste und grundlegendste Beweis für die Existenz des siebten Sinns ist das persönliche Erleben. Und es gibt viele einschlägige Erlebnisse. Die meisten Menschen haben manchmal das Gefühl, von hinten angestarrt zu werden, oder sie haben an jemanden gedacht, der dann anrief. Doch all diese Milliarden persönlicher Erfahrungen mit scheinbar unerklärten Phänomenen werden von der Schulwissenschaft konventionellerweise als «anekdotisch» abgetan.

Was heißt das eigentlich? Das Wort *Anekdote* geht auf das griechische *anékdotos* «nicht veröffentlicht» zurück. Eine Anekdote ist somit eine unveröffentlichte Geschichte.

Gerichte nehmen anekdotische Beweise ernst, und oft werden Menschen aufgrund solcher Beweise verurteilt oder freigesprochen. Manche Forschungsgebiete wie zum Beispiel die Medizin sind entschieden auf Anekdoten angewiesen, aber wenn die Geschichten veröffentlicht werden, hören sie buchstäblich auf, Anekdoten zu sein – dann werden sie zu Fallgeschichten erhoben. Derartige Fallgeschichten bilden die wesentliche Erfahrungsgrundlage, auf der die Forschung weiter aufbauen kann. Zu ignorieren, was Menschen konkret erlebt haben, ist nicht wissenschaftlich, sondern unwissenschaftlich. Die Wissenschaft basiert auf der empirischen Methode, das heißt auf Erfahrung und Beobachtung. Als Ausgangspunkte für die Wissenschaft ist es unwissenschaftlich, sie zu missachten oder auszuschließen.

Isaac Newtons Erkenntnisse über die Gravitation gingen von Beobachtungen solcher Alltagsphänomene wie Äpfeln, die auf die Erde fallen, und dem Entdecken einer Beziehung zwischen dem Mond und den Gezeiten aus. Fast alle Beweise von Charles Darwin für die natürliche Auslese beruhten auf den Leistungen von Pflanzen- und Tierzüchtern, und ausgiebig griff er auf die Erfahrung praktisch tätiger Menschen zurück. Mein Lieblingsbuch von Darwin ist *Abänderung von Tieren und Pflanzen bei der Züchtung*, das 1868 erschien. Es ist voller Informationen, die er von Naturforschern, Entdeckern, Kolonialbeamten, Missionaren und anderen auf der ganzen Welt sammelte, mit denen er korrespondierte. Er studierte Fachpublikationen wie eine Zeitschrift für Geflügelzüchter, *Poultry Chronicle*, und *The Gooseberry Grower's Register*, das praktische Tipps für den Anbau von Stachelbeeren enthielt – er selbst pflanzte 54 Sorten Stachelbeeren an. Er interessierte sich für die Beobachtungen von Katzen- und Kaninchenzüchtern, Pferde- und Hundezüchtern, Imkern, Bauern, Obstbauern, Gärtnern und überhaupt Menschen, die Erfahrungen mit Tieren und Pflanzen hatten. Er trat zwei Londoner Taubenclubs bei, hielt alle Rassen, die er bekommen konnte, und besuchte führende Züchter, um ihre Vögel zu sehen.

Genauso bilden die persönlichen Erlebnisse von Menschen den wesentlichen Ausgangspunkt für die Erforschung der Reichweite und der Kräfte des Geistes. Die Begründer der parapsychologischen Forschung in den achtziger Jahren des 19. Jahrhunderts führten zunächst groß angelegte Umfragen bei Menschen durch, die scheinbar übersinnliche Erlebnisse gehabt hatten. Sie untersuchten dann, ob sich diese Erlebnisse mit konventionellen wissenschaftlichen Begriffen erklären ließen. Sie leisteten Pionierarbeit mit dem Verwenden der Statistik, um zu überprüfen, ob sich die Erlebnisse, die sie studierten, plausibel als reiner Zufall erklären ließen. Sie entwickelten auch Techniken für «Blindexperimente», und die parapsychologische Forschung war eines der ersten Gebiete der wissenschaftlichen Untersuchung, auf dem solche Techniken routinemäßig angewandt wurden.

Aber ungeachtet einer eindrucksvollen Anhäufung von Beweisen ist die parapsychologische Forschung nie von der Schulwissenschaft akzeptiert worden. Sie wurde und wird als Grenzwissenschaft abgetan, aufgrund mächtiger Tabus, mit denen das «Paranormale» belegt ist.

Folglich werden die Phänomene des siebten Sinns an Universitäten und wissenschaftlichen Instituten und Akademien großenteils ignoriert. Trotz der engagierten Arbeit der kleinen Gruppe von Parapsychologen und Erforschern psychischer Phänomene ist dieses Forschungsgebiet noch immer das Aschenputtel der Wissenschaften.

Mich beeindruckt, was diese Forscher bereits entdeckt haben, und ich bewundere ihren Mut, sich auf ein Forschungsgebiet einzulassen, das ihnen so viel Ablehnung und sogar Feindseligkeit eingebracht hat. Und ich schätze die Art und Weise, wie sie mit der Anwendung rigoroser Methoden der experimentellen Forschung Pionierarbeit leisteten.

Ich selbst bin kein Parapsychologe, sondern Biologe. Ich interessiere mich für den siebten Sinn, weil er uns so viel über die Natur von Tier und Mensch zu sagen hat, über die Natur des Geistes, ja über die Natur des Lebens an sich. Ich selbst bediene mich der Methoden der Biologie und nicht der der Parapsychologen und der Erforscher psychischer Erlebnisse, die sich fast ausschließlich auf den Menschen konzentrieren. Für mich ist der siebte Sinn ein Teil unserer biologischen Natur, die wir mit vielen anderen Tierarten gemein haben.

Bei meinen Forschungen wende ich drei einander ergänzende Methoden an. Zunächst einmal habe ich die Naturgeschichte eines ungewöhnlichen Wahrnehmungsvermögens bei Menschen und Tieren untersucht. Ich habe über Rundfunk, Fernsehen, Zeitschriften und Zeitungen in Europa, Australien, Südafrika und Nordamerika um Informationen gebeten und Menschen nach ihren Erlebnissen befragt, ebenso wie nach Beobachtungen an Haus- und Wildtieren, die die Existenz unerklärter Sensibilitäten nahe legen. Meine Kollegen und ich haben auch hunderte von Menschen befragt, die in ihrem Beruf Gelegenheit haben, den siebten Sinn in Aktion zu beobachten, also Soldaten, Kampfpiloten, Kampfsportler, Psychotherapeuten, Sicherheitsbeamte, Privatdetektive, Verbrecher, Fotografen, Jäger, Reiter, Tiertrainer und Haustierhalter.

Auf diese Weise haben wir eine Computerdatenbank mit über 4500 Fallgeschichten eines anscheinend unerklärten Wahrnehmungsvermögens bei Menschen und Tieren angelegt. Diese Fallgeschichten sind in über hundert Kategorien eingeteilt. Wenn die Berichte vieler Menschen unabhängig voneinander auf konsistente und wiederholbare

Muster verweisen, verwandeln sich Anekdoten in Naturgeschichte. Zumindest ist dies eine Naturgeschichte dessen, was Menschen im Hinblick auf ihr eigenes Wahrnehmungsvermögen und das von Tieren glauben.

Zweitens habe ich Umfragen in England, Deutschland, der Schweiz, den USA und Argentinien über verschiedene Arten von unerklärtem Wahrnehmungsvermögen und über die Bedingungen durchgeführt, unter denen sie auftreten. Durch zusätzliche Fragebögen habe ich die Erlebnisse von über 2000 Menschen im Detail erforscht. Meine Kollegen und ich haben auch über 1500 zufällig ausgewählte Haushalte in England und in den USA in Telefoninterviews befragt.

Drittens haben wir im Laufe von über zehn Jahren eine Reihe von Experimenten in Verbindung mit dem Gefühl, angestarrt zu werden, sowie über verschiedene Aspekte der Telepathie bei Menschen und Tieren durchgeführt. Ich werde die Ergebnisse in den folgenden Kapiteln zusammenfassen und über die technischen Details in Anhang B referieren.

Warum dieses Thema so umstritten ist

Die in diesem Buch beschriebene Forschung ist an sich harmlos und befasst sich mit Gegenständen, die viele Menschen interessant finden. Und doch kann sie überraschend intensive Gefühle provozieren. Manche Menschen werden zornig oder sind voller Verachtung, wenn jemand diese Phänomene ernst nimmt.[12] Warum?

Manche finden parapsychologische Phänomene völlig uninteressant, und das ist ihr gutes Recht. Die meisten Menschen interessieren sich nicht für das wissenschaftliche Studium des Verhaltens von Tintenfischen oder für Forschungen zur Genetik von Moosen. Aber niemand reagiert feindselig auf die Tintenfisch- oder Moosforschung.

Ist es schlicht eine Feindseligkeit gegenüber neuen Ideen? Das ist vielleicht zum Teil eine Erklärung. Aber manche Gebiete der heutigen wissenschaftlichen Spekulation erscheinen weitaus radikaler und erregen doch wenig oder keinen Widerspruch. Manche Physiker beispielsweise postulieren, es gebe zahllose Paralleluniversen neben unserem eigenen Universum.[13] Nur wenige Menschen nehmen diese Ideen ernst, aber niemand wird deswegen gleich zornig. Selbst Spekulationen über Zeitreisen durch «Wurmlöcher» im Raum-Zeit-Kontinuum gelten als legitimes Forschungsgebiet in der akademischen Physik und nicht so sehr als Zweig der Sciencefiction.[14]

Könnte es sein, dass Erforscher parapsychologischer Phänomene besonders zwielichtig sind oder dass dieses Gebiet ein Hort von Lug und Trug ist? Es gibt detailliert belegte Fälle von Betrug in den meisten Wissenschaftszweigen und der Medizin,[15] etwa in der Paläontologie (zum Beispiel das gefälschte «missing link»-Fossil des Piltdown Man), ja sogar in der Botanik.[16] Es gibt auch zwei ausführlich publizistisch behandelte Fälle von Betrug in der parapsychologischen Forschung, die von Kollegen entlarvt wurden.[17] Aber niemand würde jede medizinische oder botanische Forschung ablehnen, nur weil ein paar Menschen in diesen Disziplinen Betrüger waren. Und die parapsychologische Forschung oder die Forschung auf irgendeinem anderen Gebiet kann nicht gänzlich abgelehnt werden, nur weil es unehrliche Forscher gegeben hat und gibt.

Ja, vielleicht ist die Parapsychologie weniger anfällig für Betrügereien als die meisten anderen Wissenschaftszweige, weil gerade sie so skeptisch beäugt wird.[18] In einer scharfsinnigen Studie über Betrug und Täuschung in der Wissenschaft gelangten William Broad und Nicholas Wade zu der Schlussfolgerung, dass am ehesten auf den erfolgreichen, unumstrittenen Forschungsgebieten wie der Immunologie betrogen werde: «Das Akzeptieren von Betrug ist die eine, der Widerstand gegenüber Ideen die andere Seite der bekannten Medaille. Betrügerische Ergebnisse werden in der Wissenschaft eher akzeptiert, wenn sie plausibel dargestellt werden, wenn sie zu bestehenden Vorurteilen oder Erwartungen passen und wenn sie von einem entsprechend qualifizierten Wissenschaftler vorgebracht werden, der einer Eliteeinrichtung angehört. Radikal neue Ideen in der Wissenschaft werden gern abgelehnt, wenn ihnen genau all diese Eigenschaften fehlen.»

So bleibt nur die Erklärung, dass die Existenz parapsychologischer Phänomene mächtige Tabus verletzt. Diese Phänomene bedrohen tief sitzende Glaubensvorstellungen, besonders die, der Geist sei nichts weiter als die Hirntätigkeit. Menschen, die Wissenschaft und Vernunft mit der materialistischen Philosophie gleichsetzen, machen sie Angst.

Sie scheinen die Vernunft an sich zu bedrohen – wenn man sie sich nicht vom Leibe hält, werden die Wissenschaft und sogar die moderne Zivilisation anscheinend von einer Flutwelle des Aberglaubens und der Leichtgläubigkeit gefährdet. Daher müssen sie rundweg geleugnet oder als unwissenschaftlich und irrational abgetan werden.

Außerdem scheinen sich manche Gegner des «Paranormalen» vor Invasionen ihrer Privatsphäre entschieden zu fürchten. «Ich würde nicht gern in einer Welt leben, in der andere über die telepathische Macht verfügen, zu wissen, was ich insgeheim denke, oder über die hellseherische Fähigkeit, zu sehen, was ich gerade tue», schrieb Martin Gardner, einer der unerbittlichsten Leugner parapsychologischer Phänomene.[19] Noch schlimmer, meint er, sei die Psychokinese (kurz PK), der Einfluss des Geistes auf die Materie. «PK eröffnet noch entsetzlichere Möglichkeiten – ich bin nicht gerade begeistert angesichts der Aussicht, dass jemand, der mich nicht leiden kann, die Kraft haben könnte, mir aus der Ferne zu schaden.»[20] Im Hintergrund also lauert die archaische Angst vor Hexerei.

Diese Tabus sind unter Intellektuellen am stärksten ausgeprägt und werden von vielen Akademikern aufrechterhalten. Ansonsten vernünftige Menschen können überraschenderweise voller Vorurteile sein, wenn es um Phänomene wie Telepathie geht. Zwar bezeichnen sich Menschen mit dieser Einstellung gewöhnlich als Skeptiker, doch sie sind keine echten Skeptiker – sie glauben an eine Weltsicht, die parapsychologische Phänomene ausschließt. Jeden Beweis, der ihren Glaubensvorstellungen widerspricht, versuchen sie zu leugnen oder zu widerlegen. Die leidenschaftlichsten Gegner verhalten sich wie Angehörige einer Bürgerwehr, die die Grenzen der Wissenschaft kontrolliert. Das griechische Wort *sképsis*, die Wurzel unseres Begriffs Skeptiker, bedeutet so viel wie «Zweifel, Bedenken». Es bedeutet aber nicht Verleugnung oder Dogmatismus.

Diese Tabus zielen darauf ab, die Forschung zu behindern und die Diskussion in der akademischen Welt generell und insbesondere in der institutionalisierten Wissenschaft zu unterdrücken. Folglich gibt es zwar ein enormes öffentliches Interesse an paranormalen Phänomenen, doch praktisch keine öffentlichen Mittel für die Erforschung solcher Phänomene und die Parapsychologie und nur ganz wenige Möglichkeiten, diese Art von Forschung an Universitäten zu betreiben.[21]

Ich glaube hingegen, dass es wissenschaftlicher ist, Phänomene zu erforschen, die wir nicht verstehen, statt vorzugeben, sie würden nicht existieren. Außerdem halte ich es für weniger beängstigend, zu erkennen, dass der siebte Sinn ein Teil unserer biologischen Natur ist, den wir mit vielen anderen Tierarten gemein haben, als wenn wir ihn als etwas Unheimliches oder Übernatürliches behandeln.

Eine erweiterte Vorstellung von Geist

Wenn der siebte Sinn real ist, verweist dies auf eine umfassendere Vorstellung von Geist – umfassender im wörtlichen Sinn, denn dann erstreckt sich dieser Geist bis in die Welt um den Körper hinein, und zwar nicht nur um den menschlichen Körper, sondern auch um den Körper der Tiere.

In diesem Buch lege ich dar, dass der Geist in der Tat ausgedehnt ist – er erstreckt sich durch Felder, die Organismen mit ihrer Umwelt und miteinander verbinden. Mit Hilfe dieser Felder lassen sich die Telepathie, das Gefühl, angestarrt zu werden, und andere Aspekte des siebten Sinns erklären. Vor allem aber lässt sich damit auch die normale Wahrnehmung erklären. Unser Geist reicht bis in die Welt um uns herum hinein und verbindet uns mit allem, was wir sehen.

Wenn ich eine Person von hinten anschaue und sie nicht weiß, dass ich da bin, dreht sie sich manchmal um und blickt mich direkt an. Und manchmal drehe ich mich plötzlich um und entdecke, dass mich jemand anstarrt. Die meisten Menschen haben so etwas schon erlebt. Das Gefühl, angestarrt zu werden, dürfte sich eigentlich nicht einstellen, wenn Aufmerksamkeit sich auf das Innere des Kopfes beschränkte. Aber wenn sie sich ausdehnt und uns mit dem verbindet, was wir anschauen, dann könnte unser Schauen das beeinflussen, was wir anschauen.

Ich will damit sagen: Durch unsere Aufmerksamkeit erzeugen wir Wahrnehmungsfelder, die sich um uns herum erstrecken und uns mit dem Angeschauten verbinden. Durch diese Felder sind der Beobachter und der Beobachtete wechselseitig miteinander verbunden.

Mit Hilfe mentaler Felder, die sich über das Gehirn hinaus erstrecken, lässt sich vielleicht auch die Telepathie erklären. In unserer heutigen Welt tritt die häufigste Form von Telepathie in Verbindung mit Telefonanrufen auf, wovon im 6. Kapitel die Rede sein wird. Viele Menschen erklären, dass sie manchmal wissen, wer da anruft, bevor sie den Hörer abheben.

Die Telepathie scheint im Tierreich weit verbreitet zu sein. Sie ist Teil auch unserer biologischen Natur, obwohl unsere telepathischen Kräfte generell schwach sind verglichen mit denen von Hunden, Katzen, Pferden, Papageien und anderen Säugetier- und Vogelarten. In meinem Buch *Der siebte Sinn der Tiere* habe ich umfangreiches Beweismaterial für Telepathie bei nichtmenschlichen Arten vorgelegt. Das vorliegende Buch befasst sich zwar in erster Linie mit dem siebten Sinn beim Menschen, doch ich werde auch das Beweismaterial für den siebten Sinn bei Tieren zusammenfassend würdigen und zusätzliches Beweismaterial aus meiner laufenden Forschung heranziehen. Nur wenn wir den siebten Sinn des Menschen in seinem umfassenderen biologischen Zusammenhang betrachten, können wir lernen, ihn zu verstehen und zu erkennen, wie er mit der Natur des menschlichen und tierischen Geistes zusammenhängt.

Telepathie ist ebenso wie das Gefühl, angestarrt zu werden, nur dann paranormal, wenn wir als «normal» die Theorie definieren, dass der Geist auf das Gehirn beschränkt ist. Aber wenn unser Geist über unser Gehirn hinausreicht und mit anderen Geistern verbunden ist, wie es den Anschein hat, dann erscheinen Phänomene wie Telepathie und das Gefühl, angestarrt zu werden, als normal. Sie sind nicht gespenstisch und unheimlich, sind nicht an den Rändern einer abnormen menschlichen Psychologie angesiedelt, sondern Teil unserer biologischen Natur.

Natürlich will ich damit nicht sagen, das Gehirn wäre für unser Verständnis des Geistes irrelevant. Ganz im Gegenteil, und die neuere Hirnforschung hat uns viel dazu zu sagen. Unser Geist hat sein Zentrum in unserem Körper, insbesondere in unserem Gehirn. Ich behaupte jedoch, dass er nicht auf unser Gehirn beschränkt ist, sondern sich über es hinaus erstreckt. Diese Erweiterung geschieht durch die Felder des Geistes, die mentalen Felder, die sowohl innerhalb wie außerhalb unseres Gehirns existieren.

Die Vorstellung von Feldern um materielle Körper herum ist uns bereits vertraut. Magnetfelder haben ihr Zentrum in Magneten, Gravitationsfelder haben ihr Zentrum in materiellen Körpern wie der Erde. Doch das Feld eines Magneten ist nicht auf das Innere des Magneten beschränkt, sondern erstreckt sich darüber hinaus. Das Gravitationsfeld der Erde erstreckt sich weit über ihre Oberfläche hinaus und hält Satelliten und den Mond in Umlaufbahnen um sie herum.

Magnetfelder sind ebenso wie elektrische Felder und Gravitationsfelder zwar unsichtbar, doch in der Lage, sichtbare Effekte in einiger Entfernung herbeizuführen. Ebenso sind die Felder unseres Geistes nicht auf das Innere unseres Schädels beschränkt, sondern erstrecken sich über ihn hinaus. Ich behaupte, dass unsere geistige Aktivität auf unsichtbaren Feldern beruht, die ebenfalls Effekte in einiger Entfernung herbeiführen können. Auf diese mentalen Felder und ihre Funktionsweise werde ich im 19. Kapitel näher eingehen.

Bilder außerhalb unseres Kopfes

Schauen Sie sich nun um. Sind die Bilder dessen, was Sie sehen, im Inneren Ihres Gehirns? Oder sind sie außerhalb von Ihnen – genau dort, wo sie zu sein scheinen?

Ich behaupte, dass Ihr Geist sich über Ihr Gehirn hinaus in die Welt um Sie herum erstreckt. Beim Sehen geht es um einen wechselseitigen Prozess, nämlich um eine innere Bewegung von Licht und um eine äußere Projektion von Bildern. Doch nach der konventionellen Theorie gibt es nur einen einseitigen Prozess: Licht bewegt sich nach innen, aber nichts wird nach außen projiziert.

Die nach innen gerichtete Bewegung von Licht ist uns einigermaßen vertraut. Wenn Sie dieses Buch ansehen, bewegt sich reflektiertes Licht durch die elektromagnetischen Felder in Ihre Augen. Die Linsen Ihrer Augen bündeln das Licht und bilden auf dem Kopf stehende Bilder in Ihren Netzhäuten. Das Licht, das auf die Zäpfchen- und Stäbchenzellen Ihrer Netzhäute fällt, bewirkt elektrische Veränderungen in ihnen, die wiederum Veränderungen in den Nerven auslösen, die die Zellen mit dem Gehirn verbinden. Nervenimpulse bewegen sich in Ihren Sehnerven ins Gehirn, wo sie komplexe Muster von elektrischer und chemischer Aktivität entstehen lassen. So weit, so gut. All diese Prozesse sind bis ins kleinste Detail von Neurophysiologen und anderen Fachleuten auf den Gebieten des Sehens und der Hirntätigkeit untersucht worden.

Dann geschieht etwas sehr Geheimnisvolles. Sie erleben bewusst, was Sie gerade sehen, nämlich die Seiten dieses Buches. Sie werden sich auch der gedruckten Wörter und ihrer Bedeutungen bewusst. Vom Standpunkt der Standardtheorie aus gibt es keinen Grund, warum Sie sich dessen überhaupt bewusst sein sollten. Hirnmechanismen sollten eigentlich genauso gut ohne Bewusstsein ablaufen. Dann tritt ein weiteres Problem auf. Wenn Sie dieses Buch sehen, erleben Sie Ihr Bild von ihm nicht als etwas, das sich im Innern Ihres Gehirns befindet, wo es angeblich ist. Stattdessen erleben Sie das Bild des Buches etwa einen halben Meter vor Ihnen, nämlich wo das Buch selbst ist. Das Bild ist außerhalb Ihres Körpers.

So komplex die Standardtheorie in physiologischer Hinsicht auch ist, vermag sie doch nicht Ihr unmittelbarstes und direktestes Erleben zu erklären. Das befindet sich angeblich im Inneren Ihres Gehirns und nicht dort, wo es zu sein scheint.

Der Grundgedanke, den ich hier darlegen will, ist so simpel, dass er schwer zu begreifen ist. Ihr Bild von diesem Buch ist genau dort, wo es zu sein scheint, nämlich vor Ihren Augen, nicht dahinter. Es ist nicht im Inneren Ihres Gehirns. Ihr Geist projiziert es nach außen, dorthin, wo es zu sein scheint.

Die Bilder, die wir nach außen projizieren, wenn wir etwas sehen, stimmen gewöhnlich sehr gut mit dem überein, was wir anschauen. Wenn dies nicht der Fall wäre, könnten wir nicht gehen, Fahrrad oder Auto fahren, ohne ständig mit irgendwelchen Dingen zusammenzustoßen. Zum Glück sind Illusionen oder Halluzinationen relativ selten. Präzise Verknüpfungen zwischen unseren Wahrnehmungen und der uns umgebenden Welt sind für uns offenkundig von Vorteil, genau wie für jede andere Spezies. Sie werden zweifellos von der natürlichen Auslese stark bevorzugt.

All unsere Sinne, nicht nur das Sehvermögen, sind tief in der Evolutionsgeschichte verwurzelt. Die Geschichte unseres Sehens lässt sich nicht nur durch unsere menschliche Vergangenheit zurückverfolgen, sondern auch durch die Evolutionsgeschichte von Säugetieren, Reptilien und Fischen, die genau wie wir sehen, nämlich indem sie Bilder sehen. Andere, unabhängige Evolutionsgeschichten verlaufen bei

Kopffüßern wie Tintenfischen, die Augäpfel, Linsen und Netzhäute haben, die den unseren vergleichbar sind. Die Facettenaugen von Insekten haben wieder eine andere evolutionäre Abstammungsgeschichte. All diese Geschichten reichen über hunderte von Jahrmillionen zurück. Und wenn der menschliche Sehsinn mit einer äußeren Projektion von Bildern zusammenhängt, dann projizieren wahrscheinlich zahllose andere Arten im Prozess des Sehens ebenfalls Bilder nach außen, und das tun sie, seit Augen sich entwickelt haben.

Unser Geist verbindet uns mit der Welt um uns herum, genau so, wie es den Anschein hat. Diese Verbindung durch unsere Sinnesorgane verknüpft uns direkt mit dem, was wir wahrnehmen. Was Sie sehen, ist ein Bild in Ihrem Geist. Aber es ist nicht im Inneren Ihres Gehirns. Ihr Gehirn befindet sich innerhalb der Grenzen Ihres Schädels. Ihr Geist ist räumlich erweitert und erstreckt sich in die Welt um Sie herum. Er streckt sich aus, um zu berühren, was Sie sehen. Wenn Sie einen kilometerweit entfernten Berg anschauen, erstreckt sich Ihr Geist kilometerweit. Wenn Sie einen fernen Stern betrachten, erstreckt sich Ihr Geist buchstäblich über astronomische Entfernungen.

Die «Erstaunliche Hypothese»

Wie wir gesehen haben, ist das Sehen nach der konventionellen Theorie ein einseitiger Prozess. Demnach bewegt sich das Licht in die Augen, von denen sich Impulse durch die Sehnerven fortpflanzen und komplexe Aktivitätsmuster in der Sehrinde und anderen Teilen des Gehirns auslösen. Dann erscheinen irgendwie Bilder und werden im Inneren des Gehirns subjektiv erlebt. Unsere sichtbaren Bilder sind in unserem Gehirn, obwohl sie in der Welt um uns herum zu sein scheinen.

Man vergisst leicht, wie sehr diese Theorie unserem eigenen Erleben widerspricht, wie viel sie nicht erklärt und wie wenig Beweise es dafür gibt. Schließlich hat noch niemand ein Bild im Inneren eines Gehirns beobachtet. Die meisten Menschen haben die Theorie vom Geist im Gehirn akzeptiert, bevor sie eine Chance hatten, sie in Frage zu stellen. Wir haben sie für selbstverständlich gehalten, stand doch auch die ganze Autorität der Wissenschaft dahinter.

In seiner Untersuchung über die intellektuelle Entwicklung von Kindern hat der Schweizer Psychologe Jean Piaget herausgefunden, dass die meisten der von ihm getesteten europäischen Kinder, bevor sie zehn oder elf Jahre alt waren, wie «primitive» Menschen waren, indem sie nämlich nicht wussten, dass der Geist auf den Kopf beschränkt ist. Sie glaubten, er erstrecke sich in die Welt um sie herum. Aber etwa mit elf Jahren hatten sich die meisten die «korrekte» Anschauung zu Eigen gemacht, wie Piaget dies nannte: «Bilder und Gedanken befinden sich im Kopf.»[22]

Vielleicht weil niemand für dumm, kindisch oder primitiv gehalten werden möchte, wird diese «wissenschaftlich korrekte» Anschauung so selten in der Öffentlichkeit von gebildeten Menschen in Frage gestellt. Doch unweigerlich widerspricht sie jedes Mal, wenn wir uns umschauen, unserer unmittelbarsten Erfahrung. Sie führt auch zu einer dogmatischen Leugnung der Existenz von unerklärten Phänomenen wie der Telepathie.

Die materialistische Theorie verstößt jedoch noch mehr gegen unsere Erfahrung, indem sie behauptet, unser Bewusstsein tue eigentlich überhaupt nichts. Entweder ist es ein «Epiphänomen» der Hirntätigkeit, etwa wie ein Schatten, oder es ist identisch mit der Hirntätigkeit. Ein Epiphänomen ist ein rein zufälliges Ergebnis eines Prozesses, hat aber auf den Prozess selbst keinen Einfluss. Aus dieser Sicht ist das Bewusstsein bloß eine zufällige Begleiterscheinung von physikalischen und chemischen Aktivitätsmustern in der Hinrinde, ohne Zweck oder Funktion.

Die Identitätstheorie besagt, dass geistige Tätigkeit nichts weiter als die subjektive Erfahrung von Hirntätigkeit ist. Francis Crick, Nobelpreisträger und einer der Gründungsväter der Molekularbiologie, hat dies die ‹Erstaunliche Hypothese› genannt: «‹Sie›, Ihre Freuden und Ihre Kümmernisse, Ihre Erinnerungen und Ihre Ambitionen, Ihr Gefühl von persönlicher Identität und freiem Willen sind im Grunde nichts weiter als das Verhalten einer riesigen Ansammlung von Nervenzellen und den mit ihnen verbundenen Molekülen. … Diese Hypothese ist den Vorstellungen der meisten heute lebenden Menschen so fremd, dass man sie wahrhaft erstaunlich nennen kann.»[23]

Crick hat sicher Recht. Dies ist in der Tat eine erstaunliche Behauptung. Auch wenn sie die orthodoxe Standardanschauung in der institutionalisierten Wissenschaft ist, so widerspricht sie doch unserer unmittelbarsten Erfahrung. Sie ist den Vorstellungen der meisten Menschen und dem gesunden Menschenverstand fremd. So gesehen ist unser Gesellschafts- und Rechtssystem Unsinn, weil es darauf besteht, dass gesunde Erwachsene für ihr Handeln verantwortlich sind. In der Praxis können Menschen weder als schiere Automaten ohne Entscheidungsfreiheit oder freien Willen behandelt werden, noch halten sich die meisten Menschen wirklich für Mechanismen, die keine Wahl haben. Alle demokratischen Systeme basieren auf Vorstellungen von Wahlfreiheit, Willensfreiheit und Verantwortung, ebenso die meisten Religionen. Aus religiöser, politischer, rechtlicher, sozialer und persönlicher Sicht sind wir nicht bloß das automatische Agieren riesiger Ansammlungen von Nervenzellen und der mit ihnen verbundenen Moleküle. Wie Carl Sagan zu sagen pflegte: «Außergewöhnliche Behauptungen erfordern außergewöhnliche Beweise.» Wo sind die außergewöhnlichen Beweise für die erstaunliche Behauptung, dass der Geist nichts weiter als die Tätigkeit des Gehirns ist?

Es gibt nur sehr wenige. Niemand hat jemals einen Gedanken oder ein Bild im Gehirn eines anderen Menschen oder in seinem eigenen Gehirn gesehen.[24] Wir erleben vielmehr Bilder außerhalb von uns selbst, nicht einfach in unserem Kopf. Wir machen die Erfahrung, dass unser Körper Raum einnimmt. Mein Erleben meiner Finger steckt in meinen Fingern, nicht in meinem Kopf. Das unmittelbare Erleben belegt keinesfalls die außerordentliche Behauptung, dass all unsere Erlebnisse in unserem Gehirn stattfinden. Das direkte Erleben ist keinesfalls irrelevant für die Natur des Bewusstseins – es ist das Bewusstsein.

Wir können allenfalls beweisen, dass es irgendeine Art von Beziehung zwischen mentaler Tätigkeit und Hirntätigkeit gibt. Wenn ich beschließe, aufzustehen oder mich hinzusetzen, finden in meinem Gehirn und in den Nervenimpulsen, die zu meinen Muskeln übertragen werden, Veränderungen statt. Das Bewusstsein beeinflusst das Gehirn. Und das Gehirn beeinflusst das Bewusstsein. Veränderungen im Gehirn, die durch die Sinne oder durch Drogen, durch elektrische Stimulation oder Hirnschäden herbeigeführt werden, können zu Veränderungen im Bewusstsein führen. Alle sind sich darin einig, dass Geist und Gehirn wechselseitig eng miteinander verbunden sind. Aber das beweist nicht, dass der Geist das Gehirn ist.

Zwischen Fahrer und Auto besteht eine enge wechselseitige Verbindung. Eine Veränderung im einen kann das andere oder den anderen beeinflussen. Aber sie sind nicht identisch. Gleichermaßen sind Pianisten eng mit ihrem Klavier verbunden. Die Aktivitäten ihrer Finger sind eng verknüpft mit den Klängen, die das Klavier erzeugt. Aber das heißt nicht, dass Pianisten ihre Klaviere oder bloße Epiphänomene von ihnen sind, wie zufällige Erscheinungen.

Einen weniger dualistischen Vergleich liefert der Fernseher. Die Bilder auf dem Bildschirm und die Töne, die aus den Lautsprechern erklingen, sind eng verbunden mit dem Muster der elektrischen Aktivität im Empfänger. Aber das ist noch nicht alles. Was Sie sehen und hören, beruht auf Einflüssen, die sich durch unsichtbare Felder von fernen Sendern bewegen und von der Antenne aufgefangen werden. Diese Bilder und Töne hängen davon ab, welchen Sender Sie eingestellt haben und welche Sendung gerade läuft. Das Bild hängt auch von Ihrer Reaktion ab. Vermag die Sendung Ihre Aufmerksamkeit nicht zu fesseln, schalten Sie vielleicht um, sehen nicht mehr hin oder schalten den Fernseher ab.

Es stimmt, dass manche bewussten Erlebnisse mit bestimmten Aktivitäten in bestimmten Teilen des Gehirns zusammenhängen. Moderne Scannertechniken zeigen, wie bestimmte Gehirnpartien «aufleuchten», wenn sich bestimmte mentale Aktivitäten abspielen. Aber es stimmt auch, dass die Bilder auf dem Bildschirm des Fernsehers und die Töne aus den Lautsprechern von den Mustern elektrischer Aktivität innerhalb des Empfängers abhängen. Es stimmt auch, dass unterschiedliche Teile der elektrischen Schaltkreise an der Produktion von Bildern und Tönen beteiligt sind. Aber dies beweist nicht, dass alles, was Sie im Fernsehen hören und sehen, aus dem Inneren des Empfängers stammt und nichts weiter als die Aktivität des Empfängers ist.

Kurz, die Tatsache, dass der Geist und das Gehirn miteinander zusammenhängen, beweist nicht, dass sie ein und dasselbe sind. Die Idee, sie seien identisch, ist nichts weiter als eine Annahme. Wenn wir Francis Crick folgen und diese Annahme als eine wissenschaftliche Hypothese und nicht als ein philosophisches Dogma behandeln, dann sollte sie überprüfbar sein. Im Grunde sollte sie widerlegbar sein.

Was könnte sie widerlegen? Zunächst einmal das direkte Erleben. Wir sehen die Dinge nicht in unserem Gehirn, sondern um uns herum.

Aber die Anhänger der ‹Erstaunlichen Hypothese› lassen sich von einem derartigen Beweis nicht beeindrucken. Er ist per definitionem subjektiv, nicht objektiv, und daher meinen sie, ihn abtun zu können.

Wie steht es dann mit den Beweisen für den siebten Sinn? Würden die Auswirkungen von Aufmerksamkeit und Intention über eine größere Entfernung hinweg nicht der ‹Erstaunlichen Hypothese› widersprechen? Das würden sie in der Tat. Und darum sind Telepathie und andere Aspekte des siebten Sinns so umstritten.

Wie wir in den folgenden Kapiteln sehen werden, gibt es eine Fülle von Beweisen dafür, dass Aufmerksamkeit und Intention sich weit über das Gehirn hinaus erstrecken können, in dem sie ihr Zentrum haben.

Der erweiterte Geist

Der Idee, dass Geist und Seele über den Körper hinausreichen, begegnet man in traditionellen Gesellschaften auf der ganzen Welt, und die meisten Religionen halten sie für selbstverständlich. Sie entspricht der Erfahrung und ist Teil des traditionellen gesunden Menschenverstands. Auch Philosophen haben sich in alter Zeit wie heute dafür ausgesprochen. Ich werde auf diesen historischen und philosophischen Hintergrund im 13. Kapitel und in Anhang C eingehen.

Jeder von uns kennt den erweiterten Geist aus seiner Kindheit, auch wenn wir dies vielleicht nie in Worte gefasst und vergessen haben, was für uns einst selbstverständlich war. Die Idee des erweiterten Geistes ist auch in unserer Sprache enthalten. Das Wort Intention geht auf das lateinische Verbum *tendere* zurück, das wörtlich «anspannen», aber auch «ausstrecken, verlängern» bedeutet. Intention geht also auf *in* + *tendere* zurück und bedeutet wörtlich, «(den Geist) in etwas ausstrecken, verlängern».

Aber die Vorstellung vom erweiterten Geist ist nicht einfach eine philosophische Theorie, sondern eine wissenschaftliche Hypothese, die zu überprüfbaren Vorhersagen führt. Dafür gibt es bereits eine Fülle von Beweisen, sowohl aufgrund spontaner Erlebnisse von Menschen wie aufgrund kontrollierter Experimente.

In den ersten drei Teilen dieses Buches untersuche ich das Beweismaterial auf die Existenz eines siebten Sinns und damit auf den erweiterten Geist hin. Der erste Teil befasst sich mit der Telepathie bei Menschen und Tieren, der zweite Teil mit dem Gefühl, angestarrt zu werden, und der dritte Teil untersucht Weitsicht, Vorahnungen und Vorauswissen. Dabei werde ich zeigen, wie sich die Vorstellung vom erweiterten Geist überprüfen und wissenschaftlich erforschen lässt.

Der vierte Teil schließlich handelt von dem, was der erweiterte Geist ist, wie er funktioniert und wie sich mit seiner Hilfe der siebte Sinn erklären lässt. Dabei gehe ich davon aus, dass sich der Geist durch mentale Felder erstreckt. Durch diese Felder können Menschen und Tiere über eine Entfernung hinweg sowohl Dinge spüren als auch handeln.

Woraus bestehen mentale Felder und wie funktionieren sie? Ich behaupte, dass mentale Felder eine Art morphischer Felder sind. Das sind neuartige Felder, die es neben den Gravitationsfeldern, den elektrischen, magnetischen und Quantenmateriefeldern gibt, welche von der Physik bereits erkannt wurden. Das Wort *morphisch* geht auf das griechische Wort *morphé* «Form» zurück.

In meinem Buch *Das Gedächtnis der Natur* beschreibe ich andere Arten von morphischen Feldern. Da sind zum einen die morphogenetischen Felder (von *morphé* + *genesis* «das Entstehen von Form»), die an der Entwicklung von Tieren und Pflanzen beteiligt sind und die Formen gestalten, zu denen sie sich entwickeln. Dann gibt es Verhaltensfelder, die das Verhalten von Tieren organisieren, indem sie Muster der Aktivitäten der Nervenzellen in ihrem Gehirn erzeugen. Soziale Felder verknüpfen die Mitglieder sozialer Gruppen und sind bei der Koordinierung ihrer Aktivitäten dergestalt behilflich, dass die Gesellschaft wie ein einzelner Organismus handelt, wie bei Ameisenkolonien, Vogelschwärmen, Fischschulen oder Wolfsrudeln. Morphogenetische Felder, Verhaltensfelder, soziale und mentale Felder sind lauter verschiedene Arten von morphischen Feldern. Alle morphischen Felder haben gemeinsame Eigenschaften, und alle enthalten ein immanentes Gedächtnis, das ihnen ein Prozess vermittelt, den ich morphische Resonanz nenne. Im 19. Kapitel fasse ich diese Hypothese der morphischen Felder zusammen und zeige, wie sie zum Verstehen solcher ansonsten unerklärten Phänomene wie Telepathie und das Gefühl, angestarrt zu werden, herangezogen werden kann.

Erster Teil

Telepathie

1. Gedanken und Absichten lesen

Das Wort *Telepathie* geht auf das griechische *tele* «fern, weit», wie in Telefon und Telegramm, und *páthos* «Gefühl, Leiden», wie in Empathie und Sympathie, zurück.[1] Es bedeutet also wörtlich «fernes Gefühl».

Die Telepathie wird von den Forschern auf dem Gebiet paranormaler Phänomene und von Parapsychologen als eine Art außersinnliche Wahrnehmung (ESP) eingestuft – eine Form der Wahrnehmung jenseits der bekannten Sinne. Man kann sie aber auch als einen Aspekt des sechsten oder siebten Sinns verstehen.

Telepathie und andere paranormale Phänomene widersprechen der Annahme, der Geist sei auf das Gehirn beschränkt. Daher sind sie aus materialistischer Sicht unmöglich, und dogmatische Skeptiker tun sie als illusorisch ab. Gleichwohl behaupten viele Menschen, sie hätten telepathische oder andere paranormale Erlebnisse gehabt.

Bei einer nationalen Umfrage in den USA behaupteten 58 Prozent der Befragten, persönlich Erfahrungen mit Telepathie gemacht zu haben. Bei einer anderen nationalen Umfrage von 1990 erklärten 75 Prozent, sie hätten mindestens eine Art von paranormalen Erlebnissen gehabt, und 25 Prozent hatten telepathische Erfahrungen gemacht.[2] Bei neueren Haushaltsumfragen nach dem Zufallsprinzip in England und in den USA verwiesen 45 Prozent der Befragten darauf, dass sie telepathische Erlebnisse gehabt hätten. Auf die Umfrage einer großen englischen Tageszeitung antworteten 59 Prozent, sie würden an ESP glauben.[3]

Diese Zahlen schwanken zwar, belegen aber eindeutig, dass viele Menschen in Westeuropa und in den USA behaupten, Telepathie erlebt zu haben, und dass die meisten Menschen an die Wirklichkeit parapsychologischer Phänomene glauben.

Zwei Hauptarten von Telepathie

Anscheinend gibt es zwei Hauptarten von Telepathie. Die erste kommt in der Gedankenübertragung zum Ausdruck und ereignet sich gewöhnlich zwischen Menschen, die sich in unmittelbarer Nähe zueinander befinden, sich der Gegenwart des anderen bewusst sind und bereits miteinander interagieren. Zwar kommt die Gedankenübertragung am häufigsten zwischen Menschen vor, die einander gut kennen, doch sie kann auch zwischen anderen Menschen stattfinden, die gerade miteinander interagieren. Ich werde auf diese Art von Telepathie in diesem und dem nächsten Kapitel eingehen.

Bei der zweiten Art von Telepathie, von der im 3. bis 6. Kapitel die Rede sein wird, nimmt ein Mensch einen Ruf, eine Intention, ein Bedürfnis oder einen Kummer eines anderen Menschen über eine größere Entfernung hinweg wahr. Das führt dazu, dass man an den anderen Menschen denkt, ein Bild von ihm sieht, seine Stimme hört oder ein bestimmtes Gefühl oder einen Eindruck von ihm hat. Bei dieser Art von Telepathie wird jemandes Aufmerksamkeit erweckt, als wenn man seinen eigenen Namen rufen hört, ein Alarmsignal erblickt oder das Telefon läuten hört. Eine Verbindung oder ein Kommunikationskanal wird hergestellt. Diese Art von Telepathie tritt typischerweise zwischen Menschen auf, die einander eng verbunden sind.[4]

Für die Telepathie zwischen Menschen und Tieren gelten die gleichen Prinzipien.

Haustiere, die die Absichten ihrer Besitzer wahrnehmen

Viele Menschen, die Haustiere halten, stellen fest, dass ihre Tiere auf ihre Gedanken und Intentionen reagieren. In Umfragen bei zufällig ausgewählten Haustierbesitzern in England und in den USA gaben im Durchschnitt 48 Prozent der Hundehalter und 33 Prozent der Katzenhalter an, sie glaubten, dass ihre Tiere manchmal telepathisch auf sie reagierten.[5] Viele Katzen beispielsweise wissen anscheinend, wann ihre Besitzer vorhaben, sie zum Tierarzt zu bringen, und verschwinden. Hier ein Beispiel:

«Ich habe stets ganz besonders darauf geachtet, meine Katze nicht wissen zu lassen, wann wir einen Termin beim Tierarzt hatten, aber sobald ich morgens aufstand, beäugte sie mich voller Misstrauen. Sie war mir gegenüber sehr argwöhnisch (nicht wie üblich zum Schmusen aufgelegt), und sobald es Zeit war, das Haus zu verlassen, versuchte sie zu fliehen.» (Jean Segal, London)

In meiner Datenbank befinden sich hunderte ähnlicher Geschichten. Und in einer Umfrage, die ich in *Der siebte Sinn der Tiere* beschrieben habe, erkundigten sich meine Forscherkollegen und ich bei allen in den Gelben Seiten von Nord-London aufgeführten Tierkliniken, ob sie je festgestellt hätten, dass manche Katzenhalter Termine abgesagt hatten, weil die Katze verschwunden war. Bei 64 von 65 Kliniken kamen derartige Absagen ziemlich häufig vor. Die einzige Ausnahme bildete eine Klinik, die Termine für Katzen abgeschafft hatte, weil es so häufig zu Absagen kam. Die Leute mussten einfach mit ihrer Katze erscheinen, und damit war das Problem mit den ausgefallenen Terminen gelöst.

Eine der am häufigsten vorkommenden Möglichkeiten, wie Hunde die Absichten ihrer Besitzer zu lesen scheinen, ist das Vorausahnen von Spaziergängen. Niemand hält dies für seltsam, wenn das Gassigehen zu einer festgelegten Zeit erfolgt oder wenn der Hund sieht, wie sein Herrchen oder Frauchen die Leine nimmt oder sich den Mantel anzieht. Aber manche Hunde ahnen Spaziergänge zu nichtfestgelegten Zeiten, sogar wenn sie in einem anderen Zimmer sind:

«Tammy, unsere Malteserhündin, wusste immer, wann wir Gassi gehen wollten, selbst wenn sie gerade im Wohnzimmer schlief, als wir unsere Entscheidung trafen, und dann kam sie ganz aufgeregt ins Schlafzimmer gerannt und sprang hin und her. Wir kamen nie dahinter, wie sie das wusste, da so etwas nicht regelmäßig zu einer bestimmten Zeit oder an einem bestimmten Tag vorkam. Wir hatten noch nicht einmal andere Schuhe oder Kleidung angezogen, aber sie schien immer Bescheid zu wissen.» (Gillian Coleman, Australien)

In meiner Datenbank habe ich über hundert solcher Geschichten. Der Umstand, dass viele Menschen glauben, ihre Hunde würden ihre Gedanken lesen, statt subtile sinnliche Hinweise wahrzunehmen, beweist natürlich noch nicht, dass die Tiere dies wirklich tun. Aber ich nehme die Meinungen von Menschen ernst, die ihre Tiere gut kennen und sie seit Jahren beobachten. Gleichwohl liefern die überzeugendsten Beweise experimentelle Tests, die so angelegt sind, dass sinnliche Hinweise und Routine als Erklärung ausgeschlossen sind.

In *Der siebte Sinn der Tiere* schildere ich ein Experiment, bei dem Hunde in ein Nebengebäude eingeschlossen und ständig mit der Videokamera gefilmt wurden. Zu zufällig ausgewählten Zeiten dachte ihre Besitzerin, die sich in ihrem Haus befand, stumm daran, mit ihnen Gassi zu gehen, und zwar fünf Minuten bevor sie dies tatsächlich tat. In den meisten Tests gingen die Hunde während dieses Zeitraums von fünf Minuten zur Tür und setzten oder stellten sich im Halbkreis davor auf, wobei manche mit dem Schwanz wedelten. Sie verharrten in diesem Zustand offensichtlicher Erwartung, bis ihre Besitzerin sie abholte. Sonst warteten sie nicht auf diese Weise an der Tür.

Viele Hunde und Katzen scheinen zu wissen, wann ihre Besitzer beabsichtigen, auszugehen und sie zurückzulassen, insbesondere wenn sie vorhaben, eine Reise anzutreten. Dies ist anscheinend eine der häufigsten Möglichkeiten, dass Haustiere die Absichten von Menschen erahnen. Bei Umfragen in britischen und amerikanischen Haushalten erklärten im Durchschnitt 67 Prozent der Hundehalter und 37 Prozent der Katzenhalter, ihre Tiere wüssten, wann sie ausgehen wollten, bevor sie ihre Absicht durch irgendein körperliches Anzeichen erkennen ließen.[6] Dies kommt auch bei manchen Papageien vor. Robbi, ein Graupapageienweibchen, das Michael Fallarino gehört, einem New Yorker Autor und Kräuterheilkundigen, kündigt oft an, wann sein Besitzer sich anschickt, das Zimmer zu verlassen oder aus dem Haus zu gehen, indem es ruft: «Tschüss, bis später! Schönen Tag auch», und dann pfeift es traurig.

> «Sie weiß sogar im Voraus, wann ich das Haus verlassen will, wenn sie mich nicht sehen kann, zum Beispiel wenn ich im ersten Stock bin und sie unten ist. Als ich einmal stundenlang an meinem Schreibtisch oben gearbeitet hatte, dachte ich: ‹Es ist Zeit für ein paar Besorgungen.› Kaum hatte ich das gedacht, begann sie (unten) ihre klagenden Protestschreie auszustoßen. Ich bin zutiefst davon

überzeugt, dass ihr Wissen intuitiv ist und über jede Form von sinnlicher Wahrnehmung hinausgeht.»

Manche Tiere scheinen die Gedanken ihrer Besitzer zu lesen, wissen sie doch, wann sie gefüttert werden sollen. Niemand hält dies für seltsam, wenn es zu einer routinemäßigen Zeit geschieht oder wenn das Tier sieht, hört oder riecht, wie sein Besitzer das Futter herausholt. Die verblüffendsten Beispiele sind Leckerbissen oder Happen außer der Reihe. Und viele Blinde mit Führhunden stellen fest, dass ihre Tiere ihre Absichten auf eine scheinbar unheimliche Weise wahrnehmen. Manchmal reagieren Hunde sogar auf Gedanken, die die Besitzer nicht sofort in die Tat umsetzen wollen.

Hundetrainer halten telepathische Fähigkeiten oft für selbstverständlich. «Kein vernünftiger Mensch bestreitet sie», meint Barbara Woodhouse, die bekannte englische Hundetrainerin:

> «Sie sollten sich stets vor Augen halten, dass der Hund Ihre Gedanken durch einen scharfen telepathischen Sinn aufschnappt und dass es sinnlos ist, das eine zu denken und etwas anderes dann zu sagen – einen Hund können Sie nicht zum Narren halten. Wenn Sie mit Ihrem Hund sprechen wollen, müssen Sie das mit Ihrem Verstand und Ihrer Willenskraft ebenso wie mit Ihrer Stimme tun. ... Der Verstand eines Hundes greift so schnell Ihre Gedanken auf, dass sie zur gleichen Zeit, während Sie sie denken, in den Verstand des Hundes gelangen.»[7]

Pferde und Reiter

Manche Reiter fühlen sich ihren Pferden eng verbunden und erleben, dass das Pferd anscheinend auf ihre Gedanken reagiert:

> «Es ist, als ob man eins wäre. Was man denkt, wird sofort vom Pferd aufgegriffen. Das ist fast so, als würde das Pferd Teil von einem selbst werden. Wenn man also etwas denkt, wird das Pferd es tun.» (Paul Hunting, Hampshire)

«Ich bin sicher, dass Chip und ich eine telepathische Verbindung haben. Wenn ich Chip reite, muss ich nur etwas denken, und dann reagiert er darauf. Ich habe schon probiert, Dinge zu denken, und darauf geachtet, dass ich nicht die kleinste Bewegung mache. Beispielsweise denke ich, dass wir bis zum Ende des Feldes traben und dann zurück galoppieren werden, und sofort fängt er an, bis zum Ende des Feldes zu traben, und dann galoppiert er genau bis zu dem Punkt zurück, wo ich den Gedanken hatte.» (Andrea Oakes, Cheshire)

Aber gerade weil Pferd und Reiter einen so engen physischen Kontakt miteinander haben, ist es schwierig, mentale Einflüsse von unbewussten Körpersignalen wie kleinen Veränderungen in der Muskelspannung zu trennen.[8] Es wird wohl offen bleiben, wie solche Eindrücke erfahrener Reiter sich erklären lassen. Leider wären Experimente, die sachte Bewegungen ausschließen, praktisch unmöglich, während das Pferd geritten wird. Wie in so vielen Fällen von offenkundiger Gedankenübertragung können telepathische Einflüsse oft mit einer Kommunikation durch die anerkannten Sinne zusammenwirken. Im wirklichen Leben lassen sie sich nur schwer voneinander trennen. Daher ist es notwendig, formale Experimente durchzuführen, um herauszufinden, ob Telepathie wirklich im Spiel ist. Hier ein Beispiel.

Experimente mit einem sprechenden Papagei

Nach dem Erscheinen von *Der siebte Sinn der Tiere* im Jahr 1999 erhielt ich mehr als tausend zusätzliche Berichte über einfühlsame Tiere. Einige der überraschendsten Beispiele betrafen Papageien. Immer wieder erfuhr ich von Papageien, die auf die Stimmungen, Gefühle und Absichten ihrer Halter reagierten, indem sie passende Bemerkungen machten. In einigen Fällen war diese Fähigkeit anscheinend telepathisch.

Manche Papageien schnappen wohl auf, dass ihre Besitzer ausgehen wollen, wie ich dies oben dargestellt habe. Andere wissen anscheinend, wann ihre Besitzer heimkommen werden, und künden ihre Ankunft im Voraus an (siehe 5. Kapitel). Wieder andere wissen offenbar, dass bestimmte Menschen anrufen, bevor der Hörer abgehoben wird, wobei sie den Anrufer mit Namen ankündigen (6. Kapitel). Anrufe von Versicherungsvertretern und anderen Fremden ignorieren sie.

Die Tatsache, dass Papageien die menschliche Sprache sinnvoll verwenden können, wurde von Dr. Irene Pepperberg, die heute am Massachusetts Institute of Technology ist, über jeden vernünftigen Zweifel hinaus nachgewiesen. Sie hat zwanzig Jahre damit verbracht, ihren Graupapagei Alex zu trainieren, dessen Wortschatz mittlerweile rund 200 Wörter umfasst. Durch akribische Experimente hat sie herausgefunden, dass Alex zur Abstraktion fähig ist, Begriffe wie «gegenwärtig» und «abwesend» begreifen kann und die Wörter für Farben richtig verwendet, ganz gleich, welche Form das farbige Objekt hat. Vor Pepperbergs Forschung ging man in der institutionellen Wissenschaft generell davon aus, dass Papageien bloß Imitatoren seien, die Wörter ohne jedes Verständnis nachplapperten.

Die meisten wissenschaftlichen Studien zur Kommunikation zwischen Mensch und Tier wurden an Affen durchgeführt, die sich der Zeichensprache bedienten. Pepperberg ist der Nachweis gelungen, dass Papageien zwar buchstäblich ein Spatzenhirn haben, es aber durchaus mit Affen aufnehmen können, was die Fähigkeit, Gedanken und Begriffe zu verwenden, betrifft, wobei sie natürlich den großen Vorzug haben, sprechen zu können. Sie hat ihre Forschungen an Alex und anderen Papageien in einem eindrucksvollen Buch mit dem Titel *The Alex Studies: Cognitive and Communicative Abilities of Grey Parrots* zusammengefasst.[9]

Pepperbergs bahnbrechende Arbeit hat eine Reihe anderer Menschen angeregt, die sinnvolle Verwendung von Sprache durch Papageien zu erforschen. Dieser neuen Forschergeneration gehört auch Aimée Morgana an, eine Künstlerin, die in New York lebt (Abb. 1). Ihr Graupapagei N'kisi hatte im Januar 2002 einen Wortschatz von 700 Wörtern, obwohl er erst vier Jahre alt war. Aimée hatte N'kisi das Sprechen beigebracht, als wäre er ein menschliches Kind. Er hat die sinngemäßen Bedeutungen von Wörtern gelernt und ist in der Lage, nach seinem Sprachverständnis sinnvolle Bemerkungen zu machen. Er spricht in ganzen Sätzen – Aimée Morgana hat mittlerweile über 7000 verschiedene Sätze aufgezeichnet.

Obwohl sie sich in erster Linie auf den sinnvollen Gebrauch von

Abbildung 1.1 Aimée Morgana und ihr Graupapagei N'kisi.

Sprache konzentriert, bemerkte sie bald, dass N'kisi oft Dinge zu sagen schien, die sich auf ihre Gedanken und Intentionen bezogen. Das tat er auch bei ihrem Mann Hana. Nachdem sie meine Forschungsergebnisse über Telepathie bei Tieren gelesen hatte, nahm sie im Januar 2000 über meine Webseite Kontakt mit mir per E-Mail auf und fasste darin einige ihrer Beobachtungen zusammen.

Was sie mir berichtete, ging über alles hinaus, was ich je gehört hatte. Zwar greifen anscheinend viele gesellige Tiere wie Hunde und

Katzen die Gedanken und Absichten ihrer Besitzer auf, doch N'kisis gewaltiger Wortschatz bedeutete, dass er zu vielen verschiedenen, ganz spezifischen Reaktionen fähig war. So schrieb mir Aimée: «N'kisi gibt regelmäßig Bemerkungen von sich, wenn wir gerade ans Essen, Ausgehen oder Duschen denken, selbst wenn wir still in einem anderen Zimmer sitzen und er keinerlei Körpersprache sieht oder akustische Hinweise hört. Und dann sagt er beispielsweise: ‹Ihr wollt was Leckeres›, ‹Geht ruhig aus, bis später› oder ‹Ihr wollt euch mal duschen›.»

Im Januar 2000 begann Aimée ausführlich Tagebuch über offenbar telepathische Vorfälle zu führen und tut dies noch immer. Während ich dies schreibe, also zwei Jahre später, hat sie 630 derartige Vorfälle festgehalten. Hier ein paar Beispiele:

«Ich dachte gerade daran, Rob anzurufen, und hob deshalb den Hörer ab, um es zu tun, da sagte N'kisi: ‹Hi, Rob›, als ich den Hörer in der Hand hatte und zur Rollkartei griff, um die Nummer nachzusehen.»

«Wir sahen uns gerade den mit Musik unterlegten Abspann eines Jackie-Chan-Films an. Da erschien ein Bild von Chan, der hoch oben an einem riesigen Wolkenkratzer auf einem Träger auf dem Rücken lag. Es war beängstigend wegen der Höhe, und N'kisi rief: ‹Fall nicht runter.› Dann gab es einen Schnitt zu einem ebenfalls mit Musik unterlegten Werbespot, und als das Bild eines Autos erschien, sagte N'kisi: ‹Da ist mein Auto.› (N'kisis Käfig stand am anderen Ende des Raums und hinter dem Fernseher. Er konnte weder den Bildschirm noch irgendwelche Spiegelungen sehen.)»

«Ich las den Satz: ‹Je dunkler die Beere, desto süßer der Saft.› Er sagte im selben Augenblick: ‹Das nennt man schwarz.›»

«Ich war in einem Zimmer auf einer anderen Etage, aber ich konnte ihn hören. Ich sah mir gerade ein Kartenspiel mit einzelnen Bildern an und hielt bei dem Bild eines violetten Autos inne. Mir kam der Gedanke, was für ein erstaunlicher Lilaton das doch war. In diesem Augenblick rief er von oben: ‹Oh wow, schau dir das tolle Lila an.›»

Unter all den verschiedenen Vorfällen fand ich diejenigen am bemerkenswertesten, bei denen N'kisi auf Träume reagiert zu haben schien. Zum Beispiel: «Ich träumte gerade, dass ich mit dem Kassettenrekorder arbeitete. N'kisi, der neben meinem Kopf schlief, sagte laut: ‹Du musst den Knopf drücken›, und ich tat dies zugleich in meinem Traum. Sein Sprechen weckte mich.» (N'kisi schläft gewöhnlich neben Aimées Bett.) Ein anderes Beispiel: «Ich war auf der Couch eingenickt und träumte, ich sei im Bad und hielte eine braune Medizinflasche in der Hand. N'kisi weckte mich, indem er sagte: ‹Schau, das ist eine Flasche.›»

Mir wurde bald klar, wenn das, was Aimée mir da berichtete, wahr wäre, dann wäre dies der erstaunlichste Fall von Telepathie zwischen Mensch und Tier, der mir je begegnet war.

Im April 2000 besuchte ich Aimée und N'kisi in Manhattan und war sofort beeindruckt von ihrer unglaublich engen Beziehung und der Art und Weise, wie N'kisi Sprache sinnvoll verwendete. Nachdem ich von so vielen bemerkenswerten Vorfällen gehört hatte, war ich natürlich daran interessiert, mit eigenen Augen und Ohren zu erleben, ob N'kisi wirklich Aimées Gedanken lesen konnte. Wir beschlossen, auf der Stelle einen einfachen Test zu machen, indem wir eine Situation wiederholten, in der N'kisi anscheinend spontan Telepathie demonstrierte. Aimée und ich gingen in ein anderes Zimmer, wo N'kisi nicht sehen konnte, was wir gerade taten, und ich sah zu, wie Aimée mehrere verschiedene Bilder betrachtete. Als sie ein Bild in die Hand nahm, das ein Mädchen zeigte, und sich einen Augenblick darauf konzentrierte, hörten wir N'kisi mit unmissverständlicher Deutlichkeit sagen: «Das ist ein Mädchen.» Da wir uns in einem anderen Zimmer befanden und über das Bild nicht gesprochen hatten, gab es keine Möglichkeit, dass irgendwelche Hinweise über die normalen Sinneskanäle übertragen worden waren.

Natürlich war es wichtig, diese offenkundig telepathische Kommunikation in kontrollierten Experimenten zu testen. Doch das Besondere an Aimées und N'kisis Interaktionen lag ja darin, dass sie im Kontext ihres Lebens miteinander stattfanden. Es käme also nicht in Frage, Aimée und N'kisi in ein klinisches Laborumfeld zu verfrachten und zu erwarten, dass sich der Papagei wie üblich verhielte.

Gemeinsam entwickelten wir ein Verfahren, das streng wissenschaftlich sein und auch ziemlich natürlich in N'kisis vertrauter Umgebung funktionieren würde. Aimée hatte festgestellt, dass N'kisi offenbar auf Augenblicke reagierte, in denen sie etwas entdeckte. N'kisi schien am «vorderen Rand ihres Bewusstseins zu surfen», wie sie es formulierte. Daher würden Testmethoden für Telepathie, die mit wiederholten Bildern arbeiteten wie beim Erraten von Karten, wohl kaum funktionieren. Um ein Überraschungsmoment ins Spiel zu bringen, dachten wir uns ein Experiment aus, bei dem Aimée nacheinander zugeklebte Umschläge öffnen würde. Jeder Umschlag enthielt ein anderes Foto. Diese Fotos wurden von einem Dritten ausgesucht, der sie in einen dicken, undurchsichtigen Umschlag steckte und diesen zuklebte. Dann nummerierte er die Umschläge in beliebiger Reihenfolge. Weder Aimée noch ich wussten, welche Fotos er ausgesucht hatte oder in welcher Reihenfolge sie sich in den Umschlägen befanden.

Bei jedem Versuch öffnete Aimée einen Umschlag in numerischer Reihenfolge und betrachtete das Bild zwei Minuten lang. Zwei synchron geschaltete Kameras zeichneten Aimée und N'kisi auf, die sich in separaten Zimmern auf verschiedenen Stockwerken im Haus befanden, deren Türen geschlossen waren. Natürlich konnten sie einander nicht sehen, und N'kisi konnte Aimée auch nicht hören. Auf jeden Fall sagte Aimée auch nichts, was die Tonspur ihrer Kamera bestätigte.

Anschließend schrieben drei verschiedene Personen unabhängig voneinander die Bänder mit N'kisis Kommentaren ab. Sie wussten nicht, welche Bilder sich Aimée angesehen hatte. Die Abschriften stimmten sehr gut miteinander überein. Dann wurden sie mit den Bildern verglichen, die sich Aimée auf den synchron aufgenommenen Videobändern angesehen hatte.

In vielen Fällen entsprachen N'kisis Bemerkungen den Bildern, die Aimée sah. Wenn sie sich beispielsweise ein Bild mit Blumen ansah, sagte er: «Das ist ein Bild mit Blumen.» Wenn sie sich ein Bild von jemandem ansah, der mit einem Handy telefonierte, sagte er: «Was machst'n am Telefon?» und gab Geräusche von sich wie beim Wählen. Betrachtete sie ein Bild von zwei Menschen an einem Strand, die nur spärliche Badeanzüge trugen, sagte er: «Schau dir meinen hübschen nackten Körper an.»

N'kisi hatte viel häufiger Recht, als dies der Fall gewesen wäre, wenn er einfach nur so drauflos geredet hätte. Fachlich ausgedrückt, hielten wir es für einen «Treffer», wenn er ein zuvor definiertes Schlüsselwort äußerte, das einem Bild entsprach, welches dieses Schlüsselwort darstellte. Er erzielte 23 Treffer bei insgesamt 71 Versuchen. Die statistische Analyse der Ergebnisse zeigte, dass seine «Treffer» viel häufiger waren, als sie durch Zufall zu erwarten gewesen wären, und seine «Fehler» viel seltener. Die Ergebnisse waren statistisch gesehen hoch signifikant. (Zu den technischen und statistischen Details dieses Experiments siehe Anhang B.)

Kurz, diese Tests bestätigten, was Aimée bereits bei hunderten von Gelegenheiten festgestellt hatte, nämlich dass N'kisi ihre Gedanken viel häufiger aufgeschnappt hatte, als man es rein zufällig erwarten würde.

N'kisi reagiert weiterhin auf Aimées Gedanken und Absichten auf eine offensichtlich telepathische Weise. Er fährt auch damit fort, seinen ungeheuren Wortschatz zu erweitern.[10]

Wenn man weiß, was jemand gleich sagen will

Genauso wie Haustiere manchmal bei Menschen, die ihnen nahe stehen, «Gedanken zu lesen» scheinen, tun dies auch Menschen untereinander.

Viele Menschen entdecken, dass andere ihre Gedanken oder Absichten aufschnappen, selbst wenn sie sich so nahe sind, dass sie verbal oder visuell kommunizieren könnten. Dann sagt der eine, was der andere gerade denkt. Das kommt am häufigsten zwischen Mann und Frau, Eltern und Kindern sowie zwischen Liebenden vor. Es kann auch zwischen Freunden und Kollegen sowie in anderen Situationen stattfinden, in denen Menschen eng aufeinander eingestimmt sind.

Hier einige typische Aussagen: «Bei vielen Gelegenheiten fängt mein Mann an, irgendetwas zu denken, und dann drücke ich es mit Worten aus, oder er drückt meine Gedanken aus.» – «Häufig denke ich gerade an irgendetwas, und mein Mann fängt an, darüber zu reden, und umgekehrt.»

Das Gleiche kann sich zwischen Freunden abspielen. Beispielsweise erinnerte sich eine Frau in Massachusetts, die sich an einer meiner

Umfragen beteiligte: «Meine beste Schulfreundin und ich entwickelten die Gewohnheit, die exakt gleichen Worte gleichzeitig auszusprechen, ohne uns darauf vorzubereiten.» Liebende machen diese Erfahrung manchmal auf eine besonders verblüffende Weise, wie diese junge Frau in Kalifornien:

> «Mein Freund und ich sind sehr aufeinander eingestimmt. Wir verständigen uns ohne Worte, wir schauen uns einfach nur an und verstehen im Wesentlichen, was der andere gerade denkt. Manchmal vervollständigen wir gegenseitig unsere Sätze, und manchmal tut der eine etwas, woran der andere gerade dachte, dass er es tun wolle.»

Meine Umfragen ergeben, dass solche Erlebnisse weit verbreitet sind. Wahrscheinlich haben viele Leser dieses Buches Ähnliches selbst erlebt.

Aber ist das wirklich Telepathie? Wenn Menschen einander gut kennen, neigen sie vielleicht dazu, zur gleichen Zeit das Gleiche zu denken, indem sie auf Dinge reagieren, die sie gerade gesehen oder gehört haben, ohne sich des äußeren Auslösers ihrer Gedanken bewusst zu sein. Oder vielleicht besitzen sie eine Art «mentaler Konkordanz» durch ihr gemeinsames Erleben, was zu Ähnlichkeiten im Denken führt, die telepathisch zu sein scheinen, während sie es in Wahrheit nicht sind.

Gegenwärtig lassen sich diese Fragen nicht eindeutig beantworten. Derartige Vorfälle würden keine überzeugenden Beweise für Telepathie darstellen, falls es keine unabhängigen Beweise gäbe, wenn Menschen sich jenseits der Reichweite der sinnlichen Kommunikation befänden. Aber angenommen, solche Beweise existieren – womit sich die folgenden Kapitel befassen –, dann bleibt die Frage, was vor sich geht, wenn ein Mensch sagt, was ein anderer gerade denkt.

Jedenfalls sind «mentale Konkordanz» und ähnliche Reaktionen auf äußere Reize vielleicht gar keine Alternativen zur Telepathie, sondern nur unterschiedliche Möglichkeiten, darüber zu sprechen. Wenn Menschen aufeinander «eingestimmt» sind, könnte es eine Resonanz zwischen ihren Gedanken geben, die tatsächlich telepathisch ist. Ja, die Telepathie spielt vielleicht sogar eine wichtige, aber ungeahnte Rolle in der normalen Kommunikation.

Melodien aufgreifen

Genauso häufig, wie Menschen sagen, was andere gerade denken, kommt es vor, dass Menschen eine Melodie singen oder summen, die ihrem Gefährten durch den Kopf geht. Ein Beispiel: «Bei mehreren Gelegenheiten habe ich an eine Melodie oder ein Lied gedacht, während mein Mann in einem anderen Zimmer gewesen ist. Wie erstaunt war ich, als ich ihn die Melodie pfeifen oder summen hörte!» (Elizabeth Monaghan, Egremont, Cumbria, England) Ein weiteres Beispiel: «Wenn ich mit meiner Frau zusammen bin, erlebe ich es, dass mir eine Melodie durch den Kopf geht oder ich sie summe, und dann erklärt sie mir, dass ihr die gleiche Melodie durch den Kopf gegangen sei.» (Alfred Bryant, London)

Solche Erlebnisse scheinen am häufigsten zwischen Mann und Frau sowie zwischen Eltern und Kindern, sogar ganz kleinen Kindern, vorzukommen.

> «Eines Tages, als meine Tochter etwa zweieinhalb war, fuhren wir mit dem Auto, und ich sah in einem Blumenkasten einige bunte Blumen. Da musste ich an den Vers ‹ring a ring of roses› denken. Ich bin sicher, dass ich die Melodie nicht laut sang oder summte. Eine Sekunde später begann meine Tochter, genau diesen Vers zu singen. Ich fragte sie: ‹Wieso hast du denn an dieses Lied gedacht?› Sie erwiderte: ‹Du hast es, Mami.› ‹Hab ich es gesungen oder daran gedacht?› ‹Du hast daran gedacht, Mami.›» (Nadine Hayduchok, Westhampton, New Jersey)

Auch bei diesen Beispielen ist keineswegs klar, dass es sich um Telepathie handelt, da beide Menschen wegen des gleichen äußeren Reizes an dieselbe Melodie gedacht haben können. Aber dieses Argument ist, wie wir gerade gesehen haben, zwiespältig. Die Neigung, auf den gleichen Reiz auf gleiche Weise zu reagieren, könnte durchaus auf Telepathie statt auf eine Alternative zu ihr zurückzuführen sein.

Manche Fälle lassen sich allerdings nicht so erklären. Hier ein Beispiel aus dem viktorianischen England, das Sir Lepel Griffin festgehalten hat:

«Colonel Lyttleton Annesely, Kommandeur der 11. Husaren, war vor einiger Zeit in meinem Haus abgestiegen. Eines Nachmittags, als wir nichts zu tun hatten, begaben wir uns in einen großen unbewohnten Raum, in dem sich irgendwelcher Kram und Umzugskisten befanden. Colonel A. befand sich an einem Ende dieses langen Raums und las, soweit ich mich erinnere, während ich eine seit langem vergessene Kiste öffnete, um zu sehen, was sie enthielt. Ich holte ein Bündel Papiere und alte Noten heraus, in denen ich herumblätterte, als ich auf ein Lied eines Singspiels stieß, in dem ich vor Jahren mitgesungen hatte: ‹Dal tuo stellato soglio.› … Während ich noch diese alten Noten betrachtete, begann Colonel A., der meinem Herumkramen nicht die geringste Aufmerksamkeit geschenkt hatte, ‹Dal tuo stellato soglio› zu summen. Höchst erstaunt fragte ich ihn, warum er gerade diese bestimmte Arie summe. Er wusste es nicht. Er konnte sich auch nicht erinnern, sie schon einmal gesungen zu haben – ja, ich habe Colonel A. überhaupt noch nie singen hören, obwohl er von Musik überaus angetan ist. Ich erklärte ihm, dass ich gerade die Noten zu eben diesem Lied in meiner Hand halte. Er war ebenso erstaunt wie ich, hatte er doch überhaupt keine Ahnung gehabt, dass ich irgendwelche Noten in der Hand hatte.»[11]

Dieses Phänomen mag im Zusammenhang mit einem Erlebnis stehen, das mir mehrere Menschen geschildert haben: Sie hätten an eine Melodie gedacht, und als sie das Radio anstellten, wurde genau diese gespielt. Das konnte Zufall sein, und natürlich werden beliebte Melodien häufig gespielt. Es konnte auch eine Form von präkognitiver Vorausahnung sein, eine Antizipation dessen, was zu hören sein wird, wenn das Radio angestellt wird. Aber es konnte genauso gut telepathisch sein, eine Beeinflussung durch die vielen Menschen, die bereits die Melodie im Radio hören und zu denen möglicherweise jemand gehört, mit dem der Betreffende eng verbunden ist.[12]

Gedankenlesen

Viele Ehepaare und Partner erklären, sie könnten oft sagen, was der andere gerade denke, und sogar Fragen beantworten, die noch nicht ausgesprochen seien. Das gilt ebenfalls für viele Eltern und ihre Kinder.[13] Natürlich könnte es sich auch hier um eine «mentale Konkordanz» handeln. Aber manchmal kann sich dies über eine größere Entfernung hinweg ereignen und eine nützliche Funktion erfüllen. So berichtet beispielsweise Jeanne Salzman aus Sonoma in Kalifornien: «Ich kann meinem Mann fast immer eine telepathische Botschaft senden, was er vom Markt mitbringen soll.»

Meine eigenen Erfahrungen im Gedankenlesen habe ich vorwiegend mit meinen Kindern gemacht. Einige davon könnten auf gemeinsamen Interessen oder äußeren Reizen beruhen, aber bei anderen ist das unwahrscheinlich. So fuhr ich beispielsweise eines Tages mit meinen beiden Söhnen im Taxi durch das Londoner Viertel Little Venice. Als ich aus dem Fenster sah, erblickte ich an einem Gebäude eine Gedenktafel, auf der stand, dass Alan Turing dort gelebt habe. Ich dachte daran, es den Kindern zu sagen. Aber dann wurde mir klar, dass sie wahrscheinlich noch nie von Alan Turing gehört hatten, und darum schwieg ich. Zu meiner Überraschung fragte mich eine Minute später mein älterer Sohn, der damals gerade zwölf war: «Daddy, wie heißt der Mann, der im Zweiten Weltkrieg den Enigma Code in Bletchley Park knacken half?» «Alan Turing», erwiderte ich. Ich fragte ihn, warum er das wissen wollte, und er sagte, er habe vor etwa einer Woche eine Fernsehsendung über die Codeknacker in Bletchley Park gesehen und mit seinen Schulfreunden darüber gesprochen. Aber erst in diesem Augenblick sei ihm eingefallen, mich danach zu fragen. Als ich die Gedenktafel gesehen hatte, spielte er gerade mit seinem Bruder auf der Rückbank des Taxis und hatte sie höchstwahrscheinlich nicht bemerkt. Außerdem erinnerte er sich nicht daran, sie gesehen zu haben. Ich selbst bin an diesem Haus schon viele Male vorbeigekommen, ohne sie zu bemerken.

Diese Art von Kommunikation tritt zuweilen gehäuft auf. So berichtet beispielsweise Teri Woods aus dem Staat Washington: «Als meine Kinder zwischen vier und acht waren, musste ich ihnen bestimmte Dinge nicht sagen – sie gaben mir die Antwort, bevor ich ihnen eine Frage stellte, oder kamen vom Spielen herein, bevor ich sie rief. Das kam auch zwischen mir und meiner Mutter öfter vor, bis ich auf die High School ging. Ich konnte ‹sehen›, was sie gerade dachte. Wenn sie mir etwas im Laden gekauft hatte, sah ich, wie sie es mitbrachte, bevor sie hereinkam.»

Claire Bryce, die in England lebt, erlebt so etwas ziemlich oft bei ihrer neunjährigen Tochter: «Wenn ich über etwas nachdenke, beantwortet sie oft laut meine unausgesprochene Frage. Häufig kommt sie auf ein Thema zu sprechen, an das ich gerade denke. Einmal hatten wir beide gleichzeitig den gleichen Traum, in dem ein Passagierflugzeug hinten im Garten landete!»

Dr. Berthold Schwarz hat die bei weitem umfassendste Untersuchung über Eltern-Kind-Telepathie durchgeführt, zusammen mit seiner Frau und seinen beiden Kindern. Schwarz, ein Psychiater, und seine Frau Ardis, die in New Jersey lebten, führten ausführlich Tagebuch über alle möglichen telepathischen Episoden zwischen ihnen und ihren Kindern Lisa und Eric von deren Geburt an. Als die Kinder vierzehn und zwölf Jahre alt waren, hatten sie insgesamt 1520 solcher Vorfälle aufgezeichnet. In seinem Buch *Parent-Child Telepathy: A Study of the Telepathy of Everyday Life*[14] stellt Schwarz alle 524 Vorfälle bis zum Alter der Kinder von 9 und 7 Jahren detailliert dar. Hier zwei Beispiele. Beim ersten war Eric 3, beim zweiten war Lisa 8, und beide Male war ihr Vater beteiligt:

> «Nach dem Frühstück blieben Eric und ich in der Küche. Eric stand an seiner Tafel und kehrte mir den Rücken zu. Mir war kalt, aber ich unterdrückte das Verlangen, mir Arme und Rücken kräftig zu massieren. Plötzlich drehte Eric sich um und rieb sich energisch die Arme und den Rücken.»[15]

> «Ich saß bequem in einem Sessel und sah mir eine topographische Karte an, Lisa war bei mir. Zum ersten Mal entdeckte ich auf der Karte den Stickle Pond. ... Ich dachte: Hmm, ein natürlicher See, muss schön sein. Kaum waren mir diese vagen Gedanken durch den Kopf gegangen, platzte Lisa heraus: ‹Stickle Pond – ist das ein natürlicher Teich oder nicht?› In der Gegend gibt es mindestens 75 Teiche, von denen über 35 auf dieser topographischen Karte eingezeichnet waren. Lisa, die hinter mir stand, konnte meine Augen nicht sehen.»[16]

Schwarz war sich natürlich bewusst, wie schwer sich sagen ließ, ob derartige Vorfälle wirklich telepathisch waren, auf subtilen Hinweisen oder ähnlichen Assoziationen beruhten oder rein zufällig waren. Jedenfalls meinte er, viele von ihnen lägen in einem Spektrum zwischen «unverfälschten telepathischen Ereignissen an einem Ende und den üblichen Mitteln der sinnlichen Wahrnehmung am anderen»[17].

Tatsächlich kann man in den meisten Fällen einer möglichen Telepathie zwischen Menschen, die einander physisch und emotional nahe sind, nur schwer zwischen gewöhnlichen Denkprozessen und Gedankenübertragung durch Telepathie unterscheiden. Meist wird dies dazu benutzt, die Argumente für die Existenz der Telepathie in Frage zu stellen, in der Annahme, dass Ähnlichkeiten im Denken zweier Menschen, die einander gut kennen, keine besondere Erklärung erfordern. Doch wir wissen sehr wenig über die Übertragung von Gedanken, und es könnte durchaus sein, dass die Telepathie in einer vollkommen normalen Kommunikation eine wichtige Rolle spielt, selbst da, wo man das gar nicht vermutet.

Worte lassen sich natürlich dazu benutzen, Gedanken zu vermitteln, und das funktioniert am besten, wenn die Gedanken im Wesentlichen verbal sind. Aber wenn jemand versucht, ein Bild zu übermitteln, reichen Worte oft nicht aus. Wir haben kein direktes Kommunikationsmittel, um Bilder von Geist zu Geist zu übertragen, außer vielleicht dadurch, dass wir auf ähnliche Dinge deuten oder Bilder oder Zeichnungen heranziehen. Manche Menschen haben festgestellt, dass sie effektiver kommunizieren können, indem sie Bilder irgendwie direkt übertragen. So erzählte mir beispielsweise ein junger Mann in London, er habe ziemlich oft vergebens versucht, einem Freund etwas mit Worten zu beschreiben. «Dann sehe ich es in Gedanken als Bild vor mir. Der andere sagt: ‹Aha!› und versteht mich völlig.» Eine Frau in Buenos Aires berichtete mir, sie habe mehrmals erlebt, dass jemand mit ihr über einen Film sprach, aber den Titel vergessen hatte, und dann empfing sie «ein Bild von dem Film und konnte den Titel nennen». Vielleicht geschieht dies häufig. Statt zu versuchen, Fälle von offenkundiger Telepathie als normale Kommunikation zu erklären, könnte es oftmals angemessener sein, viele Fälle von normaler Kommunikation als Telepathie zu erklären!

Wenn die telepathische Übertragung von Bildern in der menschlichen Kommunikation stattfindet, dann kann es sie genauso gut in der Kommunikation zwischen Tieren geben. Wir gehen ja gewöhnlich davon aus, dass das Bellen von Hunden oder das Zwitschern von Vögeln an sich ein Mittel der Kommunikation ist. Aber wenn das nun hauptsächlich eine Möglichkeit darstellt, Aufmerksamkeit zu erwecken und einen Kanal zu öffnen, durch den sich dann Kommunikation telepathisch vollzieht? Die Laute dienen vielleicht dazu, den Hörer auf Bilder im Geist des Tieres einzustimmen, das die Laute von sich gibt. An der Kommunikation von Mensch und Tier könnte viel mehr beteiligt sein als das, was ins Auge oder Ohr fällt.

Die Bedeutung dieses Prinzips wird im Zusammenhang mit der Übertragung mathematischer Ideen besonders offenkundig.

Telepathische Mathematiker oder platonische Mathematiker?

Viele Mathematiker denken visuell und haben «mathematische Landschaften» vor ihrem geistigen Auge, wie Francis Galton, der Vetter von Charles Darwin, dies genannt hat.[18] Sie «sehen» mathematische Prozesse und verstehen Ideen durch eine Art visueller Intuition. Wer solche Landschaften nicht vor sich sieht, hat oft Mühe, die Mathematik zu verstehen oder ihr zu folgen. Mathematische Symbole vermögen nichts von der mentalen Bilderwelt visuell begabter Mathematiker zu vermitteln. In der Musik liefe das auf den Versuch hinaus, jemandem, der taub ist, ein Musikstück einfach durch ein Notenblatt verständlich zu machen. Manche Menschen, die außergewöhnlich musikalisch sind, können zwar geschriebene Musik lesen und mit einem «inneren Ohr hören». Aber den meisten Menschen ist das nicht möglich, und für sie vermittelt die Notation keinesfalls die Musik selbst.

Für Mathematiker, die visuell denken, stellen mathematische Symbole eine Hilfe beim Übertragen von Gedanken dar, aber die Gedanken selbst werden für sie anscheinend auf eine Weise zugänglich, die weit über visuelle oder verbale Zeichen hinausgeht.

Viele führende Mathematiker und theoretische Physiker sind Platoniker und glauben, dass die Welt der Mathematik ein ewiges Reich von Ideen darstellt, die weit über jeden individuellen menschlichen Geist hinausreichen. (Im Platonismus unterscheiden sich diese transzendenten Ideen von den bloß menschlichen Ideen, die begrenzter und fehlbar sind.) Für die Gründungsväter der modernen Naturwissenschaft wie Kopernikus, Kepler, Galilei, Descartes und Newton waren mathematische Formen Ideen im Geist eines mathematischen Gottes, und viele Mathematiker vertreten noch heute diese Denkweise. Selbst für diejenigen, die nicht mehr an Gott glauben, existieren mathematische Ideen in einem transzendenten mentalen Reich jenseits der normalen Welt von Zeit und Raum.

Dass Mathematiker so an dieser Denkweise hängen, liegt vielleicht auch an der Art und Weise, wie mathematische Ideen begriffen werden. Die Kommunikation dieser Konzepte scheint über die Möglichkeiten der gewöhnlichen menschlichen Sprache hinauszugehen. Roger Penrose, ein bekannter Mathematiker in Oxford, hat diesen Prozess besonders anschaulich beschrieben:

> «Fast mein ganzes mathematisches Denken vollzieht sich visuell und in nichtverbalen Vorstellungen. ... Oft stehen mir einfach nicht die Worte zu Gebote, um die erforderlichen Vorstellungen auszudrücken. ... Häufig erlebe ich, wenn irgendein Kollege mir ein Stück Mathematik zu erklären versucht, dass ich eigentlich aufmerksam zuhören sollte, dann aber die logischen Zusammenhänge zwischen einer Reihe von Worten und der nächsten absolut nicht verstehe. Doch irgendein vermutetes Bild formt sich in meinem Geist zu den Ideen, die er vermitteln wollte – und zwar formt es sich ganz nach meinem eigenen Vermögen und hängt anscheinend kaum mit den geistigen Bildern zusammen, die die Basis für das Verständnis meines Kollegen gewesen waren –, und dann antworte ich. Und dann bin ich ziemlich erstaunt, dass meine eigenen Bemerkungen gewöhnlich als angemessen akzeptiert werden und die Unterhaltung auf diese Weise weiterläuft.»[19]

Penrose schildert, wie ein Bild trotz der Unzulänglichkeit der Worte kommuniziert werden kann, und meint, es «ist mir ein Rätsel, wie nach diesem seltsamen Verfahren überhaupt eine Kommunikation möglich ist». Als er dies zu erklären versucht, zieht er die Möglichkeit der Telepathie nicht in Betracht. Vielmehr verharrt er im konventionellen Rahmen der Naturwissenschaft, die nur zwei Möglichkeiten anbietet. Die eine ist die materialistische Methode, die alles als physikalische

Kommunikation durch die bekannten Sinne und physikalischen Prozesse im Gehirn erklärt. Die andere ist der Platonismus, die Kehrseite der Münze des wissenschaftlichen Materialismus. In der mechanistischen Wissenschaft sollen zwar alle physikalischen Prozesse mechanistisch nach Ursachen materieller und energetischer Art ablaufen, doch die Natur insgesamt werde mutmaßlich von mathematischen Gesetzen regiert, die Zeit und Raum transzendieren und eher platonische Ideen als Dinge sind. Diese Vorstellung übernimmt Penrose, um die Kommunikation mathematischer Ideen zu erklären:

> «Ich stelle mir vor, dass der Geist immer dann, wenn er eine mathematische Idee wahrnimmt, Kontakt zu Platons Welt der mathematischen Vorstellungen aufnimmt. (Aus platonischer Sicht haben mathematische Ideen eine eigene Existenz und bewohnen eine ideale platonische Welt, die nur über den Intellekt zugänglich ist.) Wenn man eine mathematische Wahrheit ‹sieht›, bricht das Bewusstsein in diese Welt der Ideen ein und tritt in direkten Kontakt mit ihr. … Dieses ‹Sehen› ist das Wesen des mathematischen Verstehens. Wenn Mathematiker miteinander kommunizieren, wird dies ermöglicht, weil jeder einen direkten Weg zur Wahrheit hat und beider Bewusstsein in der Lage ist, mathematische Wahrheiten direkt wahrzunehmen, eben durch diesen Prozess des ‹Sehens›. (Oft wird dieser Akt der Wahrnehmung von Ausrufen wie ‹Oh, ich sehe!› begleitet.) Da beide mit Platons Welt direkt in Kontakt treten können, können sie leichter miteinander kommunizieren, als man dies erwarten würde.»

Vielleicht teilen viele Mathematiker Penroses Ansicht, auch wenn nur wenige diese ziemlich mystische Position in der Öffentlichkeit vertreten würden. Für die meisten Nichtmathematiker ist das eine überraschende Theorie. Penrose bekennt sich dazu, weil er sich die Mühe gemacht hat, darüber nachzudenken, wie sich mathematisches Kommunizieren vollzieht, und weil er die konventionellen Erklärungen durch eine symbolische und verbale Kommunikation für unzulänglich hält.

Aber der Platonismus ist nicht die einzige Alternative, eine andere ist die Telepathie. Die Mathematik ist kein Sonderfall, sondern sie lässt sich als ein Aspekt des allgemeineren Problems der Kommunikation von nichtverbalen Bildern verstehen. Vielleicht spielt ja die telepathische Gedankenübertragung eine wichtige Rolle in der mathematischen wie in der nichtmathematischen Kommunikation.

Telepathie zwischen Therapeuten und Patienten

Ziemlich oft gehen Psychotherapeuten und ihre Patienten enge emotionale Bindungen ein, besonders dann, wenn sie häufig und intensiv zusammen sind wie bei der Freud'schen Psychoanalyse. Diese Bindungen werden oft als *Übertragung* und *Gegenübertragung* bezeichnet. Übertragung wird von Freudianern definiert als «die Verlagerung von Gefühlen und Einstellungen, die anderen Menschen (gewöhnlich den eigenen Eltern, aber auch Geschwistern, einem Ehepartner usw.) entgegengebracht werden, auf den Analytiker».[20] Bei der Gegenübertragung kommt es zu Projektionen des Analytikers auf den Patienten oder, allgemeiner gesagt, zu einer emotionalen Beziehung zum Patienten.

Diese Situation schafft nicht nur gute Bedingungen für eine telepathische Gedankenübertragung, sondern auch dafür, dass dies erkannt wird, da Therapeuten und Patienten Gedanken, Träumen und Emotionen oft mehr Aufmerksamkeit schenken als Menschen, die eine eher flüchtige Beziehung verbindet. So kann es in dieser Situation durchaus ziemlich häufig zu Telepathie kommen, aber Therapeuten, die den gleichen Tabus wie andere Intellektuelle unterworfen sind, sträuben sich oft dagegen, dies zu akzeptieren oder zuzugeben.

Sigmund Freud interessierte sich für paranormale Phänomene und war Mitglied der Society for Psychical Research. In Aufsätzen, die nur unter seinen engsten Anhängern zirkulierten, stellte er mehrere verblüffende Beispiele von Gedankenübertragung vor, die sich kaum auf andere Weise erklären ließen.[21] Aber gleichzeitig war er bemüht, die Psychoanalyse als wissenschaftlich glaubwürdig zu etablieren. Er war sich der Tabuisierung paranormaler Phänomene in der institutionalisierten Wissenschaft und unter Intellektuellen generell nur allzu bewusst. Und er befürchtete, dass jede öffentliche Beglaubigung «der so genannten okkulten Tatsachen» sich nicht nur für die Psychoanalyse, sondern auch für die mechanistische Wissenschaft insgesamt negativ auswirken würde:

«Es ist kaum zweifelhaft, dass die Beschäftigung mit den okkulten Phänomenen sehr bald das Ergebnis haben wird, einer Anzahl von ihnen die Tatsächlichkeit zu bestätigen; es ist zu vermuten, dass es sehr lange dauern wird, bis man zu einer annehmbaren Theorie dieser neuen Tatsachen gelangt. Aber die gierig aufhorchenden Menschen werden nicht so lange warten. Von der ersten Zustimmung an werden die Okkultisten ihre Sache für siegreich erklären. ... Sie werden als Befreier vom lästigen Denkzwang begrüßt werden, alles, was seit den Kindertagen der Menschheit und den Kinderjahren der Einzelnen an Gläubigkeit bereitliegt, wird ihnen entgegenjauchzen. Ein fürchterlicher Zusammenbruch des kritischen Denkens, der deterministischen Forderung, der mechanistischen Wissenschaft mag dann bevorstehen...»[22]

Angesichts solcher Befürchtungen und der eifrigen Bemühungen Freuds und vieler seiner Anhänger um wissenschaftliches Ansehen überrascht es nicht, dass sie es vorzogen, die Gedankenübertragung in der Öffentlichkeit nicht zu erwähnen, und sogar vermeiden wollten, darüber nachzudenken. Gleichwohl erwähnen Analytiker mögliche telepathische Erlebnisse in dutzenden von Publikationen.[23] Aber inzwischen haben sich die Dinge geändert.[24] Seit den neunziger Jahren sind immer mehr Psychoanalytiker bereit zuzugeben – zumindest untereinander –, dass Telepathie anscheinend wirklich vorkommt, und sie sind offen dafür, genauer darüber nachzudenken und sie bei ihren Patienten sogar zu erforschen.

Führend in dieser Bewegung ist Elizabeth Lloyd Mayer aus Berkeley in Kalifornien, die eine Reihe von Beispielen aus ihrer eigenen Praxis veröffentlicht und zur Diskussion gestellt hat. In einem Fall schilderte ein Patient die neue Freundin seines Onkels, die er als charmant, anmutig und intelligent bezeichnete. Mayer merkt dazu an: «Ich erlebte, wie ein Bild von reifen, frischen Pfirsichen vor meinem geistigen Auge vorüberzog. ... Dann erwähnte mein Patient, dass die Freundin vier jüngere Schwestern habe. ... Sie sei aus Georgia, fügte mein Patient erklärend hinzu. Und dann sagte er, der Vater der Freundin sei so stolz auf seine fünf Töchter gewesen, dass er sie stets seine fünf Georgia-Pfirsiche genannt habe.»[25]

Mayer hält ihre Fallbeispiele nicht für besonders ungewöhnlich, sondern für «ziemlich normale klinische Erfahrungen». Sie reichten an sich nicht aus, um die Existenz von Telepathie zu beweisen, verlangten aber nach einer Erklärung. Sie müssten im größeren Zusammenhang einer Erforschung psychischer Phänomene gesehen werden.[26]

Einige der verblüffendsten Fallbeispiele, die von einem Freud'schen Psychoanalytiker veröffentlicht worden sind, enthält ein Aufsatz mit dem Titel «Telepathische Träume?» von Robert Stoller, einem Dozenten an der University of California in Los Angeles. Dieser Aufsatz, 1973 geschrieben, aber erst 2001 posthum veröffentlicht, enthält viele Beispiele von offenkundiger Telepathie zwischen Stoller und seinen Patienten. So erzählte ihm zum Beispiel ein Patient von einem Traum aus der vorangegangenen Nacht: «Ein Mann erläuterte mir eine neue Erfindung. Es war eine neue Art, Häuser zu bauen und zu vermarkten. Er zeigte mir einen großen zentralen Betonpfeiler. An den ließen sich einzelne Räume hängen, die man im Laden kaufen konnte, und zwar in beliebiger Anzahl und in jedem Stil.» Der Patient verband mit dem Traum nur wenige oder gar keine Assoziationen, und die Einzelheiten unterschieden sich von allen anderen Details in seinen vorherigen Träumen und tauchten nie wieder auf. Aber der Traum hing eng mit einem tatsächlichen Ereignis in Stollers Leben zusammen. «Am Vortag hatte mich ein Freund aus San Francisco besucht und mir von einer Unterhaltung mit einem Architekten erzählt, der eine neue Idee vermarkten wollte: Man würde einen zentralen Betonkern errichten, an den vorgefertigte Räume von jeder Größe und in beliebiger Anzahl gehängt werden konnten.»

Obwohl sich solche scheinbar telepathischen Episoden wiederholt ereigneten, fühlte sich Stoller dabei nicht sehr wohl. «Abgesehen davon, dass dieses Thema meinen wissenschaftlichen Anschauungen fremd ist, habe ich auch gezögert, dies aufzuschreiben, da ich nicht weiß, ob etwas Richtiges oder Falsches in mir vorgeht. Wenn sich eines Tages herausstellt, dass derartige Erlebnisse eine ganz normale Funktion in der menschlichen Psychologie widerspiegeln, wird man es für sonderbar halten, dass mir dabei nicht wohl zu Mute war.»[27]

Psychotherapeuten der Jung'schen Schule sind im Allgemeinen weniger ängstlich im Hinblick auf Telepathie und andere paranormale Phänomene, genau wie Carl Gustav Jung selbst.[28] So schilderte Jung beispielsweise in seinen Erinnerungen einen Traum, den er in einem Hotel hatte. Damals machte er sich Sorgen wegen eines bestimmten Patienten, der, wie er glaubte, vielleicht an Depressionen litt. Gegen zwei Uhr morgens schreckte er aus dem Schlaf hoch, weil er das Gefühl hatte, jemand wäre ins Zimmer gekommen, aber als er das Licht anmachte, war niemand da. «Dann versuchte ich mich zurückzuerinnern, und es fiel mir ein, dass ich von einem dumpfen Schmerz erwacht war, als wenn etwas an meine Stirn geprallt und dann an der hinteren Schädelwand stecken geblieben war. Am nächsten Tag erhielt ich ein Telegramm, dass jener Patient Suizid begangen hätte. Er hatte sich erschossen. Später erfuhr ich, dass die Kugel an der hinteren Schädelwand stecken geblieben war.»[29]

Wenn die Telepathie einmal als «eine ganz normale Funktion der menschlichen Psychologie» verstanden wird, werden mehr Psychotherapeuten bereit sein, die telepathischen Vorgänge zwischen sich und ihren Patienten festzuhalten und zu untersuchen. Die Forschung von Psychotherapeuten könnte sehr erhellend für die Wirkungsweise von Telepathie sein, insbesondere im Hinblick auf den Zusammenhang zwischen telepathischer Gedankenübertragung und der Kommunikation von Gedanken durch normale sinnliche Mittel.

Telepathie in Ratespielen

Bei Ratespielen scheinen manche Menschen telepathisch auf die Gedanken anderer zu reagieren. Katie Campbell (Minnesota) hat ihre Erlebnisse folgendermaßen zusammengefasst: «Meine Mama und ich sind sehr eng miteinander verbunden – sie kann meine Gedanken lesen, und ich glaube, ich kann besser Signale aussenden. Wenn wir Ratespiele spielen und ich ihr eine Frage stelle (oder jemand anderes eine Frage stellt) und die Antwort kenne, dann ist sie im Stande, sie zu beantworten. Aber wenn ich die Antwort nicht kenne, ist es weniger wahrscheinlich, dass sie auf die richtige Antwort kommt. Und auch wenn ich absichtlich an die falsche Antwort denke, kann sie normalerweise die Frage nicht beantworten.»

Ein Spiel, bei dem das anscheinend ziemlich häufig vorkommt, ist «Trivial Pursuit», ein Brettspiel, bei dem die Spieler Fragen aus verschiedenen Wissensgebieten beantworten müssen, die auf Karten stehen. «Trivial-Telepathie ist meine Geheimwaffe, wenn ich gegen meinen Mann spiele, obwohl er schon beim Gedanken daran sauer wird! Ich habe festgestellt, wenn er vor der Beantwortung zögert und ich die Antwort anschaue, findet er immer die richtige Antwort. Wenn er jedoch zögert und ich an alle möglichen anderen Antworten denke, gelingt es ihm nicht, die richtige Antwort zu finden. Aber trotz dieser fiesen Taktik schlägt er mich immer. Leider kann ich in seinem viel besseren Verstand nicht lesen!» (Eirwen Dallas, Alford, Lincolnshire)

Ein Spiel, das anscheinend die verblüffendsten Fälle von Telepathie hervorruft, ist das Zeichenratespiel «Pictionary», bei dem zwei Teams gegeneinander spielen, um das Wort, die Person oder den Gegenstand herauszufinden, die von je einem Teammitglied gezeichnet werden. Die beiden Zeichnenden sehen die gleiche Karte, auf der ein Wort, eine Person oder ein Gegenstand abgebildet ist. Jeder muss die Abbildung zeichnerisch umsetzen, während die anderen Mitglieder des Teams raten müssen, worum es sich dabei handelt. In einer Familie mit Zwillingen, die demselben Team angehörten, gewannen diese fast immer, da «der eine raten konnte, was der andere zeichnen wollte, und zwar beinahe im selben Augenblick, da er damit begann».

Natürlich kann man sich in derartigen Situationen unmöglich sicher sein, dass es sich hier tatsächlich um Telepathie handelt, im Gegensatz zu subtilen Hinweisen, zu Körpersprache, einem ähnlich assoziativen Gedächtnis und so weiter – aber auch hier sind dies keine echten Alternativen. Die Telepathie kann nämlich durchaus mit diesen anderen Kommunikationsmitteln zusammenwirken. Um den relativen Beitrag der Telepathie zu ermitteln, wären spezielle Experimente erforderlich.[30]

Teams und andere Gruppen

Michael Murphy, der Gründer des Esalen Institute in Kalifornien und ein Pionier in der Erforschung menschlicher Potenziale,[31] hat überzeugend dargelegt, dass der Sport eine der verbreitetsten Möglichkeiten in der heutigen Welt darstellt, dank deren Menschen Bewusstseinsveränderungen erleben, ja sogar mystische Erlebnisse haben. In seinem zusammen mit Rhea White geschriebenen Buch *The Psychic Side of Sports* behauptet Murphy, in Mannschaftssportarten «kann außer ‹Glück› oder Zufall und dem Aufgreifen von unterschwelligen sensorischen Hinweisen noch ein Element von außersinnlicher Wahrnehmung oder ESP im Spiel sein».[32]

So sagte beispielsweise Walt Frazier, der ehemalige Basketballstar der New York Knicks, über seine Fähigkeit, Bill Bradleys Pässe gedanklich vorwegzunehmen: «Manchmal schickt er mir den Ball zu, bevor ich den ersten Schritt tue. Das ist wie Telepathie. Wir sehen einander in die Augen, und er kennt den ganzen Blödsinn, an den ich denke.» Dazu Murphy und White: «Solange sie einander in die Augen schauen, lassen sich sensorische Hinweise nicht ausschließen, auch wenn sie weder gezielt gegeben noch bewusst empfangen werden. Es ist wie Telepathie, aber wir können nicht sagen, dass es sich wirklich darum handelt.»[33]

Jayne Torville und Chris Dean waren die berühmtesten Eistänzer ihrer Generation und bekannt für ihr außergewöhnliches Harmonieren. Ihre beiden Körper «bewegten sich wie einer». Dean bemerkte dazu: «Wir sind auf dem Eis telepathisch. Es lässt sich einfach nicht anders erklären.»[34] Bei ihrem Harmonieren müssen sensorische Hinweise eine große Rolle gespielt haben, aber es könnte durchaus mehr im Spiel gewesen sein, genau wie Dean es sagte.

Der berühmte brasilianische Fußballer Pelé ging noch weiter. «Anscheinend wusste er intuitiv in jedem Augenblick die Position aller anderen Spieler auf dem Feld und sah einfach voraus, was jeder Mann als Nächstes tun würde.»[35] Zweifellos ist dies zum Teil eine Frage der Aufmerksamkeit und der Konzentration und eines guten peripheren Gesichtsfelds, aber es kann durchaus mehr im Spiel sein. Wie wir bereits gesehen haben, schließen sich Telepathie und die normalen Sinne nicht gegenseitig aus, sondern können oft zusammenwirken.

Die Bindung zwischen den Angehörigen einer Gruppe ist in den bewaffneten Streitkräften von ungeheurer Bedeutung, und militärische Ausbildungsprogramme zielen gewöhnlich darauf ab, den Teamgeist zur zweiten Natur zu machen. Gemeinsame Kampferfahrungen tragen sogar noch mehr dazu bei.

Teams sind soziale Gruppen, in denen die einzelnen Mitglieder wie ein einziger Organismus zusammenwirken, um gemeinsame Ziele zu erreichen. Die internen Bindungen können als Kanäle für telepathische Kommunikation dienen, genau wie in anderen sozialen Gruppen. Aber damit soll nicht gesagt sein, dass die Individuen stets effektiv miteinander verbunden sind und dass alle Teams als Organismen gut funktionieren. Selbst innerhalb gut eingespielter Teams, deren Mitglieder viele gemeinsame Erfahrungen gemacht haben, kann dieser Zustand kommen und gehen. Er kommt, wenn sich ein ansteckendes Selbstvertrauen im Team verbreitet – er geht, wenn die Mitglieder müde oder demoralisiert sind. Michael Novak, ein anderer scharfsinniger Sportautor, hat dies einmal so formuliert:

> «Wenn eine Ansammlung von Individuen zum ersten Mal ein Team bildet, das wahrhaftig als fünf- oder elfköpfige Einheit zu reagieren beginnt statt als ein Aggregat von fünf oder elf Individuen, kann man das Klicken fast hören: Da fängt eine neue Art von Wirklichkeit auf einer neuen Ebene der menschlichen Entwicklung an zu existieren. … Für diejenigen, die Teil eines Teams gewesen sind, das dieses Klicken der Gemeinschaftlichkeit kennt, ist die Erfahrung so unvergesslich, als wenn sie zumindest eine Zeit lang eine höhere Existenzebene erlebt hätten.»[36]

Ähnliche Erlebnisse kommen in vielen anderen Arten von Gruppenaktivitäten vor, etwa beim Musizieren. So meint beispielsweise Catherine Baker, eine professionelle Fagottistin, dass Musiker, die miteinander spielen, sich die ganze Zeit der nonverbalen Kommunikation bedienen, manchmal auch telepathischer Verbindungen zwischen den Musikern ebenso wie zwischen Musikern und Dirigenten. «Wenn ein Kammerorchester in einem Konzert diese übersinnliche ‹Verbindung› bekommt, ist es dem Publikum (ebenso wie den Musikern!) anscheinend bewusst, dass es Teil von etwas Besonderem ist.» Andere Musiker, die in Folk- und Jazzgruppen mitspielen, haben mir in etwa das Gleiche erzählt, ebenso Schauspieler, die bei Theatergruppen mitarbeiten, insbesondere wenn sie gemeinsam improvisieren. Ähnliches habe ich auch von Menschen gehört, die miteinander tanzen.

Wahrscheinlich stellen sich in traditionellen Gesellschaften derartige Verbindungen am häufigsten beim Singen und Tanzen ein und können durchaus eine wichtige Rolle bei Gruppenaktivitäten wie dem

Jagen spielen. Aber über die mögliche Rolle der Telepathie in sozialen Gruppen ist wenig bekannt. Offenkundig bedeuten die normale sinnliche Kommunikation einschließlich der Körpersprache und der subtilen Hinweise viel, ebenso wie das Gedächtnis und die Erwartung. Auch hier wäre die Telepathie keine Alternative zu anderen Kommunikationsformen und zum Gedächtnis, sondern würde mit ihnen zusammenwirken. So sieht oder hört man zum Beispiel einerseits, was ein anderes Mitglied der Gruppe gerade tut – andererseits interpretiert man diese Information und reagiert entsprechend. Die Telepathie in menschlichen Gruppen ist Teil unseres evolutionären Erbes und in der Art und Weise verwurzelt, wie Tiergruppen durch soziale Felder koordiniert sind, wie wir im 7. und 18. Kapitel sehen werden.

2. Gedankenübertragung im wissenschaftlichen Versuch

Die Forschung zur Telepathie konzentriert sich meist auf die erste Art von Telepathie, bei der es um Gedankenübertragung geht, im Gegensatz zur zweiten Art, die sich der Aufmerksamkeit aus einer gewissen Entfernung widmet, wie etwa bei telepathischen Telefonanrufen.

Typisch für Experimente zur Gedankenübertragung ist es, Karten erraten zu lassen, die eine andere Person betrachtet, oder was diese Person zeichnet, sieht oder denkt.

Dagegen ist das Vorauswissen von Anrufen oder Absichten über eine gewisse Entfernung hinweg noch kaum erforscht worden. Meine eigenen Experimente mit Hunden, die wissen, wann ihre Besitzer heimkommen, stellen ein Beispiel für eine solche Forschung dar, meine Experimente zur Telefontelepathie (siehe 6. Kapitel) ein anderes.

Bei einigen der frühesten und faszinierendsten Experimente zur Telepathie wurden die Verbindungen zwischen Hypnotiseuren und ihren Probanden erforscht.

Telepathie zwischen Hypnotiseuren und ihren Probanden

Im frühen 19. Jahrhundert wurde die Hypnose eine – freilich umstrittene – Mode. Allerdings wurde sie in diesem Stadium noch «tierischer Magnetismus» oder «Mesmerismus» genannt, nach Anton Mesmer (1723–1815), der das Phänomen in Frankreich populär machte. Nach 1840 wandten eine Reihe von Chirurgen die Hypnose zur Anästhesierung ihrer Patienten an, und zwar mit beachtlichem Erfolg.[1] Manche Ärzte bemerkten, dass ihre Patienten unter Hypnose einen «Rapport» oder eine «Sympathie» ihnen gegenüber entwickelten, deren Folge eine «Gemeinschaft der Empfindung» war.[2] Der Proband schien in der Lage zu sein, zu riechen, zu schmecken oder zu fühlen, was der Hypnotiseur roch, schmeckte oder fühlte.

Einige der frühesten Experimente betrafen die Übertragung von Geschmacks- und Geruchsempfindungen. Einer der Pioniere auf diesem Gebiet war ein schottischer Arzt, James Esdaile, der für die Regierung im indischen Kalkutta als Chirurg tätig war. Ab 1840 führte er über 3000 Operationen durch, bei denen er seine Patienten durch Hypnose anästhesierte, und dabei erzielte er nicht nur bemerkenswerte Erfolge in der Anästhesie, sondern auch bei seinen Operationen.

Bei einem von Esdailes Experimenten war der Proband ein junger Inder, den er erfolgreich unter Hypnose operiert hatte. Als der Patient ihm nach seiner Wiedergenesung einen Besuch abstattete, bat Esdaile ihn, an einem Test teilzunehmen. Er versetzte den Mann in Trance und verband ihm die Augen. Dann forderte er seinen Assistenten auf, ihm, Esdaile, verschiedene Substanzen – Salz, Enzian, Brandy und Limone – in den Mund zu stecken, und zwar in beliebiger Reihenfolge. Das Erste, was er im Mund hatte, war ein Schnitz überreife Limone. «Nachdem ich darauf herumgekaut hatte, fragte ich: ‹Schmeckst du irgend etwas?› ‹Ja, ich schmecke eine scheußliche alte Limone›, erwiderte der Inder und verzog das Gesicht entsprechend. Er hatte auch bei allen anderen Substanzen Recht.»[3]

Ähnliche Experimente wurden mit ähnlichen Ergebnissen von anderen Ärzten sowie von mehreren Geistlichen durchgeführt. Einer von ihnen, Reverend Andrew Gilmour aus Greenock in Schottland, mesmerisierte jeden Abend eine seiner Mägde, bis er sie in weniger als einer Minute in Trance versetzen konnte. «Sie kann mir sagen, was ich schmecke, etwa Natron, Salz, Zucker, Milch, Wasser usw., obwohl sie nicht im selben Zimmer ist wie ich. Wenn mein Fuß gepikst, an meinem Haar gezogen oder irgendein Teil meiner Person gezwickt wird, spürt sie es und beschreibt es, ohne fehlzugehen.»[4] Der Biologe Alfred Russel Wallace, der zusammen mit Charles Darwin die Theorie der Evolution durch natürliche Auslese veröffentlichte, probierte derartige Experimente aus, indem er als junger Lehrer in Leicester einige der Jungen und sogar den Schulleiter mesmerisierte.[5] Er schien in der Lage zu sein, seinen Geist mit dem eines hypnotisierten Probanden «zu verschmelzen». Und wenn er etwas Zucker oder Salz in den Mund nahm oder wenn jemand ihn zwickte oder in seine Haut pikste, schien der Schuljunge über eine gewisse Entfernung hinweg darauf Anteil nehmend zu reagieren.[6]

Manche Probanden griffen auch die privaten Gedanken des Hypnotiseurs auf. Die Tochter eines Geistlichen in Bury St. Edmunds in der englischen Grafschaft Suffolk entdeckte, dass sie die chronischen Leiden eines weiblichen Gemeindemitglieds durch Mesmerismus lindern konnte, und besuchte sie regelmäßig, um dies zu tun. Nach einiger Zeit bemerkte sie, dass diese Frau irgendwie wusste, woran sie gerade dachte. Eines Tages beispielsweise begann ihre Patientin über einen jungen Mann in Indien zu sprechen. Ohne dass ihre Patientin davon wusste, hatte sie sich gerade heimlich mit einem jungen Mann verlobt, der in den Indian Civil Service eintrat.

> «Niemand in der Stadt wusste damals darüber Bescheid …, doch kaum hatte ich meine Patientin magnetisiert, fing sie an, darüber zu reden, als ob ihr alle Tatsachen absolut vertraut wären. ‹Indien ist ganz schön weit weg, nicht wahr, meine Liebe?› Tatsächlich konnte sie monatelang von kaum etwas anderem sprechen, wenn sie mesmerisiert war, sie kannte den Namen, das Alter und das Aussehen meines Verlobten, aber in ihrem natürlichen Zustand hatte sie wie die übrige Welt keine Ahnung.»[7]

Zwar waren in den meisten Fällen die Hypnotiseure und ihre Probanden im selben Raum, doch manche versuchten herauszufinden, ob sie ihren Einfluss auch über eine gewisse Entfernung hinweg ausüben könnten. Das tat auch Captain Battersby aus Enniskillen in Irland, der seine Schwiegermutter regelmäßig hypnotisierte, um ihre Schmerzen zu lindern. Er entdeckte, dass sie schmecken konnte, was er gerade aß oder trank, die gleichen Empfindungen verspürte, etwa wenn ihn ein Haar an der Stirn kitzelte, und Fragen in Fremdsprachen beantwortete, solange er selbst die Antwort kannte. Manchmal mesmerisierte er sie von seinem eigenen Haus aus, das einen Kilometer entfernt lag.

> «Später vermochte sie mir zu berichten, was ich getan hatte, und dann wäre sie im Allgemeinen schlafen gegangen. Die Empfindung, die sie schilderte, bestand darin, dass eine Hand auf ihre Stirn

> drückte. Ich war zwar in der Lage, sie auf diese Weise in den Schlaf zu schicken, vermochte sie aber nicht in diesem Zustand zu halten, denn sie erwachte, sowie meine Aufmerksamkeit nachließ. Die Mittel, die ich einsetzte, bestanden darin, dass ich die Hand in Richtung ihres Hauses ausstreckte und meinen Willen entschieden darauf ausrichtete.»[8]

Eine der ersten Richtlinien, die in den achtziger Jahren des 19. Jahrhunderts von der neu gegründeten Society for Psychical Research aufgestellt wurden, zielte darauf ab, die Experimente von Mesmeristen reproduzieren zu können, ohne dass eine Hypnose erforderlich war. Als man mit sensiblen Probanden in einem normalen Bewusstseinszustand arbeitete, fand man heraus, dass eine «Gemeinschaft der Empfindung» sich tatsächlich im Hinblick auf Geschmacks- und Geruchsempfindungen einstellen konnte. Außerdem erforschte man die telepathische Übertragung von Schmerz. In einem beachtlichen Experiment in Liverpool hatte man der Probandin die Augen verbunden, die Experimentatoren saßen hinter ihr. Jeder von ihnen hatte eine Nadel. Auf stumme Signale hin bereiteten sich die Forscher gleichzeitig und auf die gleiche Weise Schmerzen, indem sie sich beispielsweise ins linke Handgelenk oder ins rechte Knie piksten oder sich auf die Zungenspitze bissen. «In zehn von zwanzig Fällen lokalisierte die Empfängerin den Schmerz mit großer Genauigkeit, in sechs Fällen war die Lokalisierung fast exakt.»[9] Diese Entdeckungen trugen dazu bei, sie davon zu überzeugen, dass eine Gemeinschaft der Empfindung sich in normalen Bewusstseinszuständen und nicht nur in einem Zustand des hypnotischen Rapports einstellen konnte.

Die andere Quelle, die eine experimentelle Forschung anregte, war ein in den siebziger Jahren des 19. Jahrhunderts in England und Amerika beliebtes Gesellschaftsspiel, das «willing game» oder «Willensspiel».

Von Spielen zu wissenschaftlichen Tests

Im Willensspiel verließ ein Mitglied der Gruppe den Raum und schloss die Tür hinter sich. Die übrigen entschieden sich dann für eine einfache Handlung, die das Mitglied vollführen sollte, oder versteckten einen Gegenstand, den es finden sollte. Dann wurde die Testperson wieder hereingerufen, und einer oder mehrere von den «Willen Ausübenden» nahm ihre Hand oder berührte sie leicht an den Schultern. Oft vollführte die Person die gewollte Handlung oder fand den versteckten Gegenstand. Ich selbst habe dieses Spiel vor kurzem mit meiner Familie und Freunden ausprobiert und war überrascht, wie gut es funktionierte.

Aber so eindrucksvoll solche Spiele für die Teilnehmer auch waren, konnten sie doch an sich noch nicht die Existenz von Telepathie beweisen. Edmund Gurney hat es 1886 so formuliert: «Selbst wenn äußerste Sorgfalt darauf verwandt wird, den leichten Kontakt mit absoluter Neutralität aufrechtzuerhalten, ist es unmöglich, die Grenzen der Empfindlichkeit irgendeines Probanden für solche geringfügigen taktilen und muskulären Hinweise zu setzen.»[10]

Sir William Barrett, ein bedeutender Physiker, führte bahnbrechende Experimente durch, um herauszufinden, was in Willensspielen wirklich vorging. Er entdeckte, dass das «Wollen» selbst dann noch funktionierte, wenn es keinen physischen Kontakt zwischen den Willen Ausübenden und der Testperson gab, ja sogar dann noch, wenn die Willen Ausübenden still dasaßen. Aber noch immer bestand die Möglichkeit, dass die Testpersonen Hinweise von Menschen im Raum aufgreifen konnten oder dass jemand absichtlich schwindelte, indem er Signale gab, und darum führte er Tests durch, um derartige Möglichkeiten auszuschließen. Hier seine Schilderung einer bestimmten Reihe von Experimenten. Die Testperson, die Tochter eines Vikars, wurde aus dem Zimmer geschickt und die Tür geschlossen. Man hatte ihr aufgetragen, den Gegenstand zu holen, auf den die Gruppe ihren Willen richtete, und das Zimmer erst dann wieder zu betreten, wenn sie ihn gefunden hatte:

> «Ich dachte an irgendeinen Gegenstand im Hause, der mir zufällig in den Sinn kam; ich schrieb den Begriff auf und zeigte ihn der versammelten Familie, wobei die ganze Zeit strengstes Stillschweigen bewahrt wurde. Dann dachten wir alle stumm an den Namen des ausgewählten Gegenstands. … Nach einer sehr kurzen Pause kam das Kind wieder in den Salon, im Allgemeinen mit dem ausgewählten Gegenstand. Niemand durfte den Salon verlassen, nachdem wir

> uns auf den Gegenstand festgelegt hatten – jede Verständigung mit dem Kind war ausgeschlossen. … Auf diese Weise schrieb ich unter anderen Dingen eine Haarbürste auf – sie wurde gebracht; eine Orange – sie wurde gebracht; ein Weinglas – es wurde gebracht; einen Apfel – er wurde gebracht; eine Fleischgabel – es klappte beim ersten Versuch nicht, stattdessen wurde eine Zange gebracht, aber bei einem zweiten Versuch wurde die Gabel gebracht.»[11]

Der nächste Schritt bei diesen Experimenten bestand darin, dass die Gruppe mit Hilfe schriftlicher Anweisungen aufgefordert wurde, sich auf eine bestimmte Spielkarte zu konzentrieren. Die Testperson wurde dann gebeten, diese Karte zu benennen. Das Verfahren wurde mehrmals wiederholt. Die Testpersonen hatten viel häufiger Recht, als es der Wahrscheinlichkeit nach zu erwarten gewesen wäre. Um 1880 bedienten sich Barrett und andere Erforscher paranormaler Phänomene bereits der statistischen Analyse, um herauszufinden, ob ihre Ergebnisse dem Zufall zugeschrieben werden konnten oder nicht, lange bevor statistische Tests in anderen Wissenschaftszweigen Standard wurden.

Von dieser modifizierten Version des Willensspiels war es nur ein kurzer Schritt bis zur Erkenntnis, dass Experimente mit Karten eine einfache Möglichkeit darstellten, wie zwei beliebige Menschen Telepathietests durchführen konnten. Selbst wenn die Probanden nicht besonders sensibel waren, konnten bei einer hinreichend großen Zahl von Versuchen geringe Abweichungen von den erwarteten Zufallsergebnissen statistisch signifikant sein. 1886 waren mehr als 17 000 derartige Versuche durchgeführt worden, bei denen die Testperson die Farbe jeder Karte erriet, also Herz, Pik, Kreuz oder Karo. Die Chancen standen somit eins zu vier, dass die Farbe durch Zufall richtig erraten wurde – die ohne Gedankenübertragung zu erwartende Trefferquote lag also bei 25 Prozent. Tatsächlich betrug die durchschnittliche Trefferquote 26,5 Prozent. Das ist zwar bei einer so großen Zahl von Versuchen keine sehr beeindruckende Zahl, doch dieses Ergebnis lag sehr signifikant über dem nach den statistischen Tests zu erwartenden Zufallslevel.[12] Telepathie-Experimente mit Karten wurden eines der Lieblingsverfahren von Forschern auf dem Gebiet paranormaler Phänomene und von Parapsychologen – mehr darüber gleich.

Eine andere Art von Experiment entwickelte sich aus dem Willensspiel: Tests, bei denen Bilder oder Zeichnungen eingesetzt wurden. Eine Person zeichnete ein einfaches Bild, ohne dass die Testperson dies sah, meist in einem anderen Raum, und konzentrierte sich dann auf dieses Bild. Währenddessen versuchte die Testperson, das Bild nachzuzeichnen. Ziemlich oft gab es eine bemerkenswerte Übereinstimmung. Dies wurde ein Lieblingstest unter Amateurforschern, der oft verblüffend erfolgreich war.[13] Der amerikanische Schriftsteller Upton Sinclair führte eine der beeindruckendsten Versuchsserien mit seiner Frau durch. Während sie in einem halbdunklen Raum mit geschlossenen Augen lag, vermochte sie häufig innerlich Bilder wahrzunehmen, die Zeichnungen entsprachen, auf welche sich Sinclair oder ein anderes Familienmitglied in einem anderen Zimmer oder sogar in einem 60 Kilometer entfernten Haus konzentrierte, und dann zeichnete sie sie. Sinclairs 1930 erschienenes Buch *Mental Radio* (deutsch: *Radar der Psyche*) enthält viele Beispiele.[14] Aber obwohl die erfolgreichen Übereinstimmungen eindeutig sind, besteht das Problem bei dieser Art von Experiment darin, dass es schwierig zu quantifizieren oder statistisch zu analysieren ist.

Experimente mit Karten

Zwischen den achtziger Jahren des 19. Jahrhunderts und 1939 veröffentlichten dutzende von Forschern in aller Welt insgesamt 186 Aufsätze, die rund vier Millionen Versuche mit dem Erraten von Karten schilderten. Bei den meisten wurden positive, statistisch gesehen signifikante Ergebnisse erzielt, das heißt, die Trefferquote lag höher, als zufällig zu erwarten gewesen wäre. Als sämtliche Ergebnisse miteinander kombiniert wurden (mit Hilfe des statistischen Verfahrens der Metaanalyse), lag die Wahrscheinlichkeit, dass diese positiven Ergebnisse durch Zufall entstanden waren, bei eins zu 10^{21} (eine 10 mit 21 Nullen).[15]

Einer der Standardeinwände von Skeptikern gegen derart eindrucksvolle Datensammlungen lautet, Forscher könnten dazu neigen, nur ihre positiven Befunde zu veröffentlichen, während nichtsignifikante Ergebnisse in Laborakten begraben würden. Zweifellos existiert diese

Neigung in den meisten Wissenschaftsgebieten. Aber nach meiner Erfahrung sind sich Forscher auf dem Gebiet paranormaler Phänomene dieses Problems bewusster als Wissenschaftler auf eher konventionellen Forschungsgebieten. Überdies umfassen die auf diesem Gebiet veröffentlichten Aufsätze auch die von Skeptikern, die daran interessiert sind, die Aufmerksamkeit auf negative Ergebnisse zu lenken. Gleichwohl muss dieser so genannte Schubladeneffekt ernst genommen werden, und es ist möglich, die Anzahl der vielen unveröffentlichten erfolglosen Untersuchungen zu berechnen, die erforderlich wären, um die astronomisch hohe Wahrscheinlichkeit, die für positive Psi-Effekte spricht, auf die Ebene des Zufalls herunterzuholen. Dabei ergibt sich, dass die Schubladen 626 000 unveröffentlichte Berichte über Kartenratetests enthalten müssten. Anders formuliert: Auf jede Veröffentlichung kämen 3300 unveröffentlichte Berichte über Misserfolge. Das ist höchst unwahrscheinlich.

Die positiven Ergebnisse der Kartenratetests bedeuteten, dass ein Informationstransfer stattgefunden hatte, der sich nicht durch die normalen Sinne erklären ließ.[16] Aber obwohl sich die Pioniere der Erforschung des Paranormalen vorwiegend auf die Telepathie konzentrierten, wurde bald klar, dass sich die Daten nicht allein durch Telepathie erklären ließen. Bei manchen Experimenten wurden die Karten in versiegelte Umschläge getan, und die Testpersonen erzielten Treffer über die reine Zufallserwartung hinaus, wenn sie errieten, was die Umschläge enthielten, ohne dass jemand die Karten betrachtete. Bei anderen Experimenten hob der Experimentator bloß eine Karte nach der anderen von einem gemischten Kartenstapel ab, ohne die Karten umzudrehen und sich das Bild anzusehen, und dennoch lagen die Treffer der Probanden im Schnitt über der Zufallsquote.

Die bekanntesten Experimente mit Karten waren die ESP-Kartentests, die an der Duke University in North Carolina von Professor Joseph Banks Rhine und seinen Kollegen von Ende der zwanziger Jahre bis 1965 vorgenommen wurden. Rhine führte den Begriff Parapsychologie ein, um seine Methode von der früheren psychischen Forschung zu unterscheiden, die, wie er es formulierte, auf der Basis eines «großzügigen und toleranten Umgangs mit ungewöhnlichen geistigen Phänomenen» durchgeführt worden sei.[17] Im Gegensatz dazu wollte er die Parapsychologie zu einer regulären Wissenschaft mit «streng experimentellen Methoden» machen, die von professionellen Wissenschaftlern in einem akademischen Rahmen angewandt wurden.

Statt gewöhnliche Spielkarten zu verwenden, erfanden Rhine und seine Kollegen ein spezielles Blatt, die so genannten Zener-Karten, mit fünf verschiedenen Sorten von Karten, die jeweils ein anderes Symbol trugen: Quadrat, Kreis, Wellenlinien, Stern und Dreieck. Jeder Stapel enthielt 25 Karten, fünf von jeder Sorte. Die Stapel wurden von Hand oder maschinell gemischt, und die Probanden mussten die Reihenfolge der Karten im Stapel erraten, und zwar entweder wenn ein Experimentator sie sich nacheinander ansah oder wenn niemand sie ansah. Der Wahrscheinlichkeit nach würde die Trefferquote der Probanden eins zu fünf betragen – im Durchschnitt wären also 20 Prozent ihrer Aussagen korrekt, wenn sie rein willkürlich raten würden. Rhine und seine Kollegen trafen ausgeklügelte Vorsichtsmaßnahmen, um jeden Betrug oder die Übertragung subtiler sinnlicher Hinweise zu verhindern, indem sich beispielsweise Experimentatoren und Testpersonen in verschiedenen Gebäuden befanden. Sie bewiesen, dass das Mischen der Stapel wirklich Zufallsfolgen erzeugte, und wehrten sich damit erfolgreich gegen die nicht enden wollende Kritik von Skeptikern. Darüber hinaus wiederholten andere Forscher ihre positiven Ergebnisse.

Aber obwohl diese Experimente an der Duke University signifikante Ergebnisse erzielten, waren die Auswirkungen bescheiden. Im Schnitt lag der Prozentsatz von Treffern bei etwa 21 Prozent, also nur um 1 Prozent über der Zufallsquote. Doch weil es sich um hunderttausende von Versuchen handelte, war diese Differenz statistisch gesehen hoch signifikant.[18]

Rhine und seine Kollegen versuchten ungewöhnlich sensible Probanden zu finden, und tatsächlich trieben sie einige auf, die eine Zeit lang spektakulär erfolgreich waren.[19] Aber selbst die Trefferquoten der besten Testpersonen gingen zurück, als die Experimente wiederholt wurden. Dies nannte man den «Rückgangseffekt», der sich am ehesten durch Langeweile erklären ließ. Zufallsfolgen sinnloser Karten zu erraten ist an sich öde, und nach hunderten von Versuchen wird das wirklich sehr langweilig, und zwar für die Experimentatoren wie für die Probanden.

Aber obwohl diese Experimente künstlich und langweilig waren und mit der Art und Weise, wie paranormale Phänomene im richtigen Leben vorkommen, kaum etwas zu tun hatten, so gelang doch mit ihnen der Nachweis, dass hier *irgendetwas* vorging. Darüber hinaus bewiesen Rhine und seine Kollegen, dass verschiedene Arten von ESP eng miteinander zusammenhängen.

Wenn Menschen über ein rein zufälliges Maß hinaus eine Abfolge von Karten erraten konnten, die jemand betrachtete, dann konnte man dies Telepathie nennen. Wenn niemand die Karten ansah, wäre dies Hellsehen. Und wenn Menschen erraten konnten, welche Karten der Experimentator später einmal anschauen würde,[20] wäre dies Präkognition oder Vorauswissen. Aber dann begannen sich diese Unterschiede zu verwischen. Ließ sich beispielsweise bei Hellsehtests, bei denen die Probanden Karten errieten, die niemand ansah, der Effekt eigentlich auf präkognitive Telepathie zurückführen? Vielleicht griff der Proband auf, was sich im Geist des Experimentators befände, wenn er später die Abfolge der Karten überprüfte, um zu sehen, ob der Proband richtig oder falsch geraten hatte.

Die Forscher an der Duke University versuchten diese verschiedenen Arten von ESP auseinander zu halten, indem sie beispielsweise die Telepathie von der Hellseherei trennen wollten. Bei den Standardtests zur Telepathie betrachtete ein «Sender» die Karten. Aber konnte der «Empfänger» nicht auch durch Hellseherei wahrnehmen, welche Karte der Sender betrachtete, ohne dass eine Übertragung vom Geist des Senders stattfand? In dieser Situation war es unmöglich, zwischen diesen verschiedenen Arten von ESP zu differenzieren. Daher wurde versucht, statt solcher Tests der «allgemeinen ESP» Experimente zur «reinen Telepathie» durchzuführen, bei denen der Sender an Karten in zufälligen Sequenzen bloß *dachte*, statt sich konkrete Karten anzuschauen. Um sicherzugehen, dass die Sequenzen tatsächlich zufällig waren, bekamen die Sender Listen mit Zufallszahlen, die sie in Kartensequenzen übersetzen mussten, und zwar mittels eines Codes, den sie ebenfalls im Kopf behielten und der nicht schriftlich festgehalten wurde. Erst nachdem die Probanden ihre Vermutung aufgeschrieben hatten, hielten die Sender das Symbol fest, an das sie gedacht hatten. Diese Experimente funktionierten. Dazu Rhine: «Alle Vergleiche ergaben, dass es keinen wesentlichen Unterschied bei der Trefferquote gab, ob nun der reine Telepathietest oder das alte Verfahren der undifferenzierten ESP angewandt wurde.»[21]

Eine weitere wichtige Entdeckung bei dieser Forschung zum Kartenraten bestand darin, dass die Trefferquote mancher Testpersonen *unter* der Zufallsquote lag. Diese negative Quote bedeutete, dass ESP zwar am Werk war, aber dass die Testpersonen ihre Effekte irgendwie leugneten oder verneinten. Das Phänomen wurde «psi-missing» im Unterschied zu «psi-hitting» genannt. Rhine bemerkte es zum ersten Mal, als einer seiner Starprobanden widerwillig, unter Stress arbeitete. Außerdem fand er heraus, dass eine andere Testperson auf Verlangen signifikant negative Ergebnisse erzielen konnte: «Er liegt nie unter der Zufallsquote, wenn wir ihn nicht dazu auffordern. Wenn wir ihn tatsächlich auffordern, unter der Zufallsquote zu liegen und die Karten absichtlich falsch anzusagen, kann er das erreichen und manchmal sogar null Treffer erzielen.»[22] Eine andere Parapsychologin, Gertrude Schmeidler, die in New York arbeitete, fand heraus, dass das psi-missing mit dem zusammenhing, was die Testpersonen von ESP hielten. Bevor sie sie aufforderte, sich Standard-ESP-Kartenratetests zu unterziehen, fragte sie ihre Probanden, ob sie an ESP glaubten oder nicht. Immer wieder stellte sich heraus, dass die Skeptiker (die sie «Ziegen» nannte) negative Quoten erzielten, also signifikant unter der Zufallsquote lagen, während die anderen (die «Schafe») im Allgemeinen positive Trefferquoten erzielten.[23]

Rhine arbeitete in einer Zeit, als in den Psychologielaboratorien der Universitäten gerade der Behaviorismus in Mode war, eine extreme Form von Materialismus, der das Bewusstsein als irrelevant, bestenfalls als bloßes «Epiphänomen» physikalischer Prozesse im Gehirn, als eine Art Schatten, abtat. Die Aufgabe der Psychologie bestand nach dieser Methode einfach darin, Drüsensekrete oder messbare Muskelaktivitäten zu untersuchen. Ironischerweise war Rhines eigene Methode von dieser unergiebigen akademischen Mode beeinflusst. Wahrscheinlich hätte er sonst keine Chance gehabt, als wissenschaftlich glaubwürdig zu gelten. Gleichwohl erblickte er in den positiven Befunden der Parapsychologie einen Beweis gegen die materialistische Theorie des Geistes. «Die Psi-Forschung hat das Auftreten einer Reaktionsweise eines Lebewesens ergeben, die gleichermaßen persönlich wie nichtphysikalisch ist. Das Ergebnis liefert der Psychologie den ersten eindeutigen Beweis für eine unverwechselbar mentale Domäne der Realität.»[24] Heutzutage ist der Einfluss des Behaviorismus zurückgegangen, und die meisten akademischen Psychologen äußern sich nicht mehr so feindselig über das Bewusstsein und die Wirklichkeit persönlichen Erlebens. Aber die meisten sind noch immer Materialisten und lokalisieren jede mentale Aktivität im Innern des Kopfes.

Der entschiedene Dualismus zwischen dem Physischen und dem Mentalen, den Rhine wissenschaftlich ermittelt zu haben glaubte, wird durch eine Feldtheorie des erweiterten Geistes verwischt. Telepathie und Hellsehen sind der Beweis dafür, dass der Geist sich im Raum ausdehnt. Die «Präkognition», also das «Vorauswissen», zeigt, dass er sich auch in der Zeit ausdehnt. Im dritten Teil werden wir noch einmal auf Hellsehen und Präkognition zurückkommen.

Traumtelepathie

In den sechziger Jahren wurde eine neue Forschergeneration der langweiligen, immergleichen Kartenratetests überdrüssig, die seit annähernd vierzig Jahren die Parapsychologie dominiert hatten. Ihre Experimente sollten interessanter und lebensnäher sein. Viele spontane paranormale Phänomene treten in Träumen auf.[25] Um die Traumtelepathie experimentell zu studieren, führte eine Forschergruppe am Maimonides Medical Center in Brooklyn, New York, unter Leitung des Psychiaters Montague Ullman und des Psychologen Stanley Krippner eine beachtliche Reihe von Experimenten mit schlafenden Probanden durch. Die Testperson lernte zunächst den Sender, einen der Forscher, kennen und verbrachte dann die Nacht in einem schalldichten Traumlabor. Die Forscher befestigten Elektroden am Kopf der Testperson, um die Gehirnwellen (EEG) und Augenbewegungen zu messen. Dann wurde sie allein gelassen und schlief ein. Ihre Gehirnwellen und Augenbewegungen wurden kontinuierlich überwacht. Wenn sich ihre Augen rasch zu bewegen begannen, sie also wahrscheinlich zu träumen anfing, öffnete der Sender ein versiegeltes Päckchen, das ein Bild enthielt, welches willkürlich aus einem Pool von acht möglichen Zielen ausgewählt worden war. Er konzentrierte sich auf das Zielbild und bemühte sich dabei, den Traum der Testperson telepathisch zu beeinflussen. Bei manchen Versuchen waren Sender und Empfänger bis zu 70 Kilometer voneinander entfernt.

Gegen Ende jeder Traumphase wurde die Testperson durch einen Summer geweckt und aufgefordert, jegliche Träume zu schildern. Ihre Aussagen wurden von einem Tonband aufgezeichnet und später abgeschrieben. Dann verglich ein Team von unabhängigen Gutachtern die Abschrift mit allen acht Bildern im Pool möglicher Ziele und klassifizierte sie. Sie erfuhren nicht, welches Bild bei dem Test tatsächlich verwendet worden war.

In manchen Fällen war die Übereinstimmung geradezu verblüffend. So träumte ein Proband beispielsweise, er würde zum Madison Square Garden in New York fahren und sich eine Eintrittskarte für einen Boxkampf kaufen. Das Zielbild war ein Gemälde von einem Boxkampf. Manchmal war die Verbindung eher symbolischer Natur, etwa wenn eine Testperson von einer toten Ratte in einer Zigarrenkiste träumte. Das Bild zeigte einen toten Gangster in einem Sarg.[26]

Bei insgesamt 450 Versuchen zur Traumtelepathie, über die in wissenschaftlichen Zeitschriften berichtet wurde, betrug die Gesamttrefferquote 63 Prozent, verglichen mit der Zufallstrefferquote von 50 Prozent.[27] Die statistische Wahrscheinlichkeit, dass dieses Ergebnis auf Zufall beruht, beträgt eins zu 75 Millionen.[28]

Die telepathische Übertragung von Bildern

Mitte der siebziger Jahre dachten sich mehrere junge Parapsychologen ein neuartiges Telepathie-Experiment aus, bei dem die Probanden sich in einer reizarmen Umgebung aufhalten. Frühere parapsychologische Forschungen hatten ergeben, dass Empfänger am besten arbeiteten, wenn sie entspannt waren, und die Forschung zur Traumtelepathie hatte nachgewiesen, dass Telepathie in Träumen vorkommen konnte. Das neue Verfahren sollte die Testpersonen für telepathische Einflüsse im Wachzustand empfänglicher machen. Diese Experimente erwiesen sich als erfolgreich und werden noch heute in abgewandelter Form durchgeführt.

Eine Testperson wurde in einen Spezialraum gebracht, dann wurde sie aufgefordert, in einem bequemen Lehnstuhl Platz zu nehmen und sich Kopfhörer aufzusetzen, in denen ständig «weißes Rauschen» abgespielt wurde, wie es zwischen Rundfunksendern zu hören ist. Durchscheinende Halbkugeln aus halbierten Tischtennisbällen wurden ihr auf die Augen gestülpt, und dann wurde ihr Gesicht in rotes Licht getaucht. Diese sanften, undifferenzierten Geräusch- und Lichteffekte erzeugten einen Zustand der sensorischen Deprivation, den man auf Deutsch «Ganzfeld» nannte. Außerdem wurde bei manchen Tests ein zehnminütiges Entspannungsband über die Kopfhörer abgespielt, bevor der Test begann.

Währenddessen befand sich der Sender in einem anderen Raum und erhielt ein Foto in einem versiegelten Umschlag, das willkürlich aus einem Pool von vier möglichen Bildern ausgewählt war. Oder man zeigte ihm ein kurzes Video, das aus einem Pool von vier möglichen Videos ausgewählt worden war. Waren Sender und Empfänger in ihren schalldichten Kammern eingeschlossen, versuchte der Sender, das Bild an die Testperson zu «senden». Gleichzeitig sprach die Testperson über ihre Eindrücke, und alles, was sie sagte, wurde aufgezeichnet.

Am Ende der fünfzehn- oder dreißigminütigen Testsitzung wurden der Testperson alle vier Bilder aus dem Pool gezeigt, aus dem das Zielbild stammte, und zwar in einer zufälligen Reihenfolge. Die Testperson wurde aufgefordert, sie zu klassifizieren und an die erste Stelle das Bild zu setzen, das am ehesten mit ihren Erlebnissen während der Testphase übereinstimmte. Wurde das tatsächliche Zielbild als erstes eingestuft, zählte dies als Treffer. Da die Wahrscheinlichkeit, das richtige Zielbild zufällig herauszupicken, eins zu vier betrug, ergab sich eine entsprechende Trefferquote von 25 Prozent.

Außerdem wurden die Abschriften der Bänder mit den Eindrücken der Testperson mit den Bildern verglichen. Einige wiesen eine beachtliche Übereinstimmung auf. Bei einem Test beispielsweise war das Ziel ein Videoclip von einer zusammenbrechenden Hängebrücke, die erst hin und her schwang und sich auf und ab verbog. Der Eindruck der Testperson lautete: «Ein leiterartiges Gebilde, aber es scheint fast vom Wind verweht zu werden. Fast wie eine leiterartige Brücke über irgendeine Art von Abgrund, die im Wind schwankt. Das ist nicht vertikal, das ist horizontal. ... Eine Brücke, eine Zugbrücke über irgendwas.»[29]

Einer der Leiter auf diesem Forschungsgebiet war Charles Honorton, der sich bereits früher am Traumtelepathie-Projekt des Maimonides Medical Center beteiligt hatte. 1982 stellte er die Ergebnisse von

28 getrennten Ganzfeld-Untersuchungen zusammen, die an mehreren Labors durchgeführt worden waren, und fand heraus, dass die gesamte Trefferquote 35 Prozent betrug, also signifikant höher lag als die Zufallsquote von 25 Prozent. Die Wahrscheinlichkeit, dass dieses Ergebnis auf Zufall beruhte, betrug über eins zu zehn Milliarden.

Skeptiker stellten diese Analyse natürlich in Frage, und Ray Hyman, einer von ihnen, analysierte die Daten selbst. Zu seiner Überraschung gelangte er zum gleichen Ergebnis. Da sie die konkreten Daten nicht einfach ignorieren konnten, suchten Hyman und andere Skeptiker nach Fehlern in der Gestaltung und Durchführung der Experimente. Hyman und Honorton arbeiteten dann zusammen und gaben eine gemeinsame Erklärung über verbesserte Verfahrensweisen heraus, die solche möglichen Fehler eliminieren konnten. Sie einigten sich auf Kriterien, so dass keine Seite daran rütteln konnte.[30]

Anhand dieser neuen Richtlinien führten Parapsychologen in mehreren Labors neue, computergesteuerte Versionen des Ganzfeld-Experiments durch, das nun Autoganzfeld hieß. 1989 waren zehn verschiedene Autoganzfeld-Studien abgeschlossen. Die gesamte Trefferquote von 32 Prozent war statistisch gesehen hoch signifikant.

Nun suchten die Skeptiker nach neuen Fehlern – beispielsweise behaupteten sie, Hinweise könnten vom Sender noch immer durch Klimaanlagenschächte, Zwischendecken und so weiter zum Empfänger gelangt sein. Sie versuchten, die Schuld den Forschern zu geben, weil sie nicht alle architektonischen Details der Gebäude kannten, in denen sie ihre Tests durchführten.[31] Andere behaupteten, die Videos, die bei den Tests wiederholt gezeigt wurden, könnten verkratzt worden sein, und die Testpersonen könnten diese wegen ihrer schlechteren Qualität ausgewählt haben und nicht, weil sie sie telepathisch identifiziert hatten.

Erneut verschärften die Ganzfeld-Forscher ihre Verfahren, indem sie beispielsweise den Testpersonen Kopien von Videobändern zeigten. Insgesamt erhielten sie nach wie vor positive, statistisch gesehen signifikante Ergebnisse.[32]

Allerdings war dies nicht bei allen einzelnen Experimenten der Fall.[33] So gab es beispielsweise in einem Test keine Sender, sondern nur Bilder, die in einem leeren Raum auslagen. Wenn die Empfänger sie hätten wahrnehmen können, dann durch Hellsehen statt durch Telepathie. Tatsächlich lag ihre Trefferquote nicht über der Zufallsquote.[34] Aber nach den üblichen Verfahren zum Testen von Telepathie ergab die Kombination von Resultaten aus dutzenden neuer, sogar noch strengerer Ganzfeld-Tests Trefferquoten, die noch immer sehr signifikant über den Zufallsquoten lagen.[35] Laut einer 2001 erschienenen Zusammenfassung erzielten die zehn jüngsten Studien eine gesamte Trefferquote von 37 Prozent.[36]

Diese Serie von Ganzfeld-Studien hat nicht nur weitere Beweise für die Existenz von Telepathie geliefert, sondern auch Faktoren erhellt, die ihr Auftreten beeinflussen. So erforschten zum Beispiel Marilyn Schlitz und Charles Honorton die Möglichkeit, dass künstlerisch begabte Menschen sich besser als andere Menschen als Empfänger eignen. Sie testeten Studenten der Juilliard School in New York, eines berühmten Konservatoriums für darstellende Künste. Tatsächlich erzielten die Studenten eine außergewöhnlich hohe Trefferquote – im Durchschnitt etwa 50 Prozent, also doppelt so hoch wie die Zufallsquote von 25 Prozent.[37] Kathy Dalton von der Universität Edinburgh bestätigte diese Befunde bei Musikern wie bildenden Künstlern.[38] Außerdem fand sie heraus, wenn Sender und Empfänger einander gut kannten, zum Beispiel wenn sie die besten Freunde oder Mutter und Tochter waren, dann waren die Trefferquoten oft viel höher als bei Fremden. Auch andere Forscher stellten fest, dass Sender-Empfänger-Paare, die einander emotional nahe standen, insbesondere Eltern-Kind-Paare und Geschwister-Paare, außergewöhnlich hohe Trefferquoten erzielten.[39]

Ganzfeld-Telepathie-Experimente wurden somit im Laufe von 25 Jahren unter ständig strengeren Bedingungen durchgeführt. Immer wieder haben sich gut informierte Skeptiker nach Kräften bemüht, sie zu widerlegen, und sind gescheitert.[40] Die Experimente haben sich als wiederholbar erwiesen; sie wurden unabhängig voneinander in mehreren Ländern wiederholt, und sie liefern auch weiterhin eindrucksvolle Ergebnisse. Sie haben einige der bislang stärksten Beweise für Telepathie unter Laborbedingungen erbracht.

Die unbewusste Wahrnehmung mentaler Einflüsse

In den späten siebziger Jahren begannen William Braud und seine Kollegen an der Mind Science Foundation in San Antonio, Texas, mit einem neuartigen Experiment, das sich als bemerkenswert erfolgreich erwies. Wie bei den Ganzfeld-Experimenten befanden sich Sender und Empfänger in getrennten schalldichten Räumen und konnten nicht durch einen der bekannten Sinne miteinander kommunizieren. Aber statt dass der Sender versuchte, Bilder zu übermitteln, konzentrierte er einfach seine Aufmerksamkeit auf den Empfänger in zufällig ausgewählten, 30 Sekunden langen Phasen. Während der Kontrollphasen, die man «ruhig» im Gegensatz zu den «aktiven» Phasen nannte, versuchte der Sender nicht, den Empfänger zu beeinflussen. Die Konzentrationsphasen und die Kontrollphasen verliefen in einer zufälligen Abfolge, und zwischen jedem Versuch gab es eine Ruhephase.

Währenddessen versuchte der Empfänger, seinen Geist in einem «offenen, flexiblen» Zustand zu halten und zu vermeiden, sich auf einen bestimmten Gedankengang einzulassen. Die emotionale Verfassung des Empfängers wurde ständig mittels Elektroden an seinen Fingern überwacht, die Veränderungen im Hautwiderstand maßen, genau wie bei einem Lügendetektor. Veränderungen im emotionalen Erregungszustand führen zu Veränderungen in der Schweißabsonderung, was wiederum den Hautwiderstand beeinflusst. Der Empfänger muss weder irgendwelche Dinge erraten noch irgendwelche Bilder wahrzunehmen versuchen. Bei diesem Experiment wollte man herausfinden, ob sich der emotionale Erregungszustand signifikant veränderte, wenn sich der Sender auf den Empfänger konzentrierte. Das war der Fall. Das Gesamtergebnis von 15 separaten Studien in San Antonio war statistisch gesehen hoch signifikant. Diese Experimente wurden in 19 Studien an verschiedenen Labors in den USA und in Europa wiederholt, und auch hier war das Gesamtergebnis positiv und statistisch betrachtet hoch signifikant.[41]

Bei manchen Experimenten wurde nicht nur der Hautwiderstand der Empfänger überwacht, sondern sie sollten auch erraten, wann sich die Sender auf sie konzentrierten und wann nicht. Die Trefferzahl lag nicht über der Zufallsquote. Aber ihr Hautwiderstand veränderte sich signifikant in den «aktiven» Sitzungen, verglichen mit den «ruhigen»

Sitzungen – das heißt, sie nahmen die Intentionen der Sender unbewusst wahr.[42]

Parapsychologen bezeichnen derartige Effekte gewöhnlich als «direkte mentale Interaktionen bei lebenden Systemen» (DMILS). Die Reaktionen der Empfänger verweisen auf eine Art von unbewusster Telepathie. Daran wird besonders deutlich, dass dieser Aspekt des siebten Sinns nicht vom bewussten Verstand abhängt, sondern vielmehr auf dem physiologisch messbaren emotionalen Erregungszustand basiert. Diese Experimente erinnern uns daran, dass Telepathie wörtlich «fernes Fühlen» bedeutet.

Telepathie zwischen einer Mutter und ihrem geistig zurückgebliebenen Sohn

Die Traumtelepathie-, Ganzfeld- und DMILS-Experimente stellen zwar eine große Verbesserung gegenüber den Kartenratetests dar, sind aber noch immer sehr künstlich und mit der Telepathie im Alltagsleben kaum verwandt. Immerhin zeigen sie, dass diese Phänomene sich präzise im Versuch untersuchen lassen, dass die Gesamtergebnisse statistisch gesehen positiv und hoch signifikant sind sowie Zufallstreffer mit hoher Wahrscheinlichkeit ausschließen. Aber während akademische Parapsychologen ihre Aufmerksamkeit generell auf Laborexperimente beschränken, setzt sich die Erforschung paranormaler Phänomene weiterhin für einen «großzügigen und toleranten Umgang» ein, um J. B. Rhines Formulierung zu gebrauchen, indem sie von Fällen aus dem «richtigen Leben» ausgeht.

Ein gutes Beispiel einer aufgeschlossenen wissenschaftlichen Untersuchung ist der Fall einer Mutter und ihres geistig zurückgebliebenen Sohns, die in Cambridge in England lebten. Dies ist kein bekannter Fall, sondern einer von vielen, die in Fachzeitschriften veröffentlicht wurden, aber für mich ist er von besonderer Bedeutung, da es der erste derartige Bericht ist, den ich je gelesen habe.

Als ich noch Biochemiker an der Universität Cambridge war, unterhielt ich mich sehr gern mit Sir Rudolph Peters, einem ehemaligen Professor für Biochemie in Oxford, der als Emeritus noch immer in unserem Labor in Cambridge experimentierte. Er war reizend, seine

Augen funkelten, und er war neugieriger auf die Welt als die meisten Menschen, die halb so alt waren wie er. Eines Tages unterhielten wir uns in der Teestube des Labors und kamen auf das Thema Telepathie zu sprechen. Ich tat es mit der automatischen Skepsis ab, die ich mir während meiner wissenschaftlichen Ausbildung zu Eigen gemacht hatte. Zu meiner Überraschung erzählte mir Sir Rudolph, er habe tatsächlich einen Fall von offenkundiger Telepathie untersucht und sei zu der Schlussfolgerung gelangt, dass da etwas dran sei. Er gab mir eine Kopie seines Aufsatzes, in dem er die Tests zusammenfasste, die er und zwei Kollegen zusammen durchgeführt hatten. Außerdem lieh er mir die Tonbandaufzeichnungen von den Experimenten, so dass ich mich mit den Details befassen konnte.

Dieser Fall handelte von einer Mutter und ihrem Sohn, der komplexe Bedürfnisse hatte. Der Junge hatte von Geburt an eine Sehstörung, war teilweise gelähmt und auch geistig zurückgeblieben. Als ihn ein Augenarzt in regelmäßigen Abständen untersuchte, und zwar vom fünften Lebensjahr an, stellte er überrascht fest, dass der Junge bei den Standardsehtests viel besser wegkam, als sein beschränktes Sehvermögen dies eigentlich zugelassen hätte. «Als ich versuchte, seine Sehschärfe einzuschätzen, war ich verblüfft, wie erstaunlich genau er Buchstaben usw. zu erraten vermochte. Allmählich ging mir auf, dass dieses Spekulieren besonders interessant war, und ich kam zu der Schlussfolgerung, dass er dies durch seine Mutter schaffte.» Der Junge konnte die Buchstaben nämlich nur lesen, wenn seine Mutter sie anschaute. Diese Entdeckung warf die Möglichkeit auf, dass sie irgendwie telepathisch miteinander kommunizierten.[43]

Peters und seine Kollegen führten einige vorbereitende Experimente im Haus der Familie durch. Mutter und Sohn waren durch einen Paravent getrennt, so dass keine sichtbaren Hinweise möglich waren, und der Junge war sowieso fast blind. Man zeigte der Mutter eine Reihe geschriebene Zahlen oder einsilbige Wörter, und in vielen Fällen vermochte der Junge sie richtig zu erraten.

Die nächsten Experimente wurden übers Telefon durchgeführt und auf Tonband aufgezeichnet. Damals war der Junge 19 Jahre alt. Die Mutter wurde in ein Labor in Babraham gebracht, rund zehn Kilometer von Cambridge entfernt, während der Junge zu Hause blieb. Die Experimentatoren bereiteten Karten vor, auf denen Zahlen oder Buchstaben standen, und legten sie in zufälliger Reihenfolge mit der Bildseite nach unten auf einen Stapel. Einer der Forscher drehte die erste Karte um und zeigte sie der Mutter. Der zehn Kilometer entfernte Junge riet dann, um welche Karte es sich handelte. Die Mutter beantwortete seine Vermutung, indem sie «richtig» oder «falsch» sagte. Dann riet er die nächste Karte und so weiter. Jeder Test dauerte nur ein paar Sekunden.

Bei 58 Tests mit Zahlen erriet der Junge beim ersten Mal 20 richtig (34,5 Prozent) und beim zweiten Versuch 19 (32,7 Prozent). Da die Zahlen von 1 bis 10 verwendet wurden, bestand eine Wahrscheinlichkeit von eins zu zehn, dass die Zahlen durch Zufall richtig erraten wurden (10 Prozent). Das tatsächliche Ergebnis des Jungen lag weit darüber und war statistisch gesehen hoch signifikant, bei einer Wahrscheinlichkeit von eins zu 50 Millionen, dass dies reiner Zufall war.[44]

Bei den Buchstabentests gab es 45 Versuche, und der Junge riet beim ersten Mal 17 Buchstaben richtig (37,8 Prozent) und beim zweiten Mal 12 (26,7 Prozent). Hier lag die Wahrscheinlichkeit, dass er zufällig richtig riet, bei nur eins zu 26 (da das Alphabet 26 Buchstaben hat), und die Wahrscheinlichkeit, dass dieses Ergebnis reiner Zufall war, ist größer als eins zu 10^{16}.[45]

Peters und seine Kollegen führten weitere Tests übers Telefon mit ähnlichen Ergebnissen durch. Bei insgesamt 479 Versuchen mit Zahlen erzielte der Junge beim ersten Mal eine Trefferquote von 32 Prozent, und da lag die Wahrscheinlichkeit, dass es sich um Zufall handelte, bei eins zu 10^{27}. Bei einer weiteren Testreihe von insgesamt 163 Zahlentests erreichte er beim ersten Mal erneut 32 Prozent – diesmal war die Wahrscheinlichkeit, dass dies Zufall war, geradezu astronomisch gering: eins zu 10^{75}.

Die telepathische Kommunikation zwischen dieser Mutter und ihrem Sohn funktionierte weitaus besser als alles, was Parapsychologen in standardisierten Experimenten beobachtet haben. In den meisten Tests kannten die Sender und Empfänger einander kaum, und die telepathische Kommunikation zwischen ihnen erfüllte keine biologischen oder emotionalen Bedürfnisse, abgesehen von dem Wunsch, bei wissenschaftlichen Tests gut abzuschneiden. Ganz anders diese Mutter und ihr Sohn, die einander emotional sehr nahe standen. Ihre Kommunikation diente ganz praktischen Alltagsbedürfnissen. Dazu Peters:

«Die Mutter war in jeder Hinsicht emotional engagiert, als sie versuchte, ihrem zurückgebliebenen Sohn zu helfen.»[46]

Natürlich engagieren sich viele Eltern emotional, um ihren Kindern zu helfen. Die Telepathie zwischen dieser Frau aus Cambridge und ihrem Sohn mag sich nur graduell von der zwischen ganz gewöhnlichen Eltern und ihren Kindern unterscheiden. Vielleicht beeinflussen viele Eltern ihre Kinder telepathisch, ebenso wie sie mit ihnen durch Mimik, Körpersprache, Worte und andere anerkannte Mittel kommunizieren. Gleichzeitig sind sie sich dieser telepathischen Verbindung vielleicht überhaupt nicht bewusst. Wir werden im 7. Kapitel auf diese Überlegungen zurückkommen.

3. Telepathische Rufe

Vor der Erfindung von Telegraf und Telefon waren telepathische Rufe die einzige Möglichkeit, wie Menschen anderen ihre Bedürfnisse sofort über eine größere Entfernung hinweg übermitteln oder sie aus der Ferne herbeirufen konnten. Derartige telepathische Kommunikationen mögen auch bei vielen Tierarten eine große Bedeutung haben. Im 7. Kapitel werden wir auf die Entwicklung der Telepathie eingehen.

In einer Hinsicht ähneln telepathische Rufe dem Gefühl, angestarrt zu werden, da eine Person ihre Aufmerksamkeit auf eine andere Person konzentriert. Aber das Gefühl, angestarrt zu werden, ist primär räumlich, anders als telepathische Rufe. Ein Blick erfordert das Konzentrieren der Aufmerksamkeit auf eine bestimmte Person an einem bestimmten Ort. Aber Rufe hängen im Allgemeinen nicht davon ab, dass man weiß, wo sich die betreffende Person gerade befindet. Bei gewöhnlichen Rufen können wir auf den Schall aus jeder Richtung reagieren. Unser Gehör vermittelt uns ein Rundumbewusstsein und, wenn es sein muss, eine Rundumwachsamkeit. Wir alle reagieren instinktiv, wenn wir unseren Namen rufen hören, aus welcher Richtung der Ruf auch kommt. Ein Ruf öffnet einen Aufmerksamkeitskanal.

Telepathische Rufe haben eine Eigenschaft mit gewöhnlichen stimmlichen Rufen gemeinsam: Sie sind anscheinend aus jeder Richtung wahrzunehmen. Zuweilen werden sie als Laute erlebt, manchmal dringen sie als visuelles Bild ins Bewusstsein, manchmal als ein Gefühl oder ein Eindruck. In den meisten Fällen wissen Menschen, die telepathische Rufe vernehmen, von wem sie kommen.

Telepathische Rufe sind in den letzten Jahrzehnten wahrscheinlich häufiger geworden, und zwar aufgrund der verbreiteten Verwendung von Telefonen, die es uns ermöglichen, andere Menschen auf eine nichttelepathische Weise zu rufen, ganz gleich, wie weit entfernt sie sind. Die meisten Menschen beabsichtigen nicht, die andere Person zusätzlich telepathisch zu rufen, aber der Akt, jemanden anzurufen, erfordert es, sich auf diese Person zu konzentrieren. Telepathische Verbindungen kommen anscheinend oft kurz vor Telefonanrufen zustande, als eine Art Begleiterscheinung. Wir werden darauf im 6. Kapitel zurückkommen.

Zu den eindeutigsten Fällen von Rufen, bei denen keine Telefone im Spiel sind, kam es, bevor die meisten Menschen zu Hause ein Telefon hatten. Zum Glück haben Erforscher paranormaler Phänomene bereits vorher große Sammlungen von Fallstudien über Telepathie angelegt, nämlich seit dem Ende des 19. Jahrhunderts. Viele beglaubigte Beispiele berichten von Menschen, die anscheinend auf Rufe oder Bedürfnisse über eine gewisse Entfernung hinweg reagiert haben. Am eindrucksvollsten sind die Fälle, in denen Menschen tatsächlich auf ihre Intuition hin handelten. Hier ein typisches Beispiel aus den *Proceedings of the Society for Psychical Research* von 1893, für das es mehrere unabhängige Zeugen gibt.

Eine Mrs. Hadselle hatte gerade einen Zug bestiegen, um nach Williamstown in New Jersey zu fahren, als etwas ganz Unerwartetes geschah:

> «Ich sprang unter dem Zwang eines inneren Befehls auf: ‹Tausche deinen Fahrschein um und fahre nach Elizabeth [in New Jersey]. Tausche deinen Fahrschein um und fahre nach Elizabeth. Tausche dein Ticket um …› Das tat ich auch, und im nächsten Augenblick war ich unterwegs nach Elizabeth, obwohl ich zuvor nicht einmal daran gedacht hatte. … Als ich beim Haus meiner Freundin ankam, schloss sie mich in die Arme und rief schluchzend: ‹Ach, ich hab ja so gewollt, dass du kommst.› Dann führte sie mich in ein Zimmer, in dem ihre einzige geliebte Schwester in den letzten Zügen lag. Nach einer Stunde war es vorbei. Meine arme, gramerfüllte Freundin erklärte damals – und erklärt heute –, dass mein plötzlicher Sinneswandel eine direkte Reaktion auf ihr wiederholtes, wenn auch unausgesprochenes Verlangen nach meiner Gegenwart war.»[1]

Eine der umfangreichsten Datenbanken, die tausende Fälle von Telepathie und anderen paranormalen Phänomenen enthält, wurde seit den dreißiger Jahren vom Institut für Parapsychologie an der Duke University in North Carolina angelegt. Bei ihrer Analyse dieser Fälle stieß Louisa Rhine auf viele Beispiele, bei denen eine Person gezielt eine andere rief – in manchen Fällen nicht in Gedanken, sondern mit der Stimme.

Ein Mädchen in Ohio etwa befand sich eines Abends als Babysitterin in einer Wohnung im ersten Stock. Alles wirkte friedlich, und das Mädchen war eingenickt. Plötzlich erwachte es vom Lärm eines Betrunkenen, der fluchend die Treppen heraufstolperte und sich der Wohnungstür näherte. Das Mädchen saß starr vor Schrecken da, hielt sich die Hände vor den Mund und rief flüsternd: «Mutter, ach, Mutter!» Aber dann merkte sie, dass der Betrunkene nicht auf ihre Tür zusteuerte, sondern auf die Nachbarwohnung. Kurz darauf vernahm sie, wie ihre Mutter, die drei Blocks weiter wohnte, am Fuß der Treppe nach ihr rief. Sie ging hinunter, um sie hereinzulassen, und ihre Mutter wollte wissen, ob alles in Ordnung sei. Als das Mädchen ihr den Vorfall schilderte, erklärte die Mutter, sie sei auf ihrem Schaukelstuhl eingenickt, aber plötzlich aufgewacht und habe sie, ihre Tochter, vor sich «gesehen», wie sie kerzengerade dasaß, die Hände vor den Mund hielt und «Mutter, ach, Mutter!» rief.[2]

Dieser telepathische Ruf erfolgte über keine große Entfernung, aber einige solcher Rufe scheinen ihre Adressaten über tausende von Kilometern hinweg zu erreichen. In einem anderen von Louisa Rhine veröffentlichten Fall hörte ein Mädchen aus Los Angeles eines Nachts ihre Mutter nach ihr rufen, als wäre sie im Zimmer nebenan. Ohne nachzudenken drehte sie sich um und antwortete: «Ja.» Aber dann ging ihr auf, dass ihre Mutter sich ja 5000 Kilometer von ihr entfernt befand. Ein paar Tage später erhielt sie einen Brief von ihrer Mutter, die ihr schrieb, in jener Nacht «fühlte ich mich so einsam und sehnte mich nach dir, so dass ich die Tür zu deinem Zimmer öffnete und nach dir rief».[3]

Bei einigen Rufen wird nicht laut gesprochen, sondern nur stumm gedacht, wie in der folgenden Episode, die die britische Parapsychologin Rosalind Heywood erlebt hat. Sie und ihr Mann Colonel Frank Heywood waren im Urlaub. Er war weggegangen, um auf einer Grasfläche neben einigen Sanddünen Golf zu üben. Währenddessen lag Rosalind auf ihrem Bett und genoss die Gelegenheit, sich zu entspannen. Nach etwa einer halben Stunde, erzählt sie, «begann ich unruhig zu werden. ‹Frank ist mit einem Fuß in ein Kaninchenloch geraten. Er hat sich vielleicht den Knöchel verstaucht. Ich sollte hingehen und mich um ihn kümmern.› Ich muss hier der Deutlichkeit halber sagen, dass ich nur den Eindruck hatte, er sei mit dem Fuß in ein Loch geraten. Ich schloss daraus, dass er sich den Knöchel verstaucht habe. Ganz unruhig stand ich auf und wusste nicht, was ich tun sollte ... Schließlich einigte ich mich auf einen Kompromiss zwischen meiner Phantasie und einem realistischen Teil meines Ichs, das nicht gehen wollte, indem ich beschloss, erst hinzugehen, wenn er nicht bis zum Abendessen zurück sein würde. Tatsächlich kam er wie üblich ganz fröhlich zum Essen. Ich sagte gleich: ‹Ich war beunruhigt, ich dachte, du seist mit dem Fuß in ein Kaninchenloch geraten.› Lachend erwiderte er: ‹Ich bin tatsächlich mit dem Fuß in ein Kaninchenloch geraten. Und ich hab dir eine Botschaft geschickt, um dir das zu sagen.› ‹Wie meinst du das?› ‹Ach›, erwiderte er, ‹ich hab einfach an dich gedacht, als ich hinfiel.› Ich vermute, in Wirklichkeit hat es sich so verhalten, dass er, als er fiel, Angst hatte, sich zu verletzen – immerhin ist er ein alter Mann –, und automatisch wollte, dass ich kam, um ihm zu helfen.»[4]

Manchmal sehen die Menschen kein Bild vor sich oder machen sich keine Gedanken, dass etwas nicht stimmt – sie berichten, sie hätten nur das Gefühl gehabt, dass eine bestimmte Person sie gebraucht habe. Und manchmal wissen sie einfach, wie Mrs. Hadselle im Zug nach Williamstown, dass sie an einem bestimmten Ort gebraucht werden.

Parapsychologen haben hunderte von Fällen dokumentiert, in denen Menschen auf solche telepathischen Rufe hin handelten, selbst wenn sie keine klare Vorstellung hatten, warum sie dies taten. Auch ich habe dutzende von Berichten von Menschen gesammelt, die erlebten, dass sie telepathisch gerufen wurden, wobei die meisten den bereits veröffentlichten Berichten ähneln. Aber manchmal hört ein Mensch den Ruf, ohne zu wissen, warum er erfolgt, ja, er merkt nicht einmal, dass dies Erleben rein subjektiv und kein echter Ruf ist, den auch andere hören können. So war es bei Dr. William Grierson, der als Junge in England aufwuchs:

«Meine Mutter war früher sehr oft krank. Bei einer solchen Gelegenheit fuhr ich trotzdem mit meinem Fahrrad 60 Kilometer weit, um Verwandte zu besuchen. Als ich zurückkam, war das Haus dunkel, und ich konnte meine Mutter nirgends finden. Beunruhigt ging ich von Zimmer zu Zimmer und in den Garten hinaus, wobei ich nach ihr rief. Sie war aufgestanden und trotz ihrer Krankheit mit dem Fahrrad zur Kirche gefahren, die ein paar Kilometer entfernt war, um an der Abendandacht teilzunehmen. Als sie wiederkam, schalt sie mich dafür, dass ich sie in Verlegenheit gebracht hatte, weil ich so albern gewesen war, außerhalb der Kirche nach ihr zu rufen. Wort für Wort wiederholte sie meine besorgten Rufe nach ihr. ‹Zum Glück waren alle sehr höflich und taten so, als ob sie dich nicht hörten.›»

Sehr häufig kommen telepathische Reaktionen auf Rufe bei Müttern und kleinen Kindern vor. Die physiologischen und emotionalen Verbindungen zwischen Mutter und Baby, die in der Gebärmutter aufgebaut werden und während des Stillens weiterbestehen, führen anscheinend oft zu psychischen Bindungen, die sich halten, wenn das Kind heranwächst.

In manchen Familien wird die Fähigkeit der Mutter, auf die Rufe und Bedürfnisse eines Kindes auch über größere Entfernungen hinweg zu reagieren, für eine Selbstverständlichkeit gehalten. So erzählte mir beispielsweise Lisa Shendge aus London, die als Kind häufig krank gewesen war: «Ich hatte ein ‹Abkommen›, meine Mutter zu ‹rufen›, und wo auch immer sie war – sie würde heimkommen. Zum Beispiel war meine Mutter einmal im Theater. Es war eine Premiere oder so was, und sie sagte zu ihrem Mann, sie müsse heim. Etwa um die gleiche Zeit sagte ich zu meiner Großmutter zu Hause: ‹Keine Sorge, sie ist jetzt auf dem Heimweg.› Das war für mich absolut selbstverständlich.»

Zuweilen fühlen Mütter nicht nur, dass irgendetwas nicht stimmt, sondern sehen vor ihrem geistigen Auge auch einige Details. Dies war bei Mrs. Joicey Hurth aus Cedarburg in Wisconsin der Fall. Ihre fünfjährige Tochter, die ebenfalls Joicey hieß, wollte ihren Vater von einem Kino in der Nähe abholen. Ganz plötzlich überkam Mrs. Hurth «ein schreckliches Gefühl». «Aus irgendeinem unerklärlichen Grund wusste ich, dass Joicey von einem Auto angefahren worden war oder gleich angefahren wurde.» Sie rief im Kino an und erfuhr, dass der Unfall gerade passiert war. Zum Glück war das Mädchen nicht schwer verletzt. «Joicey erinnert sich daran, dass sie weinend auf dem Randstein saß und immerzu rief: ‹Mama, Mama, ich will meine Mama.›»[5]

In Fällen wie diesem hatte das Kind ausdrücklich die Mutter gerufen, aber der Ruf an sich mag gar nicht so wichtig sein. Wie wir im 4. Kapitel sehen werden, sind telepathische Einflüsse von Menschen, die Sorgen haben oder gar sterben, zuweilen mit ausdrücklichen Rufen verbunden, zuweilen aber auch nicht. Wichtig ist anscheinend das emotionale Band zwischen den beteiligten Menschen.

Ich wende mich nun dem biologisch elementarsten Ruf zu: dem Ruf eines hungrigen Babys nach seiner Mutter.

Telepathische Rufe hungriger Babys nach stillenden Müttern

Babys können zwar nicht sprechen, aber ihr Schreien verkündet klar und deutlich ihren Hunger oder Kummer. Gewöhnlich reagieren Eltern generell und insbesondere Mütter darauf, indem sie zu ihnen gehen und das Erforderliche tun. Die Reaktion auf die Schreie eines Säuglings erfolgt zweifellos instinktiv und hat sich in vielen Millionen Jahren der Evolutionsgeschichte durch natürliche Auslese sowohl bei Menschen wie bei vormenschlichen Lebewesen durchgesetzt.

Bei stillenden Müttern bildet sich die Brustmilch zum Stillen des Babys durch einen physiologischen Prozess, die Laktation, die durch das in der Hypophyse ausgeschüttete Hormon Oxytocin angeregt wird. Während der Laktation verspüren viele Frauen ein Kitzeln in ihren Brüsten, und oft beginnen die Warzen zu lecken. Dieser Reflex dauert nur wenige Sekunden und wird gewöhnlich durch die Stimulation der Warze durch das Baby ausgelöst, aber auch durch den Laut des schreienden Babys oder sogar wenn die Mutter nur an das Baby denkt.[6]

Viele stillende Mütter behaupten, dass sie oft, wenn sie nicht beim Baby sind, wissen, wann es sie braucht, weil ihre Milch ausfließt.[7] Hier drei Beispiele von dutzenden, die ich auf meine Aufrufe um Informationen zu diesem Thema hin erhalten habe:

«Als mein jüngster Sohn ein Baby war, erlebte ich, dass meine Milch ‹auslief›, wenn ich nicht bei ihm war. Gleichzeitig ‹wusste› ich dann, dass er mich brauchte. Wenn ich zu Hause anrief, bestätigte mir unser Babysitter jedes Mal, dass er gerade erwacht sei. Da er nach Bedarf gestillt wurde, hielt er sich nie an feste Zeiten.» (Carole Tyra, Arlington, Virginia)

«Ich habe sieben Kinder; das älteste ist inzwischen zwölf Jahre, das jüngste sieben Monate alt. Sechs von meinen Kindern habe ich gestillt, und jedes Mal habe ich den ‹Ausflussreflex› erlebt, wenn ich sie allein ließ. Ich weiß, wann mein Baby schreit, wenn wir nicht zusammen sind. Genau in der Sekunde, da ich denke, dass die Kleine vielleicht schreit, läuft die Milch bei mir. Wenn ich nach Hause komme, erfahre ich, dass sie meist zu dem Zeitpunkt geschrien hat, als die Milch bei mir lief. Mein Mann meint, meine Titten seien wie Antennen. Ich bin überzeugt, dass ich ihr Schreien kilometerweit empfangen kann.» (Pam Briggs, Blackburn, Lancashire)

«Ich bin von Beruf Schauspielerin. Als mein Sohn vier, fünf Monate alt war, ließ ich ihn bei meiner Mutter und ging ins Theater. Mitten in der Vorstellung spürte ich, wie die Milch intensiv kam (obwohl ich glaubte, eine ganze Menge für meinen Sohn zu Hause gelassen zu haben; und das geschah auch nicht zu einer Zeit, da er normalerweise hungrig war). Mein Kostüm war von Milch durchtränkt, und mir fiel mein Text nicht mehr ein. Ich konnte es kaum erwarten, von der Bühne zu kommen, und dann rief ich sofort meine Mutter an. Mein Sohn schrie hungrig auf dem Balkon unserer Wohnung, und meine Mutter konnte ihn nicht hören. Sie glaubte, dass er schliefe.» (Tatjana Shiraikina, Moskau)

Für die meisten Frauen, die solche Erlebnisse gehabt haben, sind sie anscheinend selbstverständlich, und sie nehmen an, dass sie auf einer psychischen Bindung beruhen. Wenn sie Recht haben, dann wäre hier eine Form von Telepathie im Spiel, die eher physiologisch und elementarer ist als die Arten von ESP, wie sie üblicherweise von Parapsychologen und Forschern auf dem Gebiet paranormaler Phänomene untersucht werden.

Es gibt hauptsächlich zwei Alternativen zur Telepathie-Hypothese. Erstens bestünde die Möglichkeit, dass dies Phänomen eine Illusion ist, verursacht von einer Kombination aus Zufall und selektivem Gedächtnis. Die Milch kann ausfließen, wenn Frauen nicht bei ihren Babys sind, und zwar aus Gründen, die mit den Bedürfnissen des Babys nichts zu tun haben – die Brüste können voll sein, nachdem die Mutter längere Zeit nicht bei ihrem Kind war, die Mutter hört andere Babys schreien oder sie denkt an das Stillen des Babys. An die Gelegenheiten, da dieses Ausfließen mit den Bedürfnissen ihres Babys gleichzeitig aufgetreten ist, können sich die Mütter erinnern. Alle anderen Zeiten, da sie sich irrten, vergessen sie.

Zweitens erfolgt das Ausfließen womöglich aufgrund physiologischer Rhythmen, die Mutter und Baby gemeinsam sind, und das würde das Synchrone beim Schreien des Babys und dem Ausflussreflex bei der Mutter erklären, wenn sie weit voneinander entfernt sind. Ich habe herausgefunden, dass die Hypothese von den synchronisierten Rhythmen meist von den stillenden Müttern selbst nicht sehr ernst genommen wird, entweder weil sie auf Verlangen stillen und daher keinen festen Zeitplan haben, oder weil sie versuchen, das Baby nicht allein zu lassen, wenn es Zeit zum Stillen ist. Aber dieses Thema ist anscheinend praktisch nicht erforscht.

Als ersten Schritt zu einer systematischen Untersuchung dieses Phänomens führte ich eine Umfrage bei 100 Müttern durch, die vor nicht allzu langer Zeit ein Baby bekommen hatten. Ich wollte vor allem herausfinden, wie häufig stillende Mütter den Ausflussreflex erleben, wenn sie nicht bei ihren Babys sind, und wie viele von ihnen festgestellt haben, dass dies anscheinend damit zusammenfällt, dass ihr Baby sie braucht.

Die Frauen, die an dieser Umfrage teilnahmen, hatten alle das Active Birth Centre in Highgate in Nord-London besucht, das Yoga und die natürliche Geburt fördert und zum Stillen ermutigt. Die meisten waren zum ersten Mal Mutter. Einige waren so engagiert, dass sie ihr Baby praktisch nie allein ließen oder dies zu kurz taten, als dass es zum Ausfließen der Milch gekommen wäre, wenn sie nicht bei ihrem Baby waren. Aber von diesen 100 Frauen erklärten 62, sie erinnerten sich daran, dass ihre Milch ausgeflossen sei, wenn sie nicht bei ihrem Baby waren, und 16 aus dieser Gruppe (26 Prozent) sagten, das Ausfließen sei damit zusammengefallen, dass ihr Baby sie brauchte. Von den anderen wussten die meisten nicht, ob das Ausfließen geschah, als ihr Baby sie brauchte, oder ob dies nicht damit zusammenhing. Interessanterweise waren die Frauen, die sagten, sie hätten bemerkt, dass das Ausfließen mit den Bedürfnissen ihres Babys zusammenfiel, generell diejenigen, die am längsten gestillt hatten.[8]

Diese Ergebnisse bestätigten keineswegs die Vorstellung, dass Mütter dazu neigen, in übertriebener Weise zu behaupten, sie seien telepathisch mit ihrem Baby verbunden, hatten doch die meisten nicht einmal an eine derartige Möglichkeit gedacht. Diejenigen mit den meisten Erfahrungen im Stillen hatten signifikant häufiger eine Verbindung zwischen dem Milchausfluss und den Bedürfnissen ihres Babys bemerkt, vielleicht weil sie mehr Gelegenheit dazu hatten. Es kann durchaus sein, dass Mütter, die mehrere Kinder bekommen haben, sich dieses Phänomens eher bewusst sind als unerfahrene Mütter, wie es die meisten Frauen bei dieser Umfrage ja waren. Dieser Aspekt sollte sich in Umfragen bei erfahreneren Müttern überprüfen lassen.

Dann führte ich eine ausführliche Untersuchung durch, um detaillierter herauszufinden, wie oft der Milchausfluss mit den Bedürfnissen eines Babys zusammenfiel und wie oft nicht. Auch diesmal wurden die Teilnehmerinnen durch das Active Birth Centre vermittelt, und die meisten waren zum ersten Mal Mutter geworden. Katy Barber, eine erfahrene Hebamme, führte diese Untersuchung für mich durch. 19 Frauen nahmen daran teil. Jede erhielt zwei Tagebücher, in denen sie ihre Erfahrungen über einen Zeitraum von acht Wochen, in denen sie stillte, festhalten sollte. Ein Tagebuch hatte die Mutter bei sich, wenn sie nicht bei ihrem Baby war, um darin die Zeiten, in denen ihre Milch ausfloss, und weitere Beobachtungen über ihre Gefühle zu notieren. Der Babysitter führte das andere Tagebuch und notierte darin die Zeiten, zu denen das Bay schrie, hungrig zu sein schien oder andere Anzeichen von Kummer zeigte. Durch einen Vergleich der beiden Tagebücher konnte ich dann feststellen, ob der Ausfluss auftrat, wenn das Baby Kummer hatte – oder nicht.

Ich fand heraus, dass die Ausflussreflexe tatsächlich viel öfter mit den Bedürfnissen der Babys zusammenfielen, als man es durch Zufall erwarten würde. (Zu den Details dieser Untersuchung siehe Anhang B.) Aber es gab noch immer ziemlich häufig «blinden Alarm». Bei künftigen Untersuchungen würde es sich empfehlen, mit erfahreneren Müttern zu arbeiten, die weniger zu Ängsten neigen, wenn sie ihr Baby allein lassen, und das Baby während der Abwesenheit der Mutter ständig mit der Videokamera aufzunehmen, um sein Verhalten genauer festzuhalten, als dies durch Notizen möglich ist.

Das vorhandene Material bestätigt bislang die Behauptungen vieler Mütter, dass ihre Brüste zuweilen telepathisch auf die Bedürfnisse ihres Babys zu reagieren scheinen, selbst wenn das Baby weit weg ist und sogar wenn es nicht eine der üblichen Stillzeiten ist. Genauso wie Mutter und Baby Monate nach der Geburt durch das Stillen physiologisch miteinander verbunden sein können, können sie auch psychisch miteinander in Verbindung bleiben.

Mütter, die kurz vor ihren Babys aufwachen

Sowohl stillende Mütter als auch Mütter, die ihren Babys die Flasche geben, beobachten überdies sehr häufig, dass sie nachts aufwachen, kurz bevor ihr Baby zu schreien beginnt, selbst wenn das Baby in einem anderen Zimmer ist und sogar wenn sie nicht hören können, wie das Baby unruhig wird. Hier zwei Beispiele:

> «Meine Babys schliefen immer in einem anderen Zimmer, so dass ich nicht hören konnte, wie sie sich herumwälzten usw. Ich weiß, dass mich ihre Schreie nicht geweckt haben, da alles still war, wenn ich aufwachte. Ich habe mich daran gewöhnt – bin aufgestanden, um das Fläschchen vorzubereiten, bevor das Baby schrie.»

> «Es gibt nur ein ‹Ding› auf der Welt, das mich aufweckt, und das ist unser Sohn. Ich weiß, wann er aufwacht – ich kann's einfach spüren. Ich spüre es, wenn er sich in seinem Bett herumwirft. Ich wache sofort auf und laufe in sein Zimmer. Das ist vom ersten Augenblick an passiert, als ich ihn zu stillen begann.»

Manche Mütter erleben diese Verbundenheit genau andersherum und schreiben das Erwachen ihres Babys dem eigenen Erwachen zu:

«In den ersten vier, fünf Monaten nach seiner Geburt konnte man damit rechnen, dass mein kleinerer Sohn nachts aufwachte, und zwar nur Augenblicke nachdem ich aufgewacht war, als würde er vorausahnen, dass ich ihn stillen würde. Ich hatte große Angst davor, aufzuwachen, weil ich wusste, dass er dann auch aufwachen würde. Als die Zeit gekommen war, ihn zum Durchschlafen zu bringen, versuchte ich mich dazu zu zwingen, nicht aufzuwachen.» (Caroline Johnson, Philadelphia)

Hängen derartige Erlebnisse nun mit telepathischen Verbindungen oder mit synchronisierten Rhythmen zusammen? Oder vielleicht mit einem Vorausfühlen auf Seiten der Mutter, also einem Gefühl, dass etwas gleich geschehen wird? Das weiß bislang niemand. Ziemlich einfache Forschungen könnten zu einer Klärung dieser Fragen beitragen (siehe Anhang A).

Telepathische Rufe an Tiere

Viele Menschen, die Hunde und Katzen halten, haben festgestellt, dass ihre Tiere anscheinend telepathisch auf ihre Gedanken und Absichten reagieren, indem sie zum Beispiel kommen, wenn sie gerufen werden. Ich habe eine Fülle von Beispielen in *Der siebte Sinn der Tiere* geschildert und seitdem von vielen weiteren Fällen erfahren. So verbrachte beispielsweise Teresa McKenzie aus Carmel Valley in Kalifornien viel Zeit damit, ihre Hündin zu trainieren, bis sie zu ihrer Überraschung feststellte, dass ihre Hündin auf ihre Gedanken reagierte:

«Folgender Test hat mich dann wirklich überzeugt: Nach einem anstrengenden Wandertag schlief meine Hündin fest in ihrem Körbchen im Wohnzimmer, sie schnarchte sogar ein wenig – diese Nacht würde sie durchschlafen. Ich lag in der Badewanne und beschloss, sie mit ‹Gedankenbildern› zu ‹rufen›. Ich stellte mir vor, dass sie draußen wäre, weit weg von mir, und ich dastünde und sie riefe. Ich achtete darauf, mich nicht zu bewegen oder einen Laut von mir zu geben, obwohl wir uns in völlig getrennten Räumen befanden und einander nicht sehen konnten. Zu meinem Erstaunen hörte ich, wie sie im Wohnzimmer aufstand und ihre Müdigkeit abschüttelte. Sie spazierte ins Bad, stellte sich neben die Wanne, gähnte und streckte sich und sah mich an, als wollte sie sagen: ‹Du hast geläutet?›»

Dieser Ruf erfolgte über eine kurze Entfernung, aber manchmal reagieren Hunde anscheinend noch kilometerweit entfernt. Als J. H. Williams mit Elefanten in den Dschungeln von Birma arbeitete, trainierte er seine Hündin Molly Mia gezielt, auf seine stummen Rufe zu reagieren. Zunächst tat er dies, wenn sie in seiner Hütte bei ihm war, dann probierte er es aus größerer Entfernung: «Ich begann etwa hundert Meter vom Camp entfernt, außer Sichtweite und so weit wie möglich außer Riechweite. Es war unheimlich, denn sie kam zu mir genauso schnell, wie ich sie gerufen hatte, und sie wusste bereits, wo ich war.» Er fand heraus, dass sie selbst dann noch auf seine stummen Rufe reagieren konnte, wenn er sich etwa drei Kilometer entfernt in dichtem Dschungel befand. In der Folge probierte er ein noch schwierigeres Experiment aus: «Ich stellte meine Armbanduhr und meine Uhr im Camp auf die gleiche Zeit und brach um sechs Uhr morgens zu meiner Waldarbeit auf, wobei ich den Fluss zuerst überquerte und dann wieder auf diese Seite zurückkehrte. Mittags, als ich mindestens sechs Kilometer weit weg war, setzte ich mich hin und konzentrierte mich fest auf Molly. Nach einer halben Stunde hörte ich sie irgendwo in meiner Nähe herumstreifen und sich mir nähern, und tatsächlich kam sie nach ein, zwei Minuten herbeigesprungen. Das Interessanteste an diesem Vorfall war, dass mein Diener Aung Net mir erzählte, Molly Mia sei mittags plötzlich davongesaust, genau so, als hätte sie mich rufen hören – aber den Fluss hat sie nicht überquert.»[9] Die Hündin wusste also nicht nur, wann ihr Besitzer sie rief, sondern auch, wo er war, ohne dass sie einer Duftspur folgen musste.

Die Fähigkeit, auf stumme Rufe zu reagieren und andere Mitglieder der Gruppe zu lokalisieren, kann für Wildtiere von erheblichem Wert sein. Die Ahnen unserer Hunde sind Wölfe, und aus den Beobachtungen von Naturforschern geht hervor, dass Wölfe in freier Wildbahn miteinander telepathisch kommunizieren und einander über viele Kilometer hinweg finden können, ohne Duftspuren zu folgen.[10]

Viele Katzenbesitzer haben ebenfalls entdeckt, dass sie ihre Katzen mental rufen können. Hier nur ein Beispiel aus über 30 ähnlichen Fällen in meiner Datenbank: «Ich muss meine Katzen nicht rufen, wenn sie draußen sind. Ich stelle sie mir einfach bildlich vor, konzentriere mich und denke an sie, und da sind sie auch schon.» (Christine Schülte, Kapellen, Belgien)

Forschungsexperimente über stumme Rufe an Katzen werden in Anhang A erläutert.

Tiere, die Menschen rufen

Menschen rufen Tiere telepathisch – aber Tiere können auch Menschen rufen. An einigen der verblüffendsten Fälle waren Pferde beteiligt. Pat Westwood aus Largs im schottischen Ayrshire erlebte regelmäßig, dass ihr Pferd nach ihr rief. Sie arbeitete mit Pferden und hielt ihr eigenes Pferd 15 Jahre lang in den Ställen, in denen sie arbeitete.

> «Ich hatte mir ein paar Tage frei genommen und war nach Hause gefahren. Um den dritten oder vierten Tag herum verspürte ich diesen Zwang, zur Arbeit zurückzufahren. Als ich auf den Hof fuhr, schlug mir sogleich der Lärm entgegen, den ein Pferd macht, das mit großer Entschlossenheit gegen die Wände tritt und wie verrückt schreit. Es war meine Stute, und das verzweifelte Personal wollte mich gerade anrufen, weil sich ihr niemand nähern durfte. Leise sagte ich ihren Namen. Sofort kehrte Stille ein, noch ein sanftes Wiehern, ein großer Seufzer, und dann begann sie an ihrem Heu zu knabbern, als ob nichts passiert wäre. Das wiederholte sich jedes Mal, wenn ich sie länger als drei oder vier Tage allein ließ, aber das Personal überließ es ihr, ihre eigenen ‹Anrufe› zu tätigen. Als sie älter und steifer wurde, machte sie sich dieses Talent zunutze.»

Jane Strick, die in Aberdaron bei Pwllheli in Nordwales Ponys züchtet und Schafe hält, entdeckte, dass sie wusste, sobald mit einer trächtigen Stute etwas nicht stimmte, und stellte fest, dass ihre Intuition auch bei Schafen funktionierte. «Wenn ich in der Lammungszeit herumziehe und dieses Gefühl habe, ändere ich meine Route und entdecke, dass etwas nicht in Ordnung ist. Ich hatte nicht immer Recht, wenn ich dieses Gefühl bekam, aber ich würde sagen, zu 75 Prozent stimmte es.»

Andere Menschen hatten vergleichbare Erfahrungen mit Kühen gemacht.

Es wäre doch sehr interessant zu wissen, wie häufig Bauern und Schäfer solche Erfahrungen machen, insbesondere Kleinbauern, die ihre Tiere gut kennen. Offensichtlich ist die Fähigkeit von Tieren in Not, die Aufmerksamkeit von Menschen zu erregen, für diese Tiere überlebenswichtig, und wenn der Bauer außer Hörweite ist, können telepathische Rufe eindeutig Leben retten. Und auch für die Bauern ist es nützlich, auf die Rufe ihrer Tiere zu reagieren, wenn sie gebraucht werden, können sie doch damit wertvolles Vieh retten.

Manche Hunde rufen ihre Besitzer anscheinend regelmäßig telepathisch, besonders wenn sie draußen sind und hereingelassen werden wollen. Das tun auch manche Katzen. Während ich dieses Kapitel schrieb, erlebte ich dies kurioserweise bei unserer Katze Allegra. Sie war nachts draußen geblieben, und ich hatte vergeblich versucht, sie hereinzurufen, bevor ich zu Bett ging. Gegen drei Uhr morgens erwachte meine Frau Jill plötzlich und sah Allegras Gesicht ganz dicht vor ihrem, und die Katze sah ihr in die Augen. Aber sie war gar nicht da. Jill versuchte wieder einzuschlafen, aber es gelang ihr nicht, und nach etwa einer Viertelstunde stand sie auf und ging nach unten. Allegra drückte ihr Gesicht an die Scheibe der Terrassentür und wartete darauf, hereingelassen zu werden.

Am dramatischsten rufen Katzen, wenn sie sich verlaufen haben oder verletzt sind, und irgendwie rufen sie ihre Besitzer herbei, die sie retten. Zuweilen «sehen» die Besitzer, wo sie sind, wie Bonnie Kutsch: «Ich habe einen orange getigerten Kater, der mir Bilder von dem Ort sendet, wo er ist, wenn er sich verlaufen hat oder irgendwo eingesperrt ist. Das passiert jedes Mal, wenn er mehrere Tage weg bleibt.» Aber zweifellos können Katzen nicht immer ihre Besitzer rufen, denn sonst gäbe es nicht so viele Zettel, auf denen nach vermissten Katzen gesucht wird.

Wie wir in diesem Kapitel gesehen haben und auch in den beiden folgenden Kapiteln sehen werden, kommt es vor allem im Fall starker emotionaler Bindungen zu telepathischen Kommunikationen zwischen Menschen oder zwischen Menschen und Tieren. Mitglieder einer Gruppe sind durch diese Bindungen ständig miteinander verknüpft, auch wenn sie räumlich weit voneinander entfernt sind. Diese Bindungen sind elastisch – sie dehnen sich wie unsichtbare Gummibänder. Oder um es mit einer anderen Metapher auszudrücken: Sie sind wie Kanäle, durch die Einflüsse fließen können. Im 7. und im 19. Kapitel werde ich ausführlich auf die Beschaffenheit dieser Verbindungen eingehen.

4. Not und Tod an fernen Orten

«Am Morgen des 27. Oktober 1879, als ich bei bester Gesundheit und schon seit einiger Zeit wach war, hörte ich von einer ängstlichen und leidenden Stimme meinen Vornamen rufen, mehrmals hintereinander. Ich erkannte die Stimme, es war die eines alten Freundes ..., an den ich seit vielen Wochen oder gar Monaten nicht mehr gedacht hatte. Ich wusste, dass er sich bei seinem Regiment in Indien aufhielt, aber er war keineswegs an die Front befohlen, und nichts hatte ihn mir in Erinnerung gerufen. Ein paar Tage später erfuhr ich, dass er an dem Morgen, an dem ich seinen Ruf zu hören meinte, an Cholera gestorben war. Der Eindruck war so stark gewesen, dass ich vor dem Frühstück Datum und Faktum in mein Tagebuch schrieb. ... Ich habe sonst nie bewusst irgendeine andere akustische Halluzination erlebt.»[1]

Dieser Bericht einer Dame von «durchaus klarem Verstand, ohne jedes Bedürfnis nach Wundern», wurde 1886 veröffentlicht.

Im letzten Viertel des 19. Jahrhunderts, als man intensiv die Möglichkeit diskutierte, dass die Seele den Tod des Körpers überlebt, wurde solchen Erscheinungen von Sterbenden eine besondere Bedeutung beigemessen.

Auf der einen Seite leugneten die Materialisten jede Möglichkeit, dass das Bewusstsein überlebe. Sie glaubten, das subjektive Erleben sei nichts weiter als ein Aspekt der Hirntätigkeit. Wenn also die Hirntätigkeit mit dem Tod aufhöre, sterbe auch das Bewusstsein. Alle Erinnerungen würden ausgelöscht, wenn das Gehirn verfalle. Scheinbar übernatürliche Kräfte wie die Gedankenübertragung seien einfach unmöglich. Der Glaube an sie sei reiner Aberglaube.

Andererseits gab es den weit verbreiteten religiösen Glauben an ein Leben nach dem körperlichen Tod ebenso wie ein wachsendes populäres Interesse am Spiritismus mit seinen Séancen, Medien, Klopfgeistern, Tischerücken und ektoplastischen Materialisationen. Viele Medien erwiesen sich als Betrüger, die Leichtgläubige ausnutzten. Doch einige bedeutende Wissenschaftler untersuchten eine Reihe angesehener Medien und entdeckten anscheinend echte Phänomene, die nach dem seinerzeitigen Stand der Wissenschaft unerklärlich schienen. Zu diesen aufgeschlossenen Forschern zählten der Physiker Sir William Crookes und der Biologe Alfred Russel Wallace.

Damals interessierte man sich auch sehr für Hypnose, die von der Medizin als natürliches und nicht als okkultes Phänomen anerkannt wurde und nicht länger als «Mesmerismus» verachtet wurde.[2]

In diesem historischen Kontext kam die Erforschung paranormaler Phänomene als wissenschaftliche Disziplin auf. Die Gründer der Society for Psychical Research in London formulierten 1882 ihr Ziel folgendermaßen: «Ohne Vorurteil oder Voreingenommenheit und im Geist der Wissenschaft jene realen oder mutmaßlichen Fähigkeiten des Menschen zu untersuchen, die nach jeder allgemein anerkannten Hypothese unerklärlich zu sein scheinen.» (Diese Maxime steht noch immer in jeder Ausgabe des *Journal of the Society for Psychical Research*.)

Eines der ersten Projekte war es, die Erscheinungen Sterbender zu erforschen. Wenn die Sterbenden tatsächlich Menschen erschienen, die ansonsten nicht von ihrem Tod wissen konnten, dann ließe sich daraus folgern, dass ihre Seele den Körper im Tod verlassen hatte, und das würde den Glauben an ein Leben nach dem Tod bestätigen.

Diese Pioniere der Forschung entdeckten bald, dass nicht alle Erscheinungen mit sterbenden Menschen zu tun hatten. Es gab viele Erscheinungen von Menschen, die Unfälle gehabt hatten, schwer krank waren oder sich in einer anderen Notlage befanden. Und manche waren überhaupt nicht in Gefahr. Man nannte diese Erscheinungen «Phantasmen der Lebenden», im Gegensatz zu Phantasmen der Toten, etwa den Geistern. Das Wort Phantasma sollte «jeden halluzinatorischen Sinneseindruck bezeichnen, welcher Sinn auch immer – Sehen, Hören, Tastsinn, Geruch, Geschmack oder eine diffuse Sensibilität – davon betroffen sein mag».[3]

Die Forschungsergebnisse wurden von Edmund Gurney, Frederick Myers und Frank Podmore in dem zweibändigen, 1300 Seiten umfassenden Werk *Phantasms of the Living* (1886) zusammengetragen. (Gurney und Myers waren Gelehrte am Trinity College in Cambridge.) Diese Forscher veröffentlichten in ganz England Aufrufe, in denen sie um Informationen baten, und analysierten tausende von Berichten der Menschen, die sich meldeten. Sie überprüften diese Berichte und holten schriftliche Erklärungen von Zeugen ein, die die Behauptungen ihrer Informanten bestätigen konnten, wobei sie sich ähnlicher Methoden wie bei einer staatsanwaltschaftlichen Ermittlung bedienten. Sie klammerten alle Fälle aus, die eindeutig natürlichen Ursachen zugeschrieben werden konnten, und lehnten auch Berichte ab, denen es an Genauigkeit fehlte. Aber es blieben noch 702 Fälle übrig, die sie ausführlich in diesem monumentalen Werk beschrieben.

Sie gelangten zu mehreren wichtigen Schlussfolgerungen, und die wichtigste war vielleicht die, dass Erscheinungen von Sterbenden nur ein Typus einer viel allgemeineren Art von unerklärter Kommunikation seien. Für sie prägte Myers den Begriff «Telepathie». Dieses Wort setzte sich rasch durch und ging in den normalen Sprachgebrauch ein. Myers hatte sich bewusst für einen Begriff entschieden, der Emotionen und Eindrücke und nicht nur visuelle Erscheinungen oder die Übertragung von Gedanken einbezog. Er definierte Telepathie als «die Kommunikation von Eindrücken jeder Art von einem Geist zu einem anderen, unabhängig von den anerkannten Sinneskanälen».[4]

Manche Fälle von Telepathie waren visueller Natur, aber mindestens ebenso viele betrafen das Hören von Rufen und anderen Lauten, und zwar sowohl in Träumen wie im Wachzustand. Bei einigen traten sogar Gerüche auf. Und manche telepathischen Kommunikationen waren von keinerlei sinnlichen Halluzinationen begleitet, sondern hingen einfach mit einem Gefühl der Unruhe oder Sorge wegen eines anderen Menschen zusammen, ohne dass der Empfänger dieser Kommunikation wusste, warum er dieses Gefühl hatte.

So verspürte beispielsweise der Vorarbeiter der Steinmetzen an der Kathedrale von Winchester eines Tages bei der Arbeit den intensiven Drang, nach Hause zu gehen. Er zögerte, dies zu tun, da er nicht auf seinen Lohn verzichten oder sich den Spott seiner Frau zuziehen wollte. Aber schließlich ging er doch, und als er zu Hause ankam, öffnete ihm die Schwester seiner Frau die Tür und fragte ihn, wie er es erfahren habe. Seine Frau war von einer Droschke überfahren und schwer verletzt worden. Sie habe herzzerreißend nach ihm gerufen.[5]

In manchen Fällen nahm der telepathische Eindruck die Form einer körperlichen Empfindung an, wie im Fall der Frau des Künstlers Arthur Severn. Eines Morgens im Jahre 1880 erwachte sie in ihrem Schlafzimmer bei Coniston Water im englischen Lake District, weil sie das Gefühl hatte, einen heftigen Schlag auf den Mund bekommen zu haben. Sie sah auf die Uhr – es war sieben Uhr. Ihr Mann war nicht im Zimmer, und sie vermutete, er würde auf dem See segeln. Als er zum Frühstück kam, bemerkte sie, dass er sich weiter von ihr weg setzte als sonst und immer wieder seine Lippe verstohlen mit dem Taschentuch betupfte.

> «Ich sagte: ‹Arthur, warum machst du das?› und fügte ein wenig ängstlich hinzu: ‹Ich weiß, du hast dich verletzt! Aber ich sag dir später, warum.› Er erwiderte: ‹Tja, als ich segeln war, kam eine plötzliche Bö, warf die Ruderpinne jäh herum, und die traf mich heftig am Mund unter der Unterlippe, und es hat heftig geblutet und wollte nicht aufhören.› Da fragte ich ihn: ‹Hast du eine Ahnung, um wie viel Uhr das passiert ist?›, und er erwiderte: ‹Es muss gegen sieben gewesen sein.›»

Manchmal waren die körperlichen Empfindungen allgemeiner Natur, wie bei einem jungen Studenten an der Universität Cambridge, der sich eines Abends von acht bis elf Uhr äußerst krank, kalt und elend fühlte. Was er nicht wusste: Genau um diese Zeit lag sein Zwillingsbruder etliche Kilometer von ihm entfernt zu Hause im Sterben.[6]

Die frühen Erforscher paranormaler Phänomene nannten die Person, die den Eindruck empfing, den «Perzipienten», und die Person, welche die Quelle davon war, den «Agenten». Sie fanden heraus, dass die Mehrheit ihrer Perzipienten (58 Prozent) Frauen, aber die meisten Agenten (63 Prozent) Männer waren. «Das Überwiegen männlicher Agenten ist wahrscheinlich der Tatsache zuzuschreiben, dass Männer für Unfälle und einen gewaltsamen Tod anfälliger als Frauen sind und dass ein größerer Prozentsatz von ihnen in einiger Entfernung von ihren nächsten Verwandten und Freunden stirbt.»[7]

Als sie die Beziehung zwischen den Perzipienten und den Agenten analysierten, fanden sie heraus, dass die meisten einer Familie angehörten (53 Prozent). Am häufigsten waren Eltern-Kind-Fälle (23 Prozent), gefolgt von Brüdern und Schwestern (15 Prozent), Kusinen, Onkeln usw. (9 Prozent) sowie Ehemännern und Ehefrauen (6 Prozent). Unter den nicht miteinander verwandten Paaren betrafen 32 Prozent der Fälle Freunde und 11 Prozent Bekannte. Nur bei 4 Prozent waren Fremde betroffen, und die Hälfte davon ereignete sich, wenn der Perzipient bei jemandem war, der den Agenten bestens kannte und der auch ein telepathisches Erlebnis mit dem Agenten gehabt hatte – ein so genannter kollektiver Fall.[8]

Halluzinationen und Zufall

Die Existenz von Telepathie und anderen paranormalen Phänomenen war im 19. Jahrhundert genauso umstritten wie heute, auch aus den gleichen Gründen – aus materialistischer Sicht durften sie einfach nicht vorkommen. Noch immer gilt die Parapsychologie als «Grenzwissenschaft» und nimmt eine prekäre Position «zwischen den verachtungsvollen Skeptikern und den eilfertig Abergläubischen» ein, wie Myers 1894 formulierte.[9] Doch trotz aller Entmutigung sammeln die Forscher auf dem Gebiet paranormaler Phänomene mit erheblichem Mut weiterhin eine ungeheure Menge von Beweismaterial aus Fallstudien und experimentellen Forschungen, das zeigt, dass Telepathie und andere paranormale Phänomene anscheinend wirklich existieren, ganz gleich, ob wir sie erklären können. Da dieses Forschungsgebiet mehr Skepsis begegnet als jeder andere Wissenschaftszweig, sind die meisten Forscher auf diesem Gebiet ungewöhnlich streng bei ihren Untersuchungen des Beweismaterials und bei der Betrachtung alternativer Erklärungen.

Der am häufigsten erhobene Einwand gegen die in *Phantasms of the Living* vorgelegten Fallstudien lautete, dies seien einfach nur Zufälle. Menschen hätten hin und wieder Halluzinationen, und gelegentlich fielen diese zufällig mit dem Tod oder dem Kummer von jemandem zusammen, den sie kannten. Diese bedeutsamen Zufälle wären so verblüffend, dass man sich an sie erinnere, während alle anderen Halluzinationen einfach vergessen würden.

Diese Hypothese ist absolut vernünftig, aber wie jede wissenschaftliche Hypothese muss sie überprüft werden, bevor wir ihre Gültigkeit beurteilen können. Also organisierte die Society for Psychical Research einen gewaltigen «Zensus von Halluzinationen», der in einem meisterhaften, 400 Seiten umfassenden Report analysiert und 1894 veröffentlicht wurde. Verfasst hatten ihn zwei bedeutende Akademikerinnen aus Cambridge, die Biologin Alice Johnson und Eleanor Sidgwick, die später Rektorin des Newnham College in Cambridge wurde.

Diese Umfrage sollte in erster Linie herausfinden, wie viele anscheinend gesunde und normale Menschen Halluzinationen im Wachzustand gehabt hatten. Mit Hilfe von 410 Interviewern wurden 17 000 Menschen in ganz Großbritannien gefragt: «Haben Sie jemals, während Sie glaubten, völlig wach zu sein, den lebhaften Eindruck gehabt, ein Lebewesen oder einen toten Gegenstand zu sehen oder zu berühren oder eine Stimme zu hören? Welcher Eindruck war, sofern Sie dies wussten, nicht auf irgendeine äußere physische Ursache zurückzuführen?» Das Ergebnis dieser Umfrage lautete, dass 9,9 Prozent erklärten, sie hätten zumindest eine derartige Halluzination gehabt. Anscheinend neigten die Menschen tatsächlich dazu, diese Erlebnisse zu vergessen, denn es hieß, die größte Anzahl solcher Erlebnisse habe sich im vergangenen Jahr ereignet, wenige im Jahr davor, noch weniger zwei Jahre früher und so weiter.

Die meisten dieser Halluzinationen fielen nicht mit unerwarteten Todesfällen zusammen – genauer: weniger als 5 Prozent. Mit anderen Worten: Knapp 0,5 Prozent aller Befragten erklärten, sie hätten eine Halluzination von einem Menschen gehabt, der, wie sie später erfuhren, zum Zeitpunkt ihres Erlebnisses oder innerhalb von 12 Stunden danach gestorben war.

Dann führten die Forscher eine Reihe von Berechnungen durch, um die Wahrscheinlichkeit zu ermitteln, dass jemand zufällig eine Halluzination von jemandem zum Zeitpunkt seines Todes gehabt haben könnte. Um das progressive Vergessen von Halluzinationen, die nicht mit Todesfällen zusammenfielen, zu korrigieren, erhöhten sie die Gesamtzahl von Halluzinationen, die pro Jahr auftraten (um das 6,5fache). Dann bezogen sie statistische Sterblichkeitsraten für die britische Bevölkerung während des vom Zensus erfassten Zeitraums ein und errechneten, dass bei 19 000 Personen ungefähr je eine Halluzination zufällig innerhalb von 24 Stunden nach dem Tod der Person auftreten könnte, auf die sich die Halluzination bezog. Tatsächlich lag das Verhältnis bei eins zu 43. Mit anderen Worten: Diese Halluzinationen um den Todeszeitpunkt herum traten etwa 440 Mal häufiger auf, als man dies rein zufällig erwarten würde.[10]

Auch im 20. Jahrhundert wurden spontane Fälle von Telepathie untersucht, und viele Fallgeschichten wurden im Laufe der Zeit veröffentlicht.[11] Die Ergebnisse stimmen generell mit den ersten Forschungen der Society for Psychical Research überein.

Ferne Not

Die Forschungen, über die in *Phantasms of the Living* und im Zensus der Halluzinationen berichtet wurde, machten deutlich, dass telepathische Einflüsse von Menschen, die im Sterben liegen, einen relativ kleinen Anteil an den allgemeinen telepathischen Kommunikationen darstellen. Sie sind zwar höchst eindrucksvoll und unvergesslich, aber nichts beweist die Vorstellung, «Besuche» von Sterbenden würden demonstrieren, dass die Seele den Körper im Tod verlässt.

Fast genauso dramatisch und denkwürdig sind die Fälle von Telepathie von Menschen, die in Not sind, zum Beispiel infolge von Unfällen, Krankheit oder Depressionen mit Suizidgefahr. Wir haben bereits mehrere Beispiele im Zusammenhang mit telepathischen Rufen (3. Kapitel) und den in *Phantasms of the Living* berichteten Fällen kennen gelernt, etwa das Erlebnis von Arthur Severns Frau, die Schmerzen in ihrer Lippe empfand, als ihr Mann in seinem Segelboot einen Schlag auf die Lippe erhielt (siehe S. 102). Die vielleicht elementarsten Fälle sind die, in denen Mütter telepathisch auf die Bedürfnisse ihrer Babys reagieren (siehe S. 89 ff.).

Telepathische Reaktionen auf Not oder Kummer sind häufiger als Reaktionen auf Todesfälle. In meiner Datenbank gibt es 29 Fälle von offenkundiger Telepathie von Menschen, die im Sterben liegen, hingegen 50 Fälle von Menschen, die in Not oder Gefahr sind oder Kummer haben. Nicht zuletzt weil Menschen nur einmal sterben, aber mehrmals in Gefahr oder Not geraten können, kommt es häufiger vor, dass Notsituationen telepathisch kommuniziert werden.

In biologischer Hinsicht sind diese telepathischen Reaktionen auf die Not von Familienangehörigen und guten Freunden durchaus sinnvoll: Hier handelt es sich nicht nur um Kuriositäten von marginaler Bedeutung, sondern oft um überlebenswichtige Reaktionen. Die Reaktion auf telepathische Intuitionen hat in manchen Fällen tatsächlich Leben gerettet oder zumindest denen, die leiden, Trost und Hilfe gebracht, selbst wenn es nur ein Telefonanruf war. Aber vor der Erfindung des Telefons bestand die angemessenste Reaktion im Allgemeinen darin, dass die Person, die den Eindruck erhielt, zu der Person ging, von der er herrührte, oder sich zumindest um sie kümmerte.

Ian Stevenson, Professor für Psychiatrie an der University of Virginia und einer der bedeutendsten modernen Forscher auf dem Gebiet paranormaler Phänomene, hat rund 200 beglaubigte Fälle von telepathischer Intuition untersucht und in den Daten einige interessante Muster entdeckt. Bei seinen Analysen konzentrierte er sich auf Fälle telepathischer Intuition, optische oder akustische Halluzinationen schloss er aus. Übereinstimmend mit früheren Studien fand er heraus, dass die Mehrheit der Agent-Perzipient-Paare Familienangehörige waren (63 Prozent), am häufigsten Eltern und Kinder (34 Prozent insgesamt). An weiteren 7 Prozent der Fälle waren entferntere Verwandte (Kusinen, Schwägerinnen, Großeltern usw.) beteiligt. Freunde und Bekannte machten insgesamt 28 Prozent, Fremde nur 3 Prozent aus. Stevenson wies darauf hin, dass der relativ hohe Anteil an Ehepartnern und Freunden keineswegs die Vorstellung bestätigt, Blutsverwandtschaft erleichtere die Telepathie. «Emotionale Bande sind anscheinend wichtiger als biologische. Zufälligerweise haben wir am ehesten Gelegenheit, emotionale Bande zu Menschen zu entwickeln, mit denen wir zunächst einmal biologisch verwandt sind. Aber solche emotionalen Bande entwickeln sich durch gemeinsame Erlebnisse und nicht aufgrund der biologischen Beziehungen an sich.»[12]

In vielen dieser Fälle wurden sich die Perzipienten bewusst, dass eine bestimmte Person, die sie gut kannten, Hilfe benötigte. Ihre Reaktionen gingen oft mit Gefühlen einher, die diesem Bewusstsein entsprachen, insbesondere Angst oder Niedergeschlagenheit oder beides, sowie einem Impuls zu handeln, um der in Not befindlichen Person zu helfen. «In ihren Bemühungen, die Agenten zu erreichen, ignorierten die Perzipienten häufig alle rationalen Überlegungen. Oft änderten sie abrupt irgendwelche Pläne, brachen den Urlaub ab, unternahmen unbequeme längere Reisen und fanden sich mit allen möglichen Unannehmlichkeiten ab oder muteten sie anderen Menschen zu, nur um an die Orte zu gelangen, wo sie ihrem Gefühl nach sein müssten.»[13] Wir haben bereits mehrere Beispiele dieser Verhaltensweise kennen gelernt. In manchen Fällen hatte der Perzipient das Gefühl, dass etwas nicht in Ordnung sei, und verspürte sogar einen Zwang, irgendwohin zu fahren, ohne zu wissen, warum und um wen es sich handelte. Ein Beispiel war der Steinmetz an der Kathedrale im englischen Winchester, der den Drang verspürte heimzugehen, ohne zu wissen, warum (siehe S. 101). Dazu Stevenson: «Das Verhalten einiger Perzipienten erinnert einen in ihrer eigenen Schilderung an Marionetten, die von einem Puppenspieler geführt werden, oder an eine Testperson, die auf eine posthypnotische Suggestion reagiert, während sie totale Amnesie im Hinblick auf die eingepflanzte Suggestion aufweist, die doch der wahre Ursprung des unwiderstehlichen Impulses zu dieser Handlung ist.»[14]

Oft reagieren Menschen auf ferne Todesfälle auffallend anders als auf Menschen in Not. Der Tod ist nun einmal unabänderlich, und häufig stellt sich das Gefühl ein, als ob die verursachende Person sich verabschieden wolle. Hier ein Beispiel:

> «Willis (20) lebte seit mehreren Jahren nicht mehr in seinem Elternhaus in Pennsylvania, aber er kam häufig auf Besuch, besonders nach dem Schlaganfall seines Großvaters. Beide hatten einander immer nahe gestanden. … Eines Nachts, kurz nachdem er von einem Besuch zurückgekehrt war, bemühte Willis sich, wach zu werden, als ihn sein Großvater rief: ‹Willis, Willis.› Das normalerweise ganz dunkle Zimmer war hell erleuchtet, und einen Augenblick lang sah Willis, wie sein Großvater ihn anlächelte. Zunächst war er erschrocken, wusste nicht, was geschah, und lag eine Weile bewegungslos da, aber dann machte er das Licht an. Es war 1.10 Uhr morgens. Er konnte nicht mehr einschlafen. Um sechs Uhr rief sein Bruder an, aber Willis sagte sogleich: ‹Opa ist letzte Nacht gestorben!›
> ‹Ja, aber woher weißt du das?›
> ‹Er kam, um mich zu sehen – es war etwa zehn nach eins.›
> ‹Ja, da ist er gestorben.›»[15]

Manche Menschen haben tatsächlich erlebt, dass ein regelrechtes «Ziehen» zu jemandem in Not aufhörte, sobald die Person starb. Anita Richards aus Cambridge in England schilderte mir, wie sich ihre Reaktionen gegenüber ihrer Mutter änderten, die im Krankenhaus lag, aber sich anscheinend nicht in Lebensgefahr befand. Sie hatte vorgehabt, ihre Mutter zu besuchen, aber auf Empfehlung der Ärzte beschloss sie, ihren Besuch um ein paar Tage zu verschieben.

> «Als ich heimfuhr, beunruhigte mich plötzlich meine Entscheidung, nicht zu meiner Mutter zu fahren. Zu Hause machte ich das Mittagessen für meinen Mann, und dann fuhr er wieder zur Arbeit. Während ich so dasaß, hatte ich das Gefühl, als wenn meine Mutter mich zu sich zöge. Wir hatten damals zu Hause kein Telefon. Alles in mir wollte zu meiner Mutter fahren. Auf dem Weg zur Arbeit verließ mich plötzlich dieses Gefühl. Ich sah auf die Uhr – es war 14.05 Uhr. Ich dachte kaum darüber nach und machte mich wieder an die Arbeit. Kurz nach 16 Uhr wurde ich vom Krankenhaus angerufen, und man teilte mir mit, meine Mutter sei unerwartet am frühen Nachmittag gestorben, und zwar zwischen 14 Uhr und 14.30 Uhr.»

In den meisten Fällen, in denen Menschen das Gefühl hatten, handeln zu müssen, befand sich die Person, auf die sie reagierten, in ernster Not oder in einer lebensgefährlichen Lage. Stevenson hat erklärt, dieser «auffällige Unterschied legt die Vermutung nahe, dass das Bedürfnis nach Hilfe auf Seiten des Agenten eine wichtige Rolle in den Prozessen des Erlebnisses spielt».[16]

Zweifellos besteht die Neigung, sich an telepathische Erlebnisse von Tod und Not stärker zu erinnern als an relativ triviale Beispiele. Aber manche angenehme Erfahrungen wie Hochzeiten oder ein Hauptgewinn in der Lotterie sind genauso unvergesslich wie unangenehm – und doch tauchen sie in Fällen von Telepathie nicht annähernd so häufig auf wie unangenehme Erlebnisse.

Sind Rufe notwendig?

Die frühen Forscher auf dem Gebiet paranormaler Phänomene hatten ein Modell von Telepathie entwickelt, bei dem der «Agent» eine aktive Rolle und der «Perzipient» eine passive spielte. Im Sinne der Funkmetapher, die später beliebt wurde, war der eine der Sender und der andere der Empfänger. Oder der eine lieferte den Reiz, der andere die Reaktion. Dieses Modell von aktiv und passiv scheint bei den vielen Fällen angemessen zu sein, bei denen der «Agent» tatsächlich die andere Person gerufen hat, entweder durch Schreien wie im Falle von Babys in Not, durch einen unspezifischen Hilferuf oder durch gezieltes Rufen eines Namens. Dieses Modell lässt sich auch gut auf viele Fälle von Telefontelepathie anwenden (siehe 6. Kapitel): Die Projektion der Absicht einer Person, eine andere anzurufen, scheint diese ferne Person zu beeinflussen. Aber es gibt viele Beispiele von Unfällen, Krankheiten und Todesfällen, bei denen nichts dafür spricht, dass der «Agent» den «Perzipienten» bewusst gerufen hat, entweder mit seiner Stimme oder indem er sich gedanklich auf ihn konzentrierte.

In den von Stevenson analysierten Fällen von telepathischen Eindrücken war in nur 32 Prozent bekannt, dass sich der Agent bewusst auf den Perzipienten konzentriert hatte.[17] Stevenson fand heraus, dass in diesen Fällen die Chance größer war, dass der Perzipient handelte, etwa indem er zu der betreffenden Person fuhr oder mit ihr telefonierte, als in den Fällen, bei denen nicht bekannt war, dass sich der Agent auf den Perzipienten konzentriert hatte. Selbst wenn der Perzipient den Agenten nicht identifizierte, handelte er meist dennoch. Natürlich mag es Fälle geben, wo sich der Agent auf den Perzipienten konzentriert hat, ohne dass diese Tatsache festgehalten wurde, und manche Menschen in Not haben vielleicht indirekt oder unbewusst um Hilfe gerufen.

Louisa Rhine vom Parapsychologischen Institut an der Duke University in North Carolina hat die Rollen von Agent und Perzipient anders interpretiert. Von den dreißiger bis zu den siebziger Jahren des 20. Jahrhunderts war das Labor eines der bekanntesten parapsychologischen Forschungszentren, und im Laufe der Jahre reichten tausende von Menschen Berichte über ihre eigenen Erlebnisse ein. Schließlich entstand eine Sammlung von rund 10 000 Fällen, und Louisa Rhine machte sich an die Aufgabe, sie zu analysieren. Ihre Vorgehensweise war stark geprägt von Vorstellungen über ESP, die sich aus den Forschungsexperimenten an der Duke University ergaben. Für die dortigen Forscher gab es drei Arten von ESP: Telepathie, Hellsehen und Präkognition. Rhine verwies darauf, dass nur an der Telepathie zwei Menschen beteiligt seien, also nicht nur der Perzipient. Um eine einheitliche ESP-Theorie vorlegen zu können, interpretierte sie die Telepathie als eine Aktivität des Perzipienten statt als Aktivität des Agenten – für sie ging es um eine Art von «Gedankenlesen» und nicht von «Gedanken senden».

Gleichwohl gab es in der Duke-Sammlung viele Telepathiefälle, in denen der Agent eine aktive Rolle spielte, genau wie in früheren Fallsammlungen, insbesondere wenn der Agent im Sterben lag oder sich in einer Notlage befand. Aber Louisa Rhine entdeckte auch Fälle, in denen sich der Agent nicht bewusst bemühte, den Perzipienten zu rufen. Da gab es zum Beispiel einen Collegestudenten in Texas, dessen Mitbewohner im Studentenwohnheim darum gebeten hatte, ihn zu einer bestimmten Zeit zu wecken.

> «Als die Zeit gekommen war, beschloss er, den Zimmergenossen ‹auf möglichst teuflische Weise› zu wecken. Er wollte dem Schläfer einen Wassertropfen nach dem andern auf die Augenlider träufeln, bis er erwachte. Er ging ins Bad, um ein Glas Wasser zu holen, und gerade als er wieder ins Zimmer kam, setzte sich der Mitbewohner plötzlich auf, rieb sich die Augen, schüttelte den Kopf und sagte: ‹O Mann, ich hab vielleicht gerade einen Traum gehabt! Ich hab geträumt, ich wäre in einem schrecklichen Unwetter, und der Regen peitschte mir ins Gesicht.›»

Rhine bemerkte dazu, in diesem Fall «bestand der Vorgang anscheinend eher im Gedankenlesen als im Gedankensenden, weil die Botschaft aufgefangen wurde, obwohl der Agent keine bewusste Absicht hatte, sie zu senden». Dennoch spielte der Agent eine aktive Rolle, da er ja bewusst vorhatte, Wasser auf die Augenlider seines Zimmergenossen zu träufeln, und diese Intention wurde anscheinend telepathisch wahrgenommen.

Rhines Versuch, die Rolle des Agenten herunterzuspielen und die aktive Rolle des Perzipienten aufzuwerten, führt wohl in die Irre. Dahinter steht der Wunsch, die Telepathie eher als eine Art Hellsehen zu verstehen, bei welcher der Perzipient eine aktive Rolle spielt. Rhines Denkweise war stark von der Vorstellung beeinflusst, die Telepathie sei die einzige Art von ESP, an der zwei Menschen beteiligt seien. Aber das stimmt ja nicht. Rhine hatte das Gefühl, angestarrt zu werden, nicht berücksichtigt, weil die Parapsychologen es lange Zeit ignoriert hatten. Bei diesem Gefühl sind unweigerlich zwei Menschen im Spiel: ein Perzipient und ein Anstarrender, der die Rolle des Agenten spielt.

Auch die folgenden Kapitel werden sich damit befassen, wie die Telepathie funktionieren könnte. Bislang scheint jedenfalls festzustehen, dass es bei telepathischen Rufen und dem Übermitteln von Not oder Kummer vor allem auf die Beziehung zwischen zwei Menschen ankommt. Wenn die beiden durch ein soziales Band verbunden sind, dann kann dieses als Kommunikationskanal zwischen ihnen fungieren (siehe dazu die Kapitel 7 und 18). Wenn der eine den anderen ruft oder eine Intention auf ihn konzentriert, dann kann dies durch den Kanal übertragen werden, und das führt dann zu einem telepathischen Einfluss. Auch wenn einer der beiden Menschen einen schweren Unfall hat oder stirbt, kann dies den anderen beeinflussen, sogar ohne dass irgendeine bewusste oder unbewusste Intention kommuniziert wird. Man könnte dies grob mechanisch mit einem unsichtbaren Gummiband vergleichen. Stellen wir uns einmal vor, dass zwei Menschen derartig verknüpft sind, einander aber nicht sehen können. Wenn der eine das gedehnte Gummiband in Bewegung versetzt oder loslässt, spürt der andere einen Unterschied. Selbst wenn der eine nicht genau weiß, was mit dem anderen passiert, weiß er doch, dass irgendetwas passiert.

Als ein Aspekt des siebten Sinns sollte sich die Telepathie genau wie die anderen Sinne verhalten, das heißt in erster Linie von Veränderungen und Unterschieden abhängig sein. Der Tod eines Menschen, der mit einem anderen verbunden ist, verursacht zweifellos eine wesentliche Veränderung in dem Band zwischen ihnen. Einerseits ließe sich das als eine aktive Wahrnehmung des Perzipienten verstehen. Andererseits kann die Ursache der Veränderung im Agenten lokalisiert werden, auch ohne jede bewusste Intention. Dies ist keine Entweder-Oder-Situation, sondern beruht vielmehr auf der wechselseitigen Verbundenheit zwischen den beiden Menschen. Es hängt auch von ihrer jeweiligen Geistesverfassung ab. Menschen sind generell empfänglicher für telepathische Einflüsse, wenn sie entspannt sind oder schlafen oder zumindest nicht anderweitig beschäftigt sind.

Reaktionen von Tieren auf ferne Unfälle

Nicht nur Menschen, sondern auch Haustiere, insbesondere Hunde, können auf Not oder Tod der Menschen reagieren, mit denen sie verbunden sind. Wie manche Menschen, die die Not von jemandem spüren, der sich in Gefahr befindet, versuchen auch manche Hunde, diesen Menschen zu erreichen oder zumindest irgendetwas zu tun. In meiner Datenbank sind 33 Fälle von Hunden, die auf eine vergleichbare Weise auf ferne Notfälle reagieren, indem sie Anzeichen von Kummer oder Unruhe erkennen lassen. In *Der siebte Sinn der Tiere* habe ich mehrere Fälle ausführlich dargestellt. Dabei handelte es sich um Brände, Herzinfarkte und andere medizinische Krisen, Selbstmordversuche, Auto- oder Motorradunfälle sowie den Fall einer Frau, die ein Kind in einer Entbindungsklinik zur Welt brachte. Marguerite Derolay aus Tourcoing in Frankreich erzählte mir beispielsweise, eines Tages habe ihr Hund, eine Dogge, «verrückt gespielt. Er stürzte sich auf die Haustür und riss den Briefkasten ab. Ich war richtig verängstigt, da ich ihn nicht beruhigen konnte. Doch dann verstand ich sein Verhalten, denn ein paar Minuten später meldete sich mein Mann verzweifelt über Funk und bat mich, die Polizei zu verständigen». Ihr Mann, ein Taxifahrer, hatte «exakt in derselben Minute», da der Hund sich so aufgeregt zu verhalten begann, etwa fünf Kilometer vom Haus entfernt einen schweren Unfall gehabt.

Zwar reagieren offenbar weniger Katzen als Hunde auf Unfälle und Notfälle, doch sie tun es in ähnlichen Situationen. So bemerkte beispielsweise Jean Parker, die im englischen Peterborough lebt, dass etwas Ungewöhnliches geschah, als sie eines Nachmittags von der Arbeit heimkam und zu ihrer Überraschung sah, wie ihr Kater Timmy auf sie wartete – normalerweise pflegte er den ganzen Tag auf dem Bett ihres Sohns zu schlafen. «Die ganze Zeit miaute er jämmerlich, und ich glaubte, er hätte körperliche Schmerzen, aber sosehr ich mich auch um ihn bemühte – er wollte sich einfach nicht beruhigen. Um es kurz zu machen: Um 20.15 Uhr erfuhr ich, dass mein Sohn einen sehr schweren Autounfall gehabt hatte, sich auf der Intensivstation des Addenbrooke's Hospital in Cambridge befand und in Lebensgefahr schwebte. Sieben Wochen lang lag mein Sohn im Koma. Timmy wollte nicht mehr in sein Zimmer gehen. Aber eines Abends lief Timmy direkt ins Zimmer meines Sohns, sprang aufs Bett und begann wohlig zu schnurren. An diesem Tag erwachte mein Sohn aus dem Koma und begann ins Leben zurückzukehren.»

Tiere, die wissen, wann ihre Besitzer sterben

Ich habe 106 Berichte über Reaktionen von Hunden auf den Tod abwesender Menschen erhalten, mit denen sie verbunden waren. In allen Fällen ließen die Tiere verschiedene Anzeichen von Kummer erkennen, für die es keinen Grund zu geben schien, und die meisten gaben ungewöhnliche Laute von sich – sie heulten (in 32 Prozent der Fälle), jaulten, winselten, bellten und knurrten. Das Verhalten der Hunde ließ sich nur im Nachhinein verstehen, gewöhnlich wenn ein Anruf die Besitzer von einem Vorfall informierte.[18]

Auch manche Katzen reagieren auf ferne Todesfälle, indem sie ungewöhnliche Laute von sich geben, etwa heulen, jämmerlich miauen oder wimmern oder andere Anzeichen von Kummer bekunden. Bei Katzen ebenso wie bei Hunden und Menschen nimmt anscheinend die Fähigkeit, auf den Tod eines Menschen zu reagieren, bei zunehmender Entfernung nicht ab. In manchen Fällen in meiner Sammlung war der sterbende Mensch tausende von Kilometern entfernt, doch seine Katze schien es zu wissen. So hing beispielsweise der Kater der Familie Pulfer aus Koppigen in der Schweiz sehr am Sohn Frank, der als Schiffskoch unterwegs war. In unregelmäßigen Abständen kam er nach Hause, und immer wartete der Kater an der Tür, bevor er eintraf. Aber eines Tages saß der Kater wieder an der Tür und miaute todtraurig. Karl Pulfer, Franks Vater, erzählte: «Wir konnten ihn nicht von der Tür wegbringen. Schließlich ließen wir ihn in Franks Zimmer, wo er alles beroch, aber weiterhin wehklagte. Zwei Tage nach dem merkwürdigen Verhalten der Katze erfuhren wir, dass unser Sohn genau zu dieser Zeit unterwegs in Thailand gestorben war.»

Menschliche Reaktionen auf Not und Tod ferner Tiere

Wenn Tiere aufschnappen können, wann sich ihre Besitzer in Not befinden oder im Sterben liegen, und zwar aufgrund des Bandes zwischen ihnen, dann sollte es dieses Band im Prinzip auch ermöglichen, dass telepathische Einflüsse sich in der entgegengesetzten Richtung bewegen, also vom Tier zum Menschen. Und manche Menschen reagieren anscheinend tatsächlich über eine gewisse Entfernung hinweg auf Tiere, die gerade einen Unfall haben oder im Sterben liegen. Dennoch scheinen die meisten Menschen weniger sensibel als ihre Haustiere zu sein. In meiner Datenbank sind 211 Berichte über Tiere, die anscheinend auf Not und Tod ferner Menschen reagiert haben, aber nur 38 Fälle in umgekehrter Richtung: 16 bei Katzen, 13 bei Hunden, 6 bei Pferden, 2 bei Schafen und 1 bei einem Haushuhn. Einige von diesen Fällen spielten sich ab, als die Menschen wach waren, andere, als sie schliefen. Bei einigen waren optische oder akustische Halluzinationen im Spiel, bei anderen stellte sich das intuitive Bewusstsein ein, dass irgendetwas nicht in Ordnung war, ohne dass irgendwelche Bilder auftauchten, und manche Menschen erlebten am eigenen Leib körperliche Symptome, die mit dem Leiden des Tiers zusammenhingen.

Zuweilen wussten die Menschen, dass ein Tier sie brauchte, und begaben sich zu ihm, wie in den Fällen der Schafe, Pferde, Katzen und Hunde in Not, die ihre Besitzer zu sich riefen, wovon im 3. Kapitel die Rede war. In anderen Fällen waren die Menschen nicht in der Lage, sich zu dem Tier zu begeben, aber gleichwohl waren sie sich dessen Not bewusst. Christine Flood aus Tottington in Lancashire beispielsweise begleitete eine Schulklasse auf einer Fahrt nach Frankreich, als sie eines Nachts von einem Schüttelfrost erwachte und wusste, dass ihr Kater Lester von einem Auto angefahren war und blutete. «Er schrie nach mir voller Schmerzen am Rinnstein.» Sie sagte es den anderen Begleitern, rief aber nicht zu Hause an, weil sie wusste, es würde sie aufregen, obwohl sie sicher war, dass dieser Unfall stattgefunden hatte. Schließlich rief sie während der Rückfahrt zu Hause an und erfuhr, dass Lester tatsächlich überfahren worden war und wegen des Unfalls ein Bein verloren hatte.

All diese Episoden waren von Gefühlen der Sorge und des Kummers begleitet, aber manche Menschen erlebten auch körperliche

Symptome. So befand sich beispielsweise Rosita Brown aus McMinnville im US-Staat Oregon eines Tages mit ihrem Mann rund 30 Kilometer von zu Hause entfernt. «Plötzlich wurde ich ganz aufgeregt. Meine Kehle war wie zugeschnürt, und mir war nach Schreien zumute. Ich sagte zu meinem Mann, wir müssten fahren. Als wir heimkamen, stellten wir fest, dass mein Hund sich auf tragische Weise stranguliert hatte.»

Und manchmal wissen Menschen einfach ohne alle geistigen Bilder oder körperlichen Symptome, was geschehen war, wie im Falle eines belgischen Jungen und seines Papageis.

> «Ich war zehn oder elf Jahre alt und für eine Woche bei meinen Großeltern, und in der letzten Nacht wachte ich auf, weil mir plötzlich der Gedanke durch den Kopf ging: Mein Papagei ist tot. Die ganze Nacht hämmerte dieser Gedanke in meinem Kopf herum: Er ist tot! Er ist tot!, so dass ich nicht schlafen konnte. Am nächsten Tag kamen meine Eltern, um mich abzuholen. Zu Hause lief ich sofort los, um zu sehen, wie es ihm ging – und tatsächlich lag er auf dem Boden seines Käfigs! Natürlich war es ein Schock für mich, da wir sehr gute Freunde waren – er setzte sich immer auf meinen Kopf oder meine Schultern, wenn ich zu Hause war, und fraß mir aus der Hand.» (Koen van de Moortel)

Weitere Beispiele anscheinend telepathischer Reaktionen von Menschen auf Not und Tod ihrer Tiere stehen in meinem Buch *Der siebte Sinn der Tiere*.

Die biologische Grundlage der Telepathie

Aus der Forschung zur Telepathie ergeben sich eine Reihe wichtiger Schlussfolgerungen. Erstens glaubte man, wie wir in diesem Kapitel gesehen haben, in der Frühzeit der Erforschung paranormaler Phänomene zunächst, die Erscheinungen Sterbender lieferten den Beweis dafür, dass die Seele den Körper im Tod verlasse, und daher spreche alles für ein Leben nach dem Tod. Aber bald wurde klar, dass diese Phantasmen besondere Beispiele des allgemeineren Phänomens der Telepathie waren, die ja nicht spezifisch mit Tod und Sterben verknüpft ist, auch wenn die Verbundenheit mit dem Sterbenden zu einigen der denkwürdigsten Beispiele führte. Die Psyche ist nicht etwa zu Lebzeiten auf das Innere des Körpers beschränkt, um dann im Tod freigesetzt zu werden, ja, sie ist nicht einmal während des Lebens auf den Körper beschränkt, unabhängig davon, was nach dem Tod geschieht. Die Telepathie ist ein natürliches, keineswegs ein übernatürliches Phänomen.

Zweitens können telepathische Einflüsse auf jede erdenkliche Weise ins Bewusstsein gelangen: in Träumen, im Augenblick des Erwachens und im vollen Wachzustand. Sie können die Form von optischen oder akustischen Halluzinationen annehmen, von körperlichen Symptomen, von Intuitionen, dass etwas nicht stimmt, von Emotionen wie Angst oder Depressionen oder vom Zwang zu handeln, ohne dass es dafür einen Grund zu geben scheint.

Drittens tritt die Telepathie generell zwischen Menschen auf, die einander eng verbunden sind – insbesondere zwischen Eltern und Kindern, eineiigen Zwillingen[19], Eheleuten, Liebenden und besten Freunden.

Viertens hängen die verblüffendsten Fälle von Telepathie mit Tod, Kummer, Unfällen oder anderen Notfällen zusammen.

Fünftens spielt in vielen Fällen von Telepathie, wie bei den im vorigen Kapitel dargestellten telepathischen Rufen, eine Person, die gewöhnlich der «Agent» genannt wird, eine aktive Rolle bei der Kommunikation, indem sie den so genannten Perzipienten entweder ruft oder Gedanken oder Absichten auf ihn konzentriert. Dies ist allerdings nicht immer der Fall. Da telepathische Kommunikationen anscheinend auf einem Band zwischen den beiden Menschen beruhen, kann sich eine Veränderung in den Lebensumständen der einen Person über dieses Band auf die andere Person auswirken, selbst wenn eine bewusste oder unbewusste Intention, dies zu tun, nicht vorhanden ist.

Schließlich beschränkt sich die Telepathie nicht auf Menschen. Vielleicht weil sich die Erforschung paranormaler Phänomene anfangs in erster Linie mit spirituellen Fragen befasste, konzentrierte sie sich jahrzehntelang ausschließlich auf den Menschen. Ihr erklärtes Ziel lautete: «Ohne Vorurteil oder Voreingenommenheit und im Geist der Wissenschaft jene realen oder mutmaßlichen Fähigkeiten des Menschen zu untersuchen, die nach jeder allgemein anerkannten Hypothese unerklärlich zu sein scheinen.» Die Untersuchung der paranormalen Kräfte von Tieren wurde zwar nicht ausdrücklich ausgeklammert, war aber auch nicht ausdrücklich einbezogen, und die psychische Forschung und die Parapsychologie haben (abgesehen von ein paar bemerkenswerten Ausnahmen) Tiere generell ignoriert. Aber zumindest was Haustierarten wie Hunde und Katzen betrifft, ist die Telepathie ebenso sehr ein Teil der tierischen wie der menschlichen Natur – ja oft noch mehr. Wie die Mensch-zu-Mensch-Telepathie beruht die Mensch-zu-Tier- und die Tier-zu-Mensch-Telepathie generell auf starken sozialen Banden.

Es ist unwahrscheinlich, dass die Telepathie sich in Haustierarten wie Hunden, Katzen, Pferden und Papageien einfach aufgrund der Domestikation entwickelt, bei ihren wilden Vorfahren hingegen gefehlt hat. Sie kann durchaus zwischen Mitgliedern von Kolonien, Scharen, Schwärmen, Herden, Rudeln, Familien, Stämmen und anderen sozialen Tiergruppen vorkommen. Aber über die Telepathie bei wilden Tieren ist kaum etwas bekannt, außer durch Volksmärchen, Jägergeschichten und Beobachtungen einiger aufgeschlossener Naturforscher (siehe dazu Kapitel 7). Das ist ein jungfräuliches wissenschaftliches Gebiet.

5. Die Fernwirkung von Intentionen

In *Der siebte Sinn der Tiere* habe ich viele Beispiele von Hunden und Katzen zitiert, die anscheinend wissen, wann ihre Besitzer zurückkehren. Gewöhnlich bekunden sie ihre Erwartung damit, dass sie zu einem Fenster, einer Tür oder einem Tor gehen und warten. Tun sie dies nur ein paar Minuten, bevor die betreffende Person zurückkehrt, könnten sie einfach auf das Geräusch vertrauter Schritte reagieren oder hören, wie sich ein vertrautes Auto nähert. Aber manchmal beginnen die Tiere eine halbe Stunde oder länger zu warten, bevor die Person heimkommt, selbst wenn diese zu einer unerwarteten Zeit mit einem Taxi oder einem anderen nicht vertrauten Fahrzeug eintrifft. Derartige Antizipationen ließen sich nicht durch normale sinnliche Informationen erklären. Manche Tiere reagieren sogar, bevor die betreffende Person tatsächlich aufbricht – anscheinend antizipieren sie bereits die Intention dieser Person.

Seit dem Erscheinen von *Der siebte Sinn der Tiere* habe ich von hunderten weiterer Beispiele für dieses Verhalten erfahren. Sogar die Königin von England hat Hunde, die ihre Ankunft antizipieren. Sie ist eine bekannte Tierliebhaberin, und das Trainieren ihrer Jagdhunde auf ihrem Gut Sandringham in Norfolk ist eines ihrer Lieblingshobbys. Das Personal auf Sandringham muss gar nicht darüber informiert werden, wann die Queen eintrifft, da die Jagdhunde ihre Ankunft anzeigen. «Alle Hunde fangen in ihren Hütten in dem Augenblick an zu bellen, da sie das Tor erreicht – und das ist immerhin fast einen Kilometer entfernt», erklärte Bill Meldrum, der Hauptwildhüter. «Wir haben keine Ahnung, wie sie das wissen können, und sie tun das bei niemandem sonst.»[1]

Manchmal finden die Menschen zu Hause dieses Verhalten einfach merkwürdig, aber es kann auch einen praktischen Nutzen haben. So habe ich über 50 Berichte von Frauen bekommen, die am Verhalten des Hundes erkennen, wann ihr Partner auf dem Heimweg ist, und dementsprechend mit der Zubereitung einer Mahlzeit beginnen können. Hier ein Beispiel von der Frau eines Försters in Deutschland:

> «An sich wusste ich nicht, wann mein Mann wieder da wäre, aber unser Hund Birko spürte es. Etwa eine halbe Stunde bevor das Auto auf das Haus zukam, wurde er unruhig, lief zur Tür und legte sich dort hin. Am Anfang dachte ich, der Hund könne doch unmöglich eine halbe Stunde im Voraus wissen, wann sein Herrchen eintreffen würde. Aber bald wunderte ich mich nicht mehr darüber. Seitdem konnte ich eine warme Mahlzeit rechtzeitig zubereiten.» (Ingeborg Pullsken)

Ankünfte werden nicht nur antizipiert, wenn Menschen mit dem Auto kommen. Hunde wissen auch, wann ihre Halter mit dem Zug, Bus, Fahrrad, Schiff, Flugzeug oder anderen Verkehrsmitteln heimkommen. In manchen Fällen reagieren die Hunde vielleicht auf eine Alltagsroutine, aber in vielen anderen reagieren sie selbst dann, wenn Menschen zu unüblichen Zeiten kommen und die Menschen zu Hause nicht wissen, wann sie sie erwarten können, ebenso, wenn Menschen mit dem Taxi oder in nicht vertrauten Autos fahren.

Die spektakulärsten Fälle sind die, in denen Menschen nach langer Abwesenheit unangekündigt heimkehren. Alan Cook beispielsweise, ein Offizier in der britischen Handelsmarine, war teilweise bis zu vier Monate von zu Hause weg. Die Dauer seiner Abwesenheit schwankte erheblich, je nach den Routen, die seine Schiffe befuhren.

> «Niemals teilte ich meiner Frau mit, dass ich auf Urlaub heimkäme, da zu viel Verspätungen verursachen kann, und dann hätte sie sich nur Sorgen gemacht. Sie hat nie gewusst, in welcher Woche, an welchem Tag oder zu welcher Uhrzeit ich ankommen würde. Doch immer wieder erlebte ich bei meiner Heimkehr, dass sie mich bereits erwartete. Wenn ich sie fragte, woher sie wusste, dass ich heimkäme, erklärte sie mir, mein Hund habe es ihr gesagt. Er sei immer ganz aufgeregt und halte lange vor der Zeit, zu der ich dann tatsächlich nach Hause kam, nach mir Ausschau.»

Ich habe Berichte über das antizipatorische Verhalten von 44 verschiedenen Hunderassen bekommen. Nichts spricht dafür, dass manche Rassen sich besser anstellen als andere. Hunde, die die Rückkehr ihrer Besitzer antizipieren, finden sich in allen Hauptgruppen – ob Jagdhund, Terrier, Arbeitshund, Schoßhund oder Promenadenmischung.

Im Laufe von fünf Jahren habe ich zahlreiche, mit der Videokamera aufgenommene Tests mit Hunden durchgeführt, die wissen, wann ihre Besitzer heimkommen. Die Stelle, an der der Hund gewöhnlich wartete, wurde während der Abwesenheit des Besitzers ununterbrochen gefilmt. Bei einigen Experimenten kamen die Besitzer mit dem Taxi oder mit anderen unvertrauten Fahrzeugen heim, auch zu willkürlich ausgewählten Zeiten, die ihnen mittels eines Telefonpagers mitgeteilt wurden.

In *Der siebte Sinn der Tiere* habe ich eine lange Reihe von auf Videobändern festgehaltenen Experimenten mit einem Terriermischling namens Jaytee geschildert, der bei seiner Besitzerin, Pam Smart, in Ramsbottom bei Manchester im Nordwesten Englands lebt. Diese Experimente wurden durchgeführt, als Pam mindestens acht, in manchen Fällen über 60 Kilometer von zu Hause weg war. Die Ergebnisse dieser Tests bestätigten, dass Jaytee am Fenster viel häufiger wartete, wenn Pam auf dem Heimweg war, als wenn sie es nicht war. Diese Reaktionen waren statistisch gesehen hoch signifikant. Interessanterweise begann er sich gewöhnlich ans Fenster zu setzen, noch bevor Pam ins Auto gestiegen war, um heimzufahren. Im Allgemeinen begann er zu warten, wenn sie beschloss heimzufahren. Mit anderen Worten: Er schien auf ihre Absichten, nach Hause zu fahren, zu reagieren, bevor sie auch nur einen Schritt auf ihr Auto oder auf ein Taxi zu getan hatte.[2]

Anschließend habe ich eine Reihe anderer Hunde untersucht, die ähnliche antizipatorische Reaktionen an den Tag legten, zum Beispiel einen Rhodesian Ridgeback namens Kane, der Sarah Hamlett, einer Studentin der Veterinärmedizin, gehörte. Kane antizipierte die Rückkehr seiner Besitzerin, indem er sich an einem Fenster auf die Hinterbeine stellte und die Vorderpfoten auf einen Tisch legte, um hinauszusehen. Bei diesen Tests befand sich Kane während der Hauptphase der Abwesenheit seiner Besitzerin im Durchschnitt nur 1 Prozent dieses Zeitraums am Fenster. Dagegen war er 26 Prozent der Zeit dort, wenn sie tatsächlich auf dem Heimweg war. Dieser Unterschied war statistisch gesehen hoch signifikant.[3]

Diese auf Videobändern festgehaltenen und unter kontrollierten Bedingungen durchgeführten Experimente zeigten, dass die Antizipationen der Hunde von der Rückkehr ihrer Besitzer nicht von Routinerückkehrzeiten, von Hinweisen der Menschen zu Hause, von Lauten vertrauter Autos oder irgendwelchen anderen sinnlichen Hinweisen abhingen. Anscheinend beruhten sie auf den fernen Intentionen ihrer Besitzer und waren im Prinzip telepathisch.

Katzen, Pferde und Papageien antizipieren die Rückkehr von Menschen

Auch viele Katzen antizipieren die Rückkehr ihrer Besitzer, aber nicht so viele wie Hunde. Das heißt nicht unbedingt, dass Katzen weniger sensibel wären – sie sind vielleicht einfach nur weniger interessiert. Manche Katzen ignorieren die Rückkehr ihrer Besitzer, wenn diese von der Arbeit oder vom Einkaufen heimkommen, antizipieren aber spektakulär erfolgreich, wenn die Besitzer aus dem Urlaub oder nach langer Abwesenheit zurückkehren, und scheinen das viele Stunden im Voraus zu wissen. So unternahm beispielsweise ein Paar aus Birmingham in England einen Segeltörn, der mehrere Monate dauern sollte, aber ohne dass die beiden wussten, wann sie wieder heimkehren würden. Die Nachbarin fütterte ihren Kater Thomas. Als sie nach etwa drei Monaten heimkamen,

> «entdeckten wir einen Laib Brot und eine Flasche Milch, die für uns in der Wohnung bereitstanden. Wir waren erstaunt, weil niemand wusste, wann wir zurückkommen würden, nicht einmal wir selbst. Als ich meine Nachbarin fragte, woher sie wusste, dass wir kommen würden, erwiderte sie: ‹Wir haben es nicht gewusst, sondern Thomas.› Er sei nie auf den Parkplatz vor den Wohnungen gegangen, aber an diesem Tag sei er da gesessen und habe die ganze Zeit zur Straße hingeschaut. ‹Daher wussten wir, dass ihr heute kommt›, schloss sie.» (Jacqui Geater)

Auch manche Papageien antizipieren die Heimkehr ihrer Besitzer im Voraus, ebenso einige andere Mitglieder der Papageienfamilie wie Kakadus und Wellensittiche. Ein paar andere Vogelarten sollen ebenfalls die Rückkehr ihrer Besitzer antizipieren, vor allem Hirtenstare. Aber ich habe keine Berichte über Rückkehr-Antizipationen bei anderen häufig gehaltenen Arten wie Kanarienvögeln und Zebrafinken bekommen.

Manche sprechende Papageien signalisieren die Ankunft von jemandem, indem sie ihn entweder beim Namen rufen oder irgendeine andere Ankündigung von sich geben. Deb Whitebread und ihr Mann Ron haben einen Graupapagei namens Rocket, den sie selbst aufgezogen hat, seit er fünf Wochen alt war.

> «Inzwischen ist er acht Jahre alt, und obwohl er an mich gebunden ist, spricht er mit der Stimme meines Mannes Ron. Ron hat ihm beigebracht, ‹Hola› zu rufen, wenn er zur Tür hereinkommt. Vor zwei Monaten bemerkte ich, dass Rocket etwa zehn Minuten, bevor Ron heimkam, damit anfing, ‹Hola› zu sagen. Es war nicht etwa so, dass er sein Auto oder irgendetwas Ähnliches hören konnte. Ron hat eine verrückte Arbeitszeit und kommt zu unterschiedlichen Zeiten heim. Früher habe ich ihn immer angerufen, um zu erfahren, wann er kommen würde, aber jetzt warte ich einfach darauf, dass Rocket es mir sagt. Und das tut er regelmäßig.»

Joanna Berger, Biologieprofessorin und Autorin des Buches *The Parrot Who Owns Me*, erzählt darin, wie ihr Graupapagei Tiko sie zu Hause nach einer anstrengenden Reise willkommen hieß, indem er auf dem Geländer am Fuße der Treppe stand. «Ich weiß nicht, woher er es wusste», sagte ihr Partner, «aber zehn Minuten, bevor du zur Tür hereinkamst, öffnete er im Dunkeln seinen Käfig und flog zum Geländer, wo er sanft nach dir rief. Ich schaute nach, aber da war kein Taxi draußen.» Dazu Professor Berger: «Woher wusste er, wann ich ankommen würde? Ich habe den größten Teil meines Lebens der Wissenschaft gewidmet. Aber in den letzten Jahren hat mir meine Beziehung zu Tiko Einblicke in eine andere Welt gewährt. Es gibt noch so viel über unsere Verbindung zueinander zu begreifen, und Tiko und ich sind auf eine Art und Weise verbunden, die ich noch gar nicht verstehe.»[4]

Auch manche Pferde antizipieren die Ankunft ihrer Menschen, entweder wenn sie zum Füttern kommen oder sie auf ihrer Koppel besuchen wollen oder wenn sie nach wochen- oder monatelanger Abwesenheit zurückkehren. In einem Fall geschah dies unter klinischer Beobachtung.

> «Wir hatten eine Stute und ihr Fohlen auf der Intensivstation der Tierklinik der University of California in Davis. Als wir sie eines Tages besuchten, kam der zuständige Arzt auf uns zu und sagte: ‹Ich habe noch nie ein Pferd gesehen, das mit seinen Besitzern so verbunden ist wie Ihres.› Und dann erklärte er uns, die ganze Haltung des Pferdes würde sich etwa zehn Minuten, bevor wir durch die Tür kämen, verändern. Das ganze Personal wusste, wann wir kommen würden, wenn sie das Pferd beobachteten. Da die Station besonders isoliert war – sie hatte zehn Zentimeter dicke Betonwände, Stahltüren und dick gepolsterte Wände –, konnte hier nicht ein überempfindliches Gehör im Spiel sein. Irgendwie wusste das Pferd, wann wir da waren, und zwar durch einen Sinn, der noch erklärt werden muss.» (Bob Griswold)

Allen diesen Fällen war gemeinsam, dass es zwischen den Tieren, die eine Rückkehr antizipierten, und den zurückkehrenden Menschen starke emotionale Bande gab. In den meisten Fällen reagierten sie auf die Rückkehr nur eines bestimmten Familienmitglieds. Eine Minderheit reagierte auf zwei Mitglieder des Haushalts. Und nur ganz wenige Tiere reagierten auf drei oder mehr Mitglieder.

Die Tierarten, die auf die Rückkehr ihrer Besitzer reagieren, sind auch die Arten, die mit Menschen die engsten Bindungen eingehen. Einige wenige Angehörige anderer Arten antizipieren eine Rückkehr, wenn sie mit dem zurückkehrenden Menschen besonders verbunden sind, wie Gänse, Hühner, von Menschen aufgezogene Lämmer, Kaninchen, Meerschweinchen und Frettchen. Aber Schlangen beispielsweise sind ihrem Wesen nach einzelgängerisch und binden sich nicht einmal an andere Schlangen – ich kenne jedenfalls keine Fälle von Rückkehr-Antizipation bei Schlangen. Und als Haustiere gehaltene Fische leben buchstäblich in einem anderen Element und binden sich in keiner Weise an Menschen, die mit ihrer Bindung an andere Fische vergleichbar wäre. Ich kenne keinen Fall eines Goldfisches, der weiß, wann sich sein Besitzer auf den Heimweg macht, oder von irgendwelchen anderen Fischen, die dies tun.

Es wäre in der Tat überraschend, wenn die ganz verschiedenen Arten, die ein Kommen antizipieren, diese Fähigkeit als Reaktion auf die Domestikation entwickelt hätten. Vielleicht wäre dies im Falle von Hunden plausibel, die seit rund 100 000 Jahren domestiziert sind, oder sogar im Falle von Katzen, deren Domestikation etwa 5000 Jahre zurückreicht. Aber viele Käfigpapageien wurden in freier Wildbahn gefangen oder erst seit einer oder zwei Generationen in Gefangenschaft gezüchtet, so dass sich die Fähigkeit, eine Rückkehr zu antizipieren, kaum in so kurzer Zeit entwickelt haben kann.

Sogar einige wilde Tiere, die von Menschen gehalten wurden, weisen diese Verhaltensweise auf, wie Elsa, die von Joy Adamson in Kenia aufgezogene Löwin. In ihrem Buch *Born Free* schildert sie, wie Elsa ihrem Mann folgte und mit ihm jeden Abend spazieren ging, als sie sich in Nairobi aufhielt, «aber am Tag meiner Rückkehr weigerte sie sich, ihn zu begleiten, und setzte sich erwartungsvoll mitten in die Einfahrt. Nichts konnte sie bewegen, sich von der Stelle zu rühren.» Später, als Elsa in die freie Wildbahn zurückkehrte, besuchten die Adamsons sie alle paar Wochen, und gewöhnlich kam sie mehrere Stunden später in ihr Camp, «wobei sie uns freudig begrüßte und mehr Zuneigung als je zuvor bekundete».[5] Joy Adamson war überzeugt, dass Elsa «unsere Ankunft auf irgendeine mysteriöse Weise spürte», selbst wenn sie weit vom Camp entfernt war, als sie eintrafen.[6]

Wahrscheinlich gehört die Antizipation von Ankünften zum natürlichen Verhalten vieler Arten in freier Wildbahn. Jungtiere, zum Beispiel Wolfsjunge, antizipieren vielleicht die Ankunft ihrer Eltern oder anderer älterer Tiere mit Nahrung nach einem Jagdausflug. Aber über derartiges Vorausahnen von Tieren unter natürlichen Bedingungen ist praktisch noch nichts bekannt. Dies wäre ein ergiebiges Forschungsgebiet.

Menschen, die wissen, wenn jemand gleich kommt

Auch manche Menschen scheinen im Voraus zu wissen, wann Menschen, an denen sie hängen, heimkommen. Etliche Eltern haben mir berichtet, wenn sie abends ausgehen und ihr Baby bei einem Babysitter zurücklassen, dann wacht das Baby ziemlich oft auf, kurz bevor sie wieder zu Hause ankommen. Manche ältere Kinder kündigen sogar die Ankunft eines Elternteils an. Dies geschah, als Sheila Michaels sich um einen dreijährigen Jungen in New York kümmerte, während seine Mutter im Krankenhaus war.

> «Ich hatte nicht damit gerechnet, dass seine Mutter bereits einen Tag früher entlassen würde. Ich las ihm gerade seine Lieblingsgeschichte vor, da kletterte der Junge aus dem Bett, ging zur Tür und sagte ruhig ‹Mommy, Mommy›. Ich versuchte ihn dazu zu bewegen, zurückzukommen und sich von mir vorlesen zu lassen, aber er ließ sich nicht beirren und sagte immer wieder ‹Mommy, Mommy›. Ich erklärte ihm, sie würde am nächsten Tag zurückkommen und sein Vater käme in ein paar Stunden. Er rührte sich nicht von der Stelle. Und dann kam seine Mutter.»

Manchmal wissen Kinder in Internaten, wann ihre Eltern sie besuchen kommen. In seiner Autobiographie berichtet der englische Schriftsteller Osbert Sitwell, wie er etwa mit zehn Jahren im Internat drangsaliert wurde und äußerst unglücklich war. «Ich wusste im Voraus, wann meine Mutter, mein Bruder oder meine Schwester kam, um mich zu sehen. Ohne darüber informiert zu werden, wusste ich stets am Vortag Bescheid, sogar wenn es höchst unwahrscheinlich war, dass ein solcher Besuch bevorstand, und ebenso wusste ich, wenn er plötzlich verschoben wurde.»[7]

Zuweilen wissen Eltern, wann ihre Kinder aus dem Internat heimkommen, ohne dass man sie vorher davon unterrichtet hat. Die Umweltaktivistin Vandana Shiva befand sich auf einem Internat in Indien, während ihr Vater Beamter im Indian Forest Service war. Oft wurde er an entlegenen Orten eingesetzt, weit entfernt von einem Telefon und nur schwer per Post zu erreichen. Sie konnte ihren Eltern daher nicht im Voraus mitteilen, wann sie übers Wochenende oder zu einem Überraschungsbesuch heimkommen würde, aber das spielte keine Rolle. «Meine Mutter wusste immer, an welchem Tag ich kam, und kochte mir mein Lieblingsgericht. Das tat sie auch für meinen Bruder und meine Schwester, die an anderen Schulen waren. Auf irgendeine unheimliche Weise wusste sie, was wir vorhatten.»

Andere Beispiele handeln von Ehepaaren. Hier die Geschichte eines Mannes:

«Als wir in Yorkshire lebten, bekam ich einen Job in Newcastle-upon-Tyne. Eines Tages vermisste ich meine Frau so sehr, dass ich spontan einen Zug nahm und nach Hause fuhr. Wir hatten kein Telefon, auch keiner unserer Nachbarn. Als ich zu Hause ankam, hatte meine Frau eine Mahlzeit für mich zubereitet und erwartete mich. Sie erklärte, sie hätte so ein Gefühl gehabt, dass ich unterwegs zu ihr wäre.» (R.H. Molton)

Ein besonders beeindruckender Ehemann, der die Rückkehr seiner Frau antizipiert, ist zufällig ein Nobelpreisträger: Richard Ernst. Im Jahr 2000 erfuhr ich von seinen verborgenen Gaben, nachdem ich in einem Vortrag auf der Jahreskonferenz der Schweizer Akademie der Wissenschaften von meinen Forschungen über Tiere, die die Rückkehr ihrer Besitzer antizipierten, berichtet hatte. Beim Abendessen saß ich seiner Frau gegenüber. Da machte sie eine rätselhafte Bemerkung: «Mein Mann glaubt zwar nicht, was Sie sagen, aber er kann es selbst!» Natürlich fragte ich sie, was sie damit meine. Sie erzählte mir, als sie einmal ihre schwer kranke Mutter in Zürich besuchte, wusste sie nicht im Voraus, wann sie wieder nach Hause kommen würde, sie rief ihren Mann aber auch nicht an, um ihm zu sagen, welchen Zug sie nehmen würde. «Als ich ankam, wartete mein Mann am Bahnhof auf mich. Er konnte nicht erklären, woher er wusste, mit welchem Zug ich kam. Er sagte einfach, er wollte mich abholen, um sicherzugehen, dass ich gut angekommen sei.»

In manchen Fällen ging der Ankunft der betreffenden Person eine Art Erscheinung oder Phantasma voraus, wie die Erforscher des Übersinnlichen im viktorianischen Zeitalter gesagt hätten. Ann Greenberg aus Silton im kanadischen Saskatchewan machte mit ihrem Mann Urlaub in ihrer Hütte an einem See. Eines Abends fuhr ihr Mann mit dem Boot hinaus, aber plötzlich zog ein Unwetter auf, und er kam nicht mehr zurück.

«Ich war allein in der Hütte und machte mir große Sorgen, darum blieb ich bis etwa zwei Uhr morgens wach, ehe ich auf der Couch einschlief. Einige Zeit später hörte ich, wie mein Mann vom Steg hochkam und über die Veranda bis zur Eingangstür schritt. Er öffnete die Tür, kam zur Couch herüber, beugte sich über mich und legte mir die Hände auf die Schultern. Dann erwachte ich. Es war hell, aber mein Mann war nicht da. Ich sah auf die Uhr, deren Zeiger auf fünf Uhr standen. Eine Stunde später fuhr er sicher und gesund in unsere Bucht. Er erzählte, dass er in einer geschützten Bucht geankert und im Boot geschlafen habe. Als er erwachte, sei der See ruhig gewesen, und er beschloss zurückzufahren. Bevor er losfuhr, sah er auf seine Uhr – die Zeiger standen auf fünf Uhr morgens. Die Bucht, in der er Zuflucht gefunden hatte, ist mit dem Boot etwa eine Stunde von unserer Hütte entfernt.»

Das Hören von Geräuschen im Voraus ist im nördlichen Skandinavien bekannt, wie ich in *Der siebte Sinn der Tiere* erwähnt habe. In Norwegen gibt es sogar einen eigenen Begriff für das Phänomen: *vardøger*, was so viel wie «warnende Seele» bedeutet. In diesem Fall hört jemand eine Person, die zum Haus geht oder fährt, hereinkommt und ihren Mantel aufhängt. Doch niemand ist da. Etwa zehn bis dreißig Minuten später werden erneut ähnliche Laute vernommen, aber diesmal kommt die Person tatsächlich. «Die Leute sind dies gewöhnt. Hausfrauen stellen den Wasserkessel auf, wenn sie den *vardøger* vernehmen, denn sie wissen, dass ihr Mann gleich kommen wird.»[8]

Professor Georg Hygen von der Universität Oslo hat dutzende neuerer Fälle untersucht und ein ganzes Buch zu diesem Thema geschrieben.[9] Er gelangt zu dem Schluss, das Phänomen beruhe eher auf Telepathie als auf Präkognition. Mit anderen Worten: Der *vardøger* ist weniger ein Vorausecho dessen, was in der Zukunft passieren wird, sondern hängt vielmehr mit den Absichten einer Person zusammen. So sind zum Beispiel die tatsächlichen Geräusche nicht mit denen identisch, die im Voraus gehört werden. Da vernimmt man vielleicht, wie ein Mensch zum Schlafzimmer hoch geht, während er bei seiner tatsächlichen Ankunft in die Küche geht. Darüber hinaus kann das *vardøger*-Phänomen auch auftreten, wenn ein Mensch gar nicht kommt, weil er es sich anders überlegt hat.

Ein Mann hatte sich mit seiner Frau in einem Laden verabredet. Doch dann beschloss er, sie im Büro abzuholen. Er schaffte es aber nicht mehr rechtzeitig und ging darum zum Laden, wie er es ursprünglich vorgehabt hatte. Sie kam nicht. Nachdem er eine Stunde lang gewartet hatte, ging er heim. Als sie selbst nach Hause kam, beklagte sie sich darüber, dass er nicht zu ihrem Büro gekommen war. Sie hatte seinen *vardøger* gehört, und aufgrund früherer Erfahrungen verließ sie sich darauf, so dass sie noch eine Stunde lang im Büro wartete.

In der englischen Sprache gibt es kein entsprechendes Wort für *vardøger*. Am nächsten kommt ihm noch das «zweite Gesicht» der keltischen Bewohner der schottischen Highlands. Diese Fähigkeit umfasst «Visionen von ‹Ankünften› von Personen, die in dem Augenblick noch fern sind, aber später tatsächlich eintreffen».[10] Aber in den Highlands ist dieses Wissen primär optischer Natur und nicht akustisch wie in Skandinavien.

In vielen Teilen Afrikas gilt die Fähigkeit, Ankünfte zu antizipieren, als ganz normal, wie etwa bei den Buschmännern der Kalahari, die Laurens van der Post beschrieben hat (siehe S. 133). Ich habe auch mehrere Geschichten über britische Beamte gehört, die während der Kolonialzeit in Afrika stationiert waren. Wenn sie nach längerer Abwesenheit unangemeldet zurückkehrten, wurden sie bereits von alten Houseboys erwartet, die von ihren kilometerweit entfernten Dörfern herbeigeeilt waren und an sich nicht wissen konnten, wann ihre Herren kommen würden.

Wenn Menschen beschließen heimzukehren oder bereits unterwegs sind, dann sind ihre Intentionen heimwärts gerichtet. Es scheint, als seien manche Menschen und Tiere in der Lage, diese Intentionen wahrzunehmen. In diesem Sinn ist das Vorauswissen von Ankünften mit dem Antizipieren von Telefonanrufen (6. Kapitel) verwandt, da beiden eine zielgerichtete Intention vorausgeht.

Die Fähigkeit, Ankünfte zu antizipieren, ist zwar in modernen westlichen Gesellschaften relativ selten, doch sie ist anscheinend ein wichtiger Aspekt der Naturgeschichte der Telepathie. Die Tatsache, dass ein solches Vorauswissen bei Babys auftritt, ebenso wenn Menschen schlafen, zeigt, dass es nicht von den höheren geistigen Fähigkeiten abhängt. Es funktioniert auf einer eher fundamentalen Ebene. Generell kann man sagen, dass Hunde und Katzen hier sensibler als Menschen sind. In meiner Datenbank befinden sich 46 Fälle von Menschen, die eine Rückkehr antizipieren, aber 1501 Fälle von Tieren.

Sexuelles Begehren und Untreue

Eine Fülle von Emotionen lassen sich offenbar telepathisch wahrnehmen, unter anderem auch sexuelle Gefühle. Bei den einfachsten Fällen spielt das Begehren eine Rolle. So berichtete mir ein junger Mann aus New York, dass «meine erotischen Gedanken an meine Freundin sie über hunderte von Kilometern hinweg sexuell erregten, ohne dass wir uns vorher verabredet hätten». Ein junger Mann aus Holland sagte: «Ich dachte zur selben Zeit an Sex wie meine 20 Kilometer entfernte Partnerin, ohne dass es dafür eine normale Erklärung gab, und dann schickten wir einander etwa zur gleichen Zeit E-Mails.»

Natürlich können getrennte Liebende oft daran denken, Sex miteinander zu haben, so dass sich derartige Vorfälle ziemlich leicht zufällig ereignen könnten. Man kann nicht davon ausgehen, dass gleichzeitige sexuelle Erregung über eine größere Entfernung hinweg telepathisch ist, aber andererseits kann man ebensowenig davon ausgehen, dass sie es nicht ist. Nur sorgfältig kontrollierte Experimente könnten diese Frage klären, und das ist nicht gerade ein Gebiet, auf dem sich so leicht wissenschaftliche Forschungen anstellen lassen.

Weniger erfreulich ist der Umstand, dass manche Menschen anscheinend telepathisch wahrnehmen, wann ihr Partner sexuell mit anderen Menschen verkehrt. Ein Student aus Neuseeland beispielsweise hielt sich in Amerika auf, während seine überaus geliebte Freundin sich noch in Neuseeland befand.

> «Eines Tages war ich gerade von der Arbeit nach Hause gekommen, als ich die Vision hatte, sie würde gerade Sex haben, aber nicht mit mir. In Neuseeland war es später Nachmittag, also beschloss ich, sie anzurufen. Sie war schockiert, als sie meine Stimme hörte, und wollte nicht reden, weil sie jemanden im Bett bei sich hatte.»

Ein anderes Beispiel, das mir ein Amerikaner erzählt hat:

> «Meine Frau hatte eine Affäre 3000 Kilometer von zu Hause entfernt, und ich spürte den Betrug in meinem Herzen, drei Mal, an einem langen Wochenende, als sie angeblich bei ihrer besten Freundin war. Sie war verblüfft, als ich ihr sagte, wo, wann und wie oft sie

mit diesem Kerl Sex gehabt hatte. Sie glaubte, nur sie und er würden davon wissen.»

Und eine Frau aus Belgien berichtete:

> «Mein Mann befand sich auf einer Geschäftsreise in den USA. Er erklärte mir, er würde ein paar Tage mit ein paar Geschäftsfreunden wandern. Ich verspürte so etwas wie Panik und dann fühlte ich mich sehr einsam und verzweifelt. In jener Nacht konnte ich nicht schlafen und sah Bilder vor mir, wie mein Mann eine andere liebte. Ich dachte, ich würde verrückt werden. Ich beschloss, mein Erlebnis aufzuschreiben. In der nächsten Nacht geschah das Gleiche. Als Paul heimkam, las er, was ich in diesen schlaflosen Nächten geschrieben hatte, und bestätigte alles. Er hatte diese Frau in dem Hotel kennen gelernt, wo die Konferenz stattfand, und ging mit ihr wandern, nicht mit seinen Geschäftsfreunden.»

Zum Glück überstand das Paar diese Krise und ist noch immer glücklich verheiratet.

Bei der telepathischen Wahrnehmung von Untreue versucht derjenige, der die Untreue begeht, im Allgemeinen nicht bewusst, telepathisch zu kommunizieren. Wahrscheinlich ist sogar das Gegenteil der Fall. Vielleicht kommt es zur telepathischen Erregung von Eifersucht deshalb, weil einer der beiden eine Veränderung in dem Band zwischen ihnen wahrnimmt. Der siebte Sinn scheint ja wie die anderen Sinne von einer Wahrnehmung von Veränderungen oder Unterschieden abzuhängen, ganz gleich, ob irgendwie bewusst versucht wird, diese Veränderungen zu kommunizieren.

An jemanden denken, von dem dann ein Brief eintrifft

Bevor Telegramme und Telefone erfunden waren, konnten die Menschen über größere Entfernungen hinweg nur mit Hilfe menschlicher Boten miteinander kommunizieren oder indem sie einander Briefe schickten.

In der zweiten Hälfte des 19. Jahrhunderts hatte das Schreiben von Briefen erheblich zugenommen, und zwar sowohl weil immer mehr Menschen lesen und schreiben konnten, als auch wegen der Einrichtung von Postdiensten in der ganzen zivilisierten Welt. In dieser Zeit bemerkten viele Menschen, dass sie an einen Freund oder einen Familienangehörigen ohne ersichtlichen Grund dachten, und wenige Tage später erhielten sie einen Brief von dieser Person. Oder die Briefe zweier Menschen kreuzten sich in der Post, da jeder etwa um die gleiche Zeit den Wunsch verspürte, dem anderen zu schreiben.

Jemand, der diesem Phänomen besondere Aufmerksamkeit widmete, war der amerikanische Schriftsteller Mark Twain. So formulierte er in einem Brief von 1884:

> «In einer Hinsicht haben sich diese Jahre der ständigen Beobachtung gelohnt … Es ist mir erspart geblieben, den einen oder anderen Brief zu schreiben, weil ich mich geweigert habe, diesen starken Impulsen nachzugeben. Ich wusste immer, dass der andere Mitmensch sich gerade hinsetzte, um zu schreiben, als ich den Impuls verspürte – was für einen Sinn konnte es also haben, dass wir beide das Gleiche schrieben? Die Menschen staunen immer darüber, dass ihre Briefe sich ‹kreuzen›. Würden sie einfach nur den Impuls zu schreiben unterdrücken, gäbe es ein solches Kreuzen nicht, da nur der andere Mitmensch schreiben würde. Aus Höflichkeit mache ich in Ihrem Fall eine Ausnahme.»[11]

Solche Erfahrungen werden noch immer ziemlich häufig gemacht. So entdeckte beispielsweise Andreas Roussopoulos, der in Athen lebt, dass ihm dies mit einer guten Freundin passierte, die sich ein paar Monate in Paris aufhielt. «Bei fünf verschiedenen Gelegenheiten hatte ich ganz intensive Gefühle einer telepathischen Kommunikation mit ihr, die stark emotional geprägt war. Bei jedem Mal war ich so beeindruckt, dass ich die Zeit notierte, und jedes Mal erhielt ich eine Reaktion per Post, die auf diesen Tag datiert war! Natürlich dauerte es drei oder vier Tage, bis die Briefe ankamen.»

Jack Wilson aus Fareham im englischen Hampshire hatte ein besonders verblüffendes Erlebnis mit einem Neffen, mit dem er eng verbunden gewesen war, als der Neffe noch ein Kind war.

«Während ich als Beifahrer in einem Auto mitfuhr, begann ich an meinen Neffen zu denken, den ich seit vielen Jahren nicht gesehen hatte. Soweit mir das bewusst war, waren diese Gedanken weder durch etwas in meiner Umgebung ausgelöst noch durch etwas, was ich gerade erlebte, noch hingen sie damit zusammen. Ich merkte, dass ich an Episoden in unserer früheren Beziehung dachte. Zwei Tage später bekam ich einen ausführlichen Brief von ihm, in dem er sich an die gleichen Situationen erinnerte. Später am selben Tag telefonierte ich mit seiner Frau und fragte sie, wann er den Brief geschrieben habe. Sie sagte es mir. Es war derselbe Tag und dieselbe Zeit, als ich an ihn gedacht hatte.»

Solche Fälle lassen sich anscheinend am ehesten mit Telepathie erklären. Aber andere Erfahrungen mit Briefen sind problematischer. Hier denkt jemand nicht an die andere Person, wenn der Brief gerade geschrieben wird, sondern kurz bevor er eintrifft. Ein Beispiel: «Eines Morgens träumte ich davon, ich würde in die Diele hinuntergehen und einen Brief in einem braunen Umschlag von meiner Exfreundin aufheben, von der ich seit einem halben Jahr nichts gehört hatte. Ich ging dann wirklich hinunter in die Diele, und tatsächlich lag auf der Matte der Brief in einem braunen Umschlag.» (Dylan Bates, London)

Vielleicht antizipierte die Absenderin nach dem Einwerfen des Briefes, wann er ankommen würde, und dachte um diese Zeit an den Empfänger. Aber dieses Argument würde davon abhängen, dass die Post pünktlicher als sonst ist. Derartige Fälle lassen sich wahrscheinlich eher mit Präkognition als mit Telepathie erklären. Wir werden auf dieses Thema im 16. Kapitel zurückkommen.

6. Telepathie am Telefon

In seinem Buch *Die verlorene Welt der Kalahari* berichtete Sir Laurens van der Post, dass Buschmänner in der Kalahariwüste im südlichen Afrika miteinander in telepathischem Kontakt standen, und zwar weit über die Reichweite der normalen sinnlichen Kommunikation hinaus. Als van der Post einmal mit einigen Buschmännern auf der Jagd war, entdeckte er, dass die im Camp zurückgebliebenen Männer wussten, dass sie in 80 Kilometer Entfernung vom Camp eine Elenantilope erlegt hatten und wann sie zurückkehren würden. Sie verglichen ihre Kommunikationsmethode mit dem Telegrafen oder «Draht» des weißen Mannes. Als sie in ihren mit Fleisch beladenen Landrovern zurückfuhren, fragte van der Post einen Buschmann, wie seine Leute wohl reagieren würden, wenn sie von ihrem Jagderfolg erfuhren. Der Buschmann erwiderte: «Sie wissen es schon. Sie wissen es über den Draht. … Wir Buschmänner haben hier einen Draht», sagte er und tippte sich auf die Brust, «und der benachrichtigt uns.» Und tatsächlich – als sie sich dem Lager näherten, sangen die Buschmänner das «Elenantilopen-Lied» und schickten sich an, die Jäger begeistert willkommen zu heißen.[1]

Wahrscheinlich hätten die meisten Menschen in modernen Gesellschaften zu wenig Vertrauen in die Telepathie, um ausschließlich mit ihrer Hilfe zu kommunizieren. Telefone stellen da eine verlässlichere und effektivere Methode dar. Nun erzeugt ausgerechnet die Absicht, jemanden in der Ferne anzurufen, günstige Bedingungen für die Telepathie. Die Anrufer denken an die Menschen, die sie anrufen wollen, suchen vielleicht ihre Nummer aus und wählen sie. Während dieser Zeit konzentrieren sie ihre Aufmerksamkeit auf die Menschen, die sie anrufen wollen, und ihr rationaler Verstand stört diese Konzentration durchaus nicht, denn die Technik nimmt ihnen jede Mühe ab. Telefone ermöglichen es Menschen, praktisch jeden anzurufen, den sie brauchen, wann immer sie wollen. Vor der Erfindung des Telefons waren vermutlich die einzigen Intellektuellen, die an die Möglichkeit glaubten, jemanden über eine größere Entfernung hinweg rufen zu können, Theosophen oder Anhänger anderer esoterischer Bewegungen. Heutzutage richten selbst unverbesserliche Materialisten ihre Intention auf Menschen, mit denen sie in Verbindung treten wollen, und seien sie noch so weit entfernt. Und ob ihnen das nun gefällt oder nicht – ihre Intention kann telepathisch wahrgenommen werden.

An jemanden denken, der dann anruft

Offenbar ist es keinesfalls merkwürdig, einen Anruf von jemandem zu antizipieren, von dem man erwartet, dass er einen anruft. Aber viele Menschen stellen fest, dass sie ohne ersichtlichen Grund anfangen, an einen bestimmten Menschen zu denken, und dann läutet das Telefon, und dieser Mensch ist in der Leitung. Hier drei repräsentative Beispiele aus dutzenden in meiner Datenbank:

> «Oft, wenn ich an eine Freundin in Belgien denke, ruft sie mich fünf bis zehn Minuten später an. Das Gleiche erlebe ich bei meiner Mutter – ich denke an sie, und ein paar Minuten später ruft sie an oder schickt mir ein Fax. Und zwar von Belgien nach Schweden!»

> «Ich habe oft Anrufe von gewissen Patienten antizipiert, bei denen ich die Psychotherapie abgesetzt hatte. Aus irgendeinem Grund habe ich mich gefragt, wie es ihnen wohl ergeht. Kurze Zeit später rufen sie dann an und bitten um einen Termin oder wollen einen Rat einholen.»

> «Lange Zeit habe ich das Gefühl gehabt, telepathisch mit meinen beiden Töchtern verbunden zu sein, die mir sehr nahe stehen. Ich fange an, an sie zu denken, kurz bevor das Telefon läutet. Das erlebe ich auch bei Freunden. Ich sage dann immer: ‹Ich hab gerade an dich gedacht›, wenn ich den Hörer abhebe und sie sind dran.»

Gewöhnlich stammen solche Anrufe von Menschen, die dem Angerufenen vertraut sind und mit denen er emotional verbunden ist. Aber gelegentlich handelt es sich um ferne Bekannte oder negative Emotionen oder um beides, wie es Ersi Hatzimichalis in Athen erlebt hat. Während des Militärregimes Ende der sechziger, Anfang der siebziger Jahre des vorigen Jahrhunderts suchte der Geheimdienst seinen Bruder Niko, der im demokratischen Widerstand aktiv war:

> «Eines Tages malte ich in meinem Atelier, da kam mir unversehens das Bild eines gewissen Herrn K. in den Sinn, eines Geheimdienstbeamten, der mit den Deutschen während des Zweiten Weltkriegs kollaboriert hatte. Ich hatte vor dem Krieg gesellschaftlichen Kontakt mit ihm gehabt, aber immer hatte ich mich in seiner Gegenwart unsicher gefühlt – er hatte etwas Zwielichtiges und war hinterhältig und verschlagen. Er hätte uns genausogut verhaften wie helfen können. Jedenfalls hatte ich seit über 25 Jahren nicht mehr an ihn gedacht und hatte auch keinen Grund dazu. Da läutete das Telefon, und er war dran! Er war sehr zuvorkommend und erkundigte sich, wie es mir gehe, aber eigentlich wollte er nur wissen, wo Niko sich aufhielt. Ich erklärte ihm, Niko sei in Paris.»

Ziemlich oft sind sich Menschen gar nicht bewusst, dass sie an eine bestimmte Person im Voraus denken, aber während das Telefon läutet, wissen sie, wer dran ist. Zum Beispiel: «Was meine beste Freundin angeht, so würde ich sagen, dass wir etwa zu 70 bis 80 Prozent wissen, dass die andere anruft, sobald das Telefon läutet, und daran hat sich seit etwa 18 Jahren nichts geändert» (Dr. Eleanor Pryor, Australien). Viele Menschen sagen, dass allein schon die Art, wie das Telefon läutet, anders wirkt, wenn eine bestimmte Person anruft. So berichtete mir beispielsweise Ann Stewart aus Fife in Schottland: «Vor einigen Jahren hatte ich eine ganz enge Beziehung und erkannte immer schon am Läuten des Telefons, wann mein Liebster anrief. Es ist schwer zu erklären, aber das Läuten klang anders, wenn er anrief.»

Aktiv Menschen veranlassen anzurufen

Wenn man will, dass jemand anruft, hat es zuweilen den Anschein, als würde er dazu veranlasst, wenn man an ihn denkt. Ich selbst habe dies schon erlebt, als ich in Hyderabad in Indien lebte und dringend mit einem englischen Freund Kontakt haben musste, der einige Kilometer entfernt wohnte und nicht ans Telefon ging. Er rief mich auch nur selten an. Ich überlegte mir, wie ich ihm eine Nachricht zukommen lassen könnte. Etwa zehn Minuten später läutete das Telefon, und er war dran und sagte, er habe das Gefühl gehabt, anrufen zu müssen, wisse aber nicht, warum.

Alan Cook aus Dungeness in Kent erlebte etwas Ähnliches mit einer Freundin, als sie Urlaub in Italien machte. Er hatte sie oft angerufen, genauso wie sie ihn anrief, aber nun kannte er die Nummer des Hotels nicht, in dem sie abgestiegen war.

> «Eines Abends, als meine Freundin verreist war, kam ich von der Arbeit heim, und ich weiß noch, dass ich dachte, wie gern ich jetzt mit ihr reden würde. Etwa 20 Minuten später läutete das Telefon, und die ersten Worte, die ich hörte, lauteten: ‹Tut mir Leid, dass ich so spät anrufe.› Und dann erklärte sie mir, sie habe ‹gespürt›, dass ich mit ihr reden müsse, während sie in ihrem Hotel beim Abendessen war. Sie habe dann erst eine Telefonkarte kaufen und ein Telefon suchen müssen – daher die Verspätung. Sie hatte absolut nicht daran gezweifelt, dass ich mit ihr reden musste.»

Joann Ertz aus Tacoma im US-Staat Washington machte mit ihrer Mutter daraus eine Art Spiel:

> «Es begann damit, dass sie mir eines Tages erklärte, wir sollten uns doch aufeinander konzentrieren und denken ‹Ruf mich an›, und jedes Mal funktionierte es. Wir machten uns sogar einen Scherz daraus, und einige Male konnte ich an nichts anderes denken, als dass ich ‹Mom anrufen› müsse. Wenn ich es dann tat, lachte sie: ‹Ich wollte bloß mal wissen, ob es noch funktioniert. Wie geht's dir denn?›»

Solche mentalen Rufe über eine gewisse Entfernung hinweg ähneln sehr den telepathischen Rufen, von denen im 3. Kapitel die Rede war. Aber vor der Erfindung von Telefon und Telegraf gab es für die Menschen kaum eine andere Möglichkeit, auf derartige Rufe zu reagieren, als sich zu der Person zu begeben, von der sie sich gerufen glaubten. Oder sie konnten einen Brief schreiben – oder einfach versuchen, das Ganze zu vergessen. Aber heute sind Telefone so weit verbreitet, dass man ohne weiteres dem Impuls nachgeben kann, mit einer bestimmten Person in Kontakt zu treten, und wahrscheinlich tun dies immer mehr Menschen. Noch mehr erleichtert wird dies durch den Umstand, dass heute so viele Menschen ein Handy haben.

Wer beeinflusst wen?

Wie wir gesehen haben, denken Menschen manchmal an eine Person, die dann anruft, als ob sie die Intention des Anrufers wahrnehmen würde. Manchmal funktioniert das auch andersherum, und jemand möchte, dass eine Person anruft, und die tut es dann auch. Aber ziemlich oft ist die Richtung des Einflusses nicht eindeutig: «Vor etwa sechs Jahren hatte ich ein Ferngespräch mit einer Freundin, mit der ich seit Monaten nicht mehr telefoniert hatte. Als sie abhob, erklärte sie mir, sie habe gerade meine Nummer rausgesucht, um mich anzurufen, als das Telefon geläutet hätte. Seither habe ich dieses Phänomen immer wieder erlebt.» (Jai Flicker, Forest Knolls, Kalifornien)

Zuweilen rufen beide Menschen einander exakt zur selben Zeit an. Jill Andrews aus Wyoming hatte dies wiederholt erlebt, wenn sie ihre Mutter, eine ehemalige Biologielehrerin, in Michigan anrief:

> «Im Laufe der Jahre habe ich sie mehrmals angerufen und hörte immer nur das Besetztzeichen. Wenn ich auflegte, läutete es sofort. Meine Mutter war dran – sie rief mich in exakt demselben Augenblick an! In anderen Fällen hob ich den Hörer ab, um sie anzurufen, und es gab kein Freizeichen. ‹Hallo?›, sagte ich, weil ich dachte, dass jemand anderes in meinem Haus gerade telefonierte. Meine Mutter erwiderte: ‹Hallo!› Ich hatte ihren Anruf entgegengenommen, ohne ein Läuten gehört zu haben. Fast jedes Mal, wenn ich zu Hause anrufe, antwortet Mom: ‹Also so was, Jill! Ich hab gerade an dich gedacht!›»

Wie häufig sind diese Erlebnisse?

Offenkundig telepathische Erlebnisse beim Telefonieren sind sehr häufig. Ja, anscheinend sind sie die häufigste Art telepathischer Erlebnisse in der heutigen Welt. Jeder Leser, der daran zweifelt, kann ja eine private Untersuchung durchführen, indem er Familienangehörige, Freunde oder Kollegen fragt, ob sie schon Erlebnisse von evidenter Telepathie in Verbindung mit Telefonanrufen gehabt haben. Ich sage voraus, dass viele, wahrscheinlich die meisten berichten werden, dass sie so etwas erlebt haben.

Soweit ich weiß, wurde bislang nicht versucht abzuschätzen, wie viele Menschen offensichtlich telepathische Erlebnisse beim Telefonieren gehabt haben. Ich habe daher versucht, die Häufigkeit zu quantifizieren, und zwar nach drei unterschiedlichen Methoden.

Zunächst habe ich über einen Zeitraum von fünf Jahren Menschen bei Vorträgen, in Seminaren und Konferenzen in Europa und Nord- und Südamerika gefragt, ob sie gewusst haben, wer sie anrief, bevor sie den Hörer abnahmen, und zwar auf eine Weise, die ihnen telepathisch erschien. Als ich um Handzeichen bat, bestätigten zwischen 80 und 95 Prozent, dass sie diese Erfahrung gemacht hatten. Das ist natürlich eine sehr grobe Art der Umfrage, und das Publikum, mit dem ich es zu tun hatte, repräsentierte unübersehbar keinen zufälligen Querschnitt durch die Bevölkerung. Dennoch konnte ich nach dieser Methode sehr viele Menschen befragen, insgesamt rund 6000 in ganz Westeuropa und in Amerika. Zumindest zeigten diese vorläufigen Ergebnisse, dass Telepathie in Verbindung mit Telefonanrufen in sehr vielen Ländern bekannt ist.

Zweitens habe ich Gruppen von Menschen, die in England, Deutschland, den USA und Argentinien Vorträge hörten und an Seminaren teilnahmen, darum gebeten, Fragebögen über ihre Erlebnisse beim Telefonieren auszufüllen. Die erste Frage lautete: «Haben Sie jemals an jemanden gedacht, als das Telefon läutete oder kurz vorher, und dann war tatsächlich die Person am Apparat, an die Sie gerade gedacht hatten? (Schließen Sie Erwartungen aus, für die es eine normale Erklärung gab, und beziehen Sie nur die Fälle ein, die anscheinend telepathisch waren.)» Insgesamt erhielt ich von 1562 unter 1691 Befragten oder von 92 Prozent, die den Fragebogen ausgefüllt hatten, eine positive Antwort.[2]

Drittens führten meine Mitarbeiter und ich formelle Umfragen per Telefon bei einer Zufallsauswahl von Haushalten in England und den USA durch. Bei diesen Umfragen meinten etwa die Hälfte der Befragten, sie hätten das Gefühl gehabt zu wissen, wer anrief, bevor sie den Hörer abnahmen: in London 51 Prozent, in Bury im Nordwesten von England 49 Prozent und in Santa Cruz in Kalifornien 47 Prozent.[3] Der Prozentsatz derer, die erklärten, sie hätten mit jemandem telefoniert, der sagte, er hätte gerade daran gedacht, anzurufen, ist sogar noch höher. In England waren dies durchschnittlich 65 Prozent, in Kalifornien 78 Prozent.[4] In allen Fällen behaupteten mehr Frauen als Männer, solche Erlebnisse gehabt zu haben.

Diese Umfragen zeigten auch, dass offensichtlich telepathische Erlebnisse beim Antizipieren von Telefonanrufen häufiger waren als alle anderen Arten telepathischer Erlebnisse.

Die Naturgeschichte der Telefontelepathie

Bei meinen Umfragen wollte ich in erster Linie mehr über die Naturgeschichte der Telefontelepathie erfahren, insbesondere wie oft sie vorzukommen schien und bei wem.

Der erste und wirklich evidente Befund besagte, dass mehr Frauen als Männer solche Erlebnisse gehabt hatten (siehe Abb. 6.1). Dieser Unterschied bei den Geschlechtern trat in allen vier Ländern – Argentinien, Großbritannien, Deutschland und den USA – deutlich zu Tage. Dieser Befund bestätigte die Ergebnisse aus den Umfragen bei den zufällig ausgewählten Haushalten und stützte die verbreitete Vorstellung, Frauen seien im Allgemeinen intuitiver. Dabei schnitten die Argentinierinnen am besten, die Britinnen am schlechtesten ab.

Die Menschen, bei denen diese Erlebnisse auftraten, waren meist Freunde, Mütter, Ehepartner, Lebensgefährten und Kollegen. Sie ereigneten sich auch bei anderen Familienmitgliedern, insbesondere Schwestern, sowie zwischen Arbeitgebern und Arbeitnehmern (siehe Abb. B.2, S. 402). Ein geringer Prozentsatz der Befragten berichtete von derartigen Erlebnissen mit Klienten, Paten, Therapeuten, Patienten und Lehrern. Das gleiche allgemeine Muster ergab sich unabhängig in allen vier Ländern.

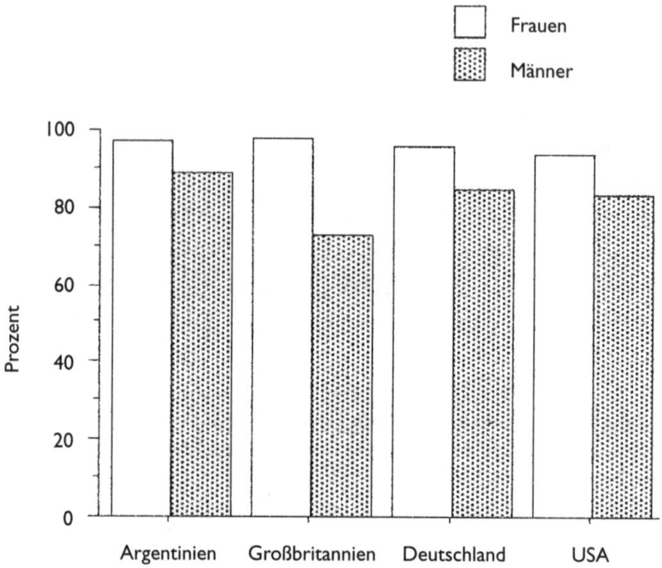

Abbildung 6.1 Prozentzahlen von Männern und Frauen in vier verschiedenen Ländern, die angaben, sie hätten anscheinend telepathische Erlebnisse im Zusammenhang mit Telefonanrufen gehabt. Näheres zu dieser Fragebogenaktion in Anhang B.

Freunde des gleichen Geschlechts wurden eher telepathisch antizipiert als Freunde des anderen Geschlechts. Dieses Muster steht im Gegensatz zu Reaktionen bei Müttern und Vätern – hier reagierten Männer wie Frauen eher auf Mütter als auf Väter (siehe Abb. B.3, S. 403).

Die Befragten sollten auch folgende Frage beantworten: «Haben Sie irgendwelche anderen Arten von telepathischen Erlebnissen gehabt?» Insgesamt antworteten 68 Prozent mit Ja. Wieder gaben signifikant viel mehr Frauen (72 Prozent) als Männer (58 Prozent) eine positive Antwort. Diese Prozentsätze liegen viel niedriger als bei der Telefontelepathie (Abb. 6.2) – ein weiterer Beweis dafür, dass Telepathie in Verbindung mit Telefonanrufen die häufigste Art in der heutigen Welt ist.

Näheres zu dieser Umfrage enthält Anhang B. Zusammenfassend gesagt erwies sich, dass mehr Frauen als Männer erklärten, sie hätten

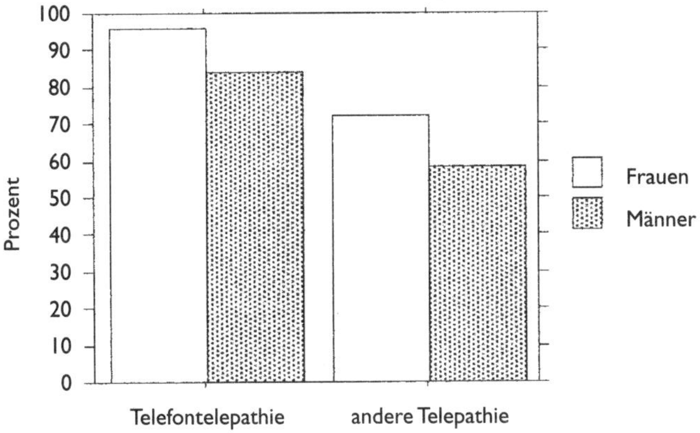

Abbildung 6.2 Prozentzahlen von Männern und Frauen, die angaben, sie hätten anscheinend telepathische Erlebnisse im Zusammenhang mit Telefonanrufen gehabt, verglichen mit den Prozentzahlen derer, die angaben, sie hätten andere Arten von telepathischen Erlebnissen gehabt. Diese Zahlen geben die durchschnittlichen Ergebnisse aus Fragebogenaktionen wieder, die in Argentinien, Deutschland, Großbritannien und den USA durchgeführt wurden. Siehe dazu Anhang B.

offenkundig telepathische Erlebnisse bei Telefonanrufen gehabt. Manche Menschen hatten diese Erlebnisse ziemlich oft, mehr oder weniger täglich (Abb. B.1, S. 401). Die Telefontelepathie hing nicht von irgendeiner bestimmten Technik ab – es gab sie bei Handys ebenso wie im Festnetz. In allen vier Ländern traten diese Erlebnisse meist auf, wenn sehr vertraute Menschen anriefen, insbesondere Freunde, Mütter, Ehepartner, Lebensgefährten, Schwestern und Kollegen.

Forschungen zur Telefontelepathie

Da Telefontelepathie anscheinend so häufig vorkommt, überrascht es, dass Wissenschaftler sie ignoriert haben, sogar Parapsychologen. Dabei ist es weder schwierig noch kostspielig, dieses Thema experimentell zu erforschen.

Wie immer lautet die erste Frage: Könnte diese offenkundige Telepathie reiner Zufall sein? Vielleicht denken Menschen ja oft ohne einen bestimmten Grund an andere. Zufällig könnte zuweilen diesen

Gedanken ein Telefonanruf von Seiten dieser Personen folgen. Wenn sich die Menschen nur an die Male erinnern, da sie Recht hatten, und die Male vergessen, als sie sich irrten, dann kann die Illusion einer Telepathie durch eine Kombination von Zufall und selektiver Erinnerung erzeugt werden.

Eine Methode, mit der jeder diese Möglichkeit untersuchen kann, besteht darin, dass man ein Tagebuch neben dem Telefon bereitlegt und jede Intuition hinsichtlich des Anrufers notiert, wenn das Telefon läutet, aber bevor man abhebt. (Natürlich sollte für diesen Test jedes Anrufer-Identifikationssystem abgeschaltet oder verdeckt werden.) Nach dem Anruf hält man Datum und Zeit sowie den Namen des tatsächlichen Anrufers fest und notiert, ob der Anruf erwartet wurde oder nicht. Nur unerwartete Anrufe sind für die Erforschung der Telepathie relevant. Anhand solcher Tagebucheintragungen lässt sich leicht die gesamte Trefferrate ermitteln, ebenso die Trefferraten bei einzelnen Anrufern.

Tagebücher stellen zwar die einfachste Möglichkeit dar, das Problem der selektiven Erinnerung zu vermeiden, lassen aber noch immer eine andere mögliche «normale» Erklärung zu. So kann jemand einen Anruf zu einer bestimmten Zeit von einer bestimmten Person erwarten, sich aber dieser Erwartung nicht bewusst sein. Wenn dann der Anruf kommt, muss man sich nicht auf Telepathie berufen, da eine unbewusste Erwartung als Erklärung ausreicht. Das Problem ist allerdings, dass der Begriff «unbewusste Erwartung» so schwer zu fassen ist. Er kann durchaus eine unüberprüfbare Hypothese darstellen, und das gilt in der Wissenschaft ja eher als ein Laster als eine Tugend. Denn wenn die Erwartung eines Telefonanrufs unbewusst ist – wie kann man dann beweisen, dass sie wirklich existiert? Und wenn sie tatsächlich existiert – könnte dann diese Erwartung nicht eher eine *Folge* von Telepathie sein als eine Alternative zu ihr?

Diese Fragen lassen sich am besten mit Hilfe experimenteller Tests beantworten, die statistisch ausgewertet werden können. Ich habe ein experimentelles Verfahren entwickelt, das klare positive und wiederholbare Ergebnisse liefert.

Experimentelle Tests

In diesen Tests erhielten die Testpersonen zu einer bestimmten Zeit einen Anruf von einem von vier verschiedenen Anrufern. Sie wussten, wer die potenziellen Anrufer waren, aber nicht, welcher von ihnen in einem bestimmten Test anrief, weil der Anrufer vom Experimentator beliebig ausgewählt wurde. Sie mussten raten, wer der Anrufer war, bevor sie den Hörer abnahmen. Rein zufällig hätten sie bei einem von vier Malen Recht gehabt (25 Prozent). Hatten sie signifikant häufiger Recht als bei der Zufallsquote?

Meine Kollegen und ich wählten Testpersonen aus, die behaupteten, sie würden manchmal auf telepathische Weise wissen, wer gerade anruft, bevor sie den Hörer abnehmen. Jede Testperson nannte vier Menschen, auf die sie ihrer Meinung nach telepathisch reagieren könnten, zum Beispiel ihre Mutter, ihre Schwester und zwei Freunde. Sie wurden natürlich aufgefordert, dieses Experiment ohne ein Anrufer-Identifikationssystem durchzuführen. (Da solche Systeme in alle Handys eingebaut sind, benutzten wir Festnetzapparate ohne sie.)

Die Testpersonen wählten einen Zeitraum aus, in dem sie das Experiment durchführen konnten, und erkundigten sich bei ihren vier Anrufern, ob auch diese Zeit hatten, in diesem Zeitraum anzurufen, etwa zwischen 14 Uhr und 14.20 Uhr an einem Donnerstagnachmittag. Sie gaben dem Experimentator Bescheid, der dann eine Zeit für den experimentellen Anruf festlegte, etwa um 14.15 Uhr, und der Testperson mitteilte, wann es so weit wäre. Zu Beginn des Experimentierzeitraums, 15 Minuten bevor der Anruf erfolgen sollte, ermittelte der Experimentator durch Würfeln eine beliebige Zahl zwischen eins und vier. Damit war einer der vier Anrufer ausgewählt. Diesen rief der Experimentator dann an und bat ihn, die Testperson zur verabredeten Zeit anzurufen – also um 14.15 Uhr – und etwa eine Minute vor dem Anruf an diese Person zu denken. Um 14.05 Uhr wussten die drei anderen potenziellen Anrufer, dass sie nicht ausgewählt worden waren, weil sie vom Experimentator keinen Anruf bekommen hatten.

Wenn das Telefon um 14.15 Uhr läutete, wusste die Testperson, dass einer dieser vier Anrufer in der Leitung war, und bevor sie den Hörer abhob, musste sie raten, wer es war. Wenn sie den Hörer dann abhob, nannte sie den geratenen Namen, indem sie zum Beispiel

«Hallo, Ben» sagte, und zwar bevor sich der Anrufer irgendwie geäußert hatte.

Als zusätzliche Vorsichtsmaßnahme gegen mögliche Mogeleien oder versehentliche Fehler beim Aufzeichnen der Daten wurden die Testpersonen in vielen unserer Tests während des gesamten Experimentierzeitraums mit zeitcodiertem Videoband gefilmt. Sie sprachen ihre Vermutung in die Kamera, bevor sie den Hörer abhoben. In manchen Tests wurden auch die Anrufer ununterbrochen gefilmt.

Falls die Testpersonen keine telepathischen Fähigkeiten hatten und einfach nur rieten, hätten sie bei vier potenziellen Anrufern etwa zu 25 Prozent Recht. Manche Testpersonen erzielten tatsächlich dieses Zufallsergebnis, andere dagegen lagen weit darüber. Im Februar 2002 hatten wir 685 solcher Tests mit 40 verschiedenen Testpersonen durchgeführt. Die gesamte Trefferquote betrug 44 Prozent, und das ist statistisch gesehen hoch signifikant, wobei die Wahrscheinlichkeit, dass dies Zufall war, bei eins zu vielen Milliarden lag.[5] Von diesen Versuchen wurden 448 nicht gefilmt (Trefferquote 43 Prozent), und 237 wurden auf Videoband aufgenommen (Trefferquote 46 Prozent). Die näheren Einzelheiten dieser Tests enthält Anhang B.

Viele unserer gefilmten Untersuchungen wurden mit Sue Hawksley durchgeführt, die in Wakefield, Yorkshire, lebt. In ihren ersten 30 Tests, die nicht gefilmt wurden, hatte sie 14 Mal Recht, also eine Trefferquote von 47 Prozent. Dieses Ergebnis war statistisch gesehen hoch signifikant, und die Wahrscheinlichkeit, dass dies reiner Zufall war, lag bei eins zu 2500. Dann testeten wir sie weitere 100 Mal, wobei alle Tests mit der Videokamera aufgenommen wurden. Diesmal hatte sie 49 Mal Recht. Die Wahrscheinlichkeit, dass dieses Ergebnis zufällig erzielt worden war, lag bei eins zu über 100 Millionen. Bei manchen Menschen war sie erfolgreicher als bei anderen, und bei einer guten Freundin hatte sie zu 71 Prozent Recht (siehe Tabelle B.4, S. 405).

In einer zweiten Serie von 85 auf Videoband aufgenommenen Tests betrug ihre Gesamttrefferquote 45 Prozent – auch dies lag signifikant über der Zufallsquote.[6] Aber in diesen Tests waren nur zwei Anrufer Freundinnen; die anderen beiden waren Forscher, die sie noch nicht kennen gelernt hatte. Bei ihren Freundinnen hatte sie zu 66 Prozent Recht, bei den Forschern nur zu 18 Prozent, was etwas unter der Zufallsquote lag (siehe Abb. 6.3).

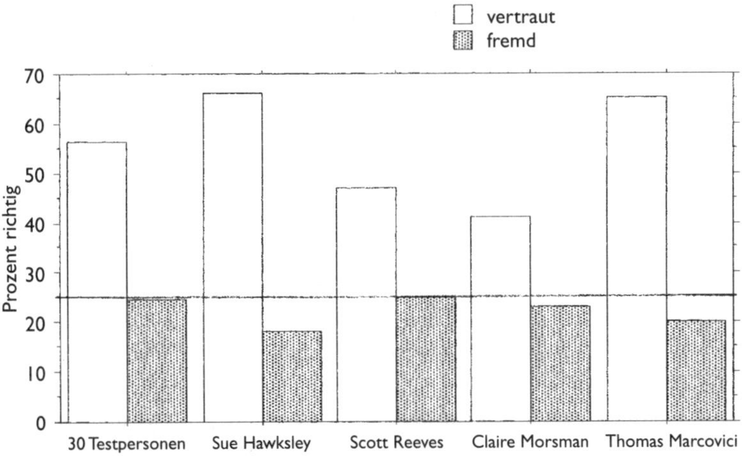

Abbildung 6.3 Prozentzahlen der richtigen Vermutungen bei Telefontelepathie-Experimenten mit vertrauten und unbekannten Anrufern; dabei werden die kombinierten Ergebnisse aus ungefilmten Experimenten mit 30 verschiedenen Testpersonen mit den Ergebnissen aus gefilmten Experimenten mit vier verschiedenen Testpersonen verglichen. Die auf der Grundlage zufälligen Ratens zu erwartende Trefferquote von 25 Prozent wird durch eine horizontale Linie dargestellt.

In einer weiteren Versuchsserie mit Sue wurde sie wie alle vier Anrufer ständig von unabhängigen Kameramännern gefilmt. Ihre Trefferquote betrug 47 Prozent. Wieder lag sie weit über der Zufallsquote bei Freunden, aber etwa bei der Zufallsquote bei einem Forscher, der nicht zu ihren Freunden zählte. (Weitere Details enthält Anhang B, Tabelle B.5.)

Mehrere Testpersonen, auch Sue, erklärten, sie hätten sich bei ihren Vermutungen zu manchen Zeiten sicherer gefühlt als zu anderen. Sie glaubten auch, öfter Recht zu haben, wenn sie sicher waren. Um diese Möglichkeit zu testen, bat ich Sue, einfach festzuhalten, wie sicher sie sich hinsichtlich ihrer Vermutungen fühlte, bevor sie den Hörer abhob. Das tat sie bei insgesamt 134 mit der Videokamera aufgenommenen Versuchen, wobei sie drei Sicherheitsgrade registrierte: «sicher», «nicht ganz sicher» und «einfach geraten». Tatsächlich erreichte sie ihre höchste Trefferquote, wenn sie sich sicher fühlte – 85 Prozent. Wenn sie nicht ganz sicher war, betrug ihre Trefferquote nur 34 Prozent, und wenn sie sagte, sie habe einfach geraten, lag ihre Trefferquote von 28 Prozent nicht signifikant über der Zufallsquote von 25 Prozent (Anhang B, Tabelle B.6).

Da Telepathie anscheinend auf sozialen Banden beruht, überrascht es nicht, dass manche Anrufer-Testperson-Kombinationen besser funktionieren als andere. Um die Trefferquoten von Testpersonen bei vertrauten und nicht vertrauten Anrufern besser vergleichen zu können, führten wir eine weitere Versuchsreihe durch, in der einige Anrufer Forscher waren, deren Namen die Testpersonen kannten, denen sie aber noch nicht begegnet waren, oder sogar nur Computer (in Form automatischer Weckrufe der British Telecom). Die Vorhersage lautete, dass die Trefferquote bei unvertrauten Menschen und Computern niedriger ausfallen würde als bei Freunden oder Familienangehörigen. In einer Versuchsserie mit 30 verschiedenen Testpersonen lag die Trefferquote bei Freunden und Familienangehörigen bei 83 von 147 Versuchen (56,5 Prozent), also sehr signifikant über der zu erwartenden Zufallsquote (Wahrscheinlichkeit eins zu über zehn Milliarden).[7] Bei nicht vertrauten Menschen und Weckrufen gab es 27 korrekte Vermutungen bei 109 Versuchen (24,7 Prozent), und das entsprach fast exakt der Zufallsquote (siehe Abb. 6.3). Dieser Unterschied zwischen den Trefferquoten bei vertrauten und nicht vertrauten Menschen war statistisch gesehen hoch signifikant.[8]

Experimente zur Telefontelepathie stellen eine gute Möglichkeit dar, zu testen, wie sich Entfernung auswirkt – oder auch nicht. Die in England durchgeführten Experimente lieferten uns keinen Hinweis darauf, dass sich Anrufer, die sich in größerer Nähe zur Testperson befinden, stärker auf die Trefferquote auswirken als diejenigen, die weit entfernt sind. So betrug beispielsweise in Experimenten mit meiner Kollegin Pam Smart als Testperson ihre Trefferquote bei mir als über dreihundert Kilometer entferntem Anrufer 67 Prozent, während sie bei einer etwa acht Kilometer entfernten Freundin bei 50 Prozent lag.

Bei Anrufen können Anrufer und Testperson bis zu 20 000 Kilometer getrennt sein – also so weit, wie man auf der Erdoberfläche voneinander entfernt sein kann. Für diese Experimente gewannen wir Testpersonen in London, die vor kurzem von Australien und Neuseeland nach England gekommen waren, ebenso wie von Südafrika und anderen fernen Ländern. Wir verglichen die Trefferquoten dieser

Testpersonen bei Freunden und Familienangehörigen in ihrer Heimat mit der bei Freunden in Großbritannien. In insgesamt 58 Versuchen bei sieben Testpersonen betrug die Trefferquote bei tausenden von Kilometern entfernten Anrufern im Durchschnitt 61 Prozent, verglichen mit 36 Prozent bei Freunden in Großbritannien (siehe Anhang B, Tabelle B.8). Die Testpersonen waren also bei weiter entfernten Anrufern erfolgreicher als bei viel näheren. Warum? Am wahrscheinlichsten lässt sich dies damit erklären, dass es sich bei der Mehrheit der Anrufer aus Übersee um Menschen handelte, mit denen die Testpersonen besonders stark verbunden waren, etwa Mütter und Freunde, die Anrufer in Großbritannien hingegen waren vorwiegend neue Bekannte.

Die Tatsache, dass sich die Entfernung bei der Telefontelepathie nicht auswirkt, stimmt generell überein mit früheren Forschungen zu anderen Arten von Telepathie. Telepathische Einflüsse ließen anscheinend mit zunehmender Entfernung nicht nach, wie Experimente mit Menschen[9] oder mit Tieren wie Hunden, Katzen und Papageien[10] zeigten. Diese Einflüsse hingen offenbar mit persönlicher Nähe und wechselseitiger Verbundenheit und nicht mit räumlicher Nähe zusammen.

Experimente mit Telefonen stellen eine einfache und effektive Möglichkeit dar, derartige Forschungen durchzuführen, und weitere Tests dieser Art eigneten sich ausgezeichnet als Projekte für Studenten. Anhang A enthält praktische Details und Tipps.

Haustiere, die wissen, wer anruft

Auch manche Haustiere wissen anscheinend, wenn eine bestimmte Person anruft, wie ich in *Der siebte Sinn der Tiere* dargelegt habe. Gerade diese Fähigkeit von Hunden und Katzen, im Voraus zu wissen, wer anruft, hatte mein Interesse an der Telefontelepathie bei Menschen geweckt. Bald fand ich heraus, dass dies der einzige Aspekt des siebten Sinns ist, bei dem Menschen besser als Tiere abschneiden.

Eine der ersten Geschichten, die ich über Tiere erfuhr, die auf Telefonanrufe reagieren, stammte von der Frau eines Professors an der University of California in Berkeley. Sie erzählte mir, sie wisse immer, wann ihr Mann anrufe, weil Whiskins, ihr hellgrau getigerter Kater, zum Telefon laufe und mit der Pfote nach dem Hörer greife. «Viele Male gelingt es ihm, ihn von der Gabel zu heben, und dann hört mein Mann am anderen Ende deutlich ein freudiges Miauen», berichtete sie. «Wenn jemand anders anruft, kümmert sich Whiskins gar nicht darum.» Whiskins tue dies nicht nur, wenn ihr Mann von der Universität aus anruft, sondern auch, wenn er von seinen Feldforschungen aus Afrika oder Südamerika telefoniert.

Manche Katzen antizipieren anscheinend wie Menschen Anrufe, sogar bevor das Telefon läutet. So erzählte mir beispielsweise Sheila Geddes aus Yaxham in Norfolk:

> «Unser Kater Mr. Softy schien immer zu wissen, wann ich zu Hause anrufen würde, und dann setzte er sich stets auf das Telefontischchen und schnurrte. Als ich einmal in Australien war, lief er eines Nachmittags zum Telefontischchen – in Canberra war es gerade ein Uhr morgens. Mein Mann wusste, wie spät es in Canberra war, und sagte zu Mr. Softy: ‹Das bringt doch nichts, jetzt wird sie sich nicht melden.› Aber ich war plötzlich wach geworden und fühlte mich so weit weg von zu Hause, und da ging mir auf, dass es dort Nachmittag wäre, und so läutete fünf Minuten später das Telefon neben meinem Mann. Er freute sich, meine Stimme zu hören.»

Die Entfernung zwischen Mrs. Geddes und ihrem Kater betrug etwa 18 000 Kilometer.

Auch manche Hunde wissen anscheinend, dass eine bestimmte Person anruft, selbst wenn sie tausende von Kilometern entfernt ist. Marie McCurrach, die in Ipswich, Suffolk, lebt, hatte einen Neufundländer, der in die Familie kam, als ihr Sohn zehn war. Vier Jahre später ging dieser Sohn auf eine Marineschule und diente anschließend bei der Handelsmarine, wobei er hauptsächlich auf der Südafrikaroute unterwegs war.

> «Jedesmal, wenn er zu Hause anrief, lief der Hund zum Telefon, bevor irgendwer abheben konnte. Der Hund kümmerte sich nie um andere Anrufe, nur um die unseres Sohnes, und dann mussten wir den Hörer ans Ohr des Hundes halten, so dass unser Sohn mit ihm sprechen konnte, worauf der Hund reagierte. Unser Sohn hat uns

nie eine Zeit genannt, zu der er anrufen würde, auch keinen bestimmten Wochentag – woher wusste der Hund also, dass unser Sohn dran war, noch ehe jemand den Hörer abgehoben hatte?»

Genau wie Katzen und Menschen reagieren auch manche Hunde, bevor das Telefon zu läuten beginnt. So hat zum Beispiel Tansy Ellison aus Hampstead bei London bemerkt, wie ihre Windhündin Maisie «spürt, dass das Telefon gleich läuten wird. Wenn sie oben ist, läuft sie die Treppe herunter und stellt sich daneben, oder sie fängt an zu bellen, bevor es läutet. Sie tut das nur, wenn meine Mutter anruft, nie bei anderen Menschen.»

Auch manche Papageien reagieren auf Anrufe bestimmter Menschen und künden sie sogar namentlich an, bevor der Hörer abgehoben wird. Richard Dalby aus Harrogate in Yorkshire hat ein Graupapageiweibchen namens Kerry, die auf Anrufe von mehreren Familienmitgliedern reagiert, insbesondere auf die seiner Stieftöchter Michele und Jeanine.

> «Sie weiß anscheinend instinktiv, ob es Michele ist. Wenn sie das Telefon läuten hört, schreit sie: ‹Shell› – wir nennen Michele oft kurz ‹Shell›. Ich weiß nicht, wie sie das macht. Michele ruft mehrmals in der Woche an, nicht immer zur gleichen Zeit, abends oder morgens. Aber manchmal sagt Kerry ‹Jeanine›, und dann ist Jeanine am Telefon.»

Genau wie einige Hunde und Katzen reagieren auch manche Papageien, bevor das Telefon zu läuten beginnt. So entdeckte Lilla Cabot aus Guilford im US-Staat Connecticut, dass ihr Amazonenpapagei Phoenix immer ankündigte, wann ihre Tochter Jane, die auswärts zur Schule ging, im Begriff war, zu Hause anzurufen.

> «Eines Abends gegen zehn begann Phoenix plötzlich ‹Jane, Jane› zu rufen. Meine andere Tochter sagte: ‹Mom, schau auf die Uhr, Jane wird wahrscheinlich gleich anrufen!› Zehn Minuten vergingen, und noch immer kam kein Anruf. Ich fing schon an zu zweifeln, als das Telefon tatsächlich läutete – es war Jane. Ich fragte sie nach dem Zeitpunkt, zu dem sie anrufen wollte, und sie erzählte mir, dass sie

genau um zehn Uhr das Zimmer verlassen wollte, um zu telefonieren; da kam eine Freundin herein und hielt sie etwa zehn Minuten lang auf. Phoenix' Ankündigung musste erfolgt sein, als sie zum ersten Mal die Absicht hatte anzurufen.»

In meiner Datenbank finden sich 103 Fälle von Tieren, die anscheinend wissen, wer anruft: 52 Hunde, 43 Katzen und 8 Papageien, Kakadus und andere Mitglieder der Papageienfamilie. Es gibt auch das Beispiel von einem Anrufe antizipierenden Affen, einem Kapuzinerweibchen namens Sunday. Ihr Besitzer Richard Savage ließ sie bei einem Freund in British Columbia in Kanada, während er zu Filmaufnahmen unterwegs war. «Mehrere Minuten bevor Richard mich anrief, sprang Sunday hoch und begann zu schnattern. Nach seinem Anruf beruhigte sie sich wieder und ignorierte tagelang das Telefon – bis kurz bevor Richard wieder anrief.»[11]

Meines Wissens gibt es noch keine experimentellen Untersuchungen zur Telefontelepathie bei Tieren. In Anhang A lege ich dar, wie solche Tests durchgeführt werden könnten.

Telepathische E-Mails

Die Evolution der Telepathie geht weiter. Nach der Telefontelepathie kommt die E-Mail-Telepathie, die generell den gleichen Mustern folgt. Menschen merken, dass sie an jemanden denken, an den sie eine Zeit lang nicht gedacht haben, und kurz darauf empfangen sie eine E-Mail von dieser Person. Zum Beispiel teilt mir Christine Steel aus Surrey mit: «Ich denke an Freunde in Australien oder Südafrika und empfange eine E-Mail, die etwa zu der Zeit geschrieben worden sein muss, als ich an sie dachte.» Zuweilen trifft die E-Mail von der betreffenden Person, an die jemand denkt, praktisch gleichzeitig ein: «Ich wollte gerade jemandem eine E-Mail schreiben, und der Betreffende nahm mit mir Kontakt auf, bevor ich anfangen konnte zu tippen.» (Nickolai Parker, New York)

Manchmal treffen E-Mails ein, die man nicht unbedingt empfangen möchte, die aber anscheinend einfach dadurch ausgelöst wurden, weil man jemandem seine Aufmerksamkeit gewidmet hat. Eine leitende

Verlagsangestellte in New York erzählte mir, sie habe schon mehrmals erlebt, wenn sie ihre Ablage durchgesehen und Material eines Autors mit einem unaufgefordert eingesandten Manuskript weggeworfen habe, dass innerhalb eines Tages eine E-Mail von dieser Person eingetroffen sei, von der sie seit Monaten nichts gehört hatte.

2002 begann ich die E-Mail-Telepathie experimentell zu erforschen, wobei ich das Verfahren modifizierte, mit dem ich die Telefontelepathie getestet hatte. Jede Testperson wählte sich vier Freunde oder Familienangehörige als E-Mail-Absender aus. Zu einer verabredeten Zeit, etwa um 10.30 Uhr, schickte eine dieser vier Personen, die vom Experimentator willkürlich ausgewählt war, der Testperson eine E-Mail sowie eine Kopie an den Experimentator. Eine Minute bevor dies geschah, also um 10.29 Uhr, schickte die Testperson dem Experimentator eine E-Mail, in der sie ihre Vermutung über den potenziellen Absender äußerte. Die Zeiten, zu denen diese Nachrichten verschickt wurden, waren automatisch auf den E-Mails festgehalten.

Wie bei den Versuchen zur Telefontelepathie lag die Zufallstrefferrate bei 25 Prozent. Als ich dies schrieb, hatte ich 50 derartige Versuche abgeschlossen, wobei die Testperson in 25 Fällen richtig vermutet hatte. Diese 50-prozentige Trefferrate lag sehr signifikant über der Zufallsrate.

Experimente zur E-Mail-Telepathie lassen sich relativ einfach und preiswert durchführen und ergäben ausgezeichnete Projekte für Studenten (zu den experimentellen Details siehe Anhang A; meine Webseite www.sheldrake.org informiert über den aktuellen Stand dieser laufenden Forschung).

7. Die Entwicklung der Telepathie

Die Telepathie gibt es bei vielen unterschiedlichen Arten von Lebewesen. Wie verbreitet ist sie? Und wie weit reicht ihr evolutionärer Ursprung zurück?

Verschiedene Haustiere nehmen anscheinend Gedanken und Absichten von Menschen auf telepathische Weise wahr. In den meisten Fällen handelt es sich um Hunde, Katzen, Pferde und Papageien. Es gibt auch diverse Berichte über Telepathie bei anderen als Haustiere gehaltenen Arten, nämlich Kaninchen, Frettchen, mit der Flasche gesäugten Lämmern, Sittichen, Wellensittichen, Hirtenstaren, Hühnern und Gänsen.[1]

All diese Tiere sind entweder Säugetiere oder Vögel. Mir liegen jedenfalls keine eindeutigen Beweise für als Haustiere gehaltene Reptilien vor, die menschliche Gedanken und Absichten aufgreifen. Auch nicht für Amphibien oder Fische.

Unter den Insekten sollen Bienenstöcke zuweilen auf den Tod ihrer Besitzer reagieren. Aber das vorliegende Beweismaterial ist nicht sehr aussagekräftig. Aufgrund meiner Aufrufe in verschiedenen Imkerzeitschriften (wie *Scottish Beekeeper* und *L'Abeille de France*), mir Informationen zukommen zu lassen, habe ich nur drei Berichte aus erster Hand über Bienen erhalten, die kurz nach dem Tod ihres Besitzers schwärmten, und das zu Jahreszeiten, in denen das Schwärmen ungewöhnlich ist. Aber manche Imker sind skeptisch hinsichtlich der Geschichten über Bienen, die auf den Tod ihrer Besitzer reagieren; auch die früher weit verbreitete Sitte, den Bienen zu sagen, dass ihr Besitzer gestorben sei, tun sie als Aberglaube ab.

Wenn wir von Bienen absehen und die Frage einer möglichen Telepathie zwischen Menschen und Reptilien offen lassen, handelt es sich also in der überwiegenden Mehrzahl der Fälle von Telepathie zwischen Mensch und Tier um domestizierte Säugetiere und Vögel. Wie ist diese Form der Telepathie entstanden? Hat sich die Telepathie bei domestizierten Säugetieren und Vögeln nur aufgrund menschlicher Einflüsse entwickelt? Oder kommunizieren Tiere dieser Arten auch untereinander in freier Wildbahn telepathisch?

Hunde sind schon sehr lange domestiziert – vielleicht seit 100 000 Jahren.[2] Katzen und Pferde wurden erst sehr viel später domestiziert, wahrscheinlich vor etwa 5000 Jahren.[3] Bei diesen Arten könnte sich die Telepathie vielleicht durch Interaktionen mit Menschen über mehrere Generationen hin entwickelt haben. Dabei hätte es genügend Möglichkeiten für eine natürliche oder sogar gezielte Auslese gegeben. Aber dieses Argument trifft nicht auf Papageien zu. Viele Papageien, die heute als Haustiere gehalten werden, wurden in freier Wildbahn gefangen, als sie jung waren, und hatten keine domestizierten Vorfahren. Der Import von wild gefangenen Graupapageien in die USA wurde erst 1993 verboten, und Vögel, die derzeit in Gefangenschaft sind, wurden höchstens vor nur einer oder zwei Generationen aus der freien Wildbahn herausgeholt. Viele Züchter arbeiten noch immer mit wild gefangenen Graupapageien. Telepathische Kommunikationen zwischen Menschen und Papageien lassen sich also nicht durch eine über viele Generationen hinweg erfolgte Auslese unter den Bedingungen der Domestikation erklären.

Außerdem gehen manche wilde Tiere, die von Menschen aufgezogen werden, eine starke Bindung mit ihren menschlichen Hütern ein, und selbst nach erfolgter Auswilderung können sie eine telepathische Verbindung aufrechterhalten, wie Joy Adamsons Löwin Elsa (siehe oben S. 124).

Auf jeden Fall haben domestizierte Tiere ihre telepathischen Fähigkeiten wohl kaum von Menschen übernommen. Katzen, Hunde, Pferde und Papageien sind generell sensibler für telepathische Einflüsse als ihre menschlichen Gefährten. Diese Asymmetrie geht eindeutig aus meiner Datenbank hervor, die derzeit 2731 Fälle von Telepathie von Mensch zu Tier enthält, gegenüber 251 Fällen von Tier zu Mensch. Und Zufallsumfragen in England und Amerika ergaben, dass mehr Haustiere als ihre Besitzer telepathisch waren, jedenfalls nach Aussage der Besitzer selbst.[4]

Somit ist die Telepathie bei nichtmenschlichen Lebewesen anscheinend kein besonderes Merkmal der Domestikation. Vielleicht stehen

Tiere vieler Arten mit anderen Angehörigen ihrer sozialen Gruppe unter natürlichen Bedingungen ebenfalls in telepathischem Kontakt. Die Manifestation von Telepathie bei domestizierten Tieren hängt höchstwahrscheinlich mit den bereits bei den wilden Vorfahren dieser Tiere vorhandenen telepathischen Fähigkeiten zusammen.

Telepathie von Tier zu Tier

Die Telepathie von Tier zu Tier ist bislang kaum erforscht worden, weder bei domestizierten noch bei wilden Tieren. Gleichwohl legen diverse Beobachtungen, wie ich in *Der siebte Sinn der Tiere* dargelegt habe, die Vermutung nahe, dass Hunde telepathisch von anderen Hunden beeinflusst werden können, denen sie stark verbunden sind. Auch Tiere anderer Arten sind offenbar in der Lage, mit anderen Mitgliedern ihrer sozialen Gruppe telepathisch zu kommunizieren. Ich kenne nur drei formelle Experimente zur Telepathie von Tier zu Tier, und alle legen die gleiche Schlussfolgerung nahe.

In einem in New York durchgeführten Test mit Hunden wurde ein Boxerweibchen in einen Raum gebracht, der von ihrem Sohn getrennt war, welcher dann zu bestimmten Zeiten von einem Experimentator «bedroht» wurde. Er duckte sich. Exakt im gleichen Augenblick duckte sich auch seine Mutter in ihrer isolierten Kammer.[5]

Im zweiten Experiment testete der britische Pferdetrainer Henry Blake Pferde auf Telepathie, indem er mit Paaren von Brüdern oder Schwestern arbeitete, die es gewohnt waren, in enger Verbindung miteinander zu leben. In insgesamt 119 Tests wurden die Pferdepaare außer Sicht- und Hörweite getrennt voneinander untergebracht. Blake fand heraus, wenn ein Tier gefüttert oder trainiert wurde oder starke Zuwendung erfuhr, reagierte in 68 Prozent der Tests das andere Pferd gleichzeitig. Blake führte außerdem Kontrolltests mit einem Paar Pferde durch, die einander nicht ausstehen konnten – in nur einem von 15 Tests gab es ein positives Ergebnis. Daher gelangte Blake zu dem Schluss, dass Pferde, die einander verbunden waren, miteinander telepathisch kommunizieren konnten. Blake vermutete, diese Art von Kommunikation habe in freier Wildbahn für sie überlebenswichtig sein können. So könnte zum Beispiel eine Herde Pferde so verstreut sein, dass einige Tiere außer Sicht- und Hörweite voneinander wären. Die Fähigkeit, telepathisch Alarm zu schlagen, könnte es einigen Tieren in der Herde ermöglichen, die anderen, sogar wenn sie außerhalb der Reichweite der normalen sinnlichen Kommunikation wären, auf eine Gefahr aufmerksam zu machen.[6]

Schließlich hat der französische Wissenschaftler René Peoc'h gezeigt, dass Kaninchen anscheinend auf telepathische Weise miteinander kommunizieren, wenn sie einander verbunden sind. In seinen Experimenten wurde das Stressverhalten der Kaninchen ständig überwacht, indem der Blutstrom in ihren Ohren gemessen wurde. Peoc'h verglich Kaninchenpaare aus demselben Wurf, die im selben Käfig aufgewachsen waren, mit Kontrollpaaren, die isoliert voneinander in Einzelkäfigen gehalten worden waren. Wenn eines der Kaninchen Stress erlebte,[7] was sich in einem verminderten Blutdurchfluss im Ohr äußerte, kam es gewöhnlich innerhalb von drei Sekunden auch im Ohr des anderen Kaninchens zu einem verminderten Blutdurchfluss. Die Kontrollpaare wiesen keine derartige Korrelation auf.[8]

Telepathie in Herden und Rudeln

Naturforscher und Jäger, die Herden wilder Tiere ihre Aufmerksamkeit widmen, erleben es oft, wie eine ganze Herde alarmiert flieht, nachdem ein Tier oder mehrere Tiere eine Gefahr gewittert haben. Natürlich lässt sich dies in vielen Fällen durch Alarmsignale und normale sinnliche Hinweise erklären. Aber zuweilen verbreitet sich der Alarm stumm und rasch und ohne offensichtliche sinnliche Kommunikation. Der amerikanische Naturforscher William Long hat dieses Phänomen wiederholt beobachtet, als er Karibu- und Elchherden in Kanada beobachtete, und er gelangte zu der Schlussfolgerung, dass ganze Herden plötzlich einen stummen Fluchtimpuls verspüren konnten, dem sie ohne Zögern folgten, und zwar auf eine Weise, die ihrem Wesen nach telepathisch war.[9] Vielleicht liegen die evolutionären Wurzeln einer Panik bei Menschen in dieser Art von kollektivem Verhalten.

Long untersuchte auch das Verhalten von Wolfsrudeln in Kanada, indem er ihnen tagelang folgte. Besondere Aufmerksamkeit widmete er der Art und Weise, wie die Mitglieder des Rudels miteinander verbunden waren, selbst wenn sie weit voneinander entfernt waren. «Im Winter, wenn Timberwölfe häufig in kleinen Rudeln laufen, weiß ein einsamer oder von den anderen getrennter Wolf anscheinend immer, wo seine Gefährten jagen, müßig herumziehen oder sich ausruhen. ... Aufgrund irgendeines Bandes, einer Anziehungskraft oder einer stummen Kommunikation kann er sich zu jeder Tages- oder Nachtstunde direkt zu ihnen begeben, selbst wenn er sie eine Woche lang nicht gesehen hat und sie in der Zwischenzeit über zahllose Kilometer Wildnis weitergezogen sind.»[10] Dieses Verhalten ließ sich nicht dadurch erklären, dass das Tier gewohnten Pfaden folgte, Duftspuren verfolgte oder Geheul oder andere Laute hörte.[11]

Diese Verbindungen über eine größere Entfernung hinweg sind vielleicht ein normales Merkmal von Tiergesellschaften, auch wenn wir sie noch kaum so richtig erforscht haben oder noch nicht verstehen, wie sie funktionieren.

Vogelscharen

Einige Vogelarten wie Stare bilden Scharen, die mit bemerkenswerter Koordination fliegen und dabei die Richtung fast simultan ändern, ohne dass die einzelnen Vögel miteinander kollidieren. Wie schaffen sie dies?

Es gibt zwar überraschend wenige Untersuchungen zum Verhalten von Vogelscharen, dafür aber mehrere Versuche, das Verhalten solcher Scharen am Computer zu simulieren. Craig Reynolds entwickelte in den achtziger Jahren die bekanntesten Modelle, die er «Boids» nannte.[12] Ein Beispiel ist im Internet zu sehen.[13] Dieses Modell ist natürlich nur zweidimensional, scheint aber auf den ersten Blick das Scharverhalten ziemlich eindrucksvoll zu simulieren.

Das Boids-Modell hat eine «individuelle Basis», das heißt, es geht von individuellen Boids aus. Diese Boids sind so programmiert, dass sie sich nach drei einfachen Regeln verhalten:

1. Steure so, dass du vermeidest, Nachbarn zu nahe zu kommen.

2. Steure in die durchschnittliche Richtung, in die Nachbarn streben.

3. Steure so, dass du dich auf die durchschnittliche Position von Nachbarn zu bewegst.

Durch Befolgen dieser Regeln verhält sich eine Ansammlung von Boids auf dem Computerbildschirm ähnlich einer Schar. Dieses simulierte «emergente Verhalten» zeigt anscheinend, dass das Verhalten der Schar als ganzer ein Produkt von Individuen ist, die mit ihren Nachbarn nach einfachen Regeln interagieren, ohne irgendwelcher mysteriöser Organisationsprinzipien zu bedürfen. Aber während das für das Computermodell gelten mag, hat es kaum etwas mit dem Verhalten von realen, dreidimensionalen Vogelscharen zu tun. Reynolds entwickelte das Boids-Programm, indem er nicht von Daten über reale Vögel, sondern vielmehr von einer Schule des Computerprogrammierens ausging, die sich mit «künstlichem Leben» befasste und sich zweidimensionaler Modelle bediente, in denen Nachbareinheiten nach einfachen Regeln «interagieren». Special-Effects-Experten haben mit derartigen Programmen die Zeichentricksequenzen von Scharen oder Herden in Filmen wie *Der König der Löwen* und *Batmans Rückkehr* geschaffen.

Computermodelle vom Boids-Typ sind nützlich zur Erzeugung zweidimensionaler Zeichentrickfilme, aber in biologischer Hinsicht naiv. Zwar ist die Forschung zum Verhalten von realen Scharen überraschend spärlich, doch immerhin ist darüber genügend bekannt, um derartige Interaktionen von Nachbarn auszuschließen, auf denen die Modelle vom Boid-Typ basieren.[14]

So filmte beispielsweise der Biologe Wayne Potts in den achtziger Jahren die Kurvenbewegungen großer Scharen von Strandläufern im Puget Sound im US-Staat Washington, indem er Filme mit sehr kurzen Belichtungszeiten verwendete, so dass man in Zeitlupe die Bewegungen der Scharen detailliert untersuchen konnte. Potts entdeckte, dass die Richtungsänderungen der Schar nicht exakt simultan erfolgten, sondern vielmehr entweder von einem einzelnen Individuum oder von ein paar Vögeln zusammen ausgingen. Diese Ausgangspunkte konnten irgendwo innerhalb der Schar sein, und dann pflanzte sich von ihnen die Richtungsänderung durch die Schar wie eine Welle fort. Diese «Manöverwellen» waren ungeheuer rasch – es dauerte im Durchschnitt nur 15 Millisekunden, bis sie sich von Nachbar zu Nachbar ausbreiteten.

Im Labor testete Potts gefangene Strandläufer, um herauszufinden, wie rasch sie auf einen plötzlichen Reiz reagieren konnten. Im Durchschnitt wiesen sie eine Schreckreaktionszeit von 38 Millisekunden nach einem plötzlich ausgelösten Lichtblitz auf. Das bedeutet, dass sie die Richtung nicht als Reaktion auf ihre Nachbarn ändern können, da diese Reaktion viel schneller erfolgt als ihre Mindestreaktionszeit.

Potts schloss daraus: Vögel reagieren nicht auf ihre unmittelbaren Nachbarn, sondern vielmehr auf die «Manöverwelle» als ganze, indem sie ihr Flugmuster anpassen, um das Eintreffen der Welle zu antizipieren. Er hielt es für selbstverständlich, dass das Wahrnehmen der Manöverwelle visuell erfolgt. Doch um auf andere Teile der Schar einzig durch den Sehsinn zu reagieren, wäre praktisch eine ununterbrochene visuelle Aufmerksamkeit von 360 Grad erforderlich. Selbst wenn wir einmal eine totale, ununterbrochene Aufmerksamkeit unterstellen – wie könnte dies funktionieren, wenn Vögel auf Wellen reagieren, die sich von hinten nähern? Kein Vogel hat ein Gesichtsfeld von 360 Grad, ob er nun seine Augen vorn hat wie Eulen oder an der Seite des Kopfes wie Gänse, Strandläufer und Stare.

Kanadagänse beispielsweise haben ein Gesichtsfeld für jedes Auge von 135 Grad, wobei sich diese Gesichtsfelder auf 40 Grad vor dem Kopf überlappen. Das heißt, sie sehen ein Objekt mit beiden Augen in einem Bereich von 40 Grad. Sie haben auch einen blinden Bereich hinter dem Kopf von 58 Grad.[15] In dieser Blindzone können sie einfach nichts sehen, weil der Hinterkopf die Sicht versperrt, genau wie unser Hinterkopf die Sicht nach hinten versperrt, wie sehr wir auch versuchen, durch Verdrehen unserer Augen nach hinten zu schauen. Gänse fliegen generell in V-Formationen, und der Winkel des V beträgt oft um die 30 bis 40 Grad.[16] Demzufolge sind Gänse in der Lage, die Vögel vor sich zu sehen, aber nicht die in der Reihe hinter ihnen, solange sie nicht den Kopf um etwa 45 Grad drehen. Gleichwohl könnten Scharen, die in V-Formation fliegen, sich dennoch visuell koordinieren, indem sie dem Führer folgen.

Vögel wie Strandläufer und Stare fliegen jedoch weder in Reihen, noch folgen sie Führern. Sie reagieren auf Manöverwellen, die sich aus jeder Richtung ausbreiten, auch aus dem hinteren Bereich der Schar. Dies wäre unmöglich, wenn der einzelne Vogel die anderen Vögel hinter sich sehen müsste. Aber wenn die Vögel Veränderungen im Feld der Schar spüren würden, könnten wir auf einmal ihr Verhalten verstehen.

Jahrzehntelang haben Naturforscher über die Frage spekuliert, ob Richtungsänderungen fliegender Scharen deshalb so rasch erfolgen, weil sie anscheinend auf «kollektivem Denken» oder Telepathie beruhen.[17] Meine Hypothese lautet, dass Vogelscharen tatsächlich telepathisch durch Scharfelder organisiert sind, die morphischen Felder von Scharen. (Ich habe mich mit dem Wesen morphischer Felder in meinen Büchern *Das schöpferische Universum* und *Das Gedächtnis der Natur* befasst und gehe darauf im 19. Kapitel dieses Buches ein.) Diesen Feldern kommen zwei Rollen zu.

Zum einen ermöglichen die Scharfelder es den einzelnen Vögeln, die Art und Weise, wie die anderen Vögel in der Schar sich bewegen, zu interpretieren und darauf zu reagieren, wenn sie sie sehen. Die unterschiedlichen Arten haben unterschiedliche Scharfelder: Beispielsweise sind die Scharen von Gänsen V-förmig, wohingegen Scharen von Strandläufern oder Staren amorpher sind und die Vögel keinem Führer folgen. Die Vögel interpretieren und reagieren auf die Bewegung der übrigen Schar also je nach Art ganz unterschiedlich. Die Formen dieser Scharfelder sind ererbt. Die einzelnen Arten haben außer unterschiedlichen Scharfeldern eine unterschiedliche Schardynamik.[18]

Zum anderen koordiniert das morphische Feld der Schar direkt die Bewegungen der Vögel innerhalb dieses Felds. Natürlich können auch visuelle Reize eine wichtige Rolle spielen, aber sie können an sich nicht die Koordination der Bewegungen der Schar erklären. Es könnte einen direkten Einfluss des Scharfelds auf die Felder der einzelnen Vögel geben, genauso wie das Feld eines Magneten sowohl von den Feldern der kleinen magnetischen «Domänen» darin abhängt wie sie beeinflusst. Magnetische Domänen sind wie kleine Magnete innerhalb des Magneten als ganzem.

Eine neue Generation von Computermodellprogrammierern hat versucht, die Beschränkungen der Boids-Modelle zu überwinden, indem sie Schar-Modelle in Form von Feldern erarbeiten. Einige Modelle funktionieren tatsächlich analog zu der Art und Weise, wie Eisenstäbe magnetisiert werden. Wenn die einzelnen Domänen beliebig ausgerichtet sind, ist der Stab als Ganzes nicht magnetisch. Wenn der Stab magnetisiert wird, richten sich einige Domänen in einer bestimmten Richtung aus, dann folgen andere, und plötzlich zeigen fast alle Domänen in die gleiche Richtung: Die Stange wird ein Magnet, der ein Magnetfeld in sich und um sich herum hat. Das Feld des Magneten als Ganzen entsteht aus den Feldern der einzelnen Domänen und beeinflusst und organisiert wiederum diese Domänen. Auf ähnliche Weise hängt das Feld einer Vogelschar von den Feldern der Individuen darin ab und beeinflusst sie zugleich.

Andere Feldmodelle von Scharen basieren auf dem Vergleich mit dem Fließen von Flüssigkeiten. Wenn Physiker ein Modell des Fließens erstellen, gehen sie nicht von einzelnen Atomen oder Molekülen aus, sondern von der Flüssigkeit als einem Ganzen.[19] John Toner, ein Physiker an der University of Oregon, hat diese zwei Arten von Feldern in seinen Modellen des Scharverhaltens kombiniert.[20] In diesen Computermodellen bewegen sich Wellen durch die Gruppe wie die Wellen in Scharen von Staren in der Abenddämmerung.

Wenn der Flug von Vogelscharen durch morphische Felder koordiniert wird, können diese Felder durchaus noch weiter reichen, um die Vögel miteinander zu verbinden, wenn sie anderweitig aktiv sind. Wenn beispielsweise eine Gruppe Vögel auf Futtersuche ist und einige Mitglieder der Gruppe eine gute Nahrungsquelle finden, könnte sich diese Entdeckung durch das Feld der verteilten Schar verbreiten, und andere Mitglieder der Gruppe könnten so darauf aufmerksam werden.

Der Naturforscher William Long beobachtete, dass Vögel anscheinend tatsächlich in dieser Weise auf das Finden von Nahrung reagieren. Er fütterte Wildvögel in unregelmäßigen Abständen und bemerkte, wenn einige von ihnen die Nahrung fanden, tauchten bald auch andere Vögel auf. Das ist zunächst einmal gar nicht so geheimnisvoll, denn sie könnten ja die Vögel beim Fressen gesehen oder gehört haben. Aber Long entdeckte auch, dass Vögel, die weit übers Land verstreut waren, rasch erschienen, wenn es etwas zu fressen gab. Nach vielen Beobachtungen gelangte er zu der Schlussfolgerung, dass die fressenden Vögel entweder einen «stummen Nahrungsruf» aussenden oder dass sich ihre Aufregung irgendwie auf eine anscheinend telepathische Weise ausbreitet. Er behauptete, diese Aufregung werde von «anderen hungernden Vögeln verspürt, die sich aufmerksam und feinfühlig weit außerhalb jeder möglichen Sicht- und Hörweite befinden».[21]

Fischschwärme

Von weitem gleicht ein Fischschwarm einem einzigen großen Organismus.[22] Seine Mitglieder schwimmen in geschlossenen Formationen mehr oder weniger parallel zueinander, wobei sie fast gleichzeitig die Richtung ändern und wenden. Die meisten Arten, auch Heringe und Makrelen, bilden Schwärme, die keine Führer haben.

Werden Schwärme von einem Räuber angegriffen, entwickeln sie eine Reihe von Verteidigungsmaßnahmen. Die spektakulärste ist die so genannte Blitzexpansion, bei der jeder Fisch gleichzeitig vom Zentrum des Schwarms fortschießt, sowie die Gruppe angegriffen wird. Die gesamte Expansion kann sich in zwanzig Millisekunden abspielen. Die Fische können in dieser Zeit auf eine Geschwindigkeit von zehn bis zwanzig Körperlängen pro Sekunde beschleunigen. Doch sie stoßen nicht zusammen. «Jeder Fisch weiß nicht nur im Voraus, wo er schwimmen wird, wenn ein Angriff erfolgt, sondern er muss auch wissen, wo jeder seiner Nachbarn schwimmen wird.»[23] Dieses Verhalten lässt sich nicht einfach mit sensorischen Informationen von Seiten benachbarter Fische erklären, denn alles spielt sich viel zu schnell ab, als dass sich Nervenimpulse vom Auge zum Gehirn und dann vom Gehirn zu den Muskeln bewegen könnten.

Wie bei den Vogelschwärmen gehen die meisten Versuche, Modelle von Fischschwärmen zu erstellen, von Computerprogrammen über «künstliches Leben» statt von konkreten Beobachtungen an realen Fischen aus. Bei diesen Computermodellen werden – wie in den «Boids-Modellen» – die virtuellen Fische in einem zweidimensionalen «Schwarm» so programmiert, dass sie auf die Positionen und Bewegungen ihrer unmittelbaren Nachbarn reagieren.[24] In komplexeren Versuchen werden einzelne Fische von allen anderen Individuen im Schwarm durch ein Feld beeinflusst, das sie alle miteinander verbindet.[25]

Die meisten Versuche, das Verhalten von Fischschwärmen zu erklären, gehen davon aus, dass Individuen auf sensorische Informationen der anderen Fische über das Sehvermögen reagieren. Aber Fische schwimmen auch nachts in Schwärmen, so dass dies nicht vom Sehvermögen abhängen kann. Man hat Fische sogar in Laborexperimenten zeitweilig blind gemacht, indem man sie mit undurchsichtigen Kontaktlinsen versah. Dennoch waren sie in der Lage, sich zum

Schwarm zusammenzuschließen und ihre Position darin zu bewahren. Doch vielleicht konnten sie die Position ihrer Nachbarn anhand von Druckveränderungen ermitteln, die sie durch druckempfindliche Organe, die so genannten Seitenlinien, wahrnehmen, die sich zu beiden Seiten des Körpers vom Kopf bis zum Schwanz erstrecken. Aber dies hat man in Laborexperimenten getestet, indem man die Nerven der Seitenlinien auf Höhe der Kiemen durchtrennte. Doch auch diese Fische bilden normale Schwärme.[26]

Ich behaupte, dass Fischschwärme wie Vogelscharen durch morphische Felder koordiniert werden, die sowohl die Art und Weise beeinflussen, wie der einzelne Fisch auf sensorische Informationen reagiert, als auch die Fische in die Lage versetzen, direkt auf das Feld um sie herum zu reagieren, wenn ihre normalen Sinne gestört sind.

Soziale Insekten

Gesellschaften von Termiten, Ameisen, Wespen und Bienen hat man schon oft mit Organismen verglichen oder als Superorganismen bezeichnet. Einige enthalten Millionen einzelner Insekten. Diese Gesellschaften bauen große und kunstvolle Nester, weisen eine komplexe Arbeitsteilung auf und pflanzen sich fort.[27]

In *Der siebte Sinn der Tiere* behaupte ich, dass soziale Insekten wie andere Gesellschaftstiere in ihren sozialen Gruppen miteinander durch morphische Felder verbunden sind, die Gewohnheitsmuster und «Programme» der sozialen Organisation beinhalten. Im Falle der sozialen Insekten, die Nester und andere Gebilde bauen, koordinieren diese Felder ihre architektonische Aktivität. Sie enthalten gewissermaßen einen unsichtbaren Entwurf für das Nest. Das morphische Feld der Kolonie liegt nicht bloß im Innern der individuellen Insekten – diese befinden sich zudem innerhalb des morphischen Feldes der Gruppe. Das Feld ist ein ausgedehntes Muster in der Raum-Zeit, genauso wie das Gravitationsfeld des Sonnensystems nicht bloß in der Sonne und in den Planeten enthalten ist, sondern sie alle enthält und ihre Bewegungen koordiniert.

Soziale Insekten haben verschiedene Möglichkeiten, miteinander durch die bekannten Sinne zu kommunizieren, zum Beispiel durch

Duftfährten, den Tastsinn und das Sehvermögen, wie beim «Schwänzeltanz» der Honigbienen, mit dem zurückkehrende Nahrungssuchende den anderen Richtung und Entfernung der Nahrung übermitteln. Aber all diese Formen von sinnlicher Kommunikation funktionieren nur aufgrund der Verbindungen der einzelnen Insekten durch das morphische Feld der Gruppe. Dank diesem Feld sind die Insekten in der Lage, diese Duftfährten, Tanzmuster und so weiter zu interpretieren und entsprechend zu reagieren.

Die sinnliche Kommunikation an sich würde keineswegs genügen, um zu erklären, wie es beispielsweise Termiten gelingt, so erstaunliche Gebilde wie bis zu drei Meter hohe Nester zu bauen, die voller Galerien und Kammern und sogar mit Ventilationsschächten ausgestattet sind. Diesen Insektenstädten liegt ein Gesamtplan zugrunde, der über das Vermögen irgendeines einzelnen Insekts weit hinausgeht.[28] Inzwischen gibt es auch Beweise dafür, dass die Koordination der Insektenaktivitäten von feldartigen Einflüssen abhängt, die sich nicht durch die normalen Sinne erklären lassen.[29]

Telepathie durch soziale Felder

Ich behaupte, dass morphische Felder sozialer Gruppen die Bewegungen und Aktivitäten der einzelnen Lebewesen koordinieren, ganz gleich, ob es sich dabei um Termiten handelt, die einen Hügel bauen, um Fische, die in Schwärmen schwimmen, Vögel, die in Scharen fliegen, Herden, die vor einer Gefahr fliehen, Wölfe auf Jagdexpeditionen, Menschenmassen, Fußballmannschaften oder Familiengruppen. Die sozialen Felder verbinden die Mitglieder der Gruppe miteinander und ermöglichen Kommunikationsformen, die über die normalen Sinne hinausgehen. Diese morphischen Felder sozialer Gruppen stellen die evolutionäre Basis der Telepathie dar.

Soziale Felder unterliegen der natürlichen Auslese, da erfolgreiche Muster der sozialen Organisation eher überleben, und ihre morphischen Felder werden durch Wiederholung verstärkt. Und natürlich werden auch mit diesen erfolgreichen Mustern verbundene Gene bevorzugt, und ihre Häufigkeit innerhalb der Population wird tendenziell zunehmen.

Die Telepathie ist ein Aspekt des «siebten Sinns», der es Mitgliedern von Gruppen ermöglicht, auf die Bewegungen und Aktivitäten anderer zu reagieren, ebenso wie auf ihre Emotionen, Bedürfnisse und Absichten. Zu den Gefühlen, die telepathisch kommuniziert werden, zählen Angst, Besorgnis, Aufregung, Hilferufe, Aufrufe, zu einem bestimmten Ort zu gehen, Antizipationen von Ankünften oder Abreisen sowie Not und Tod. Die spektakulärsten Fälle von Telepathie treten auf, wenn die Mitglieder der Gruppe weit voneinander entfernt sind, jenseits der Reichweite der anerkannten Sinne, wie wir in den Kapiteln 3 bis 6 gesehen haben.

Wenn Mitglieder der sozialen Gruppe weit voneinander entfernt sind, zum Beispiel wenn ein verletzter Wolf vom übrigen Rudel getrennt ist, dann bleiben sie immer noch Teil der sozialen Gruppe, verbunden mit ihr durch das morphische Feld der Gruppe. Dieses Feld ist nicht unterbrochen, sondern gedehnt. Man könnte es sich wie einen unsichtbaren Faden vorstellen, der das getrennte Individuum weiterhin mit der übrigen Gruppe verbindet und als Kommunikationskanal zwischen beiden Teilen fungieren kann.

Jede Veränderung, jeder Unterschied in einem der durch ein derartiges gedehntes Feld verbundenen Organismen könnte durch dieses Feld einen anderen Organismus beeinflussen, mit dem er verbunden ist. Ich behaupte, dass solche Verbindungen Menschen und Tiere dazu befähigen, auf Rufe aus der Ferne (3. und 6. Kapitel), auf Not oder Tod eines Mitglieds der Gruppe, mit dem sie verbunden sind (4. Kapitel), und auf die Absichten eines fernen Mitglieds der Gruppe (5. Kapitel) zu reagieren.

Telepathie in der normalen Kommunikation

Weniger leicht zu erkennen als die telepathische Kommunikation über eine größere Entfernung hinweg ist die Rolle der Telepathie in der Kommunikation zwischen Mitgliedern sozialer Gruppen, wenn sie einander nahe sind, innerhalb der Reichweite normaler sinnlicher Kommunikation. Kommunikationen durch die normalen Sinneskanäle und Telepathie schließen einander nicht aus. Wenn wir jemanden sprechen hören, heißt das nicht, dass wir ihn nicht auch sehen oder riechen können. Genauso wie die bekannten Sinne generell zusammenwirken, statt einander auszuschließen, kann auch der siebte Sinn mit den anderen Sinnen zusammenwirken, statt eine Alternative zu ihnen zu sein.

Tiere können in der Lage sein, die Rufe anderer Mitglieder der Gruppe zu hören oder optische Signale von ihnen zu sehen, aber was diese Laute oder Signale vermitteln, kann auch auf einer telepathischen Informationsübertragung beruhen. So können etwa Fische in einem Schwarm oder Vögel in einer Schar sehen, wie andere Mitglieder der Gruppe sich bewegen, aber die Art und Weise, wie sie reagieren, hängt vom morphischen Feld der Gruppe und von ihrer Position darin ab.

Wenn einzelne Tiere oder Menschen durch die normalen Sinne in Verbindung stehen, kann die Telepathie daher eine wesentliche Rolle in der normalen Kommunikation von Absichten, Bildern und Gedanken spielen. Wenn beispielsweise zwei Menschen zusammensitzen und sich unterhalten, sind sie nicht nur durch die Worte, die gesprochen und gehört werden, miteinander verbunden, sondern auch durch Körpersprache und optischen Kontakt, durch die gemeinsame Umgebung und so weiter. Wenn sie einander gut kennen, dann sind sie auch durch emotionale Bande und durch gemeinsame Erinnerungen verbunden. Das sind lauter günstige Bedingungen für die Telepathie und die Übertragung von Gefühlen, Bildern, Begriffen und Ideen. Wir haben im 2. Kapitel gesehen, wie sich diese Prinzipien auf die Übertragung von Gedanken und Absichten zwischen Eltern und Kindern, zwischen Lebensgefährten, zwischen Therapeuten und Patienten, zwischen Mathematikern, zwischen Reitern und Pferden und von Menschen auf ihre Hunde anwenden lassen könnten.

Somit könnte die gewöhnliche, normale Kommunikation die Übertragung von Informationen sowohl durch die vertrauten Sinne wie durch Telepathie umfassen. Auch wenn die Telepathie vielleicht ununterbrochen und unerkannt weiterbesteht, manifestiert sie sich nur, wenn Informationen durch die regulären Sinneskanäle reduziert oder eliminiert werden. Gewöhnlich ist sie zusammen mit den anderen Sinnen aktiv, indem sie ermöglicht, dass die Informationen, die sie vermitteln, interpretiert und aufgenommen werden. Die Telepathie vom Typus «Gedankenübertragung», von der im 1. und 2. Kapitel die Rede war, ist ein eingeschränkter Fall von normaler Kommunikation.

Je mehr die Menschen aufeinander eingestimmt sind, desto leichter tritt Telepathie auf. So können zum Beispiel bei Ratespielen manche Eltern und Kinder fast sofort begreifen, was der andere zu kommunizieren versucht (siehe S. 58 ff.). In extremen Fällen nehmen Menschen die Gedanken oder Intentionen des anderen überhaupt ohne alle Worte oder Gesten auf (siehe S. 45 ff.). Das Gleiche gilt für das Aufschnappen von Melodien, die anderen Menschen durch den Kopf gehen, ohne dass sie sie hörbar summen (siehe S. 47 ff.). Wird die Kommunikation durch Worte und Gesten völlig ausgeschaltet, wie in Experimenten, bei denen sich Menschen in getrennten Räumen aufhalten, dann lässt sich der telepathische Aspekt der normalen Kommunikation vom sensorischen Aspekt trennen. Aber ohne die sensorische Verbindung, die normalerweise die wechselseitige Verbundenheit zwischen den beiden Menschen aufrechterhält, kann die Telepathie weniger effektiv sein.

Menschen sind geistig durch soziale Felder miteinander verbunden. Der Geist kann sich auch durch Aufmerksamkeit ausdehnen, so dass Organismen mit ihrer Umwelt verbunden sind. Jedesmal, wenn wir etwas sehen, reicht unser Geist über unser Gehirn und über unseren Körper hinaus. Wie ich in der Einleitung dargelegt habe, vollzieht sich das Sehen als zweiseitiger Prozess: als nach innen gerichtete Bewegung von Licht und als nach außen gerichtete Projektion von Bildern. Alles, was Sie um sich herum sehen, auch diese Seite, ist ein Bild, das Ihr Geist nach außen projiziert. Diese Bilder sind nicht im Inneren Ihres Gehirns, sondern vielmehr genau dort, wo sie zu sein scheinen.

Durch diese Wahrnehmungsfelder berührt unser Geist das, was wir anschauen. Darum sollten wir in der Lage sein, Dinge zu beeinflussen, indem wir sie einfach anschauen. Ist dies wirklich der Fall? Der beste Ausgangspunkt zur Klärung dieser Frage besteht darin, dass wir darüber nachdenken, was wir bewirken, wenn wir andere Menschen ansehen. Wenn ich einen Menschen von hinten ansehe, der nicht weiß, dass ich da bin, und wenn er nicht mittels irgendeiner normalen sinnlichen Information weiß, dass ich gerade schaue – kann er dann dennoch spüren, dass ich ihn anstarre? In der Tat spricht sehr viel dafür, dass es ein Gefühl des Angestarrtwerdens gibt, wie ich in den folgenden Kapiteln darlegen werde. Dieser Aspekt des siebten Sinns trägt sehr viel zu unserem Verständnis der Natur von Mensch und Tier bei.

Zweiter Teil

Die Kraft der Aufmerksamkeit

8. Das Gefühl, angestarrt zu werden

Im Zweiten Weltkrieg wurde Jagdfliegern der RAF empfohlen, einen feindlichen Piloten nicht anzustarren, wenn sie sich anschickten, ihn abzuschießen. «Es war bekannt, dass die Intensität des Anstarrens den feindlichen Piloten veranlasste, sich direkt nach seinem Angreifer umzusehen.»[1]

Als sie etwa acht Jahre alt war, ging Emma Clarke über ein abgelegenes Feld nach Hause.

> «Ich weiß nicht mehr, was ich damals dachte, ich schlenderte einfach so dahin, als ich plötzlich stehen blieb und mich umsah. Dann bekam ich es mit der Angst zu tun. Ich sah, wie ein Mann am anderen Ende des Feldes mich ansah. Er verschwand hinter einem Baum. Ich rannte nach Hause. Meinen Eltern habe ich nie etwas davon erzählt, weil ich wusste, dass ich mich nicht allein so weit weg von zu Hause entfernen durfte.»

Wenn man in beängstigenden Situationen wie dieser das Gefühl hat, angestarrt zu werden, ist das sicher unvergesslich. Aber die meisten Menschen haben dieses Gefühl schon erlebt, gewöhnlich unter weniger dramatischen Umständen. Bei meinen Umfragen unter Erwachsenen in Europa und in den USA haben 70 bis 90 Prozent erklärt, sie hätten es gespürt, wenn sie von hinten angeschaut wurden.[2] Umfragen anderer Forscher sind zu ähnlichen Ergebnissen gelangt.[3] Gerald Winer und seine Kollegen am Psychology Department der Ohio State University fanden heraus, dass Kinder diese Erlebnisse sogar häufiger hatten als Erwachsene. 94 Prozent der befragten Schulkinder der sechsten Klasse (im Alter von 11 und 12 Jahren) antworteten mit «Ja» auf die Frage: «Hast du jemals gespürt, dass jemand dich anstarrt, ohne dass du tatsächlich gesehen hast, wie die andere Person dich ansieht?»

Mit «Ja» antworteten auch 89 Prozent der befragten Collegestudenten.[4]

Von dem Gefühl, angestarrt zu werden, ist in Erzählungen und Romanen oft die Rede. «Sie spürte seine bohrenden Blicke im Nacken» ist ein beliebtes Klischee der Unterhaltungsliteratur. Hier ein Beispiel von Sir Arthur Conan Doyle, dem Schöpfer von Sherlock Holmes:

> «Der Mann interessiert mich als ein Objekt psychologischer Studien. Beim Frühstück an diesem Morgen hatte ich plötzlich dieses vage Gefühl der Unruhe, das manche Menschen befällt, wenn sie aus unmittelbarer Nähe angestarrt werden, und als ich rasch aufsah, schaute ich in seine Augen, die mit einer Intensität auf mich herabstarrten, die etwas Wildes hatte; allerdings wurde ihr Ausdruck sofort milder, als er irgendeine konventionelle Bemerkung über das Wetter machte. Merkwürdigerweise sagt Harton, dass er gestern an Deck ein ganz ähnliches Erlebnis gehabt habe.»[5]

Diesem Phänomen begegnet man auch in den Romanen von Tolstoi, Dostojewski, Anatole France, Victor Hugo, Aldous Huxley, D. H. Lawrence, John Cowper Powys, Thomas Mann, J. B. Priestley und vielen anderen Schriftstellern.[6]

Die Richtung spüren, aus der das Starren erfolgt

Das Gefühl, angestarrt zu werden, ist oft richtungsorientiert: Menschen spüren nicht nur, dass sie angeschaut werden, sondern nehmen auch wahr, woher das Starren kommt.

Wie verhält es sich aber, wenn manche Menschen das Starren von jemandem hinter ihnen unbewusst spüren und darauf mit Unruhe reagieren, aber sich nicht umdrehen? Sie könnten einfach eine gewisse Unruhe verspüren, ohne zu wissen, warum. Nur wer sich umdreht und sieht, dass jemand ihn anschaut, weiß ja, dass er angestarrt wurde. Der Richtungsaspekt dieses Gefühls ist fast ein notwendiges Merkmal des Phänomens, zumindest wenn es von den angestarrten Menschen erlebt wird. Um zu wissen, dass sie von hinten angestarrt wurden, müssten sie sich umdrehen und den Starrenden identifizieren.

In meiner Datenbank gibt es genau 100 Fallbeispiele, in denen Menschen schildern, wie sie sich angestarrt fühlten. In 97 Fällen nahmen die Menschen die Richtung wahr, aus der das Starren kam. Sogar die drei scheinbaren Ausnahmen waren nicht unbedingt Ausnahmen. In einem Fall hatte ein Schuljunge wiederholt das Gefühl, dass hinter ihm sitzende Klassenkameraden seinen Nacken anstarrten, um ihn zum Erröten zu bringen. Er drehte sich nicht um, weil er schon wusste, wo die Starrenden waren. In einem anderen Fall entdeckte eine Frau, dass sie aus dem Schlaf hochfuhr, wenn jemand sie anstarrte, während sie schlief. Sie entdeckte nicht sofort die Richtung, aus der das Starren kam, weil sie ja schlief. Und im dritten Fall konnte eine Frau, die spürte, dass sie angeschaut wurde, die Quelle des Starrens nicht ausmachen. Als Connie Trammel aus St. Charles im US-Staat Missouri einmal spätnachts zu ihrem Wohnhaus zurückkam, war es finster, und der Mann, der sie anschaute, versteckte sich.

> «Sobald ich aus meinem Auto ausstieg, spürte ich, dass jemand mich beobachtete. Das Gefühl überkam mich plötzlich und war intensiv. Der Parkplatz war voller geparkter Autos, aber anscheinend war niemand da. Ich tat dieses Gefühl einfach ab und lief rasch auf die Haustür zu. Ich blieb stehen, um meine Post zu holen. Als ich meinen Briefkasten aufschloss und mit dem Rücken zur Haustür stand, hörte ich, wie die Tür plötzlich aufging und jemand eintrat. Ich drehte mich um und sah einen nackten Mann dastehen, der sich seine zusammengelegten Kleidungsstücke vors Gesicht hielt. Ich rannte zu meiner Wohnung und rief die Polizei an.»

In einigen Fällen hatte jemand zwar das Gefühl, aus einer bestimmten Richtung angestarrt zu werden, konnte dort aber niemanden sehen. Doch wie richtig diese Intuition war, wurde später klar.

> «Als ich in Wales Urlaub auf dem Lande machte, hatte ich das starke Empfinden, angestarrt zu werden. Ich wanderte gerade mit einer Gruppe von Freunden durch hügeliges Weideland, wo sich sonst niemand aufzuhalten schien. Die Ursache für dieses Empfinden befand sich hinter uns, und als ich mich umsah, hatte ich das Gefühl, dass mich jemand aus einer etwa 100 Meter entfernten

Gruppe von Sträuchern und Ginster an einem Hang anstarrte. Ich schaute mich weiter um, und als meine Freunde wissen wollten, was los sei, sagte ich, ich würde mich von jemandem beobachtet fühlen. Wir blieben alle stehen und schauten zurück, und da kam ein Mann hinter den Sträuchern hervor und ging über die Hügelkuppe davon. Später sahen wir ihn wieder – es war ein einheimischer Schäfer.» (Fiona Richards)

Wie vielfältig die Fälle in meiner Datenbank sind, zeigen drei weitere Beispiele aus einer Umfrage, die ich in Asheville im US-Staat North Carolina durchgeführt habe:

«Ich hörte mir einen Vortrag an, da verspürte ich nach 15 Minuten ein unangenehmes Kribbeln. Als ich mich umdrehte, entdeckte ich sieben Reihen hinter mir die Exfrau meines Mannes, die mich anstarrte.»

«Neulich hatte ich das Gefühl, dass etwa 15 Meter hinter mir mich jemand anstarrte, und als ich mich umdrehte, sah ich die betreffende Person unmittelbar, ohne lange suchen zu müssen.»

«Auf einem von hunderten von Menschen wimmelnden Markt in Indien verspürte ich den Drang, mich umzudrehen, und da sah ich, wie eine alte Frau mich anstarrte. Ich hatte das Gefühl, dass wir uns kannten, aber sie war eine Fremde.»

Philena Bruce, eine Engländerin, die früher in Indien lebte, entdeckte, dass sie sich außergewöhnlich intensiv angestarrt fühlte, als sie dort war, besonders von Bettlern. Sie war überzeugt, dass sie gezielt angeschaut wurde, um ihre Aufmerksamkeit zu erwecken.

«Ich merke, wie ich einen Bettler ansehe, den ich gar nicht bewusst hatte ansehen wollen, und dann musste ich ihm natürlich etwas Geld geben. Ich weiß noch, dass ich es mir angewöhnte, beim Herumgehen die Augen gerade nach vorn zu richten und meine Gedanken auf meinen Energiekörper zu konzentrieren, und wenn ich das Gefühl hatte, dass ihn jemand sehr fest anrührte, ging ich ein-

> fach weiter, statt sofort nach der Quelle dieser Berührung Ausschau zu halten, und wenn ich mich dann vorsichtig umsah, war der Bettler da. Das war wirklich ein sehr cleverer Trick. Man beobachte die Leute, die vorbeigehen, und wenn man eine mögliche Geldquelle erblickt, lenke man mit den Augen einen Energiestoß auf diese Person, so dass sie sich umdrehen und einen anschauen muss.»

Zusammenfassend lässt sich sagen, dass bei dem Gefühl, angestarrt zu werden, in der überwiegenden Mehrheit der Fälle die Richtung, aus der der Blick kommt, wahrgenommen wird. Der Beobachter und der Beobachtete sind richtungsmäßig wechselseitig verbunden.

Die meisten Menschen haben nicht nur erlebt, dass sie von hinten angestarrt werden – sie haben auch selbst schon andere angestarrt und bemerkt, wie diese sich verhalten, wenn sie sie anschauen. Die Erfahrung vieler Beobachter bestätigt, dass das Gefühl, angestarrt zu werden, oft mit einer eindeutigen Richtung verbunden ist und die Richtung des Blickes widerspiegelt. Manche Menschen aber reagieren mit Anzeichen von Unruhe, ohne sich umzudrehen.

Menschen dazu bewegen, sich umzudrehen

Wie die meisten Menschen stelle ich hin und wieder fest, wenn ich andere Leute von hinten ansehe, drehen sie sich um und sehen mich an. Die verblüffendsten Fälle habe ich erlebt, wenn ich aus Fenstern in oberen Stockwerken hinausgeschaut habe und die Leute sich nicht nur umgedreht, sondern auch nach oben geblickt haben. Als ich einmal an einer Konferenz in Düsseldorf teilnahm, schaute ich aus meinem Hotelfenster im siebten Stock auf zwei Frauen hinab, die auf einem Weg unter mir entlanggingen, als die eine stehen blieb, sich umdrehte und direkt zu mir hinauf schaute.

Viele andere Menschen haben ähnliche Erlebnisse gehabt. James Godfrey beispielsweise wohnte im neunten Stock eines Wohnhauses. «Mein Küchenfenster ging auf eine belebte Straße hinaus. Ich entdeckte, wenn ich eine Person unter mir fixierte, sah sie häufig nach oben in Richtung meines Fensters. Dies geschah ziemlich oft, aber nicht immer.»

Solche Fälle machen besonders deutlich, wie sehr das Gefühl, angestarrt zu werden, mit einem Richtungssinn verknüpft ist. Und diese Sensibilität beschränkt sich nicht nur auf Blicke von Fremden, sondern macht sich auch zwischen Menschen bemerkbar, die einander gut kennen. Rupert Hitzig aus Los Angeles zum Beispiel hat mir erzählt: «Ich ging zum Swimmingpool im Fitnesscenter hinunter, und gut zwanzig Meter unter mir schwamm meine Frau Karen, die eine Schwimmbrille und eine Badekappe trug, ganz konzentriert ihre Runden. Ich starrte sie an, und sie hörte zu schwimmen auf, wandte den Kopf um, sah direkt nach oben und bemerkte mich.»

In manchen Fällen stellte die Person, die angeschaut wurde, nicht sofort fest, aus welcher Richtung sie angestarrt wurde, sondern sah sich zunächst um. Dies erlebte Pauline Watson in einer Disco in Lancashire:

> «Die Typen tanzten alle miteinander, und die Mädchen blieben sitzen und plauderten. Gelangweilt begab ich mich auf den Balkon über der im Stroboskoplicht schwankenden Tanzfläche, um auf sie hinabzuschauen. Die Musik war extrem laut, und während die Tänzer ziemlich gut beleuchtet waren (im Takt mit der Musik), lag der Balkon darüber im Dunkeln, und dennoch blieb mein Freund ganz plötzlich stehen, schaute sich überall um und sah dann direkt zu mir nach oben. Er verließ die Tanzfläche, um zu mir hoch zu kommen, und sagte, er konnte spüren, wie jemand ihn beobachtete.»

Genau diesen Vorgang, dass jemand sich umsah, bevor er nach oben schaute, konnte P. A. Mills oft beobachten, wenn sie mit dem Bus von der Arbeit in London heimfuhr. Sie saß im Oberdeck.

> «Wenn wir Selfridges [ein Kaufhaus] erreichten, stiegen immer eine Menge Fahrgäste ein und aus, daher nutzte ich die Gelegenheit und konzentrierte meinen Geist und meine Augen auf einzelne Menschen, die vor dem Kaufhaus standen. Sie mussten mit dem Rücken zum Bus stehen, und dann drehten sie sich um, suchten das Gelände ab – als ob sie einen eingebauten Peilsender hätten –, wobei sie auf Höhe des Erdgeschosses begannen und sich dann nach oben arbeiteten. Wenn sie bei den oberen Fenstern des Busses angekommen

waren, sah ich weg. Das ist absolut einfach und verlangt nur eine gewisse Konzentration.»

Allerdings kommen die Fälle, in denen Menschen von einem solchen Suchverhalten berichten, in meiner Datenbank relativ selten vor. Die Mehrheit der Befragten, nämlich 83 Prozent, erklärte einfach, dass die Leute, die sie anstarrten, sich umgedreht und sie angeschaut hätten.

Die verbleibenden 17 Prozent der Menschen, die von den Auswirkungen ihres Starrens berichteten, stellten jedoch fest, dass manche Menschen sich nicht umdrehten und sie ansahen, sondern vielmehr Anzeichen von Unbehagen oder Unruhe erkennen ließen, indem sie sich am Hinterkopf kratzten oder nervös wurden. In manchen Fällen, etwa in Vorträgen oder Gottesdiensten, geschah dies, wenn sie sich hätten umdrehen und die Person sehen können, die sie anstarrte. Aber manchmal ließen Menschen Anzeichen von Unruhe erkennen, wenn die Person, die sie beobachtete, nicht zu sehen war – wie zum Beispiel Delmar Cain, der als Bibliothekar in der medizinischen Fachbibliothek der U. S. Veterans Administration in Boston tätig war. Das Gebäude hat verspiegelte Fenster, in die man nicht hineinsehen kann.

> «Ich stand gern am Fenster und beobachtete die Leute, die unten auf dem Gehsteig vorbeigingen. Sie konnten mich unmöglich sehen. Ein gewisser Prozentsatz, etwa 10 bis 20 Prozent, konnte spüren, dass ich sie ansah, und dann drehten sie sich um, kratzten sich im Nacken, am Rücken, fühlten sich offensichtlich unwohl dabei, beobachtet zu werden, konnten aber nicht wissen, von wo aus sie beobachtet wurden. Viele Male waren sie weit und breit der einzige Mensch, also konnten sie ihr Unbehagen nicht auf jemand beziehen, der sie in der Nähe auf dem Gehsteig beobachtete.»

Mehrere Befragte haben berichtet, dass andere Menschen auf ihr Starren reagierten, wenn sie durch Fenster (wie in einigen der obigen Beispiele) oder durch Spiegel beobachtet wurden. Wie auch immer die Kraft des Blicks wirkt – jedenfalls wird sie anscheinend durch Glas nicht blockiert.

In manchen Fällen wurden andere Menschen aus reiner Neugier angestarrt, um sie zum Umdrehen zu bewegen. Aber oft tun Menschen dies ganz gezielt, um Aufmerksamkeit zu erwecken, und zwar aus unterschiedlichen Gründen, etwa weil sie sich sexuell angezogen fühlen, weil sie den anderen missbilligen oder aus einer praktischen Notwendigkeit heraus, wie Gerald Turner herausfand, als er in einer lärmerfüllten Stahlfabrik in den englischen Midlands arbeitete: «Wir konnten nicht hören, wenn jemand sprach. Durch Zufall entdeckte ich, wenn ich wollte, dass jemand auf mich aufmerksam werden sollte, musste ich einfach seinen Kopf ansehen und ihn in Gedanken beim Namen rufen. Dann wandte er mir plötzlich das Gesicht zu und erkundigte sich durch eine Geste, ob etwas nicht in Ordnung sei.»

Rausschmeißer in Nachtclubs, Lehrer und Collegedozenten haben mir erzählt, dass sie die Kraft des Blicks gezielt einsetzen, um für Ordnung zu sorgen. So erfuhr ich beispielsweise von Kerri McMahon, die in Connecticut unterrichtet: «Ich schaue jemanden an, der gerade irgendwelchen Unsinn macht, und normalerweise ‹spürt› er, dass ich ihn ansehe, und schaut auf. Manchmal dauert es länger, bis der Betreffende es merkt, aber gewöhnlich funktioniert es.»

Mehrere Informanten haben erklärt, sie könnten Menschen aufwecken, indem sie sie anstarren. So berichtete mir Alexander Seferiades aus Athen:

> «Als meine Schwester und ich klein waren und uns ein Zimmer teilten, merkte ich irgendwann, dass ich sie nur anschauen musste, wenn sie schlief, und dann erwachte sie. Das funktionierte fast immer, darum vermied ich es, sie anzuschauen, wenn ich das Zimmer verließ oder betrat und sie nicht aufwecken wollte. Dies war in Wirklichkeit schwieriger, als es sich anhört. Wenn ich sie gedankenlos anstarrte, um zu sehen, ob sie wach war, erwachte sie augenblicklich.»

Eine Reihe von Berichten über die Auswirkungen des Starrens sind veröffentlicht. Generell stimmen sie mit denen in meiner Datenbank überein. Hier sind zum Beispiel einige Beobachtungen von Renée Haynes, einer britischen Forscherin, die 1973 schrieb:

> «Der Impuls, sich umzudrehen, ist nicht in allen Menschen gleich stark, und es gibt Fälle – etwa bei Kellnern –, in denen er wahr-

scheinlich nachlässt, ignoriert oder direkt unterdrückt wird. Wenn man jedoch ein wenig experimentiert, etwa bei einem langweiligen Vortrag oder in einer voll besetzten Kantine, zeigt sich in der Mehrzahl der Fälle, dass jemand, dessen Hinterkopf man intensiv anstarrt, nervös wird und sich unruhig umdreht, um zu sehen, wer da so starrt. Das kann man auch bei schlafenden Hunden und Katzen tun – ganz zu schweigen von Kindern, die man auf diese Weise humaner wecken kann als mit einem kalten Schwamm – ebenso bei Vögeln im Garten.»[7]

Viele andere Menschen haben festgestellt, dass sie schlafende Tiere wecken können, indem sie diese anschauen. Mehr dazu im 11. Kapitel.

Die Sensibilität anderer Körperteile

In den meisten Berichten über die Wirkungen des Anstarrens von hinten wurde der Hinterkopf oder Nacken oder der Rücken angeschaut, aber mehrere Befragte haben auch von der Sensibilität anderer Körperteile berichtet.

Als Martha Fischer aus Bethal im südafrikanischen Transvaal etwa 14 Jahre alt war, hatte sie immer wieder Gelegenheit, die Reaktionen der Ohren anderer Leute zu studieren:

«Ich saß jeden Sonntagvormittag in der Kirche und ‹schaute ein Ohr rot›. Ich entschied mich für ein Ohr, das etwa drei bis fünf Meter vor mir war, ein wenig links von mir, so dass ich das rechte Ohr des Mannes gut sehen konnte, nicht bloß den hinteren Rand. Nach dem Singen und Beten, wenn alles still dasaß und sich die Predigt anhörte, starrte ich dieses Ohr intensiv an, und nach einer Weile wurde es rot. Aus irgendeinem Grund versuchte ich nie, einen Blick auf das linke Ohr des Mannes zu werfen, um zu sehen, ob es ebenfalls rot war.»

Mehrere junge Männer haben von den Reaktionen von Frauen berichtet, bei denen sie bestimmte Körperteile angestarrt hatten. Jeffrey Darlington aus Richmond in Surrey konzentriert sich auf Brüste:

«Ich bin ein Mann ohne eine Sexpartnerin, und wenn ich eine attraktive Frau bemerke, sehe ich sie mir an. Das scheint weitgehend ein automatischer Vorgang zu sein. Zuerst schaue ich ihr Gesicht an, dann senkt sich mein Blick auf ihre Brüste und schwenkt dann rasch beiseite. Erstaunlich oft schaut die Frau sofort und ohne mich anzusehen auf ihre Brüste hinab, vielleicht um zu überprüfen, ob sie ordentlich angezogen ist.»

Die «konventionelle» Erklärung dieses Vorgangs würde etwa folgendermaßen lauten: Eine Frau geht allein und schaut geradeaus, da nimmt sie aus den Augenwinkeln heraus eine schwache Bewegung wahr. Ohne sich direkt der Quelle zuzuwenden, nimmt sie die Richtung eines männlichen Blicks optisch so exakt wahr, dass sie genau weiß, wohin der Mann schaut! Auf eine Entfernung von vielleicht 50 Metern und manchmal durch eine Windschutzscheibe wäre dazu eine phantastische Präzision erforderlich, sogar für das zentrale Gesichtsfeld. Mich überzeugt diese Erklärung nicht. Der Gedanke, dass eine Frau ohne optische Hinweise spüren kann, dass sie angestarrt wird, scheint mir eine bessere Erklärung zu sein. Dieser mysteriöse «Sinn» weiß, dass ein sexuelles Interesse vorhanden ist, was erklären würde, wieso sie weiß, dass sie den Blick nicht erwidern muss.

John Pasic aus Los Angeles hat mir von mehreren Beispielen berichtet, wie Frauen auf seine Blicke reagiert haben. Hier zwei Varianten:

«Als Praktikant in einer Klinik gehe ich draußen etwa sechs Meter hinter einer bestimmten Kollegin her, innerhalb einer lockeren Gruppe von anderen Kollegen und Patienten. Ich bemerke, wie attraktiv ihr Hintern in ihrer engen Hose ist, und *sofort* dreht sie sich um, hält meinen Blick fest und lächelt, während sie ihren Hintern mit der Hand berührt, als wolle sie die Hose glatt streichen. Wir hatten uns in den vergangenen Wochen schon zueinander hingezogen gefühlt, aber außer einem ‹Hallo› hatte es nichts zwischen uns gegeben.

Ein anderes Beispiel: Ich bin im März 1997 in der Halle eines überfüllten Hotels in Las Vegas, dem Luxor. Ich gehe gerade drei, vier Meter hinter einer jungen Dame her, zwischen vielen anderen Menschen, die in die gleiche Richtung gehen. Ich stelle fest, dass sie wunderschöne lange, dichte, leuchtend blonde Haare hat, und *sofort* dreht sie sich rasch um, sieht mich direkt an und lächelt.»

Ich kenne keine systematischen Untersuchungen zur Sensibilität anderer Körperteile, und die meisten Menschen haben keinen Grund oder keine Möglichkeit, dieses Thema zu erforschen – außer Künstlern, die nackte Modelle zeichnen oder malen. Mehrere Künstler haben bemerkt, dass die Modelle reagieren, wenn sie sich auf manche Körperteile mehr als auf andere konzentrieren. Ann Holms aus Canterbury in Kent, die Modelle in Aktzeichenkursen gezeichnet hatte, seit sie Kunststudentin gewesen war, entdeckte, dass viele Modelle besonders empfindlich bei ihren Händen und Füßen waren. «Dies macht sich bemerkbar, ganz gleich, ob sie einen anschauen oder nicht, während sie posieren. Bei manchen Modellen reagieren ihre Hände oder Füße, wenn ich mich auf sie konzentriere, als ob sie gekitzelt worden wären, manchmal mit einem unfreiwilligen Zucken.»

Natürlich tragen die meisten Menschen Kleider, wenn sie von anderen angeschaut werden. Die Tatsache, dass so viele Menschen reagieren, wenn ihr verhüllter Rücken angeschaut wird, zeigt, dass die Haut nicht entblößt sein muss, um Blicke zu spüren – das gilt ebenso für den Hinterkopf oder Nacken eines Menschen. Diese Sensibilität beschränkt sich auch nicht auf Menschen, die kahl sind oder kurze Haare haben. Offenkundig können weder Haar noch Kleidung den Einfluss des Blicks blockieren.

Eine detaillierte Untersuchung solcher Erlebnisse

Um das Gefühl des Angestarrtwerdens genauer zu verstehen, habe ich eine systematische Umfrage mit Hilfe eines Fragebogens durchgeführt (siehe Anhang B). Mehr als 320 Personen haben sich in England, Schweden und den USA daran beteiligt. Das Alter der Teilnehmer lag zwischen unter 18 bis über 70, und es waren etwa gleich viele Männer wie Frauen.

Überall erklärten mehr Frauen als Männer, sie hätten schon gespürt, dass sie von hinten angeschaut wurden, und sie hätten sich dann umge-

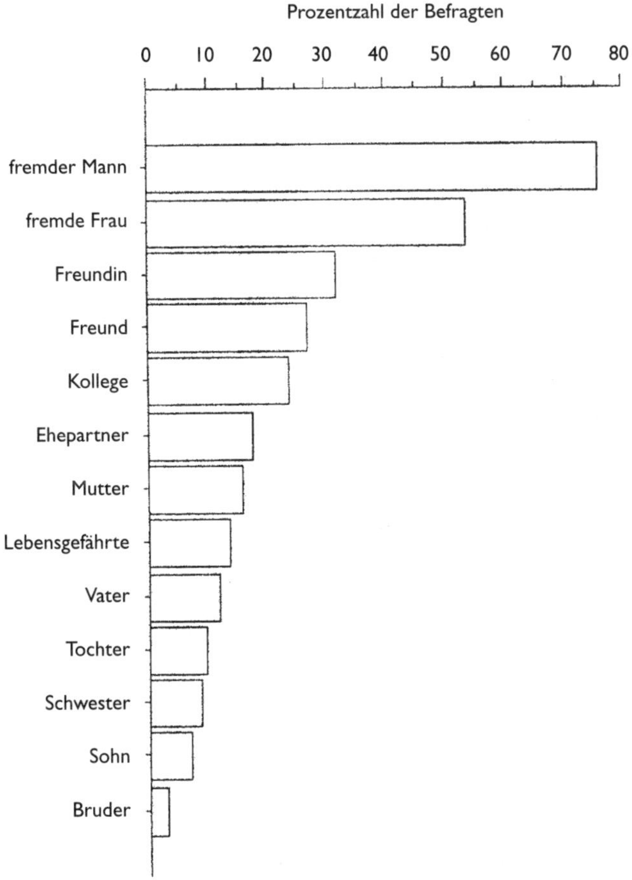

Abbildung 8.1 Prozentzahlen der verschiedenen Kategorien von Personen, die auf das Starren reagiert haben. Näheres zu dieser Fragebogenaktion in Anhang B.

dreht, um zu entdecken, dass jemand sie tatsächlich anschaute. Insgesamt waren es im Durchschnitt 81 Prozent Frauen und 74 Prozent Männer. Natürlich sind die Menschen, die meine Vorträge und Seminare besuchen, kein Zufallsquerschnitt durch die Bevölkerung; dennoch gleichen diese Prozentsätze bei den Reaktionen denen in Umfragen anderer Forscher, die auch Zufallsumfragen durchgeführt haben.[8] Hauptziel dieses Fragebogens war jedoch nicht, zu ermitteln, wie viele Men-

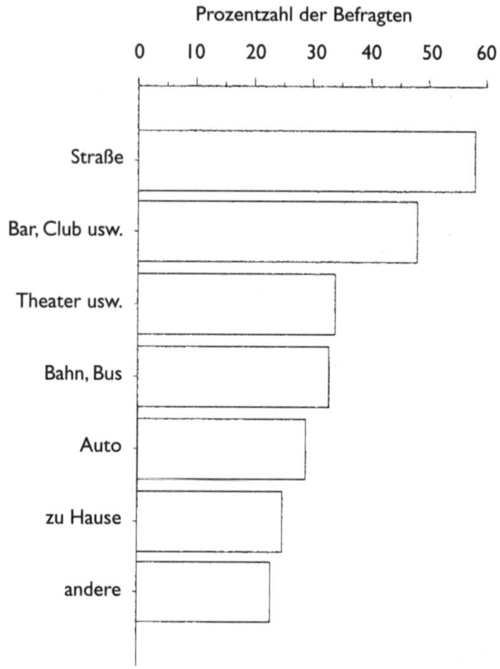

Abbildung 8.2 Prozentzahlen der Orte, an denen die Testpersonen nach eigener Auskunft das Gefühl hatten, angestarrt zu werden. Näheres zu dieser Fragebogenaktion in Anhang B.

schen schon einmal das Gefühl hatten, angestarrt zu werden, sondern mehr über die Naturgeschichte ihrer Erlebnisse zu erfahren.

Das Gefühl, angestarrt zu werden, gab es anscheinend ziemlich häufig, und etwa die Hälfte der Befragten erklärte, sie würden dies mindestens einmal pro Monat erleben.

Bei wem erlebten sie es? Am häufigsten bei Fremden, insbesondere fremden Männern, dann bei Freunden und Kollegen, Ehepartnern und Lebensgefährten, dann bei Eltern, Kindern und Geschwistern (siehe Abb. 8.1). Es gab auch einige auffällige geschlechtsspezifische Unterschiede bei den Reaktionen der Betroffenen: Frauen reagierten mehr auf fremde Männer als auf fremde Frauen, während Männer auf fremde Männer und fremde Frauen etwa gleich stark reagierten (siehe Tabelle B.9, Anhang B).

Wo geschah es? Am häufigsten auf der Straße, und zwar bei Männern wie bei Frauen. Am zweithäufigsten in Bars oder Clubs. Dann in Theatern und an ähnlichen öffentlichen Orten, in Zügen und Bussen, in Autos, zu Hause und auch an anderen Orten wie Büros und auf Flughäfen (siehe Abb. 8.2). Nach ihren Erfahrungen als aktiver Part befragt, antworteten signifikant mehr Frauen (88 Prozent) als Männer (71 Prozent), sie hätten entdeckt, dass sie andere anstarren und dazu bewegen könnten, sich umzudrehen.[9] Auf den ersten Blick scheint das dem Befund zu widersprechen, dass Frauen das Gefühl, angestarrt zu werden, am häufigsten bei fremden Männern hatten. Aber vielleicht neigen Frauen dazu, Menschen, die sie nicht kennen, weniger anzustarren als Menschen, die sie kennen, während Männer eher zum Gegenteil neigen. Frauen wie Männer hatten bemerkt, dass sie mehr von Freundinnen als von Freunden angeschaut wurden, mehr von Müttern als von Vätern, mehr von Töchtern als von Söhnen und mehr von Schwestern als von Brüdern. Also riefen zwar fremde Männer mehr Reaktionen hervor als fremde Frauen, doch mehr Frauen veranlassten Menschen, die sie kannten, sich umzudrehen (Tabelle B.9).

Ich wollte auch wissen, welche Emotionen oder Intentionen ihrer Erfahrung nach andere Menschen beeinflussten, wenn sie sie anstarrten. Die Ergebnisse sind in Abbildung 8.3 wiedergegeben. Für Männer wie Frauen war Neugier das häufigste Motiv, gefolgt von dem Wunsch, die Aufmerksamkeit des anderen Menschen zu erwecken. An dritter Stelle stand das Verlangen, gefolgt von Zorn. Weitere Emotionen waren Wünsche zum Wohlbefinden, Zuneigung, Wiedererkennen und Kummer. Diese Befunde veranschaulichen die große Vielfalt an Umständen und Emotionen, die mit dem Gefühl des Angestarrtwerdens verbunden sind. In den Antworten auf diese Frage gab es keine signifikanten Unterschiede zwischen Männern und Frauen.

Die meisten Menschen halten diese Erlebnisse für selbstverständlich und erinnern sich an sie auf eine ziemlich beiläufige Weise. Aber manche Menschen verbringen viel Zeit damit, andere zu beobachten, insbesondere Profis, die eine Überwachungstätigkeit ausüben. Dies ist das Thema des nächsten Kapitels. Zuvor aber ist es wichtig, die Argumente zu betrachten, die gegen die Existenz des Gefühls, angestarrt zu werden, sprechen. Auch wenn so viele Menschen behaupten, es erlebt zu haben, könnte es nicht dennoch eine Illusion sein?

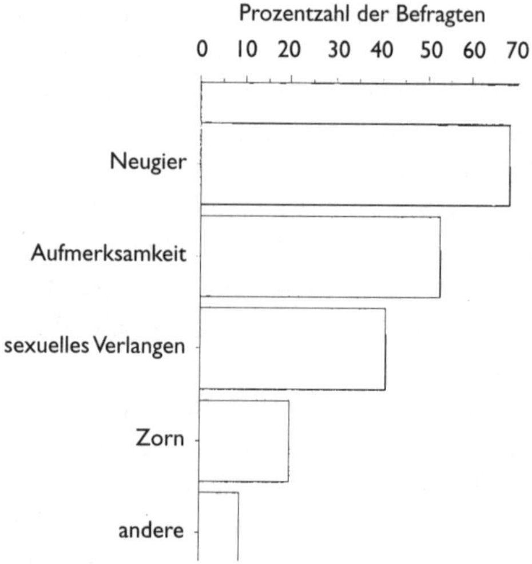

Abbildung 8.3 Prozentzahlen der Emotionen und Intentionen, die nach Meinung der Befragten die Menschen beeinflussen, die sie anstarren. Näheres zu dieser Fragebogenaktion in Anhang B.

Einwände

Falls es das Gefühl, angestarrt zu werden, wirklich gibt, dann muss damit eine Sensibilität verbunden sein, die über das Hören, Sehen, Fühlen, Schmecken und Riechen – also über die bekannten Sinne – hinausgeht. Man könnte sich dieses Gefühl als einen sechsten oder siebten Sinn vorstellen oder als eine Form der Wahrnehmung jenseits der bekannten Sinne, also als «übersinnliche Wahrnehmung» (ESP) oder als «übersinnliche» Fähigkeit. Man könnte es auch als einen Aspekt des erweiterten Geistes verstehen. Aber wie auch immer wir diese Fähigkeit nennen wollen – dazu ist ein umfassenderer Begriff von Wirklichkeit nötig. Die Wissenschaft, wie wir sie kennen, wäre dafür ganz und gar unzureichend.

Dies ist ein potenziell gefährlicher Gedanke. Es wäre weniger beunruhigend, das Gefühl des Angestarrtwerdens als Illusion abzutun – oder gar als eine Form von Paranoia.

Drei Standardargumente werden gegen die Existenz des Gefühls, angestarrt zu werden, vorgebracht. Das erste ist eigentlich kein Argument, sondern eine Behauptung: Der Glaube an eine geheimnisvolle Kraft der Blicke ist nichts weiter als Aberglaube und sollte von intelligenten Menschen nicht ernst genommen werden. Das genügt, um die meisten Menschen verstummen zu lassen, denn niemand möchte gern für dumm gehalten werden.

Das zweite Argument lautet: Die betreffenden Menschen würden nicht auf irgendeine mysteriöse Kraft des Blicks reagieren, sondern auf Laute, Bewegungen in ihrem peripheren Gesichtsfeld oder andere subtile sensorische Hinweise, die unterschwellig wahrgenommen würden.

Der dritte Einwand: Wenn sich das Gefühl des Angestarrtwerdens nicht durch Laute und andere sensorische Hinweise plausibel erklären ließe, dann beruhe es eben auf einer Kombination aus blindem Zufall und selektiver Erinnerung. Die Menschen mögen sich zwar oft umdrehen, erinnern sich aber nur an die Male, bei denen jemand sie angestarrt hat, und vergessen alle anderen Male, bei denen sie sich umdrehten und niemand sie anstarrte. Diese Illusion würde noch durch die Neigung unserer visuellen Systeme verstärkt, Bewegung wahrzunehmen. Wenn wir uns umdrehen, um nach hinten zu schauen, und jemand hinter uns sieht, wie wir uns bewegen, werden wir vermutlich seine Aufmerksamkeit erregen, und unsere Blicke werden sich kreuzen.[10]

Diese Spekulationen sind durchaus reizvoll. Sie scheinen eine wissenschaftlich wirkende Begründung dafür zu liefern, das Gefühl des Angestarrtwerdens nicht weiter beachten zu müssen und als unwissenschaftliche Thematik abzutun. Aber wo sind die empirischen Beweise dafür, dass das Gefühl, angestarrt zu werden, auf sensorischen Hinweisen oder auf Zufall und selektiver Erinnerung beruht? Es gibt fast keine.

Das Tabu gegen eine ernsthafte Beschäftigung mit diesem Phänomen war so wirkungsvoll, dass es bis Ende der achtziger Jahre kaum wissenschaftliche Untersuchungen zu dem Thema gab. Ich konnte nur vier Aufsätze in wissenschaftlichen Zeitschriften zwischen 1890 und 1990 finden, dazu zwei unveröffentlichte studentische Projekte, eins von 1978 und eins von 1983.

Die beiden frühesten Berichte stammten von skeptischen amerikanischen Psychologieprofessoren, J. B. Titchener und J. E. Coover, die dieses Gefühl als Illusion abtaten. Titchener versuchte seine Nichtexistenz zu beweisen, indem er Studenten aufforderte, das Starren ihres Professors wahrzunehmen. In einem 1898 in der Zeitschrift *Science* erschienenen Aufsatz behauptete Titchener, dass seine Studenten unter diesen Bedingungen nur Zufallstreffer erzielten.[11] Er belegte seine Behauptung allerdings nicht mit Daten oder experimentellen Details.

Coover hingegen veröffentlichte 1913 einen Aufsatz, in dem er Daten und Details seiner Methoden offen legte.[12] Er behauptete, den Nachweis erbracht zu haben, dass es keine signifikante Sensibilität dafür gebe, angestarrt zu werden. (Tatsächlich vermuteten 7 seiner 10 Testpersonen häufiger korrekt, wann er sie anschaute.[13]) Das scheinbare Gewicht von Titcheners und Coovers Schlussfolgerungen vermittelte der skeptischen Standardposition eine vermeintlich wissenschaftliche Untermauerung und trug dazu bei, eine seriöse Forschung jahrzehntelang zu verhindern.

Gleichwohl haben die meisten späteren experimentellen Untersuchungen nachhaltige Beweise gegen die Hypothesen der Skeptiker geliefert. Sie legen die Vermutung nahe, dass das Gefühl des Angestarrtwerdens mit einer Art wechselseitigem Verbundensein zusammenhängt, das sich die Wissenschaft gegenwärtig nicht erklären kann.[14] Im 12. Kapitel schildere ich die Ergebnisse neuerer Experimente, die eindrucksvolle Beweise für die Existenz des Gefühls, angestarrt zu werden, liefern, wobei die Wahrscheinlichkeit, dass es sich um Zufall handelt, eins zu mehreren Billionen beträgt. Diese Experimente sind einfach und preiswert. In Anhang A zeige ich, dass diese Tests von jedem durchgeführt werden können.

9. Überwachung und Argwohn

Manche Menschen beobachten andere Menschen, weil das ihr Beruf ist. Wenn das Gefühl, angestarrt zu werden, tatsächlich existiert, müssen professionelle Überwacher es wahrscheinlich schon erlebt haben. Um herauszufinden, was sie im Hinblick auf dieses Gefühl festgestellt haben, befragte ich zusammen mit meinen Forscherkollegen Jane Turney in England und David Brown in Kalifornien Polizeibeamte, Sheriffs, Gefängniswärter, Kriminelle, militärische Überwachungsoffiziere, Zollbeamte, Sicherheitsbedienstete und Privatdetektive. Wir befragten auch Menschen, die verschiedene Kampfsportarten beherrschen.

Aber zunächst einmal befasse ich mich mit dem, was Menschen bemerkt haben, wenn sie andere durch Teleskope oder Ferngläser betrachteten. Spüren Menschen, wenn sie von weitem beobachtet werden?

Was bewirkt der Blick durchs Teleskop oder Fernglas?

Das Gefühl, angestarrt zu werden, stellt sich anscheinend auch über beträchtliche Entfernungen hinweg ein, nämlich wenn der Betreffende durch ein Teleskop oder Fernglas beobachtet wird. Nichtprofessionelle wie professionelle Beobachter haben jedenfalls bemerkt, dass manche Menschen anscheinend wissen, wenn sich ein verborgener Beobachter von weitem auf sie konzentriert.

Bernadette Teasdale fiel das auf, als sie mit einem Teleskop aus einem Fenster ihres Elternhauses über das Ribble Valley in Yorkshire hinwegsah.

> «Eines Tages bemerkte ich einige Zelte in einem Feld am gegenüberliegenden Flussufer. Ich stellte das Teleskop scharf und be-

obachtete die Camper, ein paar junge Burschen, wie sie herumschlenderten. Ich hatte einen von ihnen etwa eine oder zwei Minuten lang beobachtet, als er sich plötzlich umdrehte und zu mir hin schaute. Sein Blick schien die Gegend in meiner Richtung abzusuchen. Er war zu weit weg, um mich mit bloßem Auge sehen zu können. Ziemlich nervös schaute ich rasch weg. Ich konzentrierte mich auf einen der anderen Jungen, und nach kurzer Zeit geschah das Gleiche. Besonders einer schien sehr sensibel zu sein, er drehte sich jedes Mal um, um in meine Richtung zu schauen, und zwar fast im selben Augenblick, wenn ich mich auf ihn konzentrierte.»

Von mehreren Menschen habe ich ähnliche Geschichten gehört. Eine Dame, die an der Südküste von England lebte, berichtete, sie würde gern aus einem Fenster durch ein starkes Fernglas Segler auf Jachten beobachten. Sie seien weit weg gewesen und hätten sie mit bloßem Auge nicht sehen können – aber oft, erklärte sie, hätten sich die Segler umgedreht und anscheinend beunruhigt direkt zu ihr hingeschaut. Sie war sicher, dass sie ihr Schauen spürten. Ihr machte das Spaß, und sie sagte, sie habe das immer wieder erlebt.

Dianne Arcangel, die am San Jacinto River in Texas lebt, hielt ein Paar Enten als Haustiere, die eines Tages verschwunden waren. Ihr Mann meinte, sie könnten auf einer Insel in der Nähe nisten, die sie dann mit einem Teleskop absuchten. Doch es gelang ihnen nicht, die Enten auszumachen. Dafür erblickten sie das Boot ihrer Nachbarn auf der Insel:

«Als ich das Teleskop auf die entferntere Seite der Insel richtete, konnte ich etwas sehen, was ich für zwei Menschen hielt, aber da sie nicht genau zu erkennen waren, konnte ich nur vermuten, dass es die Nachbarn waren, denn wir hatten ihr Boot identifizieren können. Später gingen mein Mann und ich hinaus und liefen am Ufer entlang, wo wir die Enten zu finden hofften. Zu meiner großen Überraschung kam das Ehepaar angerannt, und die Frau schrie uns an: ‹Wieso habt ihr uns durch ein Fernglas beobachtet? Ich weiß, dass ihr uns aus eurem Haus beobachtet habt, während wir uns auf der Insel nackt gesonnt haben.›»

In diesen Fällen handelten die Beobachter in harmloser Absicht, aber diese Sensibilität kann sich dramatischer in buchstäblich lebensbedrohlichen Situationen manifestieren. 1995 diente Sergeant Robert Hendrickson als Scharfschütze beim U.S. Marine Corps in Bosnien. Eine seiner Aufgaben bestand darin, «Banditen» oder «bekannte Terroristen» zu erschießen. Während er durchs Zielfernrohr seines Gewehrs sah, habe er Folgendes erlebt: «Innerhalb einer Sekunde vor der Beseitigung schien eine Zielperson irgendwie direkten Augenkontakt mit mir herzustellen. Ich bin überzeugt, dass diese Leute irgendwie meine Anwesenheit über eine Entfernung von fast zwei Kilometern hinweg spürten. Sie taten das mit unheimlicher Genauigkeit, um mich praktisch zum Wegschauen zu zwingen.»

Paparazzi betrachten Prominente oft aus einiger Entfernung durch Teleobjektive. Wir befragten die einschlägigen Pressefotografen in England, ob sie bemerkt hätten, dass ihre Objekte sich dessen bewusst zu sein schienen, von ihnen aufs Korn genommen zu werden, selbst wenn sie sich in größerer Entfernung versteckten.

Man war sich generell einig, dass manche Menschen sich nicht bewusst zu sein scheinen, beobachtet zu werden, während andere über eine unheimliche Fähigkeit verfügten, genau zu wissen, wann sie gerade fotografiert werden sollen. Dazu gehörte auch Prinzessin Diana, die im Laufe der Jahre offenbar immer sensibler wurde. Ein Fotograf bemerkte dazu: «Sie war vielleicht das extremste Beispiel eines Menschen, der sich ständig bewusst ist, dass die Möglichkeit besteht, fotografiert zu werden. Weil sie das so sehr ablehnte, entwickelte sie ein ausgeprägtes Bewusstsein dafür, so dass es fast unmöglich war, sie zu überraschen. Sie behauptete, einen sechsten Sinn zu haben, sie könne einen Fotografen schon in einem Kilometer Entfernung riechen.»

Ken Lennox, Bildredakteur bei der *Sun*, dem bekanntesten Boulevardblatt in England, erklärte, er habe immer wieder darüber gestaunt, wie oft Menschen, die er gerade fotografierte, «sich umdrehten und direkt in die Linse schauten», selbst wenn sie an sich zunächst in die entgegengesetzte Richtung sahen. Er meinte, sie hätten ihn nicht sehen oder seine Bewegungen wahrnehmen können. «Ich spreche hier von Aufnahmen über Entfernungen von bis zu einem knappen Kilometer hinweg, und zwar in Situationen, wo es ziemlich unmöglich ist, mich zu sehen, zum Beispiel wenn ich auf der Rückbank eines Autos sitze und die Fenster so abgeschirmt sind, dass niemand hereinsehen kann, während ich die Leute sehe. Sie sind sich dessen so bewusst, dass es unheimlich ist.»

Die Fähigkeit von Menschen, wahrzunehmen, wann sie durch Teleskoplinsen angestarrt werden, zeigt doch, dass Teleskope nicht nur Licht gebündelt ins Auge des Beobachters lenken, sondern auch die Aufmerksamkeit des Betrachters auf das Objekt bündeln.

Professionelle Überwachung

Zur modernen Überwachungstätigkeit gehört häufig der Einsatz von Fernsehüberwachungsanlagen, und davon wird im nächsten Abschnitt die Rede sein. Hier konzentriere ich mich auf die direkte Überwachung, bei der Menschen unauffällig beobachtet, durch Einwegspiegel betrachtet oder beschattet werden.

Unter Überwachungsspezialisten ist man sich generell einig, dass es wichtig ist, Menschen, die beobachtet oder beschattet werden, so wenig wie möglich direkt anzusehen. Ein leitender Zollbeamter am Flughafen Heathrow erklärte uns:

> «Ein guter Überwachungsbeamter darf niemanden anstarren. Er sollte zu einer Seite schauen, an der Zielperson vorbeistarren oder in eine andere Richtung sehen. Hauptsache, man vermeidet den direkten Augenkontakt. Sie sind sich immer eines Menschen viel bewusster, wenn Sie ihn dabei ertappt haben, wie er Sie anschaut. Das wird dann die ganz menschliche Reaktion auslösen: Warum sieht diese Person mich an?, und man wird sich dieser Person bewusst. Man vergewissert sich in der Folge vielleicht sogar, ob diese Person einen immer noch anschaut.»

Alle von uns befragten Überwachungsbeamten bestätigten, dass manche Menschen ungewöhnlich «überwachungsbewusst» seien, insbesondere Kriminelle und Menschen, die etwas zu verbergen hätten. Ein britischer Polizeibeamter erklärte: «Viele unserer Kunden sind ja nun mal Profis, und sie versuchen, sich professionell jeder Form von Überwachung zu entziehen, und halten ständig danach Ausschau. Wir müssen uns da schon Tricks ausdenken, wie wir präsent sein können, ohne gesehen zu werden.» Außerdem wisse man, dass die «Kunden» zu manchen Zeiten wachsamer seien als zu anderen: «Sie befinden sich in einem sehr erhöhten Bewusstseinszustand, wenn ihr Tag beginnt, weil sie sicher sein wollen, nicht beobachtet zu werden. Den zweithöchsten Bewusstseinszustand erreichen sie, kurz bevor sie ihr Vorhaben ausführen. Sie wollen ganz sicher gehen, dass sie nicht beobachtet werden und ihr Ding ungehindert durchziehen können. Wir erkennen diese beiden Stadien, und unser Bewusstseinszustand erhöht sich mit ihrem.»

Als wir die Frage stellten, ob Menschen aufgrund eines «sechsten Sinns» wüssten, dass sie überwacht werden, gingen die Meinungen auseinander. Ein Mitarbeiter eines privaten Sicherheitsdienstes, ein ehemaliger Polizist, erklärte uns, er sei sicher, dass die meisten Kriminellen keine derartige Fähigkeit besäßen: «Wenn Sie eine gute verdeckte Observation am Laufen haben, die durch keinen äußeren Einfluss gestört wird, dann haben sie keine Ahnung. Sie machen einfach weiter und tun es. Sie sind da ganz dreist und wissen nicht, dass sie beobachtet werden.»

Ein leitender Polizeibeamter in der Überwachungsabteilung bei New Scotland Yard in London behauptete kategorisch, so etwas wie einen «sechsten Sinn» gebe es nicht. Er räumte zwar ein, dass manche Menschen tatsächlich merkten, wann sie beobachtet würden, aber er erklärte dies damit, dass der betreffende Beamte einen Fehler gemacht habe, etwa einen direkten Blickkontakt zugelassen habe.

Andere erfahrene Überwachungsbeamte sehen das anders. Rick Dickson, ein Drogenfahnder in Plains, Texas, erklärte: «Ich habe schon oft festgestellt, dass der Ganove einfach das Gefühl hat, dass etwas nicht stimmt, dass er beobachtet wird. Wir erleben es oft, dass jemand direkt in unsere Richtung schaut, obwohl er uns nicht sehen kann. Häufig befinden wir uns in einem Fahrzeug.» Ein weiblicher Sheriff aus dem Mittleren Westen sagte mir, sie sei überzeugt, dass manche Menschen wüssten, wann sie sie durchs Fernglas beobachtet habe, selbst wenn sie sich gut versteckt habe.

Einige Beamte erklären einfach, manche Menschen wüssten, wann sie beobachtet werden. Der Sicherheitschef eines führenden Kaufhauses in London fasste seine Erfahrungen folgendermaßen zusammen:

«Eins steht fest – wenn Sie diesem Job im Laden nachgehen, erleben Sie es, dass sich Leute umdrehen und Sie anstarren. Sie können sich noch so gut verstecken, wenn Sie jemanden beobachten, aber irgendwann dreht er sich um und sieht Sie an. Jeder Kaufhausdetektiv, der behauptet, er sei noch nie dabei ertappt worden, wie er jemanden beobachtet, ist ein Lügner.»

Alle waren sich darin einig, dass manche Menschen, die überwacht werden, anscheinend wissen, wann sie beobachtet werden, und die Leute entdecken, die sie beobachten. Und alle bestätigten, dass eine erhöhte Chance besteht, dass der Beobachter bemerkt wird, wenn er die observierte Person direkt ansieht. Wenn aber der Detektiv entdeckt wird, hat dann sein Schauen den «Kunden» veranlasst, ihn aufgrund dieses Gefühls, angestarrt zu werden, anzuschauen? Oder wusste der «Kunde», dass er beobachtet wurde, einfach weil er aufmerksam war und sah, dass ihn jemand anschaute? Wie wir gesehen haben, ist für einige Überwachungsbeamte selbstverständlich, dass es dieses Gefühl des Angestarrtwerdens gibt, während andere seine Existenz bestreiten.

Diese Fragen sind leichter zu beantworten, wenn Menschen über eine Überwachungsfernsehanlage beobachtet werden. Besonders wenn die Kamera versteckt ist, kann jemand unmöglich mittels seiner normalen Sinne wissen, ob er in einem anderen Raum auf einem Fernsehbildschirm beobachtet wird. Oder gibt es Menschen, die wissen, wann sie durch eine Fernsehüberwachungsanlage beobachtet werden?

Überwachung durch eine Fernsehüberwachungsanlage

Fernsehüberwachungsanlagen werden in vielen Bürogebäuden, Krankenhäusern, Einkaufsstraßen, Flughäfen, Parkhäusern und an anderen öffentlichen Plätzen installiert. Dabei werden unterschiedliche Arten von Kameras eingesetzt: offen sichtbare Kameras, die oft gezielt so angebracht sind, damit Menschen sie bemerken, weil man sie damit von unerwünschten Aktivitäten abhalten will; verstellbare Kameras, die hinter abgedunkelten oder verspiegelten Abdeckungen verborgen sind, so dass sie nachgeführt und gezoomt werden können, ohne dass die Bewegungen der Kameras gesehen werden; und verdeckte Kameras, die kaschiert oder Blicken nicht zugänglich sind.

Die Überwachung durch solche Fernsehanlagen hat sich zu einer florierenden Industrie entwickelt, die in den neunziger Jahren eine dramatische Wachstumsphase erlebte. Allein in England gibt es mehrere Fachblätter, wie *Security Surveyor* und *CCTV Today*, die sich mit diesem Gebiet befassen und Besprechungen neuer Produkte, Handelsstatistiken und Diskussionen über die Wirksamkeit diverser Überwachungsanlagen enthalten. Führen beispielsweise frei sichtbare Straßenanlagen, deren Installation von der britischen Regierung gefördert wird, zu einem Rückgang der Verbrechen? Oder veranlassen sie Verbrecher einfach dazu, ihrer Tätigkeit anderswo nachzugehen?

In vielen Fällen werden mit den Überwachungskameras Videoaufnahmen gemacht, so dass man nach einem Vergehen das Band später überprüfen kann, um die Übeltäter zu ermitteln. Viele Kameras sind auch mit Fernsehmonitoren verbunden, die von Sicherheitsbeamten überwacht werden. In der Praxis werden die meisten Monitoren nicht die ganze Zeit beobachtet. Bei meinen Besuchen in Sicherheitskontrollräumen, die Reihen von Monitoren enthielten, habe ich oft erlebt, dass die Sicherheitsbeamten Zeitung lasen und nur gelegentlich einen Blick auf die Bildschirme warfen.

Unter Überwachungsprofis ist man generell der Meinung, dass die meisten Menschen es nicht merken, wenn sie durch Fernsehüberwachungsanlagen observiert werden. Manche Menschen begehen direkt vor den Kameras ein Verbrechen. Aber andere nehmen es anscheinend doch wahr, dass sie beobachtet werden.

Wir haben zehn Fernsehüberwachungsbeamte befragt und festgestellt, dass zwei eher Skeptiker waren. Barry Thorne, Sicherheitschef im Londoner Kaufhaus Harrods, erklärte: «Menschen, die in die Kameras schauen, sind die Ausnahme und oft diejenigen, die hoffen, ein Verbrechen begehen zu können. Sicherheitsbeamte werden sich diese Leute natürlich genau ansehen, besonders wenn sie sich auf verdächtige Weise umschauen. Daher lässt sich kaum herausklamüsern, ob diese Leute die Kamera anschauen, weil sie sich beobachtet fühlen, oder ob sie erst die Kamera anschauen und dann merken, dass sie beobachtet werden.»

Dennoch waren die meisten Beamten überzeugt, dass manche Menschen tatsächlich das Beobachtetwerden spüren können. So erklärte beispielsweise Charles Sibert, Sicherheitschef eines großen Restaurantkomplexes in Lakewood im US-Staat Colorado, selbst wenn versteckte Kameras eingesetzt würden, «wissen einige Leute, meist Ganoven, dass sie beobachtet werden. Sie schauen zur Kamera hin. Sie werden nervös, gehen auf und ab. Sie versuchen, sich dem Auge der Kamera zu entziehen. Sie schauen hoch. Manchmal ist das schon komisch.» Tony Coopland, der Sicherheitsmanager beim Sheffield City Council in Yorkshire, hatte Ähnliches erlebt: «Es ist erstaunlich, wie viele Menschen tatsächlich die Kamera anschauen, wenn man den Monitor beobachtet. Das ist wie ein zusätzlicher Sinn oder so was.»

Ein ehemaliger SAS-Offizier, der mit der Überwachung von Terroristen in Nordirland betraut war, erzählte uns, dass die Männer, die sie beobachteten, oft zu wissen schienen, dass sie observiert wurden. Einmal beobachteten sie mutmaßliche Terroristen, die in einem Wettbüro ein und aus gingen, durch eine versteckte Kamera im Dach einer Werkstatt gegenüber. «Wir entfernten eine Schindel, bohrten ein kleines Loch ins Dach und steckten ein Objektiv durch, um die Straße darunter einzusehen. Nach zwei Tagen hatten wir den Eindruck, dass sie von unserer Anwesenheit wussten. Am dritten Tag verübten sie einen Anschlag auf die Werkstatt. Sie ließen einen Lieferwagen in die Werkstatt rasen, damit sie ausbrannte.»

Les Lay, Sicherheitsmanager bei einer großen Londoner Firma, zweifelt nicht daran, dass manche Menschen einen sechsten Sinn haben. «Sie können mit dem Rücken zu den Kameras stehen oder mit versteckten Apparaten überwacht werden, und dennoch werden sie nervös, wenn die Kamera auf sie gerichtet ist. Die einen gehen weiter, andere schauen sich nach der Kamera um.»[1] Als er bei einer internationalen Bank in der Londoner City angestellt war, gerieten einige Mitarbeiter in den Verdacht der Unredlichkeit, und man versuchte, die Schuldigen zu überführen. «Wir installierten verdeckte Überwachungskameras, die ein paar Tage lang einen Bereich erfassten und dann auf andere Bereiche ausgerichtet wurden. Die Leute hatten eindeutig das Gefühl, beobachtet zu werden. Einige Typen stiegen sogar zu Sprinkleranlagen und Rauchmeldern hoch, um zu sehen, ob dahinter eine Kamera steckte.»

Manchmal entdecken Kaufhausdetektive, dass Ladendiebe, die merken, dass sie beobachtet werden, die Waren wieder zurücklegen, die sie gerade stehlen wollten. Hier ein Beispiel aus London:

«Bei dem Vorfall, an den ich mich am besten erinnere, wollten zwei Frauen in der Schuhabteilung klauen. Sie hatten einen Einkaufswagen dabei und ihn mit einer ganzen Menge Schuhe aus dem Regal beladen. Es war zwar kein Personal in der Nähe, aber wir beobachteten sie über eine versteckte Kamera, als sie plötzlich alle Schuhe zurückstellten und den Laden verließen. Wir verstanden überhaupt nicht, warum sie es sich plötzlich anders überlegt hatten. Die Kamera war hinter einer halb geschwärzten Deckenleuchte versteckt, so dass man nicht sehen konnte, wann sie einen erfasste. Doch die Frauen sahen zur Kamera hoch, als sie die Schuhe ins Regal zurückstellten. Sie taten dies ganz demonstrativ, als wollten sie sagen: Wir werden diese Schuhe nicht stehlen, wir wollen nicht verhaftet werden.»

Ein Kaufhausdetektiv berichtete mir, dass er früher selbst einmal ein Ladendieb gewesen war und sich auf Buchhandlungen spezialisiert hatte. «Beim Kribbeln angesichts einer Kamera in der Nähe vergingen immer meine Angst und Unentschlossenheit. Ich erinnere mich noch genau daran, wie ich mir einmal eine Ecke aussuchte, die vor Ladendetektiven verborgen war, und das Buch auswählte, das ich stehlen wollte, als mein Blick unweigerlich abschweifte und eine hoch oben montierte Kamera ausfindig machte. Es kommt selten vor, dass der Blick in einem Laden über Augenhöhe oberhalb der in den Regalen ausgestellten Waren abschweift. Ich kann diesen plötzlichen Perspektivenwechsel nur auf ein ungreifbares Gefühl, beobachtet zu werden, zurückführen.»

Wir haben nur einen Amateur kennen gelernt, der eine Überwachung durchführte, nämlich Denis Williams, der in Sussex lebt. Ein Drogendealer hatte eine Wohnung in einem Block neben seinem Haus gemietet, und das Kommen und Gehen seiner Kunden bereitete den Nachbarn große Sorge. Die Polizei zögerte einzugreifen, also beschloss Mr. Edwards, Organisator der örtlichen Neighbourhood Watch, die Besucher des Dealers mit einer Videokamera zu filmen, die auf einem Stativ im hinteren Teil seines auf der Straßenseite gelegenen Schlafzimmers stand.

«Zu manchen Zeiten ließ ich die Kamera einfach auf Automatik laufen. Später bearbeitete ich das Band, das die Leute, die zur Wohnung gingen, sowie Datum und Uhrzeit festhielt. Während ich mich tatsächlich im Zimmer befand und die Kamera bediente, erlebte ich etwas Interessantes: Ziemlich viele Leute, die einfach die Straße entlanggingen, schienen zum Schlafzimmerfenster hochzuschauen. Doch wenn ich nicht anwesend war und die Kamera automatisch lief, schienen nur wenige hochzuschauen!»

Derartige Beobachtungen sind zwar sehr aufschlussreich, doch nur mit kontrollierten Experimenten lässt sich nachweisen, ob Menschen wirklich wahrnehmen können, dass sie durch Fernsehüberwachungskameras beobachtet werden. Mehr über solche Experimente im 12. Kapitel.

Kampfsportarten

Einige Schulen asiatischer Kampfsportarten legen großen Wert auf die Rolle von Intentionen. Generell berücksichtigen sie in diesem Zusammenhang das Gefühl, angestarrt zu werden.

Intentionen hängen eng mit der Richtung der «Lebensenergie» zusammen, wie das chinesische *ch'i*, *chi* oder *qi* oder das japanische *ki* gewöhnlich übersetzt wird. In einem der T'ai-chi-Klassiker heißt es: «Die Intention lenkt das ch'i. Das ch'i lenkt den Körper.»[2] Ein englischer Arzt hat es so formuliert: «Dieser subtile, empfindliche Level der Intention kann sensibel und flexibel sein, indem er den richtigen Winkel für einen Wurf oder Schlag findet, die Schwachstellen in der Abwehr des Gegners spürt, den Weg des geringsten Widerstands erkundet. Hier ist der Wille wie ein zarter mentaler Fühler oder eine Antenne, die sensibel ausgefahren wird und das Terrain erkundet, als ob man die Technik vor der konkreten Anwendung zuerst in der Phantasie durchführt.»

Andererseits ist sich die Person dieser Intentionen bewusst, die gegen sie gerichtet sind. Die Absichten eines Gegners werden nicht nur durch Beobachten der Körperbewegungen und anderer sinnlicher Anzeichen wahrgenommen, sondern weil man sich des Ch'i-Flusses bewusst ist. In mehreren Schulen chinesischer und japanischer Kampfsportarten führen die Schüler Übungen durch, bei denen sie mit verbundenen Augen zu spüren versuchen, wann und wo ein Gegner sie treffen will. In der folgenden Übung stand die Person mit den verbundenen Augen im Kreis der Mitschüler:

> «Irgendwann begann im Kreis ein zuvor ausgewähltes Mitglied feindselige Gedanken gegen die Person in der Mitte zu hegen. Der Schüler hob langsam den Arm, die Hand wie eine Schusswaffe haltend, und versuchte, auf die Person mit den verbundenen Augen zu ‹schießen›. Wenn diese Person etwas spürte, sollte sie ‹Stopp!› rufen und in die Richtung deuten, aus der sie die Drohung spürte. Anfangs waren wir nicht sehr erfolgreich, aber nach zwei Monaten wurden wir immer besser. Unser Lehrer sagte, das habe nichts mit Magie zu tun und in der Frühgeschichte des Menschen seien unsere Sinne viel schärfer als heute gewesen. Er wolle uns nichts weiter beibringen, als zu versuchen, einige der verlorenen Fähigkeiten zurückzugewinnen.» (Roger Ainsworth)

Seit 1990 interessiert sich in Japan die Forschung zunehmend für die Kampfsportarten, und mittlerweile gibt es wissenschaftliche Untersuchungen, die mit Praktizierenden in Japan wie in China durchgeführt wurden.[3] Besonders interessant sind eine Reihe von Untersuchungen des To-ate, einer alten Kampfsporttechnik, bei der ein Gegner ohne physischen Kontakt angegriffen wird. Diese Studien stammen von Mikio Yamamoto und seinen Kollegen am Nationalinstitut für Radiologie in Chiba in Japan.

Um die Möglichkeit auszuschließen, dass der Angegriffene auf visuelle oder andere sinnliche Hinweise oder auf eine Suggestion reagierte, verteilten die Forscher den «Angreifer» und den «Empfänger» auf speziell isolierte Räume, zwischen denen drei Stockwerke lagen. Der «Angreifer» war ein chinesischer Qigong-Meister. Der Empfänger wurde mit der Videokamera aufgenommen, und man maß seinen Hautwiderstand und mit einem EEG auch seine Gehirnwellen. In einer Reihe von Versuchen richtete der Qigong-Meister das To-ate auf den Empfänger, und zwar in Zeiten, die von den Experimentatoren nach dem Zufallsprinzip ausgewählt worden waren. Bei vielen Versuchen wich der Empfänger sichtbar zurück und wies Veränderungen bei Gehirnwellen und Hautwiderstand auf. Die Ergebnisse dieser Doppelblindversuche nach dem Zufallsprinzip waren statistisch gesehen hoch signifikant und deuteten darauf hin, dass es beim To-ate eine «unbekannte Übertragung» geben musste, das heißt eine Form der Übertragung, die sich die Wissenschaft derzeit nicht erklären kann. Aus der Sicht des Qigong-Meisters wurde das Ki oder Ch'i übertragen.[4]

Im Kontext der Theorie, dass das Ch'i aus einer Person fließt, von einer Intention gelenkt wird und die Person beeinflussen kann, auf die sich die Intention richtet, stellt der Einfluss der Kraft des Blicks ein Beispiel für einen allgemeineren Vorgang dar. Terry Ezra, ein Aikido-Lehrer mit einer über dreißigjährigen Praxis, hat gesagt: «Zu den Dingen, die ich meinen Schülern immer sage, gehört auch, dass man stets durch seine Augen Bewusstsein projiziert.» Aber dieser Einfluss kann auch auf andere Weise projiziert werden: «Es kommt nicht nur aus meinen Augen, sondern anscheinend von überall her, aber speziell aus meinen Händen, meinem Unterleib und meiner Stirn. Wenn ich dies mache, fließt eindeutig irgendwas wie Elektrizität durch mich.»

Andy McGrath, der die koreanische Kampfsportart Jung Do betreibt, betonte, dass die Energieprojektion durch die Augen gezielt praktiziert werden könne, um Gegner einzuschüchtern: «Beim Sparring kann man einfach ‹den Blick› einsetzen, und sobald man den anderen dazu bringt, die Augen abzuwenden, weiß man, dass man gewonnen hat. Wenn man sich vorstellt, einen Löwen anzuschauen, wird man das nicht lange durchhalten, denn plötzlich spürt man seine ungeheure Stärke. Man muss sich seinen Gegner als unterlegen vorstellen. Man darf nie zulassen, dass einem Gedanken an ein Versagen durch den Kopf gehen, denn was man in Gedanken wahrnimmt, wird auch passieren.»

Dieser Vergleich mit dem einschüchternden Blick eines Löwen verweist darauf, dass die Prinzipien von Kampfsportarten vielleicht nicht nur auf Menschen beschränkt sind. Mehrere Kampfsportarten beruhen denn auch auf der genauen Beobachtung von kämpfenden Tieren. T'ai-chi etwa soll entstanden sein, als sein Begründer Chang San-feng einen Kranich mit einer Schlange kämpfen sah. Und Tiger, Affe, Leopard und Gottesanbeterin haben verschiedene Kung-fu-Stile inspiriert.[5]

Im folgenden Kapitel befasse ich mich mit der Sensibilität von Tieren, die von Menschen oder von anderen Tieren angeschaut werden. Außerdem gehe ich auf die Fähigkeit von Menschen ein, die Blicke von Tieren wahrzunehmen.

10. Die Sensibilität der Tiere

Beschränkt sich das Gefühl, angestarrt zu werden, auf Menschen? Oder ist es auch im Tierreich verbreitet? In diesem Kapitel gehe ich auf die Beweise dafür ein, dass Tiere auf Blicke von Menschen und Menschen auf Blicke von Tieren sowie Tiere auf Blicke von anderen Tieren reagieren. Viele Arten verfügen anscheinend über die Fähigkeit, Blicke wahrzunehmen.

Warum können Tiere auf Blicke reagieren? Wie könnte sich diese Fähigkeit entwickelt haben? Am naheliegendsten ist es, sich in dieser Hinsicht mit den Beziehungen zwischen Raubtieren und ihrer Beute zu befassen. Ein Beutetier, das wahrnehmen kann, wann ein Raubtier es ansieht, hätte wahrscheinlich eine bessere Chance zu entkommen als ein Tier ohne diese Fähigkeit. Die natürliche Auslese würde jedenfalls Tiere bevorzugen, die in der Lage sind, Blicke und gefährliche Absichten zu spüren.

Raubtiere und Beutetiere

Es gibt hauptsächlich drei Möglichkeiten, wie Tiere ihre Beute jagen: Sie liegen auf der Lauer, pirschen sich an oder suchen nach relativ unbeweglichen Beutetieren.

Offensichtlich bevorzugt die natürliche Auslese entschieden Tiere, die es vermeiden können, von Raubtieren getötet zu werden. Die erste Möglichkeit, Raubtiere abzuwehren, beruht auf dem Aussehen der Tiere oder ihren Lebensgewohnheiten. Man spricht hier von primären Abwehrformen, weil sie die ganze Zeit aktiv sind. Ständig reduzieren sie die Wahrscheinlichkeit, dass ein Raubtier das Beutetier findet oder es angreift. Manche Tiere führen gewohnheitsmäßig ein Leben im Verborgenen, etwa Maulwürfe in ihren Löchern. Andere tarnen sich und sind daher für Raubtiere schwer zu sehen, wie etwa Gespenstheuschrecken, die einem Stöckchen ähneln. Wieder andere Tiere sind giftig oder haben unangenehme Merkmale wie Stacheln. Oft warnen sie potenzielle Raubtiere durch auffällige Farben oder Zeichnungen, wie etwa manche Wespen mit ihren markanten gelben und schwarzen Streifen, oder sie geben Lautsignale von sich, wie Klapperschlangen mit ihrem Rasseln. Andere Tiere erhöhen ihre Chancen zu überleben, indem sie gefährliche oder giftige Arten nachahmen – hier spricht man von Mimikry.

Im Gegensatz dazu sind die so genannten sekundären Abwehrformen nur dann aktiv, wenn das Beutetier ein Raubtier wahrgenommen hat. Tierverhaltensforscher unterscheiden zwischen sechs Grundkategorien von Abwehrverhalten.[1] Die meisten Menschen entdecken hier wahrscheinlich Parallelen zu ihren eigenen Reaktionen, die sie an den Tag legen, wenn sie sich bedroht fühlen.

1. Rückzug. Kaninchen beispielsweise rennen in ihren Bau, wenn sie Gefahr spüren, Schildkröten ziehen sich in ihren Schutzpanzer zurück.
2. Flucht. Die Tiere laufen, springen, schwimmen oder fliegen davon.
3. Erstarren. Die meisten Raubtiere bemerken am wenigsten ein Tier, wenn es sich ruhig verhält, und viele Raubtiere jagen und attackieren nur sich bewegende Beutetiere.
4. Abwehr von Angriffen. Die meisten Raubtiere attackieren das Beutetier gern am Kopfende, wo ihre Opfer generell am verletzlichsten sind. Manche Tiere entkommen, indem sie dafür sorgen, dass das Raubtier weniger verletzliche Körperteile angreift. Einige Fische, wie die Schmetterlingsfische (Abb. 10.1), haben auffällige augenförmige Flecken am hinteren Körperende. Außerdem schwimmen manche Arten beim ersten Anzeichen von Gefahr langsam rückwärts, so dass ihre auffälligen falschen Augen noch echter wirken. Wenn das Raubtier zum Töten ansetzt, huscht der Fisch im letzten Moment rasch vorwärts, so dass der potenzielle Killer ins Leere schnappt.[2]
5. Schreckposen. Manche Tiere versuchen sich zu verteidigen, indem sie ihren Angreifer erschrecken. Auch wenn es ihnen damit nicht gelingt, den potenziellen Killer in panische Angst zu versetzen und in die Flucht zu schlagen, können sie auf diese Weise Zeit gewinnen und damit eine Chance zur Flucht haben.

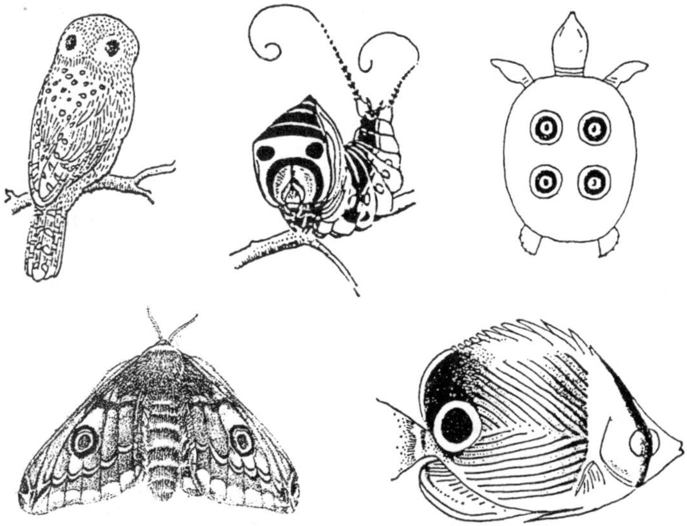

Abbildung 10.1 Augenflecken bei verschiedenen Tierarten.
Obere Reihe, links: Augenflecken auf dem Hinterkopf eines afrikanischen Perl-Sperlingskauzes (*Glaucidium perlatum*); obere Reihe, Mitte: die Abwehrhaltung der Raupe *Dicranura vinula*, deren echter Kopf sich unter dem glupschäugigen Monstergesicht befindet; obere Reihe, rechts: augenähnliche Markierungen auf dem Panzer der birmanischen Pfauenaugen-Weichschildkröte (*Trionyx hurum*). Untere Reihe, links: Die Augenflecken auf dem Kleinen Nachtpfauenauge (*Pavonia pavonia*). Wie bei vielen anderen Schmetterlingen und Faltern können diese Flecken auf den Flügeln dazu beitragen, die Aufmerksamkeit von Raubtieren von den verletzlicheren Körperteilen abzulenken, wie viele Exemplare zeigen, die Schnabelabdrücke um die Augenflecken aufweisen und die mit dem Leben davonkamen. Untere Reihe, rechts: Die Augenflecken auf dem Tropenfisch Vieraugengaukler (*Chaetodon capistratus*) erfüllen wohl einen ähnlichen Zweck, indem sie Räuber auf das falsche Ende lenken, während der Fisch in entgegengesetzter Richtung davonhuscht. (Nach Huxley, 1990, und Plant, 1993.)

So wissen etwa die Regisseure von Horrorfilmen, dass die Plötzlichkeit oder Abruptheit ganz wichtig ist, wenn eine instinktive Angstreaktion ausgelöst werden soll: Ein plötzlicher Laut, wie ein Schuss, oder ein fremdartiges Gebilde, das auf das Gesicht des Helden zuschießt, lassen das Publikum zusammenfahren und den Atem anhalten.

Tiere verwenden entweder plötzliche Laute oder plötzlich zur Schau gestellte Schreckmuster. Insbesondere Tiere, die sich in dunklen

Höhlen oder Spalten verbergen wie etwa Wildkatzen, reagieren auf die Annäherung eines Raubtiers mit einem jähen Fauchen und Zischen, das dem einer Giftschlange ähnelt. Viele Arten haben eine instinktive Angst vor Schlangen, und gewöhnlich zieht sich der Angreifer blitzschnell zurück.

Im Zusammenhang mit dem Gefühl des Angestarrtwerdens ist es interessant, dass viele der von Tieren plötzlich zur Schau gestellten Schreckmuster Augen ähneln, die den Anschein erwecken, als bekäme es der Angreifer selbst mit einem Raubtier zu tun. Diese unheimlichen, Furcht erweckenden «Augen» unterscheiden sich von den zur Ablenkung eines Angriffs eingesetzten Augenflecken, wie die des Schmetterlingsfisches, da sie plötzlich erscheinen. Das Abendpfauenauge etwa verweilt tagsüber mit angelegten Flügeln auf gefallenem Laub, so dass das Insekt wie ein totes Blatt aussieht. Wenn ihm aber ein Vogel zu nahe kommt, öffnet der Falter plötzlich seine «Augen», indem er die Vorderflügel hebt und dabei seine großen Augenflecken freilegt.[3] Der potenzielle Angreifer sieht sich unversehens von einem Paar blauer Augen auf rosa und gelbem Hintergrund angestarrt (Abb. 10.2). Nach vorn gerichtete Augen sind charakteristisch für Raubtiere wie Eulen und Habichte, und wenn ein Insekten fressender Vogel den Eindruck hat, einem Killer von Angesicht zu Angesicht gegenüberzustehen, weicht er zurück, so dass der Falter vielleicht Zeit hat zu entkommen.[4]

6. Gegenwehr. Die letzte Verteidigungsmöglichkeit, die vielen Arten bleibt, wenn sie angegriffen werden, besteht darin, dass sie sich zur Wehr setzen, und zwar mit den ihnen zur Verfügung stehenden Waffen wie Zähnen, Hörnern und Krallen.

Angriffen durch potenzielle Killer ausgesetzte Tiere sind im Vorteil, wenn sie die Anwesenheit des Raubtiers so früh wie möglich wahrnehmen. Natürlich nutzen Tiere für diesen Zweck ihre «normalen» Sinne – manche verlassen sich in erster Linie auf den Geruchssinn, andere auf Sehsinn und Körpersprache, wieder andere auf das Gehör oder auf eine Kombination verschiedener Sinne. Ein siebter Sinn könnte ihnen ermöglichen, bedrohliche Absichten wahrzunehmen. Damit sind sie vielleicht in der Lage zu spüren, wenn ein potenzieller Killer sie anschaut, selbst wenn sie das Raubtier noch nicht durch Sehen, Riechen

Abbildung 10.2 Links: Ein Abendpfauenauge *(Smerinthus ocellata)* ruht sich auf Laubabfällen auf dem Boden aus – mit den über die Hinterflügel gefalteten Vorderflügeln ist der Falter gut getarnt. Rechts: Wird er aufgestört, hebt er die Vorderflügel und enthüllt plötzlich die Augenflecken auf den Hinterflügeln, zur Verblüffung potenzieller Räuber. (Aus Willmer, 1999.)

oder Hören ausgemacht haben. Dieses Gefühl einer unmittelbar drohenden Gefahr könnte primär die Emotion der Angst erwecken.

Dieses Thema ist von Wissenschaftlern noch nicht untersucht worden, und zwar großenteils aufgrund der Tabuisierung von allem, was sich anscheinend nicht mit den üblichen physikalischen Prinzipien erklären lässt. Dennoch gibt es bereits viele Informationen. Die Menschen, die darin die meiste Erfahrung haben, sind keine Akademiker in Forschungseinrichtungen, sondern Jäger. Viele Jäger haben nämlich schon beobachtet, dass Tiere merken, wenn sie von ihnen angeschaut werden, und dass potenzielle Beutetiere unterschiedlich reagieren, je nachdem, welche Absichten ein Mensch hat.

Menschen als Raubtiere

Jahrmillionenlang waren unsere Ahnen, besonders unsere männlichen Ahnen, Teilzeitraubtiere.

Jäger-Sammler-Gesellschaften gab es lange vor allen Ackerbaugesellschaften und -zivilisationen. Noch heute gehen viele Menschen auf die Jagd, die einen, weil es zu ihrer traditionellen Lebensweise gehört, andere aus beruflichen Gründen und wieder andere als Sportler.

Alle Jäger sind sich darin einig, dass potenzielle Opfer, die einen menschlichen Jäger hören, sehen oder riechen, vermutlich die Flucht ergreifen. Unter Jägern ist aber auch die Ansicht verbreitet, dass manche Tiere ihre Absichten schon aus der Ferne wahrnehmen und einige es auch spüren können, wenn sie angeschaut werden.

Von den traditionellen Jägern wie den Sportjägern sind viele überzeugt, dass manche Tiere ihre Tötungsabsichten aus der Ferne aufschnappen können. So erklärte beispielsweise ein tüchtiger junger Jäger vom Stamm der Tukano im Amazonasregenwald in Kolumbien, als er schilderte, wie sie Tapiren auflauerten, wenn sie an den Fluss zum Trinken kamen:

> «Wenn wir an ihn [den Tapir] denken, dann sieht er uns in seinen Gedanken. Wenn wir an ihn denken, weiß er um unsere Absichten, und dann wird er nicht zum Wasser gehen – er hat eine Vorahnung und weiß Bescheid. Wenn wir ihn töten wollen, müssen wir an andere Dinge denken. Ich sage euch, sollten wir nicht an etwas anderes denken, sondern nur an ihn, würden wir ihn nicht töten können. Aber wenn wir an etwas anderes denken, machen wir Beute.»[5]

Viele Jäger in Europa und Nordamerika sind ebenfalls überzeugt davon, dass ihnen ihre Absichten vorauseilen. Wenn sie sich zum Beispiel an einen Ort, wo sie schon oft Tiere gesehen haben, mit der Absicht begeben, sie zu schießen, dann sind die Tiere nirgends zu finden.

J. Allen Boone, der Autor von *Kinship With All Life*, berichtet von einem aufregenden Erlebnis, das er in einem Dschungel in Asien gehabt hat. Stundenlang hatte er Affen beobachtet, die auf einer Lichtung spielten. Sie beachteten ihn kaum. Aber plötzlich änderte sich alles:

> «Verblüffend abrupt ließen die Affen alles stehen und liegen und blickten nach Süden. Und dann ergriffen sie in unverkennbarer Panik die Flucht aus der Lichtung in nördlicher Richtung. Was diesen plötzlichen Exodus verursacht hatte, konnte ich mir nicht im Geringsten vorstellen. Also beschloss ich, an Ort und Stelle zu bleiben und zu sehen, was als Nächstes geschah. Drei Stunden vergingen,

nichts passierte. Und dann betraten fünf Männer im Gänsemarsch die Lichtung von Süden her. Die ersten beiden trugen Gewehre, die anderen drei waren unbewaffnete Träger. Sie waren genauso überrascht, mich hier zu sehen, wie ich über ihren Anblick. Wir machten uns miteinander bekannt. Dann erfuhr ich etwas höchst Aufschlussreiches. Genau in dem Augenblick, da diese beiden Jäger ihre Gewehre genommen hatten und sich auf den Weg zur Lichtung begaben, die zu Fuß drei Stunden von ihnen entfernt war, hatten alle Affen auf der Lichtung die Flucht ergriffen.»[6]

Meine Kollegen und ich haben immer wieder von Jägern und Fischern erfahren, dass sie weniger Erfolg haben, wenn sie sich fest vornehmen zu töten. David Boston aus Northumberland beispielsweise geht seit fünfzig Jahren zum Angeln und schießt Kleinwild. Er berichtete mir:

«Ich habe mich oft gefragt, warum ein Lachs anbiss, wenn meine Gedanken abschweiften, nachdem ich stundenlang erfolglos geangelt hatte. Dann las ich vom Glauben der Indianer, dass Tiere für die Gedanken des Jägers empfänglich seien und dass der Geist daher von allen feindseligen Gedanken frei sein solle. Ich beschloss, diese Methode auszuprobieren, und begann meinen Geist sozusagen ‹spazieren gehen› zu lassen. Meine Fang- und Tötungsrate nahm erheblich zu. Wenn ich mich an Kaninchen, Kleinwild oder einmal an einen Fuchs anpirschte und dann einfach daran dachte, sie zu schießen, obwohl ich unbewaffnet war, wurden sie sehr aufgeregt und unruhig und begaben sich rasch in Deckung.»

Manche Tiere können anscheinend die allgemeinen Absichten von weit entfernten Raubtieren wahrnehmen, aber wenn sich diese Absichten durch die Blicke des Jägers direkt auf die Absicht zu töten konzentrieren, ist der Effekt noch intensiver. Peter Bailey aus Hampshire, der ebenfalls seit den vierziger Jahren jagt und angelt, schreibt diesen Effekt seinen Emotionen zu:

«Die Aufregung, die einen überkommt, wenn man die Fische sieht, überträgt sich auf sie, davon bin ich überzeugt. Als ein Freund von mir zum ersten Mal angelte, fing er eine 25 Pfund schwere Lachsforelle. In den nächsten drei Jahren fing er nie einen Fisch, weil er so voller Erwartung, so aufgeregt war. Mein Puls geht schneller, wenn ich plötzlich eine 10 Pfund schwere Lachsforelle auf mich zu schwimmen sehe. Am meisten habe ich Erfolg, wenn ich etwas Whisky getrunken habe und absolut entspannt bin.»

Bei der Jagd auf Kleinwild entdeckte er, dass die Tiere anscheinend seine Absicht wahrnahmen, besonders dann, wenn er nicht sofort schoss, sobald er sie im Visier hatte. «Man lässt sich mit dem Schuss viel Zeit, ist voll konzentriert, hält das Gewehr und hat das Wild wunderbar im Visier, aber wenn man nur den Bruchteil einer Sekunde zu lange wartet, verschwindet es einfach. Es spürt einen.»

Auch Jack Jones, der in Staffordshire lebt, ist ein erfahrener Jäger, der bemerkt hat, wie sensibel das Wild auf seine Absichten reagiert:

«Es gibt mir schon einen echten Kick, wenn ich dem Wild bis auf ein paar Meter nahe komme und offenbar nicht bemerkt werde. Doch wenn ich ein 200 Meter entferntes Tier mit der Absicht ausmache, mich an es anzupirschen und zu töten, kann es unruhig werden. Welchen seiner vielen Selbstschutzsinne habe ich da alarmiert? Es hört auf zu äsen, überprüft das Gelände vor sich, tritt von einem Bein aufs andere, dreht den Kopf mit abrupten Bewegungen nach links, rechts, hinten, vorn, bläst durch die Nüstern, bewegt sich seitwärts oder rückwärts, sieht mich aber nicht. Ich befinde mich entgegengesetzt zur Windrichtung, und es hat mich nicht gewittert. Habe ich ein Geräusch von mir gegeben, dessen Frequenz ich nicht, aber das Tier hören kann? Hat es eine Schwingung gespürt, die ich ahnungslos ausgelöst habe? Kann es meine Killerabsicht ‹spüren›? Ich habe schon so oft beobachtet, dass ich mich entspanne und nicht schießen will, wenn ich kein klares Schussfeld habe (zum Beispiel wenn ein Zweig die Kugel ablenken würde) – und dann entspannt sich auch das Tier! Das hält allerdings nicht sehr lange an, es sei denn, ich gebe auf oder gehe weg. Sein Überleben hängt ja von seiner Wachsamkeit ab.»

Wie Detektive versuchen viele erfahrene Jäger zu vermeiden, ihre Beute direkt anzuschauen, weil sie festgestellt haben, dass ein direkter

Blick das Tier eher auf ihre Anwesenheit aufmerksam macht, selbst wenn es den Jäger nicht sehen kann. John Frankcom, der jahrelang als Wildhüter im Beaulieu-Jagdrevier in Hampshire tätig war, fand heraus, dass es auf das Gleiche hinauslief, ob er sich nun an Wild oder an Wilderer anpirschte. «Man darf ein Wild nicht direkt anschauen – und das gilt auch für den Menschen, wenn man einen Menschen zu fangen versucht. Ich glaube, irgendein Strahl oder so was verrät ihnen, dass man in der Nähe ist.»

Einigen Menschen ist eigens aufgefallen, wie sensibel Tiere auf ihre Blicke reagieren. Dr. Hans-Heinrich Hatlapa aus Großenaspe in Deutschland bemerkte eines Tages, als er auf einem Hochsitz saß, eine Herde Rotwild, die friedlich äste und sich ihm langsam näherte.

> «Der Wind stand sehr günstig, und damit war ein Wittern ausgeschlossen. Ich schaute nicht hinaus, sondern sah zu Boden. Als die Tiere auf etwa 20 Meter herangekommen waren, schaute ich sie durch die Öffnung an, und sie blieben sofort stehen. Jedes Tier hob den Kopf und starrte in meine Richtung. Dann drehten sie sich um und gingen in die Richtung zurück, aus der sie gekommen waren.»

Manche Arten können eher als andere wahrnehmen, wenn sie angeschaut werden. Mehrere Menschen haben mir berichtet, dass unter den Vögeln die Mitglieder der Gruppe der Raben und Krähen, auch Elstern, anscheinend besonders sensibel sind. Diese Sensibilität ist eindeutig überlebenswichtig, wenn sie sich in der Nähe von Tony Butler aus High Wycombe, Buckinghamshire, befinden: «Ich kann Elstern nicht ausstehen. Manchmal versuche ich mich anzupirschen und sie mit einem Luftgewehr abzuschießen. Seit ich dies mache, ist es mir nur einmal gelungen, einen Vogel zu erlegen. Sie haben anscheinend ein unheimliches Gespür dafür, beobachtet zu werden, und merken sogar, wenn ich den Abzug betätigen will.»

Wahrscheinlich würde eine systematische Umfrage bei Jägern in verschiedenen Teilen der Welt reichhaltige Informationen über die Reaktionen von Tieren auf die Blicke und Absichten von Menschen zu Tage bringen. Eine derartige Umfrage gibt es bislang nicht.

Tierfotografen

Genau wie Jäger müssen auch Tierfotografen die Tiere suchen, die sie «schießen» wollen, und versuchen, in ihre Nähe zu gelangen. So haben auch viele Fotografen bemerkt, dass ihre Intentionen Einfluss auf ihre Erfolgschancen haben. Einige von den britischen Fotografen, die wir befragten, erblickten in diesem Effekt ein Beispiel für «Sods Gesetz», demzufolge gewisse Dinge leider immer zur falschen Zeit geschehen. Sie stießen nur dann auf das Tier, das sie fotografieren wollten, wenn sie ihre Kamera nicht dabei- oder keinen Film mehr hatten.

Geoff Trinder, der nicht nur Fotograf ist, sondern auch für den Lincolnshire Trust for Nature Conservation arbeitet, erklärte:

> «Wenn man losziehen und etwas fotografieren will, lässt man die Kamera am besten zu Hause – denn dann wird man etwas sehen. Ich betreue zwei Naturreservate und zwei Ansitze, und wenn ich mit meiner Kamera losgehe und denke: Da könnte doch heute Morgen ein Sperber baden – dann erlebe ich das nie. Wenn ich dagegen einen Spaziergang mache, um mir die Beine zu vertreten, und mich auf den Ansitz begebe und die Klappe öffne, hockt der Sperber direkt vor mir und badet – und er kümmert sich überhaupt nicht um das, was ich tue.»

Ähnliche Erfahrungen haben mehrere Unterwasserfotografen und -filmer gemacht. Hier ein Beispiel:

> «Ich nehme mir vor, bestimmte Tiere zu fotografieren, von denen ich weiß, dass sie sich in einem bestimmten Gebiet aufhalten, und es gelingt mir nicht, auch nur eines zu finden, und dann habe ich die Kamera abgeschaltet oder mein Film ist zu Ende, und verflixt noch mal – auf einmal sind da gleich hunderte. Ich bin sicher, dass Meereslebewesen die Fähigkeit haben zu wissen, wann der Film voll ist!» (Lawson Wood, Berwickshire, Schottland)

Wie Jäger und Detektive stellen die meisten Fotografen fest, dass sie mehr Erfolg haben, wenn sie vermeiden, die Tiere, an die sie sich anpirschen, direkt anzuschauen. Selbst wenn sich die Tiere ihrer Anwesenheit bewusst sind, sind sie weniger beunruhigt, wenn sie nicht angeschaut werden. Roger Wilmshurst, ein professioneller Tierfotograf aus Sussex, hat dies so formuliert:

> «Wenn man Vögel fotografiert und keinen Ansitz benutzt, versucht man, ihnen immer näher zu kommen. Ich habe die Erfahrung gemacht, wenn man sich jedes Mal nur ein bisschen nähert, den Vogel nicht anschaut, einfach anderswo hinschaut und sich dann niederlässt und ihn allmählich anschaut, dann hat man zweifellos eine echte Chance, ihn nicht zu verscheuchen. Die Vögel wissen eindeutig, dass man sie anschaut.»

Mehrere Fotografen haben erklärt, am besten sei es, sich den Tieren indirekt oder verdeckt zu nähern und zu vermeiden, sie anzuschauen. Die schlechteste Methode sei es, direkt auf sie zuzugehen und sie dabei zu fixieren.

Mehrere Vogelfotografen meinten, wenn sie sich auf einem Ansitz befänden und für die Vögel, die sie beobachteten, unsichtbar seien, würden die Vögel anscheinend dennoch Bescheid wissen, wenn sie angeschaut würden. Russell Hartwell aus Buckinghamshire hat dies bei Reihern festgestellt:

> «Ich sitze viel auf dem Ansitz, und es ist schon unheimlich, wie Vögel anscheinend einfach spüren können, dass man da ist, und aufgeregt werden, obwohl man ganz sicher ist, sich nicht bewegt zu haben. Bei Reihern weiß man sofort, dass sie sich einer Gefahr bewusst sind. Sie haben den Kopf gesenkt, wenn sie auf Nahrungssuche sind, aber wenn sie erschreckt werden, fährt ihr Kopf wie ein Periskop hoch. Sehr oft bewege ich mein Objektiv überhaupt nicht, doch plötzlich merken sie anscheinend, dass irgendwas sie anschaut, und dann fährt ihr Kopf hoch, und sie werden ganz steif und halten Ausschau, ob sie irgendwas anderes sehen können. Würde man dann das Objektiv bewegen, wären sie wie der Blitz auf und davon.»

Die Erfahrungen von Tierfotografen legen wie die von Jägern die Vermutung nahe, dass sehr viele Arten in der Lage zu sein scheinen, menschliche Intentionen wahrzunehmen. Sie spüren offensichtlich auch, wenn sie angeschaut werden – selbst wenn sie die Person, die sie beobachtet, gar nicht sehen können.

Wenn Haustiere angeschaut werden

Viele Haustierhalter haben bemerkt, dass ihr Tier auf ihre Blicke reagiert, sogar wenn es nicht sehen kann, dass sie es anschauen.

Gerald Winer und seine Kollegen von der Ohio State University haben in einer Umfrage Erwachsenen wie Kindern die Frage gestellt: «Glauben Sie, dass ein Tier wie ein Hund oder eine Katze es spüren könnte, dass Sie es anschauen, ohne dass es Ihre Augen sieht, oder glauben Sie das nicht?» 53 Prozent der Kinder und 50 Prozent der Erwachsenen glaubten dies.

In meinen eigenen Umfragen bei Erwachsenen in Europa und in den USA bejahten im Durchschnitt 55 Prozent die Frage: «Haben Sie jemals bemerkt, dass Sie ein Tier von hinten anschauen und es veranlassen können, sich umzudrehen?» Mehr Frauen als Männer erklärten, dass sie so etwas schon erlebt hätten. Am häufigsten war dies der Fall bei Hunden und Katzen, und zwar etwa gleich oft, aber einige Menschen meinten auch, sie hätten Pferde dazu gebracht, sich umzudrehen, indem sie sie angeschaut hätten, und andere berichteten das Gleiche von Vögeln.

Hier eine repräsentative Auswahl von Kommentaren aus den amerikanischen Umfragen:

> «Meine Katze reagiert fast immer darauf, wenn ich sie ansehe und an sie denke – sie dreht sich um.»

> «Mein Hund reagierte, als er schlafend im Hof lag und ich ihn durchs Fenster beobachtete – er hob den Kopf und sah sich um.»

> «Wenn ich meine Hunde und Katzen anstarre, während sie schlafen, erwachen sie und schauen mich an.»

> «Unsere Hündin ist fast völlig taub. Immer wieder dreht sie sich um, wenn ich sie anstarre. Sie hat mich nicht hören können.»

In allen diesen Situationen waren die Tiere nicht in Gefahr – sie standen einfach im Blickpunkt der Aufmerksamkeit ihrer Besitzer, und manche haben das anscheinend selbst dann bemerkt, wenn sie schliefen. Fiona Richards, die in Reading in Berkshire lebt, bemerkte eine ähnliche Sensibilität bei zwei Hühnern, die sie selbst aufgezogen hatte und die ihr überallhin folgten:

> «Manchmal saß ich an einem Tisch, von dem aus ich durchs Fenster hinausschauen konnte, und dann hockten sie sich aufs Fensterbrett oder auf eine Leiter, die draußen angelehnt war. Nach einer Weile wurden sie meist schläfrig und schlossen die Augen, entweder mit erhobenen Köpfen, oder sie vergruben die Köpfe in den Federn auf ihrem Rücken. Ich stellte fest, dass sie wach wurden und die Augen öffneten, wenn meine Aufmerksamkeit sich auf sie richtete und ich sie beobachtete. Das faszinierte mich, und darum experimentierte ich mit ihnen, indem ich versuchte, mögliche Signale wie Geräusche und Bewegungen auszuschalten. Ich entdeckte, dass sie reagierten, wenn ich mich zunächst aufs Lesen konzentrierte und dann einfach meine Augen und meine Aufmerksamkeit davon abwandte. Ich versuchte auch, sie einfach nur physisch anzuschauen und mich dabei auf etwas anderes oder eine ‹Leere› zu konzentrieren und ihnen dann meine Aufmerksamkeit zuzuwenden. Das funktionierte nicht so gut – sie blieben hocken, waren aber unruhig. Sie schienen sofort wieder zu reagieren, sowie meine ganze Aufmerksamkeit wieder ihnen galt.»

Aus evolutionärer Sicht ist es nicht überraschend, dass Tiere wach werden und auf diese Weise darauf reagieren, dass sie angestarrt werden, während sie schlafen. Diese Sensibilität ermöglicht ihnen, auf die unerwünschte Aufmerksamkeit von Feinden zu reagieren, und ist überlebenswichtig.

Menschen als potenzielle Beute

Mindestens vier Millionen Jahre lang lebten unsere menschlichen Ahnen wie unsere Hominidenahnen als Jäger und Sammler – und als Aasfresser – von der Beute stärkerer und geschickterer Raubtiere wie Löwen. Wir sind von Ausstellungen in Museen her mit dem Bild des Menschen als Jäger vertraut. Dabei übersehen wir leicht, dass der Mensch in der Menschheitsgeschichte die meiste Zeit auch der Gejagte war. Einige Knochen früher Hominiden, die in Afrika ausgegraben wurden, weisen die Bissspuren von Leoparden und anderen Großkatzen auf.[7] Noch im 19. Jahrhundert fielen in Teilen von Indien tausende von Menschen Tigern zum Opfer. Den Aufzeichnungen der britischen Regierung zufolge wurden dort zwischen 1800 und 1900 ungefähr 300 000 Menschen von Tigern getötet, außerdem sechs bis zehn Millionen Haustiere.[8]

Die meisten kleinen Kinder sind fasziniert von Märchen über Kinder fressende Ungeheuer. Dazu zählen Tiger, Wölfe, Monster, Menschenfresser und böse Hexen. Manche Kinder müssen sich nicht nur Geschichten von solchen Unwesen anhören, sondern erleben auch, wie Erwachsene zu ihnen sagen: «Du bist so süß, dass ich dich fressen könnte!» Wenn sie älter werden, sind viele Kinder von Dinosauriern fasziniert, speziell so gewaltigen Fleischfressern wie dem Tyrannosaurus rex, die immerhin den Vorzug haben, sowohl Furcht einflößend wie ausgestorben zu sein.

1933 kam eine Umfrage in den USA hinsichtlich der Ängste von Stadtkindern zu dem Ergebnis, dass die größte Angst der Mehrheit Tieren und Monstern galt – immerhin noch bevor das Fernsehen Monster in die Wohnzimmer brachte. Eine weitere Studie fand 1965 heraus, dass sich amerikanische Schulkinder relativ wenig Sorgen wegen realer Gefahren wie einem Verkehrsunfall, einem Atomkrieg und einer Ansteckung machten. Auf die Frage «Wovor muss man Angst haben?» nannten 80 Prozent der Fünf- und Sechsjährigen Schlangen, Löwen, Tiger, Bären und andere wilde Tiere.[9] Die Autorin gelangte zu dem Schluss: «Seltsam, aber wahr: Sie fürchten sich vor einer in unserer städtischen Kultur unrealistischen Bedrohung – vor wilden Tieren.»

Diese Ängste von Kindern können durchaus in den Erlebnissen unserer Ahnen mit Raubtieren verwurzelt sein. Die Angst vor Raubtieren besteht zwar weiter, wenn die Kinder groß werden, konzentriert sich dann aber mehr auf andere Menschen. Während Kinder Angst vor wilden Tieren haben, fürchten sich Erwachsene vor Räubern, Mördern, Kidnappern, Terroristen und Armeen. Unsere Unterhaltungsindustrie befasst sich großenteils mit solchen «Raubtieren», etwa in Krimis, Thrillern und Kriegsgeschichten.

In echten Kriegen verwandeln sich ganze Völker in Raubtiere. Die Nationalsymbole vieler Länder sind Raubtiere: In den USA, in Mexiko, Deutschland, Österreich und Spanien ist es der Adler, in England, Finnland, Holland und Norwegen ist es der Löwe, in Ägypten der Falke und so weiter.

Das Gespür für Gefahr

Die Angst vor Raubtieren ist nicht nur in kultureller Hinsicht vererbt. Die meisten Tierarten, auch wir selbst, haben eine angeborene Angst vor potenziellen Raubtieren. Und diese Angst ist mit einer Vielfalt instinktiver Reaktionen verbunden, die Individuen oder gar ganzen Gruppen eine Flucht ermöglichen.

Jim Corbett, in den zwanziger und dreißiger Jahren ein bekannter Jäger in Indien, war überzeugt, dass ihm das «Gespür für eine unmittelbar drohende Gefahr» bei vielen Gelegenheiten das Leben gerettet hatte. Durch seine Abschüsse von Menschen fressenden Tigern und Leoparden war er der Retter für viele Menschen in den abgelegenen Dörfern der Vorgebirge des Himalaja. In seinem Buch *Man-Eaters of Kumaon* (1944) schildert er, wie er einmal im Dschungel nach einer besonders gefährlichen Tigerin suchte, als er sich nach zwei erfolglosen Wochen einer Felsgruppe näherte. «Plötzlich hatte ich das Gefühl, dass vor mir Gefahr lauerte. … Ich war diesem Pfad schon viele Male gefolgt, und dies war das erste Mal, dass ich zögerte weiterzugehen.» Aber bald würde es dunkel werden, und darum war ihm klar, dass ihm gar nichts anderes übrig blieb als weiterzugehen. Er kam an einem äsenden Rotwild vorbei, das ihn zwar nicht beachtete, aber kurz nachdem er es passiert hatte, lief es verängstigt davon. Er wusste, dass es die Tigerin gesehen haben musste, und ging zurück, um sich genauer umzuschauen. Im feuchten Lehm erblickte er an der Stelle, an der er gerade gegangen war, seine eigenen Fußabdrücke. «Über diesen Fußabdrücken entdeckte ich nun die gespreizten Pfotenabdrücke der Tigerin, und zwar genau dort, wo sie von den Felsen herabgesprungen und mir gefolgt war.»

Corbett war überzeugt, dass das «Gespür für Gefahr» echt war. «Ich weiß nicht und kann es daher auch nicht erklären, wodurch es ausgelöst wird. Bei dieser Gelegenheit hatte ich die Tigerin weder gehört noch gesehen. ... Doch ich wusste ohne den Hauch eines Zweifels, dass sie sich vor mir zwischen den Felsen versteckte. Ich war an diesem Tag viele Stunden unterwegs gewesen und hatte viele Kilometer im Dschungel zurückgelegt, ohne dass meine Vorsicht nachließ, aber auch ohne dass mir einen Augenblick lang unbehaglich zu Mute war. Doch dann, gerade als ich den Bergrücken überquerte und die Felsen in Sicht kamen, wusste ich, dass sich dahinter eine Gefahr für mich verbarg.»[10] Corbett war überzeugt, dass er nicht nur dieses allgemeine Gefühl für eine unmittelbar drohende Gefahr hatte, sondern auch wusste, wann ein versteckter Tiger ihn ansah.

Jeremy Stafford-Dietsch, ein erfahrener Unterwasserfotograf, hat entdeckt, dass sich das «Gespür für Gefahr» sowohl an Land wie unter Wasser meldet.

> «Wenn ich zwischen den Mangroven tauche oder arbeite, kommt es vor, dass ich einfach erschrecke. Einmal ging ich im Northern Territory [in Australien] an einem Flussufer entlang und pirschte mich an Krokodile an, die sich im Schlamm unter mir aalten. Es lag nahe, mich direkt am Ufer an sie anzuschleichen, aber aus irgendeinem Grund merkte ich, dass ich einen scheinbar unnötigen Umweg durch das Gras oben auf dem Ufer nahm. Als ich auf die Fläche zurückschaute, die ich umgangen hatte, bemerkte ich ein Krokodil, das sich dort sonnte. Dass es ein Gespür für etwas Beängstigendes gibt, ein Gefühl, dass in der Nähe etwas ganz Gefährliches lauert, räumen auch meine Kollegen ein – ich glaube nicht, dass einer von ihnen es zu ignorieren versucht!»

Ein andermal fotografierte er unter Wasser vor der Küste von Südaustralien einen großen weißen Hai aus einem Schutzkäfig heraus.

> «Im Käfig gab es eine Lücke für die Kamera, und ich hatte meine Arme gut außer Reichweite gebracht, während ich die Kamera vor mir hielt, um von dem Biest ein Bild zu machen. Ich schaute zu ihm hin, und plötzlich verspürte ich den unwiderstehlichen Drang, zur

entgegengesetzten Seite hin zu schauen. Und tatsächlich war ein anderer großer weißer Hai aufgetaucht – er befand sich etwa einen Meter von mir entfernt und schwamm direkt auf meine Arme zu.»

Die Blicke wilder Tiere spüren

Als Jane Goodall zum ersten Mal in Afrika war, bevor sie mit ihren Forschungen über wilde Schimpansen begann, beteiligte sie sich an der Ausgrabung von Fossilien in der Olduvai-Schlucht. Einmal befand sie sich mit einem Begleiter inmitten einiger Dornbüsche. «Ich verspürte dieses Kribbeln, wie man es manchmal verspürt, wenn man beobachtet wird. Ich drehte mich um und entdeckte einen jungen männlichen Löwen etwa zehn Meter von uns entfernt. Er starrte uns sehr interessiert an.» Zum Glück ging sie mit ihrem Begleiter langsam weiter und entkam. Wären sie gerannt, hätte der Löwe sie wahrscheinlich verfolgt.[11]

Als er 13 war, befand sich Ken Pole mit einer Pfadfindergruppe im Inneren von Vancouver Island in Kanada. Sie zelteten an einem abgelegenen See.

> «Gegen Morgen erwachte ich, weil ich mal musste. Ich ging zu einer Felszunge hinunter, die in den See hineinragte, und als ich gerade still mein Geschäft verrichtete, spürte ich, wie sich meine Nackenhaare auf eine ganz atavistische Weise sträubten. Ich hatte das nachdrückliche Gefühl, dass jemand mich beobachtete, aber weder von meinen Zeltgenossen noch aus den anderen Zelten war irgendein Geräusch zu vernehmen gewesen. Ich hoffte, den Scherzbold zu überraschen, und rührte mich ein paar Sekunden nicht, bevor ich ganz langsam den Kopf hob – und direkt einem großen Puma in die Augen schaute. Er stand etwa 15 Meter von mir entfernt auf einer Felsnase.»

Viele Menschen spüren die Blicke anderer Lebewesen, selbst wenn sie potenziell keine Gefahr darstellen. Ich habe dutzende von Berichten bekommen, denen zufolge Menschen von Habichten, Amseln, Rehen, Kojoten, Dingos, Dachsen, Bären, Opossums, Wieseln, Waschbären, Rindern und Eidechsen angestarrt wurden. Manchmal waren das beängstigende Erlebnisse, manchmal nicht. Aber meist waren sie überraschend.

Die Naturforscherin Dame Miriam Rothschild erzählte mir, dass sie im Zweiten Weltkrieg an einem Wintertag in der Abenddämmerung losgezogen sei, um einen Fasan fürs Abendessen zu schießen.

> «Ich wartete in einem Dickicht zwischen Büschen darauf, dass sich einige Vögel zum Rasten niederließen. Auf einmal hatte ich das Gefühl, beobachtet zu werden, und mehrere Minuten lang sah ich mich nervös, aber ganz ruhig (ich bewegte kaum den Kopf) nach einem anderen Menschen in dieser Gegend um. Ich dachte, wahrscheinlich war da irgendwo vor mir ein Wilderer. Niemand war zu sehen, aber das Gefühl wurde stärker. Ich sagte mir, ich sei wohl einfach hysterisch. Dann schaute ich plötzlich auf, und da hockte etwa einen Meter über mir eine Schleiereule auf einem Ast und starrte mich aus ihren goldenen Augen an!»

Manche Menschen haben sogar das Gefühl gehabt, angestarrt zu werden, wenn sie nicht im Freien waren. Anna Michailides aus Athen begab sich an einem Sommernachmittag in ihr Zimmer, um sich umzuziehen. «Wie üblich war die Balkontür weit offen. Niemand kann hereinsehen. Ich zog mich ganz aus, und während ich nackt vor dem Spiegel stand, überlegte ich, was ich anziehen sollte. Ich hatte das intensive Gefühl, dass irgendjemand mich verstohlen beobachtete. Daran war nichts Bedrohliches oder Negatives, ich war mir nur bewusst, angeschaut zu werden. Ich drehte mich um und erblickte eine Turteltaube, die an der Balkontür stand und mich direkt anstarrte. Sie kam sogar ins Zimmer. Sie ließ sich von meinen Bewegungen nicht aus der Ruhe bringen und sah gelassen zu, wie ich mich anzog.»

Camille Einoder aus Chicago hatte ein beunruhigenderes Erlebnis an der Schule, an der sie unterrichtet. «Eines Tages war ich früh gekommen und kniete mich gerade im Vertretungszimmer vor ein Regalbrett, als mich das Gefühl überkam, dass sich mir die Nackenhaare sträuben würden. Langsam drehte ich mich um, und als ich aufschaute, erblickte ich eine große Boa, die aus dem Biologieraum entkommen war und nun auf dem Overheadprojektor über meinem Rücken hockte und zu mir herunterstarrte.»

Gewöhnlich sind solche Erlebnisse ziemlich unerwartet, aber manche Menschen warten gezielt auf sie, um Tiere zu entdecken, die andernfalls nur schwer auszumachen sind. Als Dr. Russell Hanley den scheuen Mangrovenwaran in einem australischen Mangrovensumpf fotografieren wollte, gelang es ihm auch nach stundenlanger Suche nicht, eines dieser gut getarnten Lebewesen zu finden. Dann «hatte ich einfach das Gefühl, da ist doch einer hier. Und in einem Baum hockte tatsächlich einer und sah mich an.»

Die Blicke von Haustieren spüren

Auf die Umfragen, die Gerald Winer und seine Kollegen in Columbus im US-Staat Ohio durchführten, erklärten nicht nur etwa die Hälfte der befragten Erwachsenen und Kinder, dass Tiere ihre Blicke spüren könnten (siehe S. 208), sondern viele sagten auch, dass sie selbst die Blicke von Tieren spüren könnten – das waren immerhin 34 Prozent der Erwachsenen und 41 Prozent der Kinder.

Bei meinen eigenen Umfragen unter Erwachsenen in England, Schweden und den USA behaupteten im Durchschnitt 54 Prozent, sie hätten es gespürt, wenn sie von einem Tier von hinten angestarrt wurden. Signifikant mehr Frauen (62 Prozent) als Männer (44 Prozent) hatten dies erlebt. Die Tiere, auf die sie reagiert hatten, waren vorwiegend Katzen und Hunde gewesen. Zu den anderen Arten zählten Pferde, Schweine, Kühe, Ziegen, Eichhörnchen, Bären, ein Affe, Mäuse, Vögel, Leguane, Schlangen und Fische.

Hier einige Beispiele aus den USA und England:

> «Mein Hund weckt mich nachts auf, indem er mich anstarrt. Ich habe schon mehrere Hunde gehabt, die das getan haben – meist wenn sie hinausmüssen. Sie geben keinen Laut von sich, starren bloß intensiv. Ich wache auf und weiß sofort, was los ist.»

> «Während ich mit meiner Schäferhündin spazieren war, hatte ich öfter das Gefühl, dass mir gesagt wurde, ich solle stehen bleiben. Wenn ich zurückschaute, stand sie da und ließ Wasser, und dabei starrte sie mich an, als wollte sie mir sagen: Warte auf mich.»

«Ich war vor meinem Haus und jätete auf den Knien Unkraut unter einem Baum. Auf einmal hatte ich das Gefühl, angestarrt zu werden, und blickte hinter mich, sah aber niemanden. Ich wandte mich wieder meiner Arbeit zu, doch das Gefühl war so stark, dass ich aufstand und mich gründlich umschaute. Da sah ich, wie der Spaniel meines Nachbarn mich unverwandt anstarrte, als wollte er sagen: Warum drehst du dich nicht um und sprichst mit mir? Also tat ich ihm den Gefallen, und nachdem ich ihn ein wenig gestreichelt hatte, machte er kehrt und lief nach Hause.»

Jack London, ein genauer Beobachter des Verhaltens von Hunden, schildert in seinem Buch *Der Ruf der Wildnis* ein besonders anrührendes Erlebnis mit dem Hund Buck: «Er lag stundenlang eifrig, wachsam zu Thorntons Füßen. … Oder wenn es der Zufall wollte, lag er weiter weg, neben oder hinter ihm. … Und oft geschah es, denn sie waren einander eng verbunden, dass die Kraft von Bucks Blick John Thorntons Kopf herumfahren ließ, und dann erwiderte er den Blick, ohne ein Wort, und sein Herz leuchtete aus seinen Augen, so wie Bucks Herz herausleuchtete.»[12]

Tiere, die die Blicke anderer Tiere spüren

So wie Menschen es wahrnehmen können, wenn Tiere sie ansehen, und Tiere es wahrnehmen können, wenn sie von Menschen angeschaut werden, können vermutlich auch Tiere die Blicke anderer Tiere wahrnehmen. Aber leider gibt es zu diesem Thema keine systematische Forschung, und über das Gefühl des Angestarrtwerdens in freier Wildbahn wissen wir nur sehr wenig.

Wie die Erlebnisse von Menschen mit Tieren eindeutig zeigen, spielt das Gefühl des Angestarrtwerdens eine wichtige Rolle, wenn es darum geht, die Aufmerksamkeit potenzieller Raubtiere festzustellen, aber es funktioniert auch in intimeren Situationen, in denen der Blick keine Bedrohung signalisiert. Beobachtungen an gefangenen wie an wilden Tieren bestätigen die Vorstellung, dass sich sowohl feindselige wie nicht feindselige Blicke wahrnehmen lassen.

So spielen beispielsweise bei Bonobos (Zwergschimpansen) Blicke eine wichtige Rolle im sozialen Umgang, wie Betty Walsh, die Oberwärterin im Twycross Zoo in England, beobachtet hat.

> «Immer wieder erlebe ich, wie einige Affen andere von hinten anstarren, und die vor ihnen drehen sich um, als ob sie das Starren gespürt hätten. Normalerweise passiert dies, wenn es etwas zu fressen gibt. Wenn ein Affe etwas bekommen hat, starrt ein anderer ihn intensiv an, und der andere versucht, nicht zu schauen, denn wenn sich ihre Blicke begegnen, müssen sie miteinander teilen, aber am Ende tun sie es dann doch immer.»

Als der amerikanische Naturforscher William Long Füchse in freier Wildbahn beobachtete, war er von der Art und Weise beeindruckt, wie Füchsinnen für Disziplin unter ihren Jungen sorgten, ohne einen Laut von sich zu geben:

> «Stundenlang tollen die Jungen ausgelassen im Schein der Nachmittagssonne herum. ... Die alte Füchsin, die abseits liegt, wo sie das Spiel und die Umgebung überwachen kann, scheint die Familie in jedem Augenblick unter Kontrolle zu haben, auch wenn kein einziger Laut geäußert wird. Hin und wieder, wenn ein Junges sich zu weit vom Bau entfernt, hebt die Füchsin den Kopf, um es intensiv anzuschauen; und irgendwie lässt dieser Blick ... das Junge stehen bleiben, als ob sie ihm einen Ruf oder einen Boten hinterhergeschickt hätte. Wenn das nur einmal geschehen wäre, hätte man es als schieren Zufall übersehen können; aber es geschieht immer wieder, und zwar stets auf die gleiche befehlende Weise. Das eifrige Junge stutzt plötzlich, dreht sich um, als ob es ein Kommando vernommen hätte, fängt den Blick der Füchsin ein, und schon kehrt es folgsam zurück, wie ein dressierter Hund auf den Pfiff.»[13]

Die entwicklungsgeschichtlichen Ursprünge des Gefühls, angestarrt zu werden

Das Gespür dafür, angestarrt zu werden, ist nicht nur ein spezifisch menschliches Merkmal, sondern auch bei vielen Angehörigen des

Tierreichs anzutreffen. Alle oben zitierten Berichte über die sensible Reaktion von Tieren auf menschliche Blicke oder von Menschen auf tierische Blicke betreffen Säugetiere, Vögel, Reptilien oder Fische.

Spüren auch Wirbellose wie Würmer, Insekten, Skorpione, Spinnen und Weichtiere, dass sie angeschaut werden? Und spüren umgekehrt höhere Tiere, dass Wirbellose sie anschauen? Ich kenne für beide Möglichkeiten keine Belege. Ein besonders interessanter Forschungsgegenstand wäre der Tintenfisch, dessen Augen den unseren ähneln, der aber ein mit Schnecken und Muscheln verwandtes Weichtier ist. Spüren Menschen, dass ein Tintenfisch sie beobachtet? Spüren Fische und andere Lebewesen, auf die Tintenfische Jagd machen, dass sie angeschaut werden? Und spüren Tintenfische selbst, dass sie von anderen Tintenfischen oder von anderen Tierarten beobachtet werden?

Im Augenblick wissen wir noch zu wenig, um diese Fragen beantworten zu können, aber es gibt keinen Grund, warum sie nicht von Naturforschern untersucht werden sollten. Nur wenn wir uns ein genaueres Bild davon machen können, welche Gruppen von Organismen anscheinend ein Gespür dafür haben, dass sie angestarrt werden, können wir auch den entwicklungsgeschichtlichen Ursprüngen dieser Fähigkeit im Detail nachgehen.

Ein Gespür für Blicke könnte sich erst entwickelt haben, als es Augen zum Sehen gab – aber Augen gibt es in der Entwicklungsgeschichte schon sehr lange. Die ersten mehrzelligen Tiere entstanden wahrscheinlich vor rund 570 Millionen Jahren, und vor 530 Millionen Jahren besaß eine große Vielfalt von Tieren bereits Augen, wie die fossilen Ablagerungen im Burgess Shale in den kanadischen Rocky Mountains belegen.[14] Vielleicht hat sich ja das Gefühl des Angestarrtwerdens zusammen mit den Augen selbst entwickelt. Es könnte also wirklich sehr alt sein.

11. Experimente in Verbindung mit dem Gefühl, angestarrt zu werden

Wie in den vorangegangenen Kapiteln deutlich wurde, haben die meisten Menschen zuweilen das Gefühl, angestarrt zu werden, oder sie bringen andere dazu, sich umzudrehen, indem sie die anderen anstarren. Außerdem reagieren anscheinend viele Tierarten sensibel auf menschliche Blicke und Menschen auf Blicke von Tieren.

Ungeachtet all dieser Belege behindert seit Generationen ein mächtiges Tabu die wissenschaftliche Forschung zu diesem Thema. Soweit ich weiß, sind zwischen 1890 und 1990 in wissenschaftlichen Zeitschriften nur fünf Aufsätze dazu erschienen. In den folgenden beiden Kapiteln gehe ich auf die Gründe für dieses Tabu ein sowie auf den historischen Zusammenhang, in dem es entstanden ist. In diesem Kapitel befasse ich mich weiterhin aufgeschlossen mit dem Thema und schildere Experimente, mit denen das Phänomen getestet wurde.

Das Gefühl des Angestarrtwerdens lässt sich ohne große Mühe und Kosten in experimentellen Tests untersuchen. Seit etwa 1990 werden viele derartige Versuche durchgeführt. Inzwischen gibt es eindeutige Beweise dafür, dass Menschen tatsächlich wissen, wann sie von hinten angeschaut werden, wobei für dieses Wissen die bekannten Sinne nicht ausreichen. Es handelt sich um drei Arten von Experimenten.

Beim ersten Experiment sitzt eine Testperson mit dem Rücken zu einer anderen Person, die entweder das Genick der Testperson anstarrt oder wegschaut und an etwas anderes denkt. Die Abfolge von Anstarren und Wegschauen basiert auf dem Zufallsprinzip. Bei jedem Versuch rät die Testperson, ob sie angestarrt wird oder nicht. Diese Vermutungen sind entweder richtig oder falsch. Raten die Testpersonen häufiger richtig, als man dies der Wahrscheinlichkeit nach erwarten würde?

Beim zweiten Experiment werden die Tests unter realeren Bedingungen durchgeführt, wobei versteckte Beobachter Menschen, die keine Ahnung von deren Anwesenheit haben, entweder ansehen oder nicht ansehen. So können die Beobachter beispielsweise aus einem abgedunkelten Raum oder durch einen Einwegspiegel in einem Foyer oder einem Einkaufszentrum auf Menschen blicken. Drehen sich mehr Menschen um und sehen zu den versteckten Beobachtern hin, wenn sie angeschaut werden, als wenn sie nicht angeschaut werden? Um dies herauszufinden, wird eine Videokamera in der Nähe der versteckten Beobachter installiert. Die ahnungslosen Testpersonen werden ständig gefilmt, so dass sowohl die Zeiten, in denen sie angeschaut werden, wie die Zeiten, in denen sie nicht angeschaut werden, aufgezeichnet werden. Später wird das Video von einer Person analysiert, die nicht weiß, um welche Zeiten es sich jeweils handelt.

Beim dritten Experiment werden die Testpersonen durch eine Fernsehüberwachungsanlage von Beobachtern in einem anderen Raum betrachtet, welche die Testpersonen auf dem Bildschirm entweder anschauen oder nicht. Bei diesen Experimenten werden die Testpersonen nicht aufgefordert zu raten, ob sie angeschaut werden. Vielmehr wird ihr Hautwiderstand überwacht (wie bei einem Lügendetektortest), so dass Veränderungen in ihren Emotionen automatisch registriert werden können. Ändern sich diese unbewussten Reaktionen, wenn die Testpersonen angeschaut werden?

Die Pioniere der experimentellen Forschung

Die wissenschaftliche Forschung zu diesem Thema wurde von zwei amerikanischen Skeptikern, E. B. Titchener und J. Edgar Coover, sowohl initiiert wie um Jahrzehnte zurückgeworfen. Beide behaupteten nämlich, sie hätten bewiesen, das Gefühl, angestarrt zu werden, sei eine Illusion.

Titchener gehörte zu den Gründungsvätern der experimentellen Psychologie in den USA. In den neunziger Jahren des 19. Jahrhunderts erfuhr er, dass viele seiner Studenten an der Cornell University fest daran glaubten, sie könnten fühlen, wenn sie von hinten angestarrt würden, oder andere dazu bringen, sich umzudrehen, indem sie deren Nacken anstarrten. Er war überzeugt, dass hier unmöglich geheimnisvolle Einflüsse im Spiel sein könnten, sondern nahm an, dass es für dieses Phänomen eine «rationale Erklärung» geben müsse. Menschen neigen ohnehin dazu, sich umzudrehen, so seine Vermutung, und erregen durch diese Bewegung die Aufmerksamkeit von jemandem hinter ihnen, so dass sich ihre Blicke begegnen. «Diese Vorfälle sprechen offensichtlich für eine Theorie der persönlichen Anziehungskraft und des telepathischen Einflusses.»[1]

In einem 1898 in der Zeitschrift *Science* veröffentlichten Aufsatz verkündete Titchener, er habe in Verbindung mit diesem Phänomen Laborexperimente durchgeführt, «die ausnahmslos ein negatives Ergebnis geliefert haben – mit anderen Worten: Die von mir dargelegte Interpretation hat sich bestätigt.» Er blieb allerdings Details der Experimente schuldig und veröffentlichte auch keine Daten. Vor allem aber hielt er es für notwendig, die Tests zu rechtfertigen:

> «Sollte der wissenschaftliche Leser einwenden, dieses Ergebnis könnte vorhersehbar gewesen sein und die Experimente wären daher reine Zeitverschwendung gewesen, so kann ich darauf nur erwidern, dass ihre Rechtfertigung für mich in der Widerlegung eines Aberglaubens zu bestehen scheint, der seine tiefen und weit verbreiteten Wurzeln im allgemeinen Bewusstsein hat. Kein wissenschaftlich denkender Psychologe glaubt an Telepathie. Zugleich kann der Gegenbeweis dafür in einem besonderen Fall einen Studenten auf den richtigen wissenschaftlichen Weg bringen, und somit kann die darauf verwendete Zeit sich für die Wissenschaft hundertfach auszahlen.»[2]

Titcheners Aufsatz hatte großen Einfluss und wurde über hundert Jahre lang immer wieder von Skeptikern zitiert, obwohl er über die konkreten Experimente nichts weiter gesagt hatte, außer dass ihre Ergebnisse negativ gewesen seien.

Coover hingegen beschrieb ein elegant einfaches Experiment und veröffentlichte seine Daten. Die Testperson saß mit dem Rücken zum Beobachter, der sie in einer Reihe von Versuchen entweder anschaute oder nicht anschaute, wobei die Entscheidung, ob er schauen oder nicht schauen sollte, zufällig getroffen wurde, nämlich durch Würfeln. Die Testpersonen waren Coovers eigene Studenten an der Stanford University. Er behauptete, es gebe keine signifikante Fähigkeit, Blicke wahrzunehmen, und zog den Schluss, der Volksglaube an das Gefühl des Angestarrtwerdens sei «grundlos».[3] Indem Coover Titcheners negative Schlussfolgerungen verstärkte, schien seine Arbeit das Thema aus wissenschaftlicher Sicht erledigt zu haben. Sein Aufsatz erschien 1913.

Der nächste Bericht in der wissenschaftlichen Literatur wurde 1939 von dem niederländischen Professor J. J. Poortman auf Holländisch veröffentlicht.[4] Erst 1959 erschien eine Zusammenfassung seines Aufsatzes auf Englisch.[5] Poortman interessierte sich für das Thema sowohl aufgrund eigener Erfahrungen mit dem Gefühl des Angestarrtwerdens wie aufgrund der Erlebnisse vieler anderer Menschen. Mit Hilfe einer modifizierten Version von Coovers Methode führte er eine Reihe von Versuchen durch, bei denen er selbst die Testperson und eine Freundin die Beobachterin war. Sie war eine Stadträtin von Den Haag und erklärte, sie sei es gewohnt, die Aufmerksamkeit anderer Ratsmitglieder durch die Kraft ihres Blickes auf sich zu ziehen. Als Poortman riet, wann sie ihn ansah, hatte er signifikant häufiger Recht als Unrecht.[6]

Nach Poortmans Experiment gab es anscheinend keine weitere Forschung zu diesem Thema bis 1978, als Donald Peterson ein Experiment als studentisches Projekt an der Universität Edinburgh durchführte. In Petersons Experiment saß der Beobachter in einer geschlossenen Koje, die von der Testperson durch einen Einwegspiegel getrennt war, er war für die Testperson nicht zu sehen. Die Ergebnisse waren positiv und statistisch gesehen signifikant.[7]

1983 verwendete Linda Williams, eine Studentin an der Universität Adelaide in Australien, zum ersten Mal eine Fernsehüberwachungsanlage in der Blickforschung und entdeckte einen statistisch gesehen signifikanten Effekt, wenn die Testperson durch eine solche Anlage von einer Person in einem anderen Raum betrachtet wurde.[8]

Meine eigene Forschung

Mein Interesse an dem Gefühl des Angestarrtwerdens wurde in den achtziger Jahren erweckt, als mir klar wurde, was für enorme theoretische Auswirkungen das haben könnte. Als ich meine Vorstellungen über morphische Felder entwickelte, ging mir auf, dass ein Raubtier, welches ein Beutetier anschaut, mit ihm durch ein Feld verbunden wäre, das im Prinzip das Beutetier beeinflussen könnte, sogar wenn es das Raubtier nicht sähe.[9]

Dann erkannte ich, dass sich dieser Gedanke auf optische Wahrnehmung generell übertragen lässt. Wenn wir etwas ansehen, verbinden uns Wahrnehmungsfelder mit dem, was wir sehen. Daher könnten wir Dinge oder Menschen beeinflussen, indem wir sie einfach nur anschauen. Das Gefühl des Angestarrtwerdens schien mir den Beweis für genau so einen Effekt zu liefern und stellte eine Möglichkeit dar, ihn experimentell zu testen.

1987 entwickelte ich ein einfaches experimentelles Verfahren und begann mit entsprechenden Tests bei meiner Familie und meinen Freunden. Später entdeckte ich, dass ich exakt mit der von Coover verwendeten Methode arbeitete. An meinen Tests waren jeweils zwei Personen beteiligt, wobei die eine, die starrende, hinter der anderen, der Testperson, saß. Die starrende Person entschied durch Münzwurf, ob sie schauen oder nicht schauen sollte: Kopf hieß «Starre den Nacken der Testperson an», Zahl bedeutete «Schau weg und denk an etwas anderes». Der Beobachter gab durch ein Tonsignal zu verstehen, wann der Versuch begann, und die Testperson riet nach etwa zehn Sekunden, ob der Beobachter «blickt» oder «nicht blickt». Der Beobachter hielt fest, ob es sich um einen Blick- oder Nicht-Blick-Versuch handelte und ob die Testperson Recht oder Unrecht hatte, und erklärte dann der Testperson, ob sie richtig oder falsch vermutet hatte.

Dieses einfache Verfahren funktionierte gut, und die Ergebnisse waren positiv. Dann probierte ich die Experimente mit Gruppen von Freiwilligen in Vorlesungen, Seminaren und Konferenzen in England, Deutschland, Schweden und den USA aus. Der positive Effekt erwies sich als bemerkenswert wiederholbar, obwohl die Teilnehmer so unterschiedlich waren. Die Einfachheit des Verfahrens und die Tatsache, dass es nichts kostete, bedeuteten, dass Schüler und Studenten es durchführen konnten. Das erste vieler Studentenprojekte in Verbindung mit dem Gefühl des Angestarrtwerdens wurde 1991 in Kalifornien durchgeführt.[10]

1994 schilderte ich dieses Verfahren in meinem Buch *Sieben Experimente, die die Welt verändern könnten* und forderte die Leser auf, es selbst auszuprobieren. Viele taten dies auch. Ich setzte mein Experimentierprogramm mit Hilfe von Lehrern und Kindern an Londoner Schulen sowie mit Gruppen von erwachsenen Freiwilligen fort. Außerdem beteiligte ich mich über die South Connecticut State University an der Organisation einer ausgedehnten Reihe von Experimenten an Schulen in Connecticut, die 1996 begann und von Lehrern in naturwissenschaftlichen Fächern und ihren Schülern durchgeführt wurde.[11]

1997 brachte die Zeitschrift *New Scientist* einen Beitrag über diese Forschung und veröffentlichte mein experimentelles Verfahren auf ihrer Webseite. Auf diese Weise erweiterte sich der Teilnehmerkreis bei dieser Forschung. Eine Fernsehsendung über diese Experimente im Discovery Channel trug 1997 ebenfalls dazu bei. In den folgenden Jahren beteiligten sich immer mehr Menschen an dieser Forschung, indem sie die Anleitungen von meiner Webseite herunterluden. Dutzende von Schülern und Studenten führten Projekte durch, die auf diesen Methoden basierten. Mehrere gewannen für ihre Forschungen Preise bei Wissenschaftswettbewerben. Mittlerweile wurden tausende von Versuchen durchgeführt, und die Beweise dafür, dass es das Gefühl des Angestarrtwerdens wirklich gibt, sind in der Tat sehr beeindruckend.

Wenn die Testpersonen bei diesen Experimenten nicht hätten wahrnehmen können, wann sie angestarrt wurden, sondern willkürlich rieten, hätten sie im Durchschnitt zu 50 Prozent Recht haben müssen. Tatsächlich aber hatten sie im Durchschnitt zu 55 Prozent Recht. Das liegt zwar nicht sehr viel über dem Zufallslevel, doch als dieses Ergebnis immer wieder auftrat, wurde es statistisch gesehen äußerst signifikant. 1999 waren die kombinierten Ergebnisse aus insgesamt 13 900 Versuchen geradezu astronomisch signifikant – die Wahrscheinlichkeit, dass es sich um Zufallsergebnisse handelte, lag bei über eins zu 10^{20}.[12] Die aktuellen kombinierten Ergebnisse sind sogar noch signifikanter.

Wenn Menschen wirklich wissen, wann sie angeschaut werden, warum ist dann der bei diesen Experimenten festgestellte Effekt so gering, nämlich nur fünf Prozent über dem Zufallslevel? Dafür könnte es mehrere Gründe geben.

Erstens werden Menschen unter den künstlichen Bedingungen von Experimenten aufgefordert, etwas bewusst zu tun, was sie normalerweise unbewusst tun. Denken und Selbstbewusstsein könnten ihre Sensibilität beeinträchtigen.

Zweitens könnten einige der Testpersonen und der Beobachter sich während der Experimentiersitzungen langweilen oder sonstwie abgelenkt werden, was die Erfolgsrate reduzieren würde.

Drittens sind manche Menschen als Beobachter oder als Testpersonen besser geeignet als andere, und die Einbeziehung von ineffektiven Beobachtern und unsensiblen Testpersonen bei den Versuchen könnte den Effekt abschwächen. Bei einer Reihe von Versuchen mit ausgewählten Beobachtern und Testpersonen in einer Schule in Freiburg waren bis zu 90 Prozent der Vermutungen korrekt.[13] Und bei Experimenten mit Schulkindern in Irland, bei denen Zwillinge paarweise als Beobachter und als Testperson arbeiteten, erzielten diese viel bessere Ergebnisse als normale Geschwister oder nicht miteinander verwandte Kinder.[14] Aber die meisten der oben geschilderten Experimente wurden mit nicht miteinander verwandten Personen durchgeführt, die außerdem nicht nach sensiblen Testpersonen oder guten Beobachtern ausgewählt worden waren.

Das Muster der Ergebnisse

In *Sieben Experimente, die die Welt verändern könnten* habe ich die Ergebnisse der ersten von mir und anderen durchgeführten Experimente unter dem Gesichtspunkt der Gesamttrefferquoten zusammengefasst. Erst nach dem Erscheinen dieses Buches ging mir auf, dass die detaillierten Ergebnisse ein bemerkenswert konsistentes und wiederholbares Muster aufwiesen, das sich im Übrigen inzwischen immer wieder ergeben hat. Die Trefferquoten bei den Blick-Versuchen waren positiv und statistisch gesehen unglaublich signifikant, während sie sich bei den Nicht-Blick-Versuchen auf dem Zufallslevel befanden (Abb. 11.1). Bei den Blick-Versuchen lag die Trefferquote generell um die 60 Prozent, während die Trefferquote bei den Nicht-Blick-Versuchen um das Zufallslevel von 50 Prozent lag. Dutzende unabhängiger Forscher auf der ganzen Welt haben ähnliche Ergebnismuster erzielt.[15]

Waren diese Ergebnisse einer kleinen Anzahl von Personen zu verdanken, die sehr gute Trefferquoten erzielten, während die meisten anderen überhaupt keine Sensibilität an den Tag legten? Diese Frage lässt sich nicht durch einen Blick auf die Prozentsätze der durchschnitt-

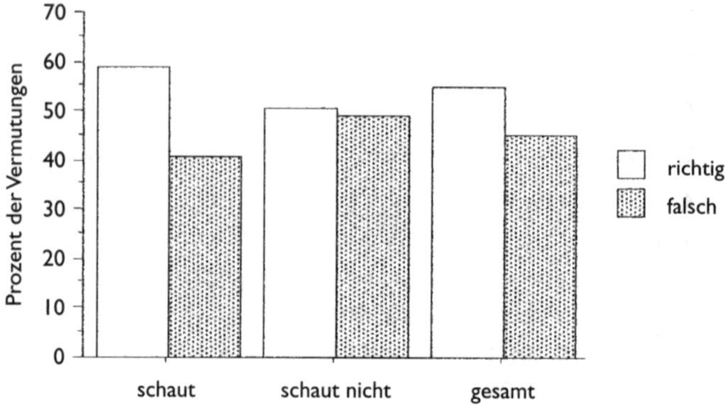

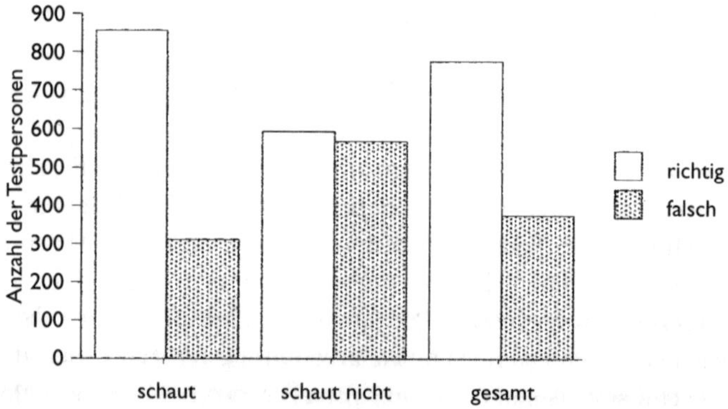

Abbildung 11.1 Kombinierte Ergebnisse von Experimenten im Zusammenhang mit dem Gefühl des Angestarrtwerdens, die an insgesamt 661 Testpersonen in Großbritannien, Deutschland und den USA durchgeführt wurden (Daten aus Sheldrake, 1999b, Tabelle 5). Die obere Tabelle zeigt Prozentzahlen der richtigen und falschen Vermutungen bei Blick-Versuchen und Nicht-Blick-Versuchen sowie der Gesamttrefferzahlen. Die untere Tabelle zeigt die Daten in anderer Form, nämlich die Anzahl der Testpersonen, die häufiger Recht als Unrecht hatten, verglichen mit der Anzahl derer, die häufiger Unrecht als Recht hatten. Für diesen Vergleich wurde die Anzahl der Testpersonen, die gleich viele richtige und falsche Vermutungen äußerten, ignoriert. Die Testpersonen waren Neulinge, die zum ersten Mal getestet wurden.

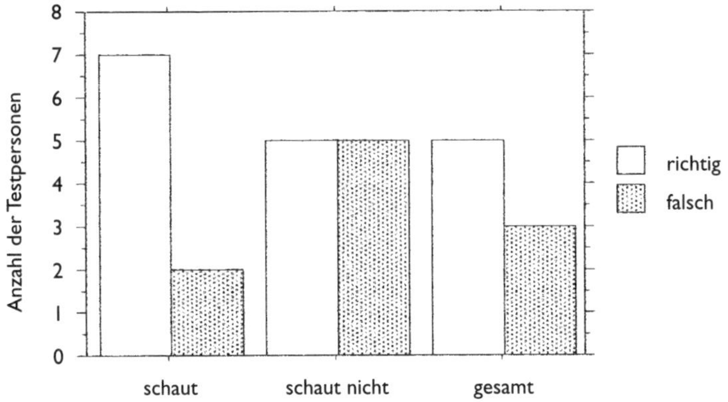

Abbildung 11.2 Ergebnisse aus den Blick-Experimenten von Coover (1913) mit der Anzahl der Testpersonen, die häufiger Recht als Unrecht hatten, verglichen mit denen, die häufiger Unrecht als Recht hatten.

lichen Trefferquoten beantworten. Besser lassen sich die Ergebnisse analysieren, wenn man jeder Testperson das gleiche Gewicht einräumt, also nach einem System: Eine Testperson, eine Stimme.[16] Wenn eine Person häufiger richtig als falsch riet, wurde dies durch ein Pluszeichen (+) dargestellt, wenn sie häufiger falsch als richtig riet, durch ein Minuszeichen (–), und wenn sie gleich oft richtig und falsch riet, durch ein Gleichheitszeichen (=). Wenn beispielsweise eine Person 10 Blick-Versuche absolvierte und dabei 6-mal oder häufiger richtig riet, würde ihre Trefferquote mit einem + versehen, erzielte sie 4 oder weniger Treffer, mit einem –, und wenn sie 5-mal richtig und 5-mal falsch riet, bekam sie ein =.

Wenn Menschen einfach willkürlich rieten, hätte es eigentlich annähernd gleich viele Menschen mit Plus- und Minus-Treffern geben müssen. Aber bei den Blick-Versuchen war dies nicht der Fall – Plus übertraf Minus bei weitem. Die unterschiedlichen Ergebnismuster bei den Blick- und den Nicht-Blick-Versuchen waren ganz eindeutig (Abb. 11.1).

Sogar die angeblich negativen Ergebnisse, die Coover 1913 veröffentlicht hatte, wiesen ein ähnliches Muster auf, wenn sie auf diese Weise analysiert wurden (Abb. 11.2).[17] Ironischerweise wurde dieses Experiment über 90 Jahre lang als Beleg für die skeptische Position herangezogen, während es doch tatsächlich genau das gleiche Muster

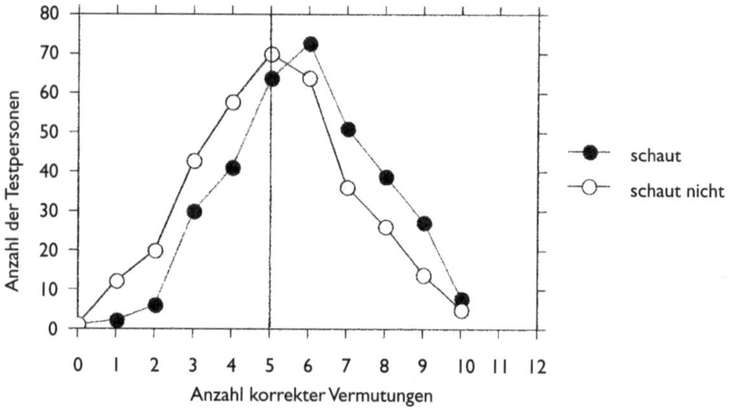

Abbildung 11.3 Die Trefferverteilung bei Blick- und Nicht-Blick-Versuchen in Schulen in Connecticut (Daten aus Sheldrake, 1999b). Die senkrechte Koordinate zeigt die Anzahl der Testpersonen an, die eine bestimmte Trefferzahl erzielten, die waagrechte Koordinate die Anzahl der richtigen Vermutungen aus 10. Die senkrechte Linie gibt die Durchschnittstrefferzahl an, die auf der Basis eines zufälligen Ratens zu erwarten war, nämlich 5 von 10.

an positiven Ergebnissen aufweist wie meine eigenen Experimente und die vieler anderer unabhängiger Experimentatoren.

Diese Ergebnisse beweisen, dass die bessere Leistung von Testpersonen in Blick-Versuchen nicht von einer Minderheit besonders sensibler Testpersonen abhängt, sondern vielmehr eine allgemeine Tendenz darstellt. Testpersonen erzielen mehr Treffer, wenn sie angeschaut werden, als wenn sie nicht angeschaut werden. Dies wird detaillierter sichtbar an der genauen Verteilung der Trefferquoten der Testpersonen (Abb. 11.3). Bei den Kontrollversuchen erreichte die Verteilungskurve einen Spitzenwert bei 5 von 10 möglichen Treffern, also beim Zufallslevel. Bei den Blick-Versuchen verschob sich die gesamte Kurve nach rechts, und der Spitzenwert lag bei 6 von 10 möglichen Treffern.

Warum gibt es einen so auffallenden Unterschied zwischen den Blick- und den Nicht-Blick-Versuchen? Wenn Menschen tatsächlich tendenziell wissen, wann sie angeschaut werden, dann würden sie in der Tat eher Recht haben, wenn sie angeschaut werden.

Im Gegensatz dazu werden die Testpersonen bei den Kontrollver-

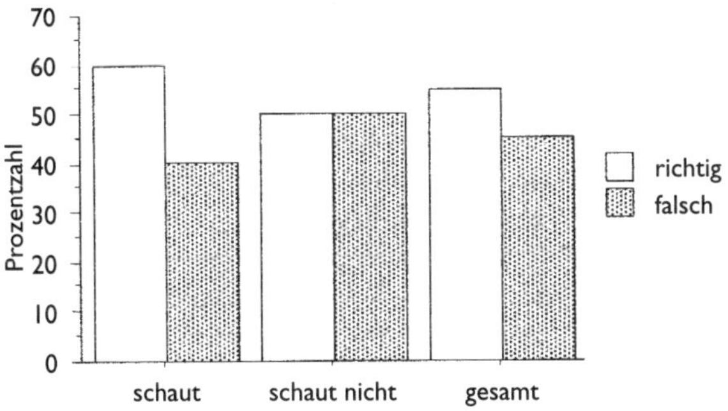

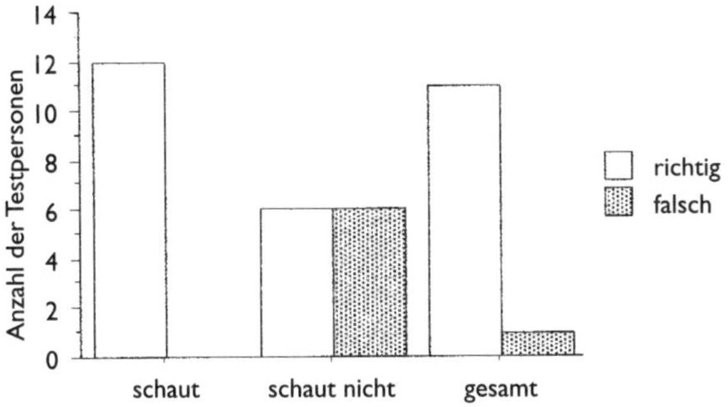

Abbildung 11.4 Die Ergebnisse von Blick-Experimenten von John Colwell und seinen Kollegen an der Middlesex University, die auf die gleiche Weise wie in Abbildung 11.1 dargestellt sind. Die obere Tabelle zeigt die Prozentzahlen der richtigen und falschen Vermutungen, die untere Tabelle die Anzahl der Testpersonen, die häufiger Recht als Unrecht bzw. häufiger Unrecht als Recht hatten. (Daten aus der Tabelle 1 von Colwell u.a., 2000, und zwar für Versuche, bei denen die Testpersonen ein Feedback erhielten.)

suchen nicht angeschaut. Sie werden also aufgefordert, das Fehlen eines Effekts wahrzunehmen – also etwas, was unter realen Bedingungen nie vorkommt. Und so waren denn auch unter den Versuchsbedingungen die Ergebnisse nicht besser, als es nach dem Zufallsprinzip zu erwarten war – die Testpersonen rieten einfach.

Interessanterweise zeigen die überaus positiven Ergebnisse bei ausgewählten und erfahrenen Testpersonen nicht nur, dass manche Menschen bessere Trefferquoten erzielen als andere, sondern dass man seine Trefferquoten mit einiger Übung verbessern kann, und zwar sowohl bei den Blick- wie bei den Nicht-Blick-Versuchen. Anfänger neigen zwar dazu, die besten Treffer bei Blick-Versuchen zu erzielen und bei Nicht-Blick-Versuchen nicht über den Zufallslevel hinauszukommen (Abb. 11.4), doch wer wiederholt getestet wird und ein Feedback bekommt, wird sich bei beiden Versuchsarten eher verbessern. Es ist anscheinend möglich, den Unterschied zwischen dem Angeschautwerden und dem Nichtangeschautwerden zu erlernen.

Lassen sich die Ergebnisse als Kunstprodukte erklären?

Diese einfachen Experimente scheinen zu gut, um wahr zu sein. Sie liefern wiederholbare positive Effekte. Sie kosten praktisch nichts. Sie sind so simpel, dass selbst ein Kind sie machen kann, und tatsächlich haben bereits viele Kinder sie durchgeführt.

Als mir zum ersten Mal aufging, dass diese Experimente durchweg positive Ergebnisse lieferten, erwartete ich natürlich, dass dogmatische Skeptiker sich skeptisch darüber äußern würden. Bald erfuhr ich, dass auch Parapsychologen skeptisch waren. Einige waren überzeugt davon, dass paranormale Phänomene schwach, unvorhersehbar und flüchtig seien, und wollten einfach nicht glauben, dass ein so simples Experiment wie dieses ständig positive Ergebnisse liefern könnte. Ja, auch ich selbst war skeptisch. Vielleicht hatte ich ja irgendeine fatale Schwachstelle übersehen. Ließen sich diese Ergebnisse durch subtile sinnliche Hinweise erklären? Oder konnten sie Kunstprodukte sein, die aus Fehlern in den Verfahrensweisen entstanden?

Erstens konnte es die Möglichkeit geben, dass Testpersonen dazu neigten, bei den meisten Versuchen «blickt» zu sagen, und zwar aufgrund irgendeiner angeborenen Vorliebe dafür, «blickt» zu sagen. Dies würde dazu führen, dass Testpersonen bei Blick-Versuchen scheinbar erfolgreich wären. Aber zugleich wären sie dann bei Nicht-Blick-Versuchen gleichermaßen erfolglos, und diese Effekte würden sich gegenseitig aufheben. Ich möchte dies an einem extremen Beispiel verdeutlichen. Wenn eine Testperson bei allen 20 Versuchen Ja sagt, hätte sie 10 Mal Recht bei den 10 Blick-Versuchen und 10 Mal Unrecht bei den

10 Nicht-Blick-Versuchen. Die Gesamttrefferquote betrüge 10 von 20 möglichen Treffern oder 50 Prozent – das Ergebnis also, das nach dem Zufallsprinzip zu erwarten ist. Tatsächlich aber wurden die positiven Trefferquoten bei den Blick-Versuchen nicht durch negative Trefferquoten bei den Nicht-Blick-Versuchen aufgehoben. Vielmehr lagen die Treffer bei den Nicht-Blick-Versuchen auf dem Zufallslevel, und die Gesamttrefferquoten aus Blick- und Nicht-Blick-Versuchen waren positiv (Abb. 11.1).

Zweitens schnappten vielleicht einige Testpersonen unbewusste sinnliche Hinweise vom Beobachter auf, indem sie etwa hörten oder spürten, wie der Beobachter bei den Blick-Versuchen anders atmete als bei den Nicht-Blick-Versuchen. Oder manche Testpersonen hatten vielleicht sogar gemogelt, indem sie verstohlen geschaut hatten, was der Beobachter gerade tat. Oder manche Beobachter konnten der Testperson heimlich signalisiert haben, dass sie gerade schauten oder nicht schauten.

Dies sind alles denkbare Möglichkeiten, die durchaus den hoch signifikanten Erfolg bei den Blick-Versuchen erklären könnten. Aber sie können nicht erklären, warum es durch Mogeln oder subtile Hinweise nicht möglich gewesen wäre, die Testpersonen wissen zu lassen, wann sie nicht angeschaut wurden. Durch Mogeln beispielsweise hätten die Trefferquoten bei Blick- und Nicht-Blick-Versuchen gleich hoch sein müssen. Doch das vorliegende Ergebnismuster spricht entschieden gegen diese Möglichkeiten. Aber um noch sicherer zu gehen, mussten diese Möglichkeiten so rigoros wie möglich getestet werden.[18]

Ich führte eine neue Reihe von Experimenten durch, in denen den Testpersonen die Augen verbunden wurden, wobei ich solche Augenbinden verwendete, wie sie Fluggesellschaften ihren Passagieren zum Schlafen zur Verfügung stellen. Solche Binden verhindern ein verstohlenes Schauen und eliminieren Hinweise vom peripheren Gesichtsfeld. Auch wenn den Testpersonen die Augen verbunden wurden, ergaben sich keine signifikanten Unterschiede in den Ergebnissen.[19] Um sicher zu sein, benutze ich seit 1997 bei meinen Experimenten ständig Augenbinden und nahm auch die Verwendung von Augenbinden in die auf meiner Webseite beschriebenen Standardverfahren auf.

Um zu verhindern, dass die Testpersonen lernten, wie sie subtile sinnliche Hinweise aufschnappen könnten, bekamen sie kein Feedback – sie wussten also nicht, ob ihre Vermutungen richtig oder falsch waren, bevor sie nicht alle 20 Versuche abgeschlossen hatten. Auch ohne Feedback waren die Ergebnisse noch immer positiv und statistisch gesehen hoch signifikant.[20]

Um mögliche Hinweise durch Laute oder Gerüche auszuschalten, wurden die Experimente durch geschlossene Fenster durchgeführt. Die Beobachter befanden sich drinnen und die Testpersonen mit verbundenen Augen draußen, und zwar bis zu 100 Meter entfernt, den Rücken dem Fenster zugekehrt. Außerdem bekamen die Testpersonen kein Feedback. Auch in diesem Fall waren die Ergebnisse positiv und statistisch gesehen hoch signifikant.[21]

Meine eigenen positiven Ergebnisse bei Versuchen mit Augenbinden, ohne Feedback und mit Beobachtern und Testpersonen, die durch geschlossene Fenster voneinander getrennt waren, sind inzwischen von anderen Forschern in Europa und den USA unabhängig wiederholt worden.[22] Diese Ergebnisse untermauern noch mehr die Tatsache, dass es das Gefühl des Angestarrtwerdens gibt.

Skeptische Forscher, die Blick-Experimente anhand meiner eigenen Verfahren durchführten, erhielten positive, statistisch gesehen signifikante Ergebnisse, die ganz mit meinen eigenen Ergebnissen übereinstimmen (Abb. 11.4). Ich werde auf diese Ergebnisse ausführlich in Anhang B eingehen.

Das Amsterdamer Experiment

Das größte Experiment, das jemals in Verbindung mit dem Gefühl des Angestarrtwerdens durchgeführt wurde, findet seit 1995 in Amsterdam in den Niederlanden statt. Über 18 700 Beobachter-Testperson-Paare haben bislang daran teilgenommen, und die statistische Signifikanz der positiven Ergebnisse ist astronomisch: Die Wahrscheinlichkeit, dass sie auf Zufall beruhen, liegt bei eins zu 10^{376}. Eine derartige Zahl übersteigt jede Vorstellung.

Auf der Grundlage meiner Vorschläge haben Diana Issidorides und ihre Kollegen am NEMO, einem Wissenschaftsmuseum in Amsterdam, ein raffiniertes Computerverfahren entwickelt, das das Experiment wie ein Spiel aussehen lässt, mit bewegten Grafiken und Anleitungen. Sie haben eine ausgeklügelte, aber benutzerfreundliche statistische Methode angewendet,[23] die der Testperson ein sofortiges Feedback hinsichtlich ihrer Leistung vermittelt.

Beim Amsterdamer Experiment sitzt der Beobachter hinter der Testperson und wird durch ein Signal auf dem Computerbildschirm angewiesen, ob er schauen oder nicht schauen soll. Bei jedem Versuch spricht die Testperson ihre Vermutung aus, und der Beobachter gibt das Ergebnis in den Computer ein. Je nach der Anzahl der richtigen oder falschen Vermutungen, und zwar nach maximal 30 Versuchen, verkündet der Computer, ob die Testperson «Augen im Hinterkopf hat» oder nicht.

Das statistische Programm wurde so angelegt, dass 20 Prozent der Teilnehmer als «Menschen mit Augen im Hinterkopf» eingestuft würden, falls alle einfach willkürlich rieten. Entgegen dieser Zufallserwartung von 20 Prozent hatten tatsächlich zwischen 32 und 41 Prozent der Testpersonen «Augen im Hinterkopf».[24] Die erfolgreichsten Testpersonen waren Jungen unter 8 Jahren, am wenigsten sensibel waren überraschenderweise Mädchen zwischen 9 und 16 Jahren (Tab. 11.1).

Tabelle 11.1 Prozentzahl der Personen im Amsterdamer Blick-Experiment, die «Augen im Hinterkopf» hatten. Die nach der Wahrscheinlichkeit zu erwartende Prozentzahl als Ergebnis eines willkürlichen Ratens lag bei 20. Bis März 2002 betrug die Gesamtzahl der Teilnehmer 18 793.

Alter	unter 8	9–16	über 17
Männlich	41	37	35
Weiblich	38	32	33

Experimente zu den Effekten des Anstarrens durch Spiegel

Viele Menschen stellen fest, wenn sie jemanden in einem Spiegel anstarren (zum Beispiel in einer Bar), dreht sich die Person vielleicht um und sieht sie im Spiegel an. Das bedeutet, dass das Gefühl des Angestarrtwerdens von der Richtung abhängt, aus der der Blick kommt, selbst wenn er reflektiert wird.

Meine Kollegen und ich haben erste Forschungen über die Effekte des Anstarrens durch Spiegel ausgeführt. Bei den ersten Testreihen glich das Verfahren den oben beschriebenen normalen Blick-Experimenten, aber der Beobachter und die Testperson saßen in benachbarten Räumen statt im selben Raum. Sie konnten einander nicht direkt sehen. Aber die Verbindungstür stand offen, und ein Spiegel wurde so in die Türöffnung gestellt, dass der Beobachter durch ihn den Rücken der Testperson sehen konnte (Abb. 11.5). Die Testperson trug eine Augenbinde. Wie üblich schaute der Beobachter in einer zufälligen Abfolge von 20 Versuchen die Testperson entweder an oder nicht an. Die Ergebnisse fielen ganz ähnlich aus wie die bei normalen Blick-Versuchen und belegten, dass die Testpersonen tatsächlich sagen konnten, wann sie durch Spiegel angeschaut wurden.[25]

Dann führte ich ein anderes Experiment mit Spiegeln durch, um zu testen, ob die Testpersonen wahrnehmen konnten, aus welcher Richtung der Blick kam. Der Beobachter saß hinter der Testperson, der die Augen verbunden waren, im selben Raum, in dem zwei Spiegel auf beiden Seiten symmetrisch angebracht waren (Abb. 11.5). Bei jedem Test schaute der Beobachter die Testperson an, aber entweder durch den Spiegel links oder durch den Spiegel rechts, und zwar in einer willkürlichen Abfolge von 20 Versuchen. Das bedeutete, dass der Kopf der Testperson entweder von rechts oder von links angeschaut wurde. Die Testperson musste nun raten, von welcher Seite sie angeschaut wurde, und die Vermutung durch Heben des rechten oder linken Arms signalisieren. Die Vermutungen waren entweder richtig oder falsch, und die Wahrscheinlichkeitsrate, dass es reiner Zufall war, betrug 50 Prozent.

In den Tests, die ich mit meinen Söhnen durchführte, die damals 10 und 8 Jahre alt waren, wechselten wir uns als Beobachter und Testpersonen ab. Eine signifikante Mehrheit der Vermutungen war richtig.[26] Das gleiche Experiment, das auf meinen Wunsch hin in einem deutschen Frauengefängnis durchgeführt wurde, lieferte ebenfalls signifikante positive Ergebnisse.[27] Somit bestätigen diese ersten Experimente die Beobachtung, dass Menschen die Richtung wahrnehmen können, aus der ein Blick kommt (siehe 1. Kapitel), selbst wenn er durch einen Spiegel reflektiert wird.

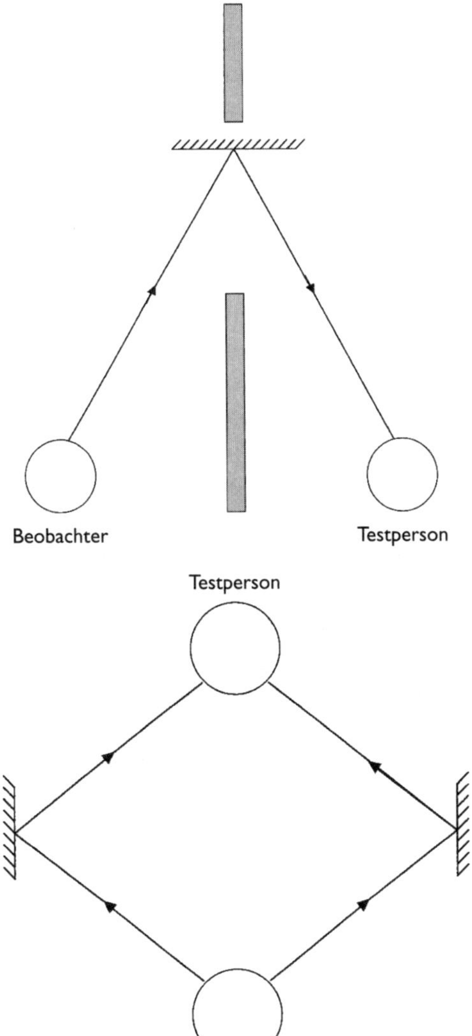

Abbildung 11.5 Schemata der Positionen von Beobachtern und Testpersonen bei Experimenten mit Spiegeln. Oben: Der Beobachter schaut die Testperson durch einen Spiegel im Türrahmen an. Unten: Der Beobachter schaut die Testperson durch einen Spiegel an der linken oder an der rechten Wand an. Die Testperson muss raten, von welcher Seite der Blick kommt.

Blick-Experimente mit versteckten Beobachtern

Die Experimente, die ich bislang dargestellt habe, sind sehr künstlich. Im Alltagsleben wissen Menschen nicht im Voraus, dass jemand sie von hinten nach einer zufällig festgelegten Abfolge anschauen oder nicht anschauen wird. Um Tests unter natürlicheren Bedingungen durchzuführen, mussten sich die Beobachter verstecken, und die Testpersonen wussten nicht, dass sie beobachtet wurden. Ich habe ein derartiges Experiment im Sendezentrum der BBC in London für eine Fernsehsendung über unerklärte Phänomene durchgeführt.[28] Die Testpersonen gehörten einem Publikum an, das darauf wartete, in ein Studio zu einer Quizshow zu gehen. Die Beobachter waren ich selbst, die Präsentatorin Carol Vorderman und vier weitere Personen, darunter ein Mitglied des BBC-Karateclubs. Wir befanden uns in einem Büro, das Einblick in den Vorraum bot, in dem die Leute auf einer Treppe mit dem Rücken zu uns warteten. Wir waren für die Testpersonen unsichtbar, da das Bürofenster aus dunklem Glas bestand und das Licht im Büro ausgeschaltet war.[29] Eine Videokamera lief ständig, und in einer willkürlichen Abfolge von einminütigen Phasen starrten wir entweder Leute in der Menge von hinten an oder schauten überhaupt nicht hin.

Während der Blick-Phasen sahen wir ziemlich oft, wie sich Leute umdrehten und direkt die dunklen Scheiben anschauten, durch die wir sie anstarrten. Als wir sie anschließend befragten, stellte sich interessanterweise heraus, dass keinem der Befragten bewusst war, dass er sich umgedreht oder das Gefühl gehabt hatte, angeschaut zu werden. Wenn wir uns nicht versteckt hätten und sie Blickkontakt gehabt hätten, wäre ihnen natürlich sofort bewusst gewesen, dass wir sie anschauten.

Das Video wurde von einem unabhängigen Gutachter analysiert, der nicht wusste, welche der einminütigen Phasen Blick-Phasen waren und welche nicht. Auch während der Nicht-Blick-Phasen drehten sich einige Leute um, um sich umzuschauen oder mit jemandem hinter ihnen zu reden. Aber während der Blick-Phasen drehten sich mehr Leute um als während der Nicht-Blick-Phasen – 27 gegenüber 12. Dieser Unterschied ist statistisch gesehen signifikant und bestätigt die Vorstellung, dass einige Testpersonen tatsächlich auf das Starren der verborgenen Beobachter reagierten. Die gleiche experimentelle Methode lässt sich bei nichtmenschlichen Versuchsobjekten anwenden. Zwei derartige

Experimente wurden bereits mit Vögeln praktiziert. Das erste wurde von fünf italienischen Kunststudenten in einem Vogelpark namens La Selva bei Rom durchgeführt, im Rahmen einer Konferenz über Wissenschaft und Kunst. Die Studenten versteckten sich in der Nähe eines Sees in Büschen, von wo aus sie durch Feldstecher Gänse am Ufer beobachten konnten. Die Gänse wurden ständig gefilmt. Das Experiment fand während einer Phase statt, in der sich die Vögel ausruhten. Während der dreiminütigen Beobachtungsphasen nahm sich jeder der fünf Studenten eine andere Gans vor, während der dreiminütigen Nicht-Beobachtungsphasen sahen sie gar nicht hin. Eine Analyse des Videos ergab, dass während der Blick-Phasen in zehn Fällen Gänse aufwachten und zu den versteckten Beobachtern hinschauten, während dies in den Nicht-Blick-Phasen nur drei Mal geschah.[30]

Ein anderes Vogelexperiment war weniger erfolgreich. Mehrere Vogelbeobachter hatten mir berichtet, dass Mitglieder der Krähenfamilie, insbesondere Raben, außergewöhnlich sensibel reagierten, wenn sie angestarrt wurden. Mit Hilfe von Tony Cross, einem erfahrenen Naturforscher, arrangierte ich eine Reihe von Tests mit Raben, um diese Beobachtung experimentell zu untersuchen.

Wir stellten einen Verschlag am Rand einer großen Mülldeponie mitten in Wales auf, wo sich am frühen Morgen und Abend hunderte von Raben versammelten, um sich an dem reich gedeckten Tisch satt zu futtern. Wir ließen den Verschlag zwei Wochen lang stehen, so dass sich die Vögel daran gewöhnen konnten. Dann trotzten wir Unrat und Gestank und richteten uns im Verschlag vor der Morgendämmerung oder am Nachmittag ein, bevor die Raben zu ihrem Abendbrot kamen. Nachdem die Vögel eingetroffen waren und zu fressen begannen, schauten wir die Raben in einem bestimmten Bereich der Mülldeponie während einminütiger Phasen intensiv an und schauten während einminütiger Kontrollphasen weg, während wir die Vögel ständig mit der Videokamera filmten. Leider waren so viele Raben da, und es herrschte eine so hektische Aktivität, dass sich unmöglich irgendwelche Unterschiede wahrnehmen ließen, die durch unser Schauen verursacht worden sein konnten – das Experiment erbrachte keine Ergebnisse. Bei künftigen Experimenten dieser Art wäre es wichtig, Situationen ausfindig zu machen, in denen die zu beobachtenden Vögel ruhig und nicht geschäftig und aufgeregt sind.

Experimente mit Hilfe von Fernsehüberwachungsanlagen

Seit den späten achtziger Jahren nimmt das Interesse für das Gefühl des Angestarrtwerdens bei Parapsychologen zu. Sie haben ein ausgeklügeltes experimentelles Verfahren mit Hilfe von Fernsehüberwachungsanlagen entwickelt, wobei sich die Testpersonen und die Beobachter in getrennten Räumen befinden. Die Testpersonen wurden nicht aufgefordert zu raten, ob sie angeschaut wurden oder nicht. Stattdessen durften sie sich entspannen, während ihr Hautwiderstand wie bei Lügendetektortests automatisch registriert wurde. Das Verfahren ähnelte dem in Experimenten über die Auswirkungen von Absichten, die im 2. Kapitel dargestellt wurden (S. 79 ff.), nur dass in diesen Tests die Agenten die Testpersonen auf Fernsehmonitoren anschauten, während bei den Intentions-Experimenten die Agenten ihre Absicht auf die Testpersonen konzentrierten, ohne deren Bild zu sehen.[31]

Ein Vorzug dieser Fernsehüberwachungs-Experimente besteht darin, dass sie auf unbewussten physiologischen Reaktionen statt auf bewusstem Raten beruhen. Ein weiterer Vorteil: Sie schließen eindeutig die Möglichkeit aus, dass die Reaktionen der Testpersonen durch subtile sinnliche Hinweise seitens des Beobachters verursacht werden. Wenn sich der Beobachter in einem weit entfernten Raum befindet, sind keine derartigen Hinweise möglich.

Die meisten dieser Experimente sind erfolgreich gewesen und haben statistisch gesehen signifikante positive Ergebnisse geliefert.[32] Der Hautwiderstand der Testpersonen veränderte sich signifikant, wenn sie angeschaut wurden, selbst wenn sie sich dessen nicht bewusst waren. Ich gehe auf diese Forschungen ausführlicher in Anhang B ein.

Schlussfolgerungen

Die Wirklichkeit des Gefühls, angestarrt zu werden, wird durch experimentelle Forschungen nachhaltig belegt. Der Blick wirkt auch dann noch, wenn er durch Fenster dringt und durch Spiegel reflektiert wird. Die Testpersonen können wahrnehmen, aus welcher Richtung sie angestarrt werden, was auch der Alltagserfahrung entspricht. Blicke beeinflussen Menschen sogar durch Fernsehüberwachungsanlagen – selbst dann, wenn ihnen nicht bewusst ist, dass sie angeschaut werden.

Auf diesem Forschungsgebiet gilt es noch vieles zu entdecken. Können die meisten Menschen zum Beispiel durch Übung effektiver oder sensibler werden? Welche Menschen sind am effektivsten als Beobachter oder am sensibelsten als Testpersonen? Üben mehrere Beobachter eine stärkere Wirkung aus als einer? Spielt die Entfernung zwischen dem Beobachter und der Testperson eine entscheidende Rolle? Wissen Menschen, wann sie in Fernsehsendungen angeschaut werden? Die meisten dieser Experimente ließen sich sehr kostengünstig durchführen, und einige wären ideale Schüler- und Studentenprojekte. (Zu den Details siehe Anhang A.)

Dass wir noch immer so wenig über das Gefühl des Angestarrtwerdens wissen, liegt nicht daran, dass die Erforschung dieses Themas besonders schwierig oder teuer wäre, sondern weil mächtige Tabus das Denken und die Forschung behindern. Diese Tabus entstanden hauptsächlich aus zwei Gründen.

Erstens wird die Kraft des Blicks in vielen traditionellen Gesellschaften für selbstverständlich gehalten und oft mit einem Glauben an den bösen Blick verbunden. Dieser Glaube wird von Rationalisten als Aberglauben abgetan und daher per definitionem als indiskutabel für den rationalen Diskurs betrachtet.

Zweitens schließt die in der westlichen Wissenschaft seit fast 400 Jahren geltende Theorie des Sehens die Möglichkeit aus, dass Blicke beeinflussen können, was angeblickt wird. Darum ist das Gefühl des Angestarrtwerdens theoretisch unmöglich.

Wenn das Gefühl des Angestarrtwerdens real ist, wie es den Anschein hat, dann stellt es einige der fundamentalen Doktrinen des Rationalismus in Frage, wie ich im folgenden Kapitel darlegen werde. Es zieht auch die wissenschaftliche Standardtheorie des Sehens entschieden in Zweifel, wie ich im 13. Kapitel zeigen werde. Es verweist auf nichts Geringeres als auf ein neues Verständnis der Natur des Geistes.

12. Der böse Blick und die Entstehung des Rationalismus

In vielen traditionellen Gesellschaften glaubt man, dass Blicke andere Menschen beeinflussen können. Negative Auswirkungen werden dem bösen Blick zugeschrieben – er soll Krankheiten und Unglück bewirken. Kleine Kinder, Vieh, Feldfrüchte, Häuser, Autos – einfach alles, was ein Objekt des Neids sein kann, soll vom bösen Blick beeinflusst werden.

Auch die positiven Effekte von Blicken, insbesondere von liebevollen Blicken, sind allgemein bekannt. In Indien suchen viele Menschen heilige Männer und Frauen auf wegen ihres *darshan*, also buchstäblich wegen ihres Blickes, der große Segnungen übertragen soll.

Früher hielt man den bösen Blick für eine Form der «Faszination», für eine Verzauberung durch die Augen, nach dem lateinischen *fascinare* «behexen». Der ursprüngliche Sprachgebrauch ist noch im Zusammenhang mit der legendären Kraft von Schlangen erhalten, die Vögel durch ihren Blick erstarren lassen können. In der Mythologie der alten Griechen verwandelte der wilde Blick der schlangenhaarigen Medusa Menschen in Stein. Die Maske der Medusa, auch Gorgonenhaupt genannt, befand sich auf dem Schild der Göttin Athene und signalisierte ihre Furcht einflößende Macht.

Auch einer der Gründerväter der modernen Naturwissenschaften, Francis Bacon, hat sich Gedanken über den bösen Blick gemacht. Die folgende Passage stammt aus seinem Essay *On Envy* («Über den Neid»), der 1625, ein Jahr vor seinem Tod, erschien:

> «Es ist bekannt, dass unter den Leidenschaften keine dermaßen fesseln oder bezaubern wie Liebe und Neid. Beiden ist heftiges Verlangen eigen; sie geben sich leicht phantastischen Vorstellungen hin; sie fallen sofort ins Auge, namentlich in Anwesenheit ihres Gegenstandes, der die Verzauberung vorruft, wenn anders es keine

gibt. Wir lesen auch, wie die Heilige Schrift den Neid ein ‹Schalksauge› nennt. … So scheint man allgemein anzuerkennen, dass das Auge in dem Akt des Neides etwas aussendet oder ausstrahlen lässt, ja, besonders aufmerksame Leute haben sogar beobachtet, dass der Zeitpunkt, in dem der Stich oder Stoß eines neidischen Auges am heftigsten verletzt, derjenige ist, wo der Beneidete in Glanz und Größe erblickt wird, denn das schärft den Neid besonders.»

Nun ist zwar der Neid die Emotion, die am häufigsten mit dem bösen Blick verbunden wird, doch auch andere negative Gefühle wie Eifersucht und Zorn sollen sich auf andere Menschen durch die Augen auswirken – «Sie durchbohrte ihn mit ihren Blicken», lautet eine beliebte Formulierung in spannenden Romanen.

Für manche Gelehrte ist der Glaube an den bösen Blick praktisch überall verbreitet. So schrieb der Ägyptologe Wallis Budge: «In keinem Teil der Welt zweifelt man daran, dass sein Einfluss existiert, und der Glaube daran ist zweifellos urtümlich und universal. Darüber hinaus enthält jede alte wie moderne Sprache ein Wort oder einen Ausdruck, das oder der so viel wie ‹böser Blick› bedeutet.»

Allerdings gibt es einige moderne Gesellschaften, in denen dieser Glaube mehr oder weniger ausgestorben ist, etwa in England. Und es gibt durchaus Teile der Welt, in denen er keineswegs eine so dominante Rolle spielt, wie Budge meinte. Einige Gelehrte behaupten, dass er in den Eingeborenenkulturen von Nord- und Südamerika fast fehlt[1] und dass er im Afrika südlich der Sahara, bei den Aborigines in Australien und in Ozeanien nur selten vorkommt.[2]

Aber selbst wenn der Glaube an den bösen Blick nicht universal ist, so ist er doch sehr weit verbreitet und sehr alt. Anspielungen auf die Macht der Faszination finden sich in sumerischen Quellen aus dem dritten Jahrtausend v. Chr., in assyrischen Dokumenten ebenso wie im antiken Griechenland und Rom. Vom bösen Blick ist wiederholt in der Bibel die Rede, mehr noch im Talmud und in den Midraschim der Juden. Er kommt in nordischen Epen, irischen und schottischen Mythen und vielen anderen europäischen Literaturen vor.

Der Glaube an den bösen Blick ist auch in der islamischen Welt sehr verbreitet. Der Prophet Mohammed billigte den Gebrauch von Talismanen dagegen.[3] Mehreren Koranversen wird eine Schutzwirkung zugeschrieben, besonders dem Gebet um Schutz in der 113. Sure: «Ich nehme Zuflucht zum Herrn der Morgenröte … vor dem Übel der zaubernden Knotenbläserinnen und vor dem Übel des Neiders, wenn er neidet.» In der griechisch-orthodoxen Kirche gibt es mehrere offiziell erlaubte Gebete zur Abwehr gegen den bösen Blick und um den Schutz der Engel gegen ihn. Der Glaube an den bösen Blick und an die destruktive Kraft des Neides ist noch immer in Südeuropa, in der ganzen islamischen Welt, in Indien und in vielen anderen Ländern sehr verbreitet.

Wer an den bösen Blick glaubt, geht im Allgemeinen davon aus, dass manche Menschen den bösen Blick mehr als andere haben und dass sich einige dieser Menschen der Macht, die sie ausüben, vielleicht gar nicht bewusst sind. Aber auch wenn die Kraft des Blicks individuelle Unterschiede aufweist, werden alle Blicke durch den Neid gefährlicher. Da der Neid mit Lob und Bewunderung eng verknüpft ist, werden auch diese gefürchtet.

Ich selbst habe die Macht dieser Anschauungen ein wenig kennen gelernt, als ich in Südindien lebte und an einem internationalen landwirtschaftlichen Forschungsinstitut bei Hyderabad tätig war.[4] Ein paar Wochen nach meiner Ankunft wurde ich von einem leitenden Regierungsbeamten, einem Muslim, nach Hause zum Abendessen eingeladen. Während wir Whisky mit Soda tranken, äußerte ich Komplimente über eines der Bilder, die an der Wand hingen, und zu meinem Erstaunen nahm es mein Gastgeber sofort vom Haken und schenkte es mir. Nur mit großer Mühe gelang es mir, es ihm zurückzugeben.

Eine oder zwei Wochen später bewunderte ich bei einem anderen geselligen Beisammensein die Krawatte eines indischen Bekannten. Er nahm sie ab und gab sie mir, wobei er ebenso freundlich wie unglaubwürdig sagte: «Ich habe sie für dich gekauft.» Es war gar nicht so einfach, dieses Geschenk abzulehnen.

Aufgrund dieser und anderer Erlebnisse wurde mir klar, dass Lob oder Bewunderung oft gesellschaftlich peinliche Folgen haben kann. Zunächst nahm ich an, das müsse etwas mit einem übertriebenen Sinn für Gastfreundschaft oder einer übertriebenen Bescheidenheit zu tun haben, aber bald merkte ich, dass mehr dahinter steckte. Etwas zu loben oder zu bewundern bedeutet offenbar, dass man es haben will oder seinen Besitzer darum beneidet, und daher kann man durch Faszination oder den bösen Blick Unglück bringen.

Eines der besten Gegenmittel gegen das Lob ist die Großzügigkeit. Indem man jemandem gibt, was er bewundert, entschärft man seinen Neid. Das funktioniert natürlich nur begrenzt. Zum Beispiel gilt das nicht bei Kindern, die man dem, der sie lobt, schließlich nicht einfach geben kann.

Am schlimmsten ist die Bewunderung von Babys. So berichtet der römische Schriftsteller Plinius davon, dass eine Amme, die ein Baby versorgt, ihm drei Mal ins Gesicht spuckt, um es zu schützen, falls ein Fremder es erblickt, besonders wenn es gerade schläft.[5] In der Türkei werden Babys angespuckt, wenn jemand sie bewundernd anschaut. «Türkische Frauen geben [dem Baby] beleidigende und falsche Beinamen in allen Situationen, die Lob oder Bewunderung provozieren könnten, um dem mutmaßlichen Übelwollen oder der Bösartigkeit entgegenzuwirken, die hinter den honigsüßen Worten des Lobredners stecken könnten.»[6] Einem ähnlichen Verhalten begegnet man an vielen anderen Orten. Bis ins 19. Jahrhundert war es in Schottland weit verbreitet.

Ich selbst habe festgestellt, dass diese Anschauungen in Indien noch immer sehr stark vorherrschen. Einmal besuchte ich zusammen mit einer Amerikanerin eine mir bekannte Familie in einem Dorf in Tamil Nadu. Im Haus gab es ein Baby, und meine Begleiterin wollte gar nicht mehr aufhören zu schwärmen, wie niedlich und süß es doch sei, ohne zu merken, welche Besorgnis sie damit auslöste. Rasch wurde das Baby weggebracht. Später erfuhr ich, dass die Familie unbedingt ein spezielles Ritual mit besonderen Mantras innerhalb eines Salzkreises absolvieren musste, um den Kleinen vor den unheilvollen Folgen dieser Bewunderung zu schützen. Am meisten gefürchtet wird das Lob kinderloser Frauen, da man glaubt, dass sie am ehesten dazu neigen, andere Frauen um ihre Kinder zu beneiden.

Auch Feldfrüchte werden für schadensanfällig gehalten. Auf den Feldern in Tamil Nadu stülpen die Bauern oft Tontöpfe auf Stöcke. Die Töpfe sind mit großen, augenähnlichen Flecken bemalt, um die Felder gegen den bösen Blick zu schützen.

Auf einer Busfahrt von Tiruchirapalli nach Tanjore kam mir zum ersten Mal der Gedanke, die Wirksamkeit solcher traditionellen Praktiken experimentell zu testen. Ich unterhielt mich mit einem jungen indischen Wissenschaftler. Als ich ihn im Vorbeifahren auf die bemalten

Töpfe auf den Feldern hinwies, erwiderte er: «Das ist doch alles bloß Aberglaube. Nur ungebildete Menschen glauben daran.»

Ich fragte mich, warum er so sicher sein konnte, dass diese Praktiken völlig unwirksam wären. Schließlich hatte es dazu noch keine kontrollierten Experimente gegeben. Tragen bemalte Töpfe zum Schutz der Felder bei oder nicht? Darüber gab es keine Daten. Stattdessen stellte sich bei unserer Unterhaltung heraus, dass hier zwei Glaubenssysteme miteinander im Konflikt lagen, nämlich Tradition und Rationalismus. Mein Begleiter war gespalten. Bei der Arbeit war er ein professioneller Wissenschaftler und Rationalist. Zu Hause, im Milieu seiner Hindufamilie, war er Traditionalist.

Wir überlegten, wie sich durch einen Test ermitteln ließe, ob diese bemalten Töpfe irgendeine messbare Wirkung hätten, und dachten uns ein Experiment aus. Wenn es auf der einen Hälfte der Felder entlang der Straße die üblichen schützenden Töpfe mit den Augenflecken gäbe und auf der anderen Hälfte nicht, wäre dann irgendein Unterschied im Ertrag pro Hektar oder im Auftreten von Ungeziefer und Krankheiten festzustellen? Die Felder würden natürlich willkürlich für die Stichproben ausgewählt werden; das Experiment würde auf dem Zufallsprinzip basieren und ließe sich nach statistischen Standardmethoden analysieren.

In der Praxis wäre ein solches Experiment wahrscheinlich schwierig zu organisieren. Zufällig ausgewählte Bauern wären wohl kaum bereit, auf den traditionellen Schutz ihrer Felder gegen den bösen Blick zu verzichten, noch dazu für eine wissenschaftliche Forschung, von der sie nicht profitierten. Aber vielleicht würden sie ja daran teilnehmen, wenn sie dafür nur gut genug bezahlt würden.

Mit Hilfe der wissenschaftlichen Methode könnten wir im Prinzip über einen bloßen Konflikt von Glaubensvorstellungen hinaus gelangen. Es sollte doch möglich sein, experimentell herauszufinden, ob negative Intentionen tatsächlich das beeinflussen können, worauf sie fixiert sind, und ob insbesondere Augenflecken auf Töpfen irgendeinen messbaren Schutz für Feldfrüchte bieten, selbst wenn damit nur wilde Tiere abgeschreckt würden. Soweit ich weiß, hat es eine derartige Forschung bislang nicht gegeben.

Schützende Amulette

Menschen schützen sich auf alle möglichen Arten und Weisen gegen den bösen Blick, etwa durch Gebete und schützende Amulette, Talismane und Glücksbringer. Ein Amulett ist «ein Objekt, dem magische Kräfte innewohnen und das diese Kräfte unablässig von sich aus für die Person einsetzt, die es trägt, dafür sorgt, dass es in ihrem Haus ausliegt, oder es an einem ihrer Besitztümer befestigt, damit es sie und ihr Hab und Gut vor den Angriffen böser Geister oder vor dem bösen Blick schützt».[7] Das Wort *Talisman* wird oft anstelle von *Amulett* verwendet, aber streng genommen spielen Talismane eine speziellere und begrenztere Rolle – ein Talisman kann beispielsweise mit einem verborgenen Schatz begraben werden, um ihn zu schützen, und keine andere Funktion haben.

Viele Arten von Amuletten dienen dem Schutz vor dem bösen Blick. In Griechenland ist es häufig ein blaues Auge, das wahrscheinlich auf die Augenamulette im alten Ägypten, sowohl mit dem Auge von Osiris wie dem von Horus, zurückgeht. Auch die Phöniker, Etrusker und andere alte Völker verwendeten Augenamulette. In der heutigen Türkei sind sie weit verbreitet. Und das strahlende Auge von Horus blickt uns aus jeder Ein-Dollar-Note über dem großen Siegel der USA entgegen. Diese Verwendung falscher Augen zum Schutz gegen die räuberischen Blicke echter Augen erinnert an die schützende Rolle von Augenflecken an Schmetterlingen, Fischen und anderen Tieren (siehe Abb. 12.1).[8]

In manchen Teilen der Welt benutzt man Modelle eines Phallus oder von geballten Fäusten mit einem phallusartig gereckten Daumen, ebenso wie Mondsicheln und Hörner, Gorgonenhäupter, groteske Figuren, Kreuze, Ringe, Juwelen, Korallenperlen, Kaurimuscheln, getrocknete Schafsaugen, Stücke von Hirschhaut, Zwiebeln, Knoblauch und geschriebene Gebete oder Zaubersprüche. Im Pitt Rivers Museum in Oxford befindet sich eine große Sammlung solcher Objekte, und zwar sowohl in den offenen Schaukästen wie in einer Reihe faszinierender Schubladen darunter. Die Vielfalt ist verblüffend. Aber alle diese Objekte sollen dem gleichen Zweck dienen. Was haben sie gemeinsam?

Der griechische Autor Plutarch (etwa 45–125 n. Chr.) trug die Theorie vor, Objekte zur Abwehr von Hexerei und Verzauberung würden dergestalt funktionieren, dass sie durch ihre seltsamen oder lächerlichen Formen die Unheil bringenden Augen auf sich lenkten.[9] Ein heutiger Gelehrter gelangte zur ähnlichen Schlussfolgerung, nämlich dass Amulette als eine Art «Blitzableiter» fungieren, indem sie die Aufmerksamkeit auf sich ziehen und daher von dem ablenken, das sie schützen sollen.[10] Das Gleiche würde dann für größere Objekte gelten, die zum Schutz von Feldfrüchten verwendet werden, wie die umgestülpten Tontöpfe mit Augenflecken auf den Feldern in Südindien.

Hexerei und das Aufkommen der Skepsis

In der klassischen Antike war der Glaube an den bösen Blick sehr weit verbreitet. Es gab aber auch Skeptiker, die ihn ablehnten. Einer der Dialoge in Plutarchs *Tischgesprächen* beginnt folgendermaßen: «Einmal unterhielten wir uns bei Tisch über Menschen, die einen Zauber ausüben und einen bösen Blick haben sollen. Während alle anderen die Angelegenheit als völlig töricht ansahen und sich darüber lustig machten, erklärte Mestrius Florus, unser Gastgeber, konkrete Tatsachen würden den weit verbreiteten Glauben erstaunlicherweise bestätigen.»[11] Im 4. Jahrhundert äußerte sich der heilige Basilius über den Glauben, dass «neidische Menschen allein durch einen Blick Unglück bringen», den er ablehnte: «Ich jedenfalls weise diese Geschichten als beliebte Phantastereien und Altweibergeschwätz zurück.»[12]

In Nordeuropa und Nordamerika gilt solche Skepsis hinsichtlich des bösen Blicks inzwischen als selbstverständlich – genauso wie die Skepsis im Hinblick auf das Gefühl des Angestarrtwerdens. Normalerweise glauben die Menschen nicht, dass das Schauen an sich Verzauberungen oder Unglück bewirken könne, und daher unterscheidet es sich vom bösen Blick. Aber es ist mit dem bösen Blick verwandt, denn beides verweist auf einen geistigen Einfluss, der vom Betrachter ausgeht, um das zu beeinflussen, was er betrachtet.

Wie konnte diese Skepsis aufkommen? Ich möchte die Erörterung dieses Vorgangs auf ein einziges Land beschränken, nämlich auf England. Ich tue dies, teils weil ich selbst Engländer bin, teils weil diese Geschichte von Historikern untersucht worden ist (insbesondere von

Keith Thomas in seinem bemerkenswerten Buch *Religion and the Decline of Magic: Studies of Popular Beliefs in Sixteenth- and Seventeenth-Century England)*, und teils weil Anschauungen in England einen starken historischen Einfluss auf die Kultur von Nordamerika und die internationale Kultur der Wissenschaft gehabt haben und noch haben.

Im mittelalterlichen England wie anderswo in Europa war der Glaube an den bösen Blick weit verbreitet, und die Menschen trafen Vorkehrungen, um sich durch Gebete und Amulette gegen die «Blickverzauberung» oder «Verhexung» zu schützen. Aber gerade die Möglichkeit solcher bösartiger Einflüsse begann im 16. Jahrhundert in Frage gestellt zu werden, als viele traditionelle Anschauungen von den protestantischen Reformatoren als Aberglaube bekämpft wurden. Diese religiösen Revolutionäre waren entschieden gegen das Überleben heidnischer Praktiken, die in der römisch-katholischen Kirche überlebt hatten. Die Skepsis war ein wesentlicher Bestandteil der protestantischen Reformation, die in England um 1530 unter König Heinrich VIII. begann. Und sie entwickelte sich weiter infolge der Kontroversen über Hexerei.

Im 17. Jahrhundert gingen die englischen Puritaner in ihrem Eifer, alle mit dem Heidentum verbundenen Zeremonien und Bräuche, Aberglauben oder Magie auszumerzen, bis zum Äußersten. Manche verurteilten es bereits als heidnische Opfergabe, wenn jemand auf die Gesundheit trank. In seinen extremsten Formen entwickelte sich dieser antiheidnische Eifer zu einem skeptischen Rationalismus, der sich gegen die Praktiken der Reformierten Kirche selbst wandte. Zur Zeit der englischen Republik, also von 1645 bis 1660, prangerten einige der eifrigsten Nonkonformisten das Gebetbuch der Church of England als «Hexerei» an, und Fanatiker störten Gottesdienste und forderten den Pfarrer auf, «von seiner Hexerei, Beschwörung und Zauberei abzulassen».[13]

Im England des 16. und 17. Jahrhunderts hatten Hexenprozesse Hochkonjunktur. In manchen Teilen Europas begann die Hexenverfolgung in großem Maßstab bereits im 15. Jahrhundert, in England hingegen erst im 16. Jahrhundert, nach der protestantischen Reformation.

Im Mittelalter glaubte man in England generell, dass manche Hexen die Magie für bösartige Zwecke nutzten, andere hingegen zum Helfen und Heilen. Aber diese okkulten Kräfte lösten anscheinend keine ernsthafte Besorgnis oder Empörung aus. Bislang entdeckten die Historiker weniger als ein Dutzend Fälle von angeblichen Hexen, die in England zwischen der normannischen Eroberung im Jahre 1066 und der Reformation hingerichtet worden waren – und die meisten dieser zum Tode Verurteilten waren in Verschwörungen gegen den König oder seine Freunde verwickelt gewesen.[14] Die ersten eigentlichen Gesetze gegen Hexerei wurden 1542 erlassen, unter der Herrschaft von Heinrich VIII. Neue Vorschriften wurden 1563 unter Elisabeth I. eingeführt, und Gesetze gegen Hexerei blieben bis 1736 in Kraft. Während dieser Zeit, und zwar einschließlich der schlimmsten Exzesse von Hexenjagden in der Republik, wurden in England weniger als 1000 Menschen wegen Hexerei hingerichtet.[15] Die letzte Hinrichtung fand 1685, der letzte Prozess 1717 statt.

Bei den theologischen Argumenten, die im übrigen Europa von Katholiken gegen die Hexerei vorgetragen wurden, ging es vorwiegend um ihren angeblichen Bund mit dem Teufel. Aber diese Argumente wirkten sich auf England kaum aus, wo es bei fast allen Anschuldigungen gegen Hexen um Schaden für Leben und Besitz durch Magie, Verwünschungen und «Blickzauber» ging.[16] Dies waren die traditionellen Gründe dafür, dass Menschen Angst vor Hexen hatten, und sie hatten mit Theologie wenig zu tun. «Der Hass der Menschen auf Hexen war keine Form religiöser Intoleranz; er entsprang der Angst vor ihren feindseligen Handlungen gegenüber ihren Nachbarn, nicht der Empörung über ihren angeblichen Bund mit dem Teufel.»[17]

Doch während immer mehr Menschen der Prozess wegen Hexerei gemacht wurde, nahm die Skepsis zu, ob Hexerei überhaupt möglich sei. Manche protestantische Theologen bestritten, dass Hexen und Teufel die Kräfte haben könnten, die ihnen von den Katholiken zugeschrieben wurden, zumal derartige Meinungen von der Bibel nicht autorisiert waren. Stattdessen behaupteten sie, teuflische Geister befänden sich ausschließlich im menschlichen Geist.

Der verbreitete skeptische Standpunkt wurde bereits 1584 von Reginald Scot in seinem Buch *The Discoverie of Witchcraft* definiert. Er ermittelte vier Kategorien von Hexen. Die «Hexen» der ersten Kategorie waren überhaupt keine Hexen, sondern nur aus Bösartigkeit als solche beschuldigt worden. Die zweite Kategorie glaubte, in Kontakt mit Teufeln zu stehen, litt aber unter Wahnvorstellungen. Die dritte

Gruppe war tatsächlich bösartig und schadete heimlich ihren Nachbarn, aber nicht durch übernatürliche Kräfte, sondern vielmehr durch natürliche Mittel wie Gift. Und schließlich gab es noch die Scharlatane und Hochstapler, die das Landvolk betrogen, indem sie vorgaben, Krankheiten heilen, das Schicksal vorhersagen oder verlorene Dinge finden zu können.[18]

Die englischen Gesetze gegen Hexerei wurden 1736 aufgehoben und durch einen neuen Witchcraft Act ersetzt, der Anklagen wegen Hexerei oder Zauberei verbot. Nach dem neuen Gesetz war es auch ein Vergehen, zu behaupten, man könne Magie einsetzen, das Schicksal vorhersagen oder verlorene Dinge wieder finden. Damit wurden die Dinge auf den Kopf gestellt. Nun war es nicht mehr ein Vergehen, eine Hexe zu sein, sondern vorzugeben, eine Hexe zu sein, oder jemanden der Hexerei zu beschuldigen.[19] Diese offizielle Skepsis spiegelte die Meinung der Gebildeten wider. Gleichwohl hielt sich bei den weniger Gebildeten der Glaube an die Kraft des bösen Blicks und bösartiger Zaubersprüche. Ein solcher Volksglaube wurde als Aberglaube eingestuft. Seit dem 18. Jahrhundert wurde das Denken der Gebildeten zunehmend rationalistisch.

Es gibt einen wichtigen Unterschied zwischen Rationalität, das heißt dem Benutzen des Verstands, und Rationalismus. Der Rationalismus ist sowohl ein Glaubenssystem wie eine soziale Bewegung. Einige seiner Wurzeln lagen in der klassischen Antike und in der mittelalterlichen Scholastik. In seiner modernen Form wurde er von der protestantischen Reformation und dann von der mechanistischen Revolution in den Naturwissenschaften im 17. Jahrhundert geprägt. Er wurde der vorherrschende Geist der Aufklärung im späten 18. Jahrhundert und ist seither das typische Glaubenssystem von kapitalistischen, sozialistischen oder kommunistischen Intellektuellen. Rationalisten lehnten sowohl den Volksglauben wie viele religiöse Glaubensvorstellungen mit der Begründung ab, dass sie jeder rationalen Grundlage entbehrten.

Rationalistische Einstellungen haben einen tiefen und nachhaltigen Einfluss auf die Kultur der Wissenschaft, und rationalistische Annahmen werden normalerweise so behandelt, als wären sie selbstverständliche wissenschaftliche Wahrheiten. Tatsächlich sind daraus eher so etwas wie religiöse Dogmen geworden. Während viele Menschen die

Wissenschaft mit der rationalistischen Ideologie gleichsetzen, tun andere dies nicht, und ich gehöre auch dazu. Die Wissenschaft ist weder ein dogmatisches Glaubenssystem noch eine Ideologie – sie ist eine Forschungsmethode. In diesem Geist der Forschung können wir mit Hilfe der experimentellen Methode untersuchen, ob Phänomene wie das Gefühl des Angestarrtwerdens tatsächlich existieren. Wenn dies der Fall ist, können wir unser wissenschaftliches Verständnis der Welt erweitern. Wenn nicht, haben wir gute Gründe, sie abzutun.

Aber eine derartige Untersuchung ist an sich umstritten. Das Gefühl des Angestarrtwerdens wurde vor langer Zeit als Aberglaube eingestuft und mit einem intellektuellen Tabu belegt, einer Grenze, die nicht überschritten werden darf. Kein gebildeter Mensch möchte für abergläubisch gehalten werden, da dies ja gerade seine Behauptung, gebildet zu sein, in Frage stellen würde. Gegen dieses Tabu anzugehen ist mit einem ernsthaften Verlust des Status als Intellektueller verbunden, einer Degradierung zum Ungebildeten, Kindischen und Abergläubischen.

In England beherrscht die Skepsis gegenüber allem, was historisch mit Hexerei zusammenhängt, einschließlich aller paranormalen Kräfte, die wissenschaftliche und akademische Welt seit Generationen. Was auch immer Intellektuelle privat denken mögen – die Skepsis ist gewöhnlich ein integraler Bestandteil ihres öffentlichen Images.

Einer ähnlichen Einstellung begegnet man mittlerweile praktisch überall bei Intellektuellen. Die rationalistischen Anschauungen, die sich in Nordeuropa bildeten, sind in den Erziehungssystemen auf der ganzen Welt verbreitet. Sie wurden mit geradezu religiösem Eifer von den kommunistischen Regierungen in der Sowjetunion, in China und anderswo propagiert. In den meisten Ländern begegnet man rationalistischen Glaubensvorstellungen in ihrer ausgeprägtesten Form an Universitäten, in der Schulwissenschaft und unter Technokraten.

Jedes Land hat eine andere Geistesgeschichte, und obwohl der skeptische Rationalismus schon vor mehreren Jahrhunderten in England und anderen Teilen im nördlichen Europa und in Nordamerika entstand, ist er in den meisten anderen Teilen der Welt relativ neu und an sich auf eine kleine Großstadtelite beschränkt. Sogar innerhalb solcher Eliten wirkt er oft wie ein dünner Firnis über traditionelleren Anschauungen, wie zum Beispiel im heutigen Griechenland.

Der böse Blick im heutigen Griechenland

Im heutigen Griechenland ist der Glaube an den bösen Blick noch immer allgegenwärtig. Griechenland hat keine der intellektuellen Umwälzungen erlebt, wie sie mit der protestantischen Reformation verbunden waren. Und die Theologie der griechisch-orthodoxen Kirche unterscheidet sich doch sehr von der der römisch-katholischen und der protestantischen Kirche – sie ist mystischer und weniger intellektuell.

Seit dem Untergang von Konstantinopel, der Hauptstadt des Byzantinischen Reichs, im Jahre 1453 befand sich Griechenland bis zu den zwanziger Jahren des 19. Jahrhunderts großenteils unter türkischer Herrschaft. Unter den Türken war und ist noch heute der Glaube an den bösen Blick sehr verbreitet. In Griechenland gab es im 16. und 17. Jahrhundert keine intellektuellen Kräfte, die eine Entwicklung der Skepsis wie in England hätten fördern können. Im 19. und 20. Jahrhundert waren griechische Intellektuelle dem gleichen Rationalismus ausgesetzt wie Intellektuelle anderswo auch, aber bis in neuere Zeit blieb Griechenland eine vorwiegend ländliche Gesellschaft, und Intellektuelle waren und sind eine Großstadtminderheit.

Zum ersten Mal wurde mir klar, wie weit verbreitet der Glaube an den bösen Blick in Griechenland ist, als ich dort Urlaub machte. Nachdem ich die davor schützenden Amulette sogar in modernen Autos und Bussen mit Klimaanlage bemerkt hatte, erwähnte ich das Thema gegenüber einem jungen griechischen Ingenieur, den ich über verwandtschaftliche Beziehungen kennen gelernt hatte. Als moderner, wissenschaftlich gebildeter Mensch tat er den bösen Blick sofort als Aberglauben ab. Aber im Laufe der Unterhaltung sprach er zuerst von seiner frommen Großmutter und ihren Anschauungen, und zwar mit einer Mischung aus Spott und Respekt, und dann sagte er, er selbst habe einige Dinge erlebt, die er nicht erklären könne. Eines Tages habe er mit einem Freund, der in dem Ruf stand, den «Blick» zu haben, jemanden besucht, der Tauben hielt. Die Vögel flogen los und flatterten herum, als sein Freund sie bewundernd anschaute. Und dann sei einer tot vom Himmel gefallen.

Im Jahr 2000 führte Socrates Seferiades, ein Architekt in Athen, auf meinen Wunsch hin eine Umfrage über den Glauben an den bösen Blick in griechischen Städten und auf dem Land durch. Anfangs sei er mit seinen Versuchen, mehr über die Einstellungen und Erlebnisse der Leute zu erfahren, auf erhebliche Zurückhaltung gestoßen, erzählte er mir. «Vielleicht rührte sie teilweise von meiner eigenen etwas skeptischen Einstellung her. Auch die Art und Weise, wie ich die Frage stellte: ‹Glauben Sie an den bösen Blick?›, löste rationale Antworten aus, die einem für unsere Zeit angeblich akzeptablen sozialen Image entsprachen. Doch die Frage: ‹Haben Sie jemals etwas erlebt, das möglicherweise dem bösen Blick zugeschrieben werden könnte?› wurde generell selbst von jenen bejaht, die bekannten, nicht daran zu glauben. Schon bald war mir klar, dass der böse Blick – egal, ob man daran glaubt oder nicht – auf vielen Ebenen tief in die griechische Kultur eingebettet ist und das Erleben wie die Art und Weise prägt, wie man auf die Welt reagiert. Unglück oder Unheil können dem bösen Blick zugeschrieben werden, somit dem sündigen und neidischen Wesen anderer Menschen und nicht dem Schicksal.»

Socrates fand heraus, dass man generell glaubt, der böse Blick könne unbewusst auf jemanden oder etwas geworfen werden. Menschen mit einem neidischen oder eifersüchtigen Charakter werden am meisten gefürchtet. Viele Menschen greifen zu Vorsichtsmaßnahmen, um Menschen oder Dinge zu schützen, die bewundert werden, indem sie gewöhnlich drei Mal ausspucken und sagen: «Ftau, ftau, ftau.» Eine in ganz Griechenland verbreitete Formulierung, die man sofort nach einer bewundernden Äußerung von sich gibt, lautet: «Ftau, möge der böse Blick nicht auf ihn [oder sie] fallen.» Die Leute klopfen auch auf Holz.

Selbst griechische Skeptiker leugneten nicht, dass Menschen an Symptomen leiden, die sie dem bösen Blick zuschreiben. So erklärte beispielsweise der Dichter Spyro Harbouri, er selbst glaube zwar nicht an den bösen Blick, aber diejenigen, die dies täten, könnten aufgrund ihres Glaubens davon beeinflusst werden. «Die Menschen glauben daran, weil sie an Hexerei glauben, die sie für böse halten. Daher glauben sie, sie könnten exorziert werden. Es steckt alles im Kopf, reine Autosuggestion. Wenn sie an Wodu glauben, dann existiert er auch.»

Obwohl Rationalisten sich selbst für immun halten, weil sie nicht an den bösen Blick glauben, räumen einige ein, sie könnten dennoch für die negativen Auswirkungen der Emotionen anderer Menschen anfällig sein. Doch aufgrund ihrer rationalistischen Anschauungen leugnen sie selbst die Möglichkeit, dass ihnen mit traditionellen Heilmethoden geholfen werden könnte.

Manche Menschen glauben, dass ihre eigenen Emotionen andere negativ beeinflussen könnten. So auch Anna Barry, die in Athen lebt:

> «Ich glaube absolut an den bösen Blick oder zumindest daran, dass die Projektion unserer negativen Emotionen andere beeinflusst. Ich fühle mich zwar sehr schlecht dabei, aber ich glaube, manchmal mache ich das auch. Wenn jemand mich so ungeheuer ärgert, wünsche ich mir zuweilen vor lauter Zorn, dass ihm etwas Schlimmes passiert, und leider geschieht dies manchmal.»

Andere waren sich da nicht so sicher, sondern meinten, sie könnten den bösen Blick ahnungslos geworfen haben. Hier ein Beispiel:

> «Ich meine zwar, dass ich nicht an den bösen Blick glaube, aber einmal saß ich gerade bei McDonald's und trank einen Milchshake, als ein sehr hübscher junger Mann die Treppe hoch kam und ich dachte: ‹Was für ein umwerfend hübscher junger Mann!› Und augenblicklich stolperte er über die letzte Stufe und stürzte, und dabei ließ er seine Portion Pommes fallen.» (Monika Kalinowska)

Wenn alle angeblichen Auswirkungen des bösen Blicks nur Menschen beträfen, ließen sie sich vielleicht rein psychologisch erklären, wie Skeptiker behaupten. Aber einige dieser Auswirkungen sollen sich auch auf Tiere beziehen, etwa auf Pferde, oder auf Pflanzen oder tote Dinge. So erzählt zum Beispiel Despina Perimeni, dass die Blicke eines Freunds der Familie die drei Lieblingspflanzen ihrer Mutter vernichtet hätten:

> «Er besuchte uns bei drei verschiedenen Gelegenheiten im selben Jahr und bewunderte zuerst die zehn Jahre alte Geranie, dann die Gardenie und schließlich den Tannenbaum meiner Mutter. Einen Tag nach seinen Besuchen war die Pflanze, die er bewundert hatte, eingegangen. Ich erinnere mich besonders daran, dass der Tannenbaum aussah, als ob er von einem Feuer verbrannt worden wäre. Von meiner Mutter sagt man, sie habe ein grünes Händchen, aber sie hat es nicht geschafft, ihre Pflanzen wieder zu beleben.»

Angeblich werden alle möglichen Objekte beeinflusst. Zum Beispiel:

> «Eine junge Frau, die in dem Ruf stand, den bösen Blick zu haben, besuchte uns eines Tages. Als sie ins Wohnzimmer kam, bewunderte sie eines unserer Bilder und sagte, was für ein hübsches Bild das doch sei. Es war unglaublich – es fiel sofort vom Haken!» (Dr. Michael Stavropoulos)

Anna Michailides, eine Töpferin, glaubt selbst an den bösen Blick, aber ihre Mutter, die ebenfalls Töpferin ist, vertrat eine rationalistische Einstellung und machte sich oft darüber lustig, dass andere Leute daran glaubten. Und dennoch …

> «Immer wenn eine bestimmte Freundin in die Werkstatt meiner Mutter kam, während sie gerade ihre Keramiken im Ofen brannte, zerbrach unweigerlich eine ganze Menge. Seither versuchte sie, ihre Freundin zu solchen Zeiten fern zu halten. Ich habe den Eindruck, dass ein Teil meiner Mutter dann doch irgendwie an den bösen Blick glaubte.»

Dimitri Yiatsouzaki ist ein weiterer halber Skeptiker:

> «Ich glaube nicht an den bösen Blick. Aber ich fürchte ihn. Wenn ich Motorrad fahre und jemanden sehe, der mich vielleicht auf irgendeine Weise bewundert, bete ich sofort zur Jungfrau Maria, an die ich auch nicht glaube, außer in dem Augenblick, da ich Angst habe!»

Sogar moderne Maschinen sollen anfällig für den bösen Blick sein. Poppy Stavropoulos berichtet, wie sie Besuch von einer Freundin erhielt, die verarmt aus Osteuropa zurückgekehrt sei und davon lebe, dass sie Bücher an der Haustür verkaufe.

> «Wir unterhielten uns über die guten alten Zeiten. Wir aßen zusammen, und ich gab ihr ein paar von meinen Kleidern, als ich sah, dass sie welche brauchte. Ich fuhr sie zum Bahnhof. Unterwegs sagte sie ständig, wie viel Glück ich doch hätte, was für ein hübsches

Haus ich hätte, wie gut es mir ginge und so weiter. Nachdem wir uns verabschiedet hatten, versuchte ich das Auto zu starten, und da gab es schreckliche Geräusche von sich, und aus dem Motor qualmte es. Es war damals fast nagelneu. Der Mechaniker sagte, der Anlasser habe Feuer gefangen und er hätte das ganze Auto in Brand setzen können. So was habe er noch nie erlebt. Ich glaube, das war der böse Blick des Neids, wenn auch unbeabsichtigt.»

Außer Amuletten und Talismanen verwenden die Menschen alle möglichen anderen Methoden, um den bösen Blick abzuwehren und sich von seinem Zauber zu befreien. Die orthodoxe Kirche kennt eine Reihe offiziell zugelassener Gebete, die dagegen schützen und seine Auswirkungen vertreiben. Vater Ioannis, der Pfarrer von Erithrea, hat dies folgendermaßen erklärt:

> «Die orthodoxe Kirche akzeptiert absolut die Existenz des bösen Blicks. Ich halte ihn für eine Projektion böser und negativer Gedanken, die Menschen sehr stark beeinflussen können. Diese Gedanken oder intensiven Gefühle rühren von Neid und Eifersucht her. … Zu mir kommen ziemlich oft Gemeindemitglieder, die sich exorzieren lassen wollen. Ich beginne immer damit, dass ich drei Mal das Kreuzzeichen mit einem Kreuz in der Hand mache. Am besten geht es mit einem goldenen Kreuz. Gleichzeitig besprenge ich sie mit Weihwasser. Der Teufel verabscheut die reinigenden und heilenden Kräfte von Weihwasser. Dann spreche ich eines der Exorzismusgebete gegen den bösen Blick.»

Außerdem stehen in ganz Griechenland viele Menschen in dem Ruf, physische Krankheiten heilen zu können, die auf die Auswirkungen des bösen Blicks zurückzuführen sein sollen. Sie bedienen sich dabei oft spezieller Beschwörungsformeln oder geheimer Gebete, die von der Mutter an die Tochter oder vom Vater an den Sohn weitergegeben werden, und vollführen ein Ritual. Bei einer Methode wird ein Haar des Patienten in ein Glas Wasser gegeben oder unter das Glas gelegt. Das Wasser wird mit einem drei Mal wiederholten Kreuzzeichen gesegnet. Ein wenig Asche, oft von einer verbrannten Gewürznelke, wird auf das Wasser gegeben. Schwimmt sie, kann die Krankheit nicht dem bösen Blick zugeschrieben werden – nur wenn sie versinkt. Mit dem Wasser malt der Heiler ein Kreuz auf die Stirn des Patienten, während er das geheime Gebet leise flüstert. Am Ende der Prozedur trinkt der Patient etwas von dem Wasser.

Bei der verbreitetsten Methode werden Öl und Wasser zusammen verwendet, wie dies hier Mario Georgakopoulos, ein Anwalt aus Athen, schildert:

> «Meine Großmutter kann den bösen Blick austreiben. Sie hat es von ihrer Mutter gelernt, und ihre Mutter wiederum von ihrer Mutter. Sie hat mich oft exorziert, und ich habe sie dabei beobachtet, wie sie Freunde und Verwandte exorziert hat. Ganz selten macht sie es auch übers Telefon, wobei sie die vorgeschriebene geheime Formel verwendet. Diese darf nie einem anderen Menschen mitgeteilt werden, da die Gefahr besteht, dass sie ihre Wirkung einbüßt und darum die Kraft verloren geht, den Zauber auszutreiben. Meine Großmutter tunkt den Finger in Öl und gibt ein paar Tropfen davon in eine Tasse Wasser. Wenn sich das Öl gleichmäßig auf der Oberfläche verteilt, deutet dies auf die Anwesenheit des bösen Blicks hin. Bleibt das Öl als schwimmender Tropfen beisammen, ist der böse Blick nicht gegenwärtig. Während der ganzen Prozedur wird das Gebet ständig wiederholt, wie ein Mantra. Sie gibt weiter Öltropfen ins Wasser, bis sich eine klar getrennte Ölblase bildet, die anzeigt, dass der Prozess abgeschlossen und der böse Blick ausgetrieben ist. Am Ende muss sie dauernd gähnen und fühlt sich erschöpft. Es dauert dann etwa zehn Minuten, bis sich meine Oma wieder erholt hat, doch je älter sie wird, desto länger dauert es, und sie wird leichter müde. Mehr als zwei Mal schafft sie pro Tag nicht mehr.»

Auch manche Patienten gähnen während des Rituals wiederholt, aber offensichtlich kommt das weniger häufiger vor als das Gähnen bei den Heilern. Dr. Hero Thomopoulos glaubt, das gehöre zu dem Prozess, durch den der Heiler den schädlichen Einfluss beseitigt:

> «Wenn der Heiler die Wirkung des Zaubers zu spüren beginnt, können seine Augen tränen, und er gähnt wiederholt. Er kann sich so schlecht fühlen, dass er gelegentlich physisch krank ist, aber er

> erholt sich rasch, gewöhnlich innerhalb von zehn Minuten. In Wirklichkeit wird das Böse durch den Heiler weggenommen. Fast unmittelbar danach beginnt man sich besser zu fühlen – traditionellerweise sagt man, dass ‹deine Augen geöffnet werden›. Auf jeden Fall hat man immer ein Gefühl von Leichtigkeit und Erleichterung, als ob einem ein Gewicht abgenommen wäre.»

Die Traditionalisten zitieren viele Beispiele, die ihre Anschauungen bestätigen. Manche, wie Monica Diamantopoulos, Athen, behaupten sogar, dies sei ein hilfreicher Glaube und die Heilungen könnten echte Erleichterung verschaffen:

> «Der Glaube an den bösen Blick ist eine sehr nützliche psychische Eigenschaft. Den Menschen hilft es enorm, sich den täglichen Problemen des Lebens zu stellen, wenn sie jemandem oder etwas ein unerwünschtes Unheil zuschreiben können. Es ist eine große Erleichterung zu spüren, dass sich ein Gesundheitsproblem beheben lässt. Es ist vielleicht eine Art Notlösung, ein Notbehelf, ein Umgehen des Problems, aber dennoch eine Lösung. Die Psychologie der Armen. Es hilft mir, dass ich nicht vom Gewicht negativer Ereignisse oder Umstände und vom Stress des Lebens erdrückt werde. Leider glauben die Menschen in der heutigen westlichen Gesellschaft, in Amerika zum Beispiel, nicht daran. Hier in Griechenland tun das überraschend viele Menschen, viele Akademiker und gebildete Menschen. Das ist doch was Gutes.»

Skeptiker behaupten, dass sich sowohl die Gebrechen wie die Heilungen nur im Kopf abspielen. Aber selbst wenn die Heilungen nur eine Art Placeboeffekt darstellen, funktionieren Placebos ja tatsächlich und haben echt positive Effekte, und niemand weiß, wie das funktioniert.

Andererseits befreit die Skepsis, die in Ländern wie England vorherrscht, die Menschen davon, Angst vor Neid und Bösartigkeit zu haben. Sie befreit die Menschen von einer chronischen Paranoia in Bezug auf die Blicke und Intentionen anderer. Es ist beruhigend, nicht an den bösen Blick zu glauben, und es kann einen stark machen.

Der Glaube an den bösen Blick und die Ablehnung dieses Glaubens haben die Entwicklung der Theorien des Sehens und somit der Theorien über das Wesen des Geistes beeinflusst, wie wir im folgenden Kapitel sehen werden.

Welche psychischen Vorteile und Nachteile der Glaube an den bösen Blick auch immer hat – Tatsache ist doch, dass Menschen anscheinend wirklich in der Lage sind, andere durch ihre Blicke zu beeinflussen. Das Gefühl des Angestarrtwerdens existiert bei Menschen wie bei Tieren. Wenn sich dieses Gefühl im Zusammenhang von Raubtier-Beutetier-Beziehungen entwickelt hat, wie ich im 10. Kapitel dargelegt habe, dann überrascht es nicht, dass die Angst eine der Emotionen ist, die durch das Anstarren geweckt werden.

13. Sind Bilder im Gehirn oder dort, wo sie zu sein scheinen?

Das Gefühl, angestarrt zu werden, wirft grundsätzliche Fragen über das Wesen des Sehens auf, und darum ist es ja auch so umstritten. Bereits vor mindestens 2500 Jahren fand eine Debatte über das Wesen des Sehens im alten Griechenland statt. Sie wurde im Römischen Reich und in der islamischen Welt aufgegriffen und in Europa während des Mittelalters und der Renaissance fortgesetzt. Diese Debatte spielte eine wichtige Rolle bei der Geburt der mechanistischen Naturwissenschaft im frühen 17. Jahrhundert, und sie hält noch heute an. Sie ist auch eines der Hauptthemen dieses Buches.

Es gibt vier Haupttheorien des Sehens. Der ersten Theorie zufolge geht es beim Sehen um eine Projektion unsichtbarer Strahlen durch die Augen nach außen. Man spricht hier oft von «Extramission», also «Aussendung». Diese Theorie stimmt mit unserer Erfahrung überein, dass das Sehen ein aktiver Prozess ist. Wir schauen Dinge an und können entscheiden, wohin wir unsere Aufmerksamkeit lenken wollen. Das Sehen ist nicht bloß passiv. Diese Theorie des aktiven Sehens wurde vom griechischen Philosophen Platon vertreten und erhielt ihre mathematische Formulierung von Euklid, der für seine Werke zur Geometrie berühmt ist. Die Extramissions-Theorie stimmte auch mit dem allgemeinen Glauben an die Verzauberung durch «Faszination» und den bösen Blick überein und erklärte das Gefühl des Angestarrtwerdens.

Die zweite Theorie geht vom «Hineinsenden» von Bildern durch Licht in die Augen aus. Frühe Versionen dieser «Intromissions-Theorie» entstanden ebenfalls bereits im alten Griechenland. Seit dem frühen 17. Jahrhundert stellt sie die orthodoxe wissenschaftliche Anschauung dar, vor allem dank Johannes Kepler (1571–1630), der am bekanntesten für seine Entdeckungen auf dem Gebiet der Astronomie ist.

Die dritte Theorie, eine Kombination der ersten beiden, behauptet, es gebe sowohl eine nach außen gerichtete Bewegung der Aufmerksamkeit wie eine nach innen gerichtete Bewegung des Lichts.

Der vierten Theorie zufolge beruht das Sehen auf Änderungen im transparenten Medium zwischen dem Objekt und dem Auge. Diese Theorie wurde von dem Philosophen Aristoteles vorgetragen und später oft mit einer der vorangegangenen Theorien kombiniert.

Einige der Fragen, die vor über 2000 Jahren die Denker beschäftigten, sind inzwischen beantwortet, aber andere sind noch heute ungeklärt. In Anhang C gehe ich der Geschichte des Sehens bis zum Beginn des 17. Jahrhunderts nach, als Kepler seine Theorie des Netzhautbildes vorstellte.

Kepler war von mittelalterlichen Theorien des Sehens ebenso wie von vier wichtigen technischen Fortschritten in den vergangenen Jahrhunderten beeinflusst: 1. der Entwicklung der linearen Perspektive durch die Maler; 2. einer besseren Kenntnis der Anatomie des Auges, insbesondere der Erkenntnis, dass die Linse eben linsenförmig und nicht kugelförmig ist; 3. der Entdeckung der Camera obscura, eines dunklen Raumes, in den Licht durch ein kleines Loch fällt und auf der gegenüberliegenden Wand ein auf dem Kopf stehendes Bild erzeugt; und 4. der Herstellung von Brillengläsern und der Erkenntnis, dass bikonvexe Linsen das Bündeln von Lichtstrahlen bewirken.[1]

Keplers Theorie des Netzhautbildes

Kepler erkannte, dass Licht, das durch die Pupille ins Auge eindringt, sich wie Licht in einer Camera obscura verhält. Die Linse bündelt das Licht und erzeugt ein umgekehrtes Bild auf der Netzhaut. 1604 veröffentlichte er seine Theorie des Netzhautbildes. Er veranschaulichte diesen Vorgang zwar nicht mit einer Zeichnung, aber René Descartes tat dies 33 Jahre später (Abb. 13.1), und Keplers Theorie wird seither ohne ernsthafte Einwände akzeptiert.

Keplers Theorie des Netzhautbildes stellte eine der Grundlagen der mechanistischen Naturwissenschaft dar. Die Intromissions-Theorie schien triumphiert zu haben. Aber gleichzeitig warf sie ein neues Problem auf, das Kepler, wie er einräumte, nicht lösen konnte, und die da-

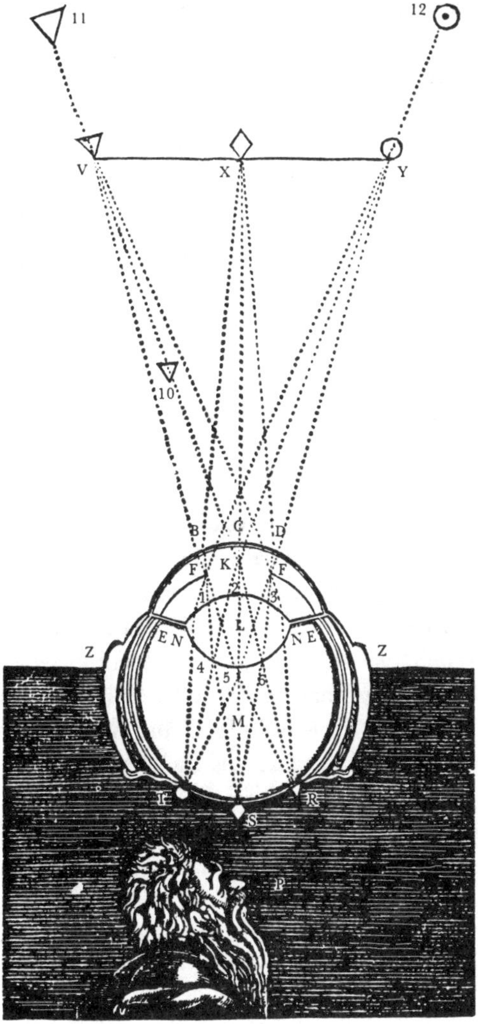

Abbildung 13.1 Descartes' Illustration der Theorie des Netzhautbildes; erstmals 1637 erschienen.

mit verbundenen Fragen sind bis heute nicht beantwortet. Das Bild auf der Netzhaut steht nämlich auf dem Kopf und ist seitenverkehrt. Doch wir sehen nichts, was auf dem Kopf steht und seitenverkehrt ist.

Der Renaissancekünstler und Universalgelehrte Leonardo da Vinci (1452–1519) verglich schon vor Kepler das Auge mit einer Camera obscura und stand vor dem gleichen Problem der Umkehrung des Bildes. Er versuchte es dadurch zu lösen, dass er eine zweite Umkehrung innerhalb des Auges annahm, so dass das Bild wieder richtig herum steht. Auch Kepler gab sich große Mühe herauszufinden, wie dies zu bewerkstelligen sei. Er gestand, er habe sich «wahrlich lange genug abgequält», um zu zeigen, dass es eine zweite Umkehrung innerhalb des Augapfels gebe, aber er sei gescheitert. Abschließend behauptete er, dass «die Gesetze der Geometrie in dieser Frage keine andere Wahl lassen».[2]

Kepler sah keine andere Möglichkeit, mit diesem Problem fertig zu werden, als dass er es aus der Optik ausklammerte – sollten doch andere erklären, wie wir wirklich sehen:

> «Ich muss es den Physikern [Physiologen] zur Entscheidung überlassen, auf welche Weise sich das Bild oder dieses Gemälde mit den geistigen Sehstoffen verbindet, die ihren Sitz in der Netzhaut und den Nerven haben, und ob es durch diesen geistigen Stoff nach innen in die Hohlräume des Gehirns zum eigentlichen Sitz der Seele oder der Sehfähigkeit gebracht wird, oder ob die Fähigkeit zu sehen von der Seele wie ein Quästor [öffentlicher Ankläger] bestellt wird, der aus dem Hauptsitz des Gehirns nach außen zu den Sehnerven und der Netzhaut wie zu den unteren Bänken herabsteigt und diesem Bilde entgegenschreitet. Denn das Rüstzeug der Optiker reicht nicht weiter als bis an diese dunkle Wand, die als erste im Auge auftritt.»[3]

Das Sehen an sich also war ein «Geheimnis». Ironie der Geschichte: Die Intromissions-Theorie triumphierte, obwohl die konkrete Erfahrung der Wahrnehmung nicht erklärt wurde. Das Geheimnis wurde ins Innere des Gehirns verwiesen. Seither geistert dieses Problem durch die Wissenschaft.

Der Geist in der Maschine

Auch Keplers Zeitgenosse Galileo Galilei (1564–1642) holte die Wahrnehmungen aus der Außenwelt und zwängte sie ins Gehirn, aber noch radikaler. Er unterschied zwischen den primären und den sekundären Eigenschaften von Objekten, wie er dies nannte. Die primären Eigenschaften ließen sich messen und mathematisch behandeln, wie Länge, Breite, Gewicht und Form. Damit befasste sich die objektive Wissenschaft. Die sekundären Eigenschaften, wie Farbe, Geschmack, Beschaffenheit und Geruch, befänden sich nicht innerhalb der Materie selbst. Sie seien subjektiv und nicht objektiv. Und «subjektiv» hieß «innerhalb des Gehirns». Somit sei unsere direkte Erfahrung der Welt in zwei getrennte Pole gespalten, nämlich den objektiven in der Außenwelt und den subjektiven innerhalb des Gehirns.

René Descartes (1596–1650) ging noch weiter. In seiner mechanistischen Theorie der Natur, die er ursprünglich «mechanische Philosophie» nannte, war das gesamte Universum buchstäblich unbelebt oder seelenlos, genauso wie alles darin außer dem menschlichen Intellekt. Tiere und Pflanzen wurden seelenlose Maschinen, ebenso wie der menschliche Körper. Im Gegensatz dazu war das Reich des Geistes nichtmateriell und somit auch nichträumlich, ja außerhalb des Raums überhaupt.[4] Descartes war natürlich der prototypische kartesianische Dualist («kartesianisch» ist das aus seinem Namen gebildete Adjektiv). In diesem Dualismus gibt es eine unüberbrückbare Kluft zwischen dem Reich des Geistes und dem Reich der Materie.[5] Doch laut Descartes interagiert der Geist gleichwohl mit der Maschinerie des Körpers, und zwar in der Zirbeldrüse, einer kleinen Region des Gehirns. Aber wie sich diese Interaktion abspielt, konnte Descartes nicht erklären.

Der kartesianische Dualismus wirft eine Menge unlösbarer logischer und philosophischer Fragen auf. Eine davon betrifft die Tatsache, dass wir Dinge rings um uns herum sehen, also in dem Raum außerhalb unseres Körpers. Was ist nun aus der Welt geworden, die wir erfahren? Sie ist gänzlich in bestimmten Regionen des Gehirns zusammengezogen, doch die Erfahrung selbst soll nichträumlich sein.[6]

Gebildete Menschen sind in dem Glauben aufgewachsen, dass ihr Geist im Innern ihres Kopfes lokalisiert ist und dass all ihre Wahrnehmungen und Erfahrungen irgendwie in ihrem Gehirn konzentriert sind. Seit der Zeit von Descartes hat sich jedoch der mutmaßliche Sitz des Geistes ein wenig verlagert, nämlich von der Zirbeldrüse in die Großhirnrinde.

Die Theorie, derzufolge der Geist im Gehirn sitzt, ist ein Dogma, das aufgrund der Autorität der Wissenschaft akzeptiert wird, und die meisten Menschen denken nie daran, es in Frage zu stellen. Ja, nur wenige sind sich bewusst, dass es überhaupt eine Theorie ist, und akzeptieren es als wissenschaftliche Wahrheit. Der Entwicklungspsychologe Jean Piaget hat herausgefunden, dass das durchschnittliche europäische Schulkind sich diese Theorie im Alter von zehn oder elf Jahren zu Eigen macht (siehe S. 28).

Aber wenn unser Geist in unserem Kopf ist, woher kommt dann unser Bewusstsein? Die gewöhnliche Annahme lautet, dass es ein bewusstes Selbst innerhalb des Gehirns geben müsse, einen «Geist in der Maschine», um eine Formulierung des britischen Philosophen Gilbert Ryle (1900–1976) zu gebrauchen. Das bewusste Selbst wird oft als kleiner Mensch dargestellt. Aber natürlich ließe sich das unendlich fortsetzen, denn vermutlich sitzt im Kopf dieses kleinen Menschen wiederum ein noch kleinerer Mensch und so weiter.

Trotz all dieser Paradoxien und ungeachtet der Tatsache, dass diese Theorie unserer Erfahrung widerspricht, Dinge außerhalb unseres Körpers zu sehen, gilt sie weithin als «wissenschaftlich». In einer derzeit zu besichtigenden Ausstellung im Natural History Museum in London – Titel «Controlling Your Actions» (deutsch etwa «Wie wir unsere Handlungen steuern») – kann man durch eine Plexiglasscheibe in der Stirn eines überdimensionalen menschlichen Modells sehen, was im Kopf vorgeht. Im Innern befindet sich das Cockpit eines modernen Düsenflugzeugs, mit zahllosen Skalen und computergeregelten Flugsteuerinstrumenten. Es gibt auch noch zwei leere Sitze, vermutlich für Sie, den Geisterpiloten, und Ihren Copiloten in der anderen Hirnhälfte.[7]

Der mechanische Geist

Moderne Wissenschaftler und Philosophen versuchen für gewöhnlich die Probleme des Dualismus zu überwinden, indem sie bestreiten, dass der Geist überhaupt eine unabhängige Existenz hat. Es gebe nur die

Hirntätigkeit. Dann ist das Bewusstsein entweder ein «Epiphänomen» dieser physischen Tätigkeit – etwa wie ein Schatten, der nichts Eigenständiges tut – oder nur eine andere Möglichkeit, von der Hirntätigkeit zu sprechen. Diese Standpunkte sind nichts weiter als Varianten der Philosophie des Materialismus oder Physikalismus, der Doktrin also, dass die einzige Art von Wirklichkeit materiell oder physisch ist.

Im 20. Jahrhundert wurde die akademische Psychologie in der englischsprachigen Welt jahrzehntelang von der Denkrichtung des so genannten Behaviorismus beherrscht. 1913 schrieb der amerikanische Behaviorist John B. Watson, «die Zeit ist gekommen, da die Psychologie sich jedes Rückgriffs auf ein Bewusstsein enthalten muss». Er verwies den Glauben an die Existenz eines Bewusstseins ins Reich des Aberglaubens und der Magie. Später erklärte er, das wissenschaftliche Vokabular müsse gereinigt werden von «allen subjektiven Begriffen wie Empfindung, Wahrnehmung, Bild, Verlangen, Zweck und sogar Denken und Emotion, da sie subjektiv begrenzt sind». Die Behavioristen hielten sich willig an diese Devise, und 1953 verkündete der einflussreiche amerikanische Verhaltenspsychologe B. F. Skinner, Geist und Bewusstsein seien nichtexistente Wesenheiten, «erfunden zu dem einzigen Zweck, falsche Erklärungen zu liefern. ... Da mentalen oder psychischen Vorgängen erklärtermaßen die Dimensionen der physikalischen Wissenschaft fehlen, haben wir einen zusätzlichen Grund, sie abzulehnen».[8]

Einem ähnlichen Leugnen der bewussten Erfahrung begegnen wir noch heute bei Philosophen aus der Schule des so genannten «eliminativen Materialismus». Zu ihnen gehört auch Paul Churchland, der behauptet, dass subjektiv erlebte geistige Zustände als nichtexistent betrachtet werden sollten, da sich Beschreibungen solcher Zustände nicht auf die Sprache der Neurowissenschaft zurückführen ließen.[9]

In den achtziger Jahren des 20. Jahrhunderts war der Behaviorismus in der akademischen Psychologie praktisch out und wurde großenteils durch die kognitive Psychologie ersetzt, eine von der Metapher des Computers beherrschte Denkrichtung. Ihr theoretisches System basiert auf drei Grundthesen: 1. Menschen verhalten sich aufgrund von Wissen, das sie besitzen; 2. Wissen besteht aus mentalen Darstellungen, und 3. die kognitive Tätigkeit besteht aus der Anwendung von Computeroperationen dieser Darstellungen.[10] All diese Darstellungen und Computeroperationen sollen innerhalb der Maschinerie des Gehirns lokalisiert sein.

Der Philosoph, der die Computermetapher am begeistertsten übernommen hat, heißt Daniel Dennett. Als Materialist betrachtet er unser subjektives Erleben als Illusion: «Wir sind organische Roboter, die ein Forschungs- und Entwicklungsprozess namens natürliche Auslese erschaffen hat.»[11] In seinem Buch *Consciousness Explained* fasst er die in der Schulwissenschaft vorherrschende Theorie folgendermaßen zusammen:

> «Die herrschende Theorie, die auf verschiedene Weise formuliert und dargelegt wird, ist der Materialismus: Es gibt nur eine Art von Stoff, nämlich die Materie – der physische Stoff der Chemie, Physik und Physiologie –, und der Geist ist irgendwie nichts weiter als ein physikalisches Phänomen. Kurz, der Geist ist das Gehirn. Den Materialisten zufolge können wir (im Prinzip!) jedes mentale Phänomen mit Hilfe der gleichen physikalischen Prinzipien, Gesetze und Rohstoffe erklären, die zur Erklärung von Radioaktivität, Kontinentalverschiebung, Photosynthese, Fortpflanzung, Ernährung und Wachstum ausreichen.»[12]

Genau dies hat Francis Crick «Die Erstaunliche Hypothese» genannt (S. 28). 1995, während des «Jahrzehnts des Gehirns», brachte das Magazin *Time* eine Titelstory mit der Überschrift «Einblicke in den Geist: Was ist Bewusstsein? Erinnerung? Emotion? Die Wissenschaft enträtselt die bestgehüteten Geheimnisse des menschlichen Gehirns». Der Autor zitierte mehrere bedeutende Wissenschaftler und fasste ihren Standpunkt folgendermaßen zusammen: «Nach einer über ein Jahrhundert währenden Suche sind Hirnforscher seit langem schon zu der Schlussfolgerung gelangt, dass es keinen denkbaren Ort für ein solches Ich gibt, das im physischen Gehirn lokalisiert sein soll, und dass es einfach nicht existiert.»[13] Susan Greenfield, eine britische Hirnforscherin, hat die gleichen Gedanken in ihrer Schilderung eines während einer Operation freigelegten Gehirns noch drastischer ausgedrückt: «Das war alles, was an Sarah dran war, oder eigentlich an uns allen.» Sie räsonierte: «Wir sind nichts weiter als matschige Gehirne, und ... irgendwie werden ein Charakter und ein Geist in diesem breiigen Chaos erzeugt.» Im Falle eines anderen Patienten mit einer degenerativen Gehirnerkrankung bemerkte sie, das Verschwinden seiner Fähigkeiten sei «ein tragischer Beweis für die schlichte Wahrheit, dass wir nichts weiter als Gehirne sind».[14]

Doch trotz des Engagements vieler Naturwissenschaftler und akademischer Philosophen für die materialistische Philosophie sind die meisten Menschen keineswegs überzeugt, dass sie selbst reine Automaten sind, deren Entscheidungen und Meinungen einzig und allein durch physikalische Ursachen in ihrem Gehirn determiniert sind. Für den gesunden Menschenverstand ist unser bewusstes Selbst mehr als unser Gehirn. Diese Anschauung ist im Alltagsleben vorherrschend, auch vor Gericht, wo individuelle Entscheidungsfreiheit und Verantwortlichkeit als selbstverständlich gelten, außer in Fällen von geistiger Behinderung oder Unzurechnungsfähigkeit.

Die Hauptargumente für den Dualismus beruhen auf den Schwächen des Materialismus. Die materialistische Theorie widerspricht dem, wie wir uns selbst und andere unmittelbar erfahren. Was immer Materialisten vielleicht im Zusammenhang intellektueller Auseinandersetzungen von sich geben mögen, die meisten verhalten sich doch so, als ob sie selbst ein bewusstes Selbst hätten, das in der Lage wäre, freie Entscheidungen zu treffen – auch die Entscheidung, an den Materialismus zu glauben. Zum Glück für ihre Freunde und Familienangehörigen halten in der Praxis anscheinend nur wenige Materialisten sich und ihre Lieben für unbewusste Automaten.

Und umgekehrt beruhen die Hauptargumente für den Materialismus auf den Schwächen des Dualismus. Wenn wir denn ein immaterielles bewusstes Selbst irgendwo im Innern des Gehirns haben – wo ist es denn? Was ist es eigentlich? Und wie interagiert es mit der Tätigkeit des Nervensystems?

Seit Generationen sind westliche Intellektuelle in diesem Dilemma von Materialismus und Dualismus befangen und gezwungen, sich zwischen inakzeptablen Alternativen zu entscheiden. Dieses Dilemma geht auf den Geist-Materie-Dualismus von Descartes zurück. Aber Descartes war nicht der Erste, der den Geist der erweiterten Welt, in der wir leben, entzog. Sein System basierte auf Keplers Intromissions-Theorie des Sehens und auf Galileis Unterscheidung zwischen primären und sekundären Eigenschaften. Kepler und Galilei hatten bereits die Grundlagen für die Theorie geschaffen, dass alles, was wir über die

Welt um uns herum erfahren, innerhalb des Gehirns und nicht außerhalb von uns ist, wo es zu sein scheint.

Spontane Theorien des Sehens

Was auch immer akademische Wissenschaftler und Philosophen glauben mögen – die meisten Menschen akzeptieren nicht, dass sich ihr ganzes Erleben im Inneren ihres Kopfes abspielt. Mit einer bahnbrechenden Reihe von Untersuchungen haben Gerald Winer und seine Kollegen an der psychologischen Fakultät der Ohio State University herausgefunden, dass die meisten von ihnen befragten amerikanischen Erwachsenen und Kinder die nach außen gerichtete Projektion von Bildern für selbstverständlich halten.

Diese Untersuchungen wurden von der Beobachtung Jean Piagets[15] ausgelöst, derzufolge Kinder glauben, dass etwas aus den Augen hinausgeht, wenn sie schauen. Winer und seine Kollegen nannten dies ein «verblüffendes Beispiel eines wissenschaftlichen Irrglaubens»[16] und untersuchten es mit einer Reihe von Fragebögen und Tests. Aber allein schon die Tatsache, dass sie diese Untersuchung durchführten, war in der akademischen Welt umstritten. Viele ihrer Kollegen konnten es einfach nicht glauben, dass irgendjemand auf den Gedanken käme, etwas würde beim Sehen die Augen verlassen.[17]

Winer und seine Kollegen waren selbst überrascht, als sie herausfanden, dass der Glaube an «Extramissionen» bei Kindern verbreitet ist, und sie waren «schockiert», als sie entdeckten, dass er auch unter Collegestudenten weit verbreitet ist – sogar unter Psychologiestudenten, die doch über die «korrekte» Theorie des Sehens unterrichtet werden.[18] Allerdings glauben nur wenige Kinder und Collegestudenten, dass das Sehen allein etwas mit Extramission zu tun habe. Wie schon Platon, Galen und andere antike Theoretiker denken die meisten, dass sowohl Extramission wie Intromission im Spiel sind. Unter Schulkindern der 5. bis 8. Klasse glauben über 70 Prozent an eine kombinierte Intromissions-Extramissions-Theorie, unter Collegestudenten 59 Prozent.[19] Dagegen glauben weniger als 30 Prozent der Kinder und nur 41 Prozent der Collegestudenten an die «wissenschaftlich korrekte» Intromissions-Theorie.[20]

Winers Gruppe führte auch Umfragen im Zusammenhang mit der Überzeugung durch, man könne die Blicke eines anderen Menschen spüren, ohne zu sehen, dass einen dieser Mensch anschaut. Wie wir bereits gesehen haben (S. 168), fanden Winer und seine Kollegen heraus, dass 89 Prozent der Collegestudenten erklärten, sie könnten Blicke spüren, ebenso sagten dies über 90 Prozent von Schulkindern der sechsten Klasse. Allerdings war der Prozentsatz der positiven Antworten bei den kleineren Kindern niedriger als bei den älteren.[21] Winer und seine Kollegen bemerkten dazu, dass der Glaube an die Fähigkeit, Blicke zu spüren, «anscheinend mit dem Alter zunimmt, als ob die Irrationalität zwischen Kindheit und Erwachsensein eher größer wird als nachlässt».[22] Doch es kann durchaus sein, dass dieser Glaube nicht infolge von Irrationalität zunimmt, sondern aufgrund von Erfahrung, wenn man davon ausgeht, dass das Gefühl des Angestarrtwerdens anscheinend wirklich existiert. Ist es irrational, an seine eigene Erfahrung zu glauben, oder eher unkritisch, eine Theorie zu akzeptieren, die der Erfahrung widerspricht?

Gleichwohl hinterließ das Lehren der orthodoxen Doktrin eine gewisse Wirkung, und Winer und seine Kollegen waren einigermaßen getröstet angesichts der Tatsache, dass mehr Collegestudenten als Schulkinder an die Intromissions-Theorie glaubten.[23] Aber sie waren sich darüber im Klaren, dass das Bildungssystem darin versagt hatte, die meisten Studenten zum «korrekten» Glauben zu bekehren. «Angesichts des Umstands, dass die Extramissionisten in unseren Studien sich zur Extramission bekennen, obwohl sie doch in der korrekten Theorie des Sehens unterrichtet wurden, richtet sich unsere Aufmerksamkeit nun darauf, herauszufinden, ob die akademische Bildung diese verqueren, aber anscheinend mächtigen intuitiven Vorstellungen von Wahrnehmung ausrotten kann.»[24]

Kein Zweifel: Diese intuitiven Vorstellungen von Wahrnehmung halten sich deshalb so hartnäckig, weil sie der Erfahrung näher sind als der offiziellen Doktrin, die so vieles nicht zu erklären vermag – einschließlich der Existenz des Bewusstseins selbst.

Der erweiterte Geist

Diesen Konflikt zwischen Erfahrung und der Standardtheorie des Materialismus können wir nur überwinden, wenn wir die Vorstellung in Frage stellen, dass all unsere Erfahrungen, Wahrnehmungen und Intentionen tatsächlich auf das Innere unseres Kopfes beschränkt sind.

In Übereinstimmung mit der weit verbreiteten intuitiven Vorstellung von Wahrnehmung behaupte ich, dass wir es beim Sehen mit einem Zwei-Wege-Prozess zu tun haben: einer nach innen gerichteten Bewegung von Licht und einer nach außen gerichteten Projektion von Bildern. Die Bilder der Dinge, die wir um uns herum sehen, sind genau da, wo sie zu sein scheinen: außerhalb unseres Kopfes. Diese nach außen gerichtete Projektion vollzieht sich innerhalb von mentalen Feldern, die ich Wahrnehmungsfelder nenne. Diese Felder sind eine Art morphischer Felder, von denen ausführlicher im 18. Kapitel die Rede sein wird. Wahrnehmungsfelder sind zwar in unserem Gehirn verwurzelt und werden von den Aktivitätsmustern im Gehirn beeinflusst, projizieren aber nach außen, um uns mit der Welt zu verbinden, die wir um uns herum wahrnehmen.

Den Geist verstehen zu wollen, ohne das ausgedehnte Feld anzuerkennen, von dem er abhängt, ist genauso, als wolle man die Wirkungen eines Magneten verstehen, ohne zu akzeptieren, dass er von Magnetfeldern umgeben ist. Keine chemische Analyse von geschmolzenen Magneten könnte erklären, wie Magnete Dinge über eine Distanz hinweg beeinflussen. Magnetische Wirkungen sind nur dann zu verstehen, wenn man Magnetfelder in Betracht zieht. Diese Felder existieren sowohl innerhalb der Magneten wie um sie herum.

Michael Faraday hat in den vierziger Jahren des 19. Jahrhunderts den Feldbegriff in die Naturwissenschaft eingeführt. Felder werden als «Einflussbereiche» definiert. Sie verbinden Dinge miteinander durch den scheinbar leeren Raum, und auf sie sind viele Arten von wechselseitiger Verbundenheit innerhalb der Welt der Natur zurückzuführen. So erstreckt sich beispielsweise das Gravitationsfeld der Erde weit über die Grenzen der Atmosphäre unseres Planeten hinaus und hält den Mond auf seiner Umlaufbahn. Es befindet sich sowohl im Innern der Erde wie auch um sie herum.

Das elektromagnetische Feld der Sonne wirkt sich auf alles Leben auf der Erde aus, obwohl die Sonne doch rund 150 Millionen Kilometer von ihr entfernt ist. Das Licht und andere Strahlungen der Sonne sind Schwingungsmuster von Aktivitäten innerhalb des Sonnenfeldes, das sich über buchstäblich astronomische Entfernungen hinweg erstreckt.

Auch viele moderne Techniken hängen von unsichtbaren Feldern ab. Mobiltelefone beispielsweise würden überhaupt nicht funktionieren, wenn sie nichts weiter als materielle Strukturen wären, deren Aktivitäten sich auf die elektronischen Schaltkreise in ihnen beschränken würden. Sie empfangen und senden Informationen über das elektromagnetische Feld. Es gibt also sowohl eine Intromission wie eine Extramission unsichtbarer Einflüsse.

Leider wurden unsere heutigen Vorstellungen vom Wesen des Geistes bereits im 17. und 18. Jahrhundert geprägt, als es nur Konzepte wie das der Materie im Raum und des Geistes außerhalb des Raums gab. Die meisten mechanistischen Wissenschaftler ignorierten einfach das Bewusstsein, und folglich machte das wissenschaftliche Denken im Hinblick auf das Wesen des Geistes praktisch keine Fortschritte. Und bis heute ist die Materialismus-Dualismus-Debatte den engen Grenzen eines überholten Denkens im Hinblick auf die Materie verhaftet. Sie kommt einem wie das lebende Fossil einer früheren Denkweise vor. Der blinde Glaube an die Intromissions-Theorie des Sehens bedeutet, dass alle Wahrnehmungen noch immer in den Kopf hineingestopft werden müssen, genau wie Kepler es vermutete.

Gleichwohl hat im Laufe der Jahre eine Minderheit von Philosophen und Psychologen erkannt, dass unsere Wahrnehmungen vielleicht einfach dort sind, wo sie zu sein scheinen, und nicht innerhalb unseres Kopfes.[25] Alfred North Whitehead beispielsweise schrieb 1925, Sinneseindrücke würden «vom Geist so projiziert, dass sie die geeigneten Körper in der äußeren Natur ausstatten können».[26] Die neueste und auch überzeugendste Erkenntnis im Hinblick auf den erweiterten Geist stammt von dem britischen Psychologen Max Velmans. In seinem Buch *Understanding Consciousness* sowie in einer Reihe von Fachartikeln schlägt er ein «reflexives Modell» des Geistes vor. Velmans veranschaulicht dieses Modell am Bild einer Person, die eine Katze anschaut (Abb. 13.2), und erklärt dies folgendermaßen: «Der auslösende Reiz (das Beobachtete) ist eine im Raum jenseits der Kör-

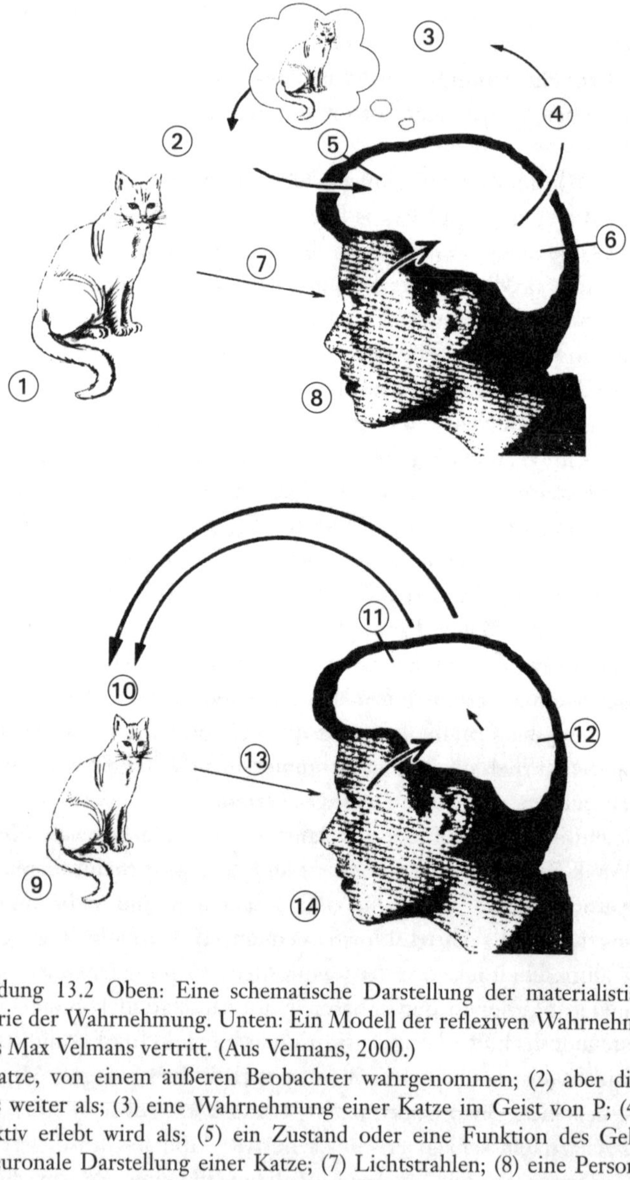

Abbildung 13.2 Oben: Eine schematische Darstellung der materialistischen Theorie der Wahrnehmung. Unten: Ein Modell der reflexiven Wahrnehmung, wie es Max Velmans vertritt. (Aus Velmans, 2000.)
(1) Katze, von einem äußeren Beobachter wahrgenommen; (2) aber dies ist nichts weiter als; (3) eine Wahrnehmung einer Katze im Geist von P; (4) die subjektiv erlebt wird als; (5) ein Zustand oder eine Funktion des Gehirns; (6) neuronale Darstellung einer Katze; (7) Lichtstrahlen; (8) eine Person (P); (9) Katze, von einem äußeren Beobachter wahrgenommen; (10) eine Katze, von P wahrgenommen; (11) neuronale Ursachen und Korrelate des Bewusstseins; (12) neuronale Darstellung einer Katze; (13) Lichtstrahlen; (14) eine Person (P)

peroberfläche befindliche Einheit, die mit dem optischen System des Beobachters interagiert, um eine erlebte Einheit draußen im Raum jenseits der Körperoberfläche zu erzeugen.»[27]

Aber Velmans legt sich nicht fest, wie diese Projektion vonstatten gehen könnte. Er nennt sie «psychisch» statt «physisch» und erklärt am Ende, er wisse nicht, wie sie sich abspiele.[28] Immerhin fügt er hinzu: «Auch wenn wir nicht völlig verstehen, *wie* sie sich abspielt, ändert dies doch nichts an der Tatsache, *dass* sie sich abspielt.»

Ich schlage vor, dass die nach außen gerichtete Projektion optischer Bilder sich durch Wahrnehmungsfelder vollzieht. Diese sind sowohl psychisch, insofern sie unseren bewussten Wahrnehmungen zu Grunde liegen, als auch physisch, da sie tatsächlich außerhalb des Gehirns existieren und spürbare Auswirkungen haben, wie etwa beim Gefühl, angestarrt zu werden. Nicht nur die menschliche Wahrnehmung ist erweitert, auch der menschliche Geist ist es. Natürlich weisen andere Arten einen unterschiedlichen Geist und andere Wahrnehmungsformen auf, aber gemeinsam ist ihnen, dass sie von ausgedehnten Feldern abhängen und nicht auf das Innere des Körpers beschränkt sind. Ich behaupte, dass alle Tiere, die sehen können, Dinge durch Felder sehen, die sich jenseits der Oberfläche ihres Körpers erstrecken.

Darüber hinaus sind Augen nicht statisch. Sie bewegen sich, während wir Dinge ansehen, unser Kopf bewegt sich, und unser ganzer Körper bewegt sich in der Umwelt herum. Während wir dies tun, verändern sich unsere Wahrnehmungsfelder. Und diese Wahrnehmungsfelder sind nicht von unserem Körper getrennt, sondern schließen ihn ein. Wir können uns selbst sehen – zum Beispiel die Seite unserer Nase oder unsere Hände und Füße. Wir befinden uns innerhalb unserer Sehfelder. Unser Wahrnehmen des dreidimensionalen Raums schließt ein Wahrnehmen unseres eigenen Körpers darin ein sowie ein Wahrnehmen seiner Bewegungen. Wie andere Tiere nehmen wir nicht nur wahr, sondern verhalten uns auch, und unsere Wahrnehmungen und unser Verhalten sind eng miteinander verknüpft.[29]

Wie funktioniert das Gefühl des Angestarrtwerdens?

Sehfelder sind nur eine Möglichkeit, wie unser Wahrnehmen der Umwelt um uns herum projiziert wird. Wir sind auch in Hör- und Riechfelder eingebettet. Wir können unsere Aufmerksamkeit zwar am weitesten und mit der größten Konzentration durch das Sehen projizieren, doch erst unser peripheres Gesichtsfeld sowie unser Gehör und unser Geruchssinn vermitteln uns eine Hintergrundwahrnehmung unserer Umwelt.

Indem wir unsere visuelle Aufmerksamkeit auf etwas von uns Entferntes richten (oder unser Gehör darauf konzentrieren), erstreckt sich unser Geist gleichsam nach außen, um uns mit dem fernen Objekt zu verbinden (siehe 18. Kapitel). Aber obwohl unsere Aufmerksamkeit auf diese Weise konzentriert ist, halten wir mehr oder weniger eine Hintergrundwahrnehmung unserer Umwelt aufrecht. Dieser allgemeine Sinn für die Umwelt wird auch in ein Wahrnehmungsfeld um uns herum projiziert. Wir erleben, wie unser Körper in den dreidimensionalen Raum eingebettet ist und sich darin herum bewegt. Diese Erfahrung ist nicht auf das Innere unseres Kopfes beschränkt. Es ist kein inneres Modell irgendwo innerhalb unseres Gehirns. Vielmehr hängt es von einem ausgedehnten Feld innerhalb unseres Körpers und um ihn herum ab.

Wenn jemand eine andere Person von hinten anstarrt, hat die Projektion der Aufmerksamkeit des Beobachters zur Folge, dass sein Sehfeld sich ausdehnt, um die Person zu berühren, die er anstarrt. Sein Bild von dieser Person wird auf eben diese Person durch sein Wahrnehmungsfeld projiziert. Zur gleichen Zeit befindet sich um die angestarrte Person herum ebenfalls ein Feld. Ich behaupte, dass das Sehfeld des Beobachters mit dem Feld interagiert, das die angestarrte Person umgibt. Ein Feld wird von einem anderen Feld beeinflusst. Diese Interaktion von Feldern wird anhand einer Veränderung oder eines Unterschieds im Feld um den Körper herum wahrgenommen. Genauso wie das Feld um einen Magneten herum verändert wird, wenn ein anderer Magnet neben ihn platziert wird, ist diese Interaktion von Feldern gerichtet. Die Interaktion kann schwach sein und muss von der angestarrten Person nicht bewusst erlebt werden. Aber wenn die Interaktion stark genug ist, reagiert die angestarrte Person vielleicht darauf, indem sie sich umdreht, ohne darüber nachzudenken oder zu wissen, warum sie das tut.[30]

Manche Menschen mögen das Wort Feld[31] vielleicht lieber nicht verwenden, sondern vielmehr Begriffe wie Schwingungen, Energieströme, Ch'i oder nichtlokale Quanteneffekte, die den Beobachter mit dem verbinden, was er beobachtet. Aber welche Begriffe man auch bevorzugt – das Gefühl des Angestarrtwerdens muss auf einem Einfluss des Schauenden auf die angeschaute Person, auf einer nach außen gerichteten Projektion von Einflüssen beruhen. Dieses Gefühl offenbart, dass der Geist durch die Kraft der Aufmerksamkeit mit der Welt jenseits des Körpers verbunden ist.

Dritter Teil

Hellsehen und Vorahnungen

14. Hellsehen

«Hellsehen» bedeutet, Dinge in einer gewissen Ferne zu sehen, jenseits der Reichweite der normalen Sinne. Das «zweite Gesicht», das beispielsweise die keltischen Bewohner der schottischen Highlands und Inseln haben, ist mehr oder weniger das Gleiche.

Zuweilen bedeutet das Wort «Hellsehen» auch ein Sehen in die Zukunft. Aber dabei handelt es sich eher um Präkognition oder Vorahnung, und davon wird in den folgenden Kapiteln die Rede sein. Hier verstehe ich unter Hellsehen und zweitem Gesicht das Sehen von Dingen an anderen Orten in der Gegenwart und nicht in der Zukunft.

Hellsehen ist eine Art von natürlichem Fern-Sehen. Im richtigen Fernsehen können wir auch alles in der Ferne sehen, und zwar durch das elektromagnetische Feld – wir werden beispielsweise Zeuge von dem, was gerade in London, Dallas, New Delhi oder sonstwo geschieht, wie fern es auch immer sein mag. Das Fernsehen macht uns alle zu Hellsehern. In gewisser Hinsicht demokratisiert es, was einst eine besondere Gabe von Schamanen, Sehern und Visionären war.

Während die Telepathie bei Menschen und Tieren häufig vorkommt, ist das Hellsehen anscheinend relativ selten. In meiner Datenbank beispielsweise befinden sich gegenwärtig 39 Fälle von Hellsehen, verglichen mit 827 Fällen von menschlicher Telepathie. Und bei den meisten dieser 39 Fälle könnte Telepathie statt oder zusätzlich zu Hellsehen im Spiel gewesen sein. Hier ein Beispiel, das zeigt, wie schwierig es ist, zwischen beidem zu unterscheiden. Der Bericht stammt von einem jungen Mann aus der Schweiz:

> «1992 studierte ich in Südkalifornien. Meine Freundin Katarina war für ein paar Wochen nach Nordaustralien geflogen, um eine Freundin zu besuchen. Eines Abends saß ich auf der Veranda und schloss die Augen, um mich zu entspannen. In Gedanken wollte ich Kata-

rina in Australien besuchen. Ich stellte mir vor, dass ich dort wäre, und ließ alles auf ganz natürliche Weise geschehen. Plötzlich sah ich, wie Bilder vor meinen geschlossenen Augen auftauchten, wie in einem Traum. Ich sah Katarina neben einem Pferd stehen. Sie hatte einen Schlauch in der Hand und spritzte das Pferd mit Wasser ab, um es zu kühlen. Als sie damit fertig war, ging sie zu einer Bank, setzte sich und begann sich mit Leuten zu unterhalten, die um einen Tisch neben einem Wohnwagen saßen. Als wir später die Tageszeiten in Südkalifornien und Nordaustralien miteinander verglichen, ging uns auf, dass meine außerkörperliche Erfahrung identisch mit ihrem konkreten physischen Erleben gewesen war.»

War dies bloß ein Zufall? Oder war es eine gezielte Vermutung, die auf dem basierte, was er über Katarinas Bewegungen und Aktivitäten wusste? Diese Theorien könnten plausibel sein, wenn dies ein isolierter Fall wäre. Doch wie wir später sehen werden, widerlegen zahlreiche Experimente in Zusammenhang mit Hellsehen diese Theorien. Damit bleibt nur noch die Möglichkeit, dass es sich um Telepathie oder irgendeine Form von Hellsehen handelt.

Könnte dies also ein Fall von Telepathie gewesen sein, die sich aus der emotionalen Verbundenheit des jungen Mannes mit seiner Freundin und seinem Verlangen, bei ihr zu sein, entwickelte? Schnappte er ihre Erlebnisse telepathisch auf und dramatisierte er sie dann als einen außerkörperlichen Besuch in Australien, wie in einer Art Traum? Wir wissen von unseren eigenen Träumen her, wie erstaunlich kreativ unser Geist ist. Über einige unserer Träume sind wir gerade deshalb überrascht, weil wir sie nicht bewusst erfinden. Diese Kombination von Telepathie und Phantasie scheint eine plausible Erklärung zu bieten.

Oder war es direktes Hellsehen, ein Sehen in die Ferne? Hellsehen ist viel mysteriöser als Telepathie. Es setzt voraus, dass sich entweder das Bewusstseinszentrum eines Menschen aus dem Körper hinaus an einen anderen Ort begeben und gleichsam mit körperlosen Augen «sehen» kann, was sich dort abspielt, oder dass ein Mensch einen Teil seines Geistes an einen fernen Ort projizieren und durch einen direkten Kontakt des Geistes mit diesem Ort «sehen» kann, was sich dort ereignet.

Während wir heutzutage alle dank des Fernsehens in die Ferne «sehen» können, war das Hellsehen bis vor gar nicht allzu langer Zeit ein traditionelles Attribut von Schamanen und Sehern. Einige Propheten des Alten Testaments sollen diese Fähigkeit besessen haben, und das Neue Testament berichtet von mehreren Beispielen des zweiten Gesichts bei Jesus (zum Beispiel Johannes 1, 48–50). Auch in Europa gab es viele Berichte über Visionäre, die in die Ferne schauen konnten. Im 15. Jahrhundert trugen Jeanne d'Arcs hellseherische Fähigkeiten dazu bei, dass sie zu Lebzeiten eine Legende wurde. Im 18. Jahrhundert befand sich der schwedische Seher Emanuel Swedenborg bei einem Empfang für lokale Berühmtheiten in Göteborg, als er in eine Trance fiel und «sah», wie ein verheerender Brand im rund 500 Kilometer entfernten Stockholm wütete. Laufend kommentierte er die dortigen Ereignisse. Als später ein Kurier aus Stockholm eintraf, stellte sich heraus, dass Swedenborgs Schilderungen korrekt gewesen waren, und es gab genügend Zeugen, die sich für die Wahrheit dieser Geschichte verbürgten.[1] Handelte es sich hier um ein direktes Sehen in die Ferne oder um eine Art Telepathie von Menschen in Stockholm, die das Feuer direkt vor Augen hatten?

Richard St. Barbe Baker, ein britischer Kolonialbeamter in Kenia, schilderte, dass ihm bei mehreren Gelegenheiten einheimische Häuptlinge oder Geistermedien von Ereignissen an fernen Orten berichtet hätten, die sie, wie sie sagten, «sahen». Hier ein Beispiel:

> «Als mein Boy den Kaffee auf den Tisch stellte, bemerkte er: ‹Hast du gesehen, dass Bwana Katchiku tot ist?› ‹Wo hast du das denn her?›, wollte ich wissen. ‹Häuptling N'degwa hat es gerade gesehen›, erwiderte er einfach. ‹Schick N'degwa zu mir›, befahl ich ihm. N'degwa kam sofort. ... Er trug den üblichen Umhang aus Klippschlieferfellen, baute sich vor mir auf und salutierte wie gewohnt. Ich berührte seinen Kopf und hieß ihn willkommen. ‹Was heißt das?›, fragte ich. ‹Bwana Katchiku tot, sagst du? Woher hast du das erfahren?› ‹Ich sehe es›, lautete seine erstaunliche Antwort. ‹Wann?›, wollte ich wissen. ‹Jetzt›, sagte er. Irgendwie wusste ich, dass er die Wahrheit sagte, es gab auch keinen Grund, warum er dies nicht tun sollte. ... Sieben Tage später traf ein Läufer in meinem Camp ein und überbrachte die Nachricht, dass Bwana Katchiku ge-

storben sei, etwa 400 Kilometer von meinem Camp entfernt. Ich erinnerte mich an den Vorfall und errechnete, dass er ein paar Minuten, bevor ich die Meldung von N'degwa bekommen hatte, verschieden sein musste.»[2]

Auch in diesem Fall wäre es schwierig, zwischen Hellsehen und Telepathie zu unterscheiden – Letztere könnte entweder von dem sterbenden Mann selbst oder von anderen Menschen, die bei ihm waren, ausgegangen sein. Genauso wenig eindeutig sind die meisten der unten beschriebenen experimentellen Tests in Zusammenhang mit Hellsehen. Aber auch wenn diese Experimente nicht enthüllen, wie Hellsehen funktioniert, zeigen sie doch zweifelsfrei, dass es Hellsehen wirklich gibt.

Experimente in Zusammenhang mit dem Hellsehen

Die moderne Forschung zum Hellsehen begann in den siebziger Jahren des vorigen Jahrhunderts, großenteils finanziert von der CIA und anderen US-Regierungsbehörden, die sich in erster Linie für die Möglichkeit parapsychologischer Spionage interessierten. Zwei Physiker, Hal Puthoff und Russell Targ, entwickelten das einfache experimentelle Verfahren am Stanford Research Institute (SRI).[3] Bei diesen Tests musste die Testperson versuchen, einen Ort zu beschreiben, an dem sich ein Agent oder eine «Signalperson» aufhielt.

Die Forscher arbeiteten meist mit einer kleinen Anzahl von vorab ausgewählten Testpersonen mit guten hellseherischen Fähigkeiten. Während des Tests befand sich die Testperson mit einem der Experimentatoren in einem geschlossenen Raum, isoliert von jeder möglichen Information über die Bewegungen der Signalperson. Gleichzeitig begab sich die Signalperson mit einem anderen Experimentator an einen zufällig ausgewählten, mehrere Kilometer entfernten Ort, den so genannten Zielort. Nachdem sie dort eingetroffen waren, versuchte die Testperson zu einem vorher vereinbarten Zeitpunkt, das zu beschreiben und zu zeichnen, was die Signalperson gerade sah, während sie mit der Videokamera aufgenommen wurde. Unabhängige Gutachter werteten später die Aufzeichnung und die Zeichnungen aus.

Bei diesen Tests wurde ein Doppelblindverfahren verwendet, um jeden Betrug oder das unbewusste Weitergeben von Hinweisen seitens der Experimentatoren an die Testpersonen zu vermeiden. Nachdem die Testperson und ihr Experimentator eingeschlossen worden waren, wählte der zweite Experimentator einen Zielort nach Belieben aus einem Pool möglicher Zielorte aus, die in versiegelten Umschlägen ausgewiesen wurden. Dann fuhr er mit der Signalperson an diesen Ort, und dort hielten sie sich eine zuvor festgelegte Zeit lang auf. Die Testperson wusste nicht, welcher Zielort ausgewählt worden war, und der Experimentator wusste nicht, wer bei ihm war.

Nachdem eine Reihe von Tests abgeschlossen worden waren, werteten unabhängige Gutachter die Schilderungen und Zeichnungen der Testperson «blind» aus. Die Gutachter wurden an jeden Zielort gebracht und erhielten einen Satz Päckchen, die die Schilderungen und Zeichnungen der Testperson enthielten, und zwar pro Versuch ein Päckchen. Jeder Gutachter stufte die Schilderungen der Testperson unabhängig von den anderen Gutachtern ein, indem er sie mit jedem konkreten Ort verglich.[4] Mit Hilfe dieser Blindmethoden stellte sich heraus, dass die Schilderungen der Testpersonen auf die Zielorte viel besser zutrafen, als man dies der Wahrscheinlichkeit nach hätte erwarten können. Eine Überprüfung von 26 000 separaten Versuchen, die am SRI zwischen 1973 und 1988 durchgeführt wurden, ergab, dass die Gesamtergebnisse statistisch gesehen sehr signifikant waren, wobei die Wahrscheinlichkeit, dass es sich um Zufall handelte, eins zu 10^{18} betrug.[5]

Andere Forschungsgruppen wiederholten diese Experimente mit ähnlich positiven Ergebnissen.[6] So waren zum Beispiel bei einer Testreihe Agent und Testperson Wissenschaftler und zudem befreundet. Die Testperson, Marilyn Schlitz, befand sich in Detroit im US-Staat Michigan, während sich der Agent oder die Signalperson, Elmar Gruber, rund 8000 Kilometer entfernt davon in Rom aufhielt. Dort legte ein italienischer Kollege einen Pool von 40 potenziellen Zielorten an, unter anderem eine Aussichtsplattform auf dem Dach des Petersdoms, die Spanische Treppe und die Ruinen der Caracallathermen. Zehn Zielorte waren nach dem Zufallsprinzip ausgewählt, und an zehn aufeinander folgenden Tagen suchte Elmar je einen von ihnen zu einer vorher verabredeten Zeit auf. Zur gleichen Zeit saß Marilyn still in

Detroit da und versuchte an Elmar und seine nähere Umgebung zu denken. Sie schrieb ihre Eindrücke auf und fertigte auch Skizzen davon an. Nach dem Abschluss der Versuchsreihe begaben sich fünf unabhängige Gutachter getrennt an jeden der zehn Zielorte in Rom und stuften jede Reaktion der Testperson ein.

Die Ergebnisse waren positiv. Aufgrund der gesamten statistischen Signifikanz lagen die Treffer über dem Zufallslevel, wobei die Wahrscheinlichkeit, dass diese Ergebnisse auf Zufall basierten, bei eins zu 200 000 lag.[7] Bei manchen Tests gab es bemerkenswert enge Übereinstimmungen. Bei einem Test schrieb Marilyn: «Flugbahn? Rote Lichter. Starke Tiefenschärfe. Elmar wirkt distanziert, kalt. Ein Loch im Boden …» Nach der 15-minütigen Experimentierphase fügte sie hinzu: «Er stand abseits vom Hauptgebäude, obwohl er es sehen konnte. Er könnte auf einem Parkplatz oder Feld gewesen sein, das mit dem Gebäude verbunden ist, anhand dessen sich der Ort identifizieren lässt. Ich würde sagen, ein Flugplatz, aber das kommt mir einfach zu speziell vor. Es herrschte Betriebsamkeit, und da waren Menschen, aber niemand war wirklich in der Nähe von Elmar.»[8] Tatsächlich war der Zielort der Internationale Flughafen von Rom, neben dem Elmar auf einem kleinen Hügel gestanden hatte. Neben dem Hügel befanden sich einige Löcher im Boden, wo Schatzgräber heimlich nach römischen Münzen gesucht hatten.

Aufgrund der erfolgreichen SRI-Hellsehexperimente von 1973 bis 1988 finanzierte die US-Regierung eine weitere Serie von streng kontrollierten Versuchen in einem Forschungszentrum namens Science Applications International Corporation (SAIC), die von 1989 bis 1993 lief. Wieder waren die Ergebnisse positiv und statistisch gesehen hoch signifikant.[9] 1995 veranlasste die CIA eine Überprüfung der Ergebnisse durch eine Expertenkommission, der auch die namhafte Statistikerin Jessica Utts von der University of California in Davis und Ray Hyman, Professor für Psychologie an der University of Oregon und ein bekannter Skeptiker, angehörten. Beide waren sich am Ende einig, die Ergebnisse lägen «weit über dem, was man der Wahrscheinlichkeit nach erwarten würde». Außerdem konnte keiner irgendwelche Fehler im experimentellen Verfahren nachweisen, sosehr man sich auch darum bemühte. Hyman räumte schließlich ein: «Die SAIC-Experimente sind gut konzipiert, und die Forscher haben sich alle erdenkliche Mühe gegeben, die bekannten Schwächen früherer parapsychologischer Forschungen zu beseitigen. Außerdem sind mir keinerlei Fehler und Schwächen aufgefallen.»[10] Er schlug vor, weitere Experimente sollten durchgeführt werden, um festzustellen, ob sich die Ergebnisse wiederholen ließen.

Die Ergebnisse wurden unabhängig wiederholt, und zwar in einer ausgiebigen Reihe von Hellsehexperimenten an der Princeton University, und die statistische Wahrscheinlichkeit, dass es sich bei dem sehr positiven Gesamtergebnis um Zufall handelte, lag bei eins zu 10^{11}.[11]

Die Experimente ergaben nicht nur, dass Hellsehen tatsächlich funktioniert, sondern enthüllten auch, dass es weder mit zunehmender Entfernung nachlässt noch auch durch elektromagnetische Abschirmung zu beeinflussen ist. Eine andere Schlussfolgerung lautete, dass die meisten Menschen als Hellseher nicht sehr gut sind. Nur eine Minderheit der nicht speziell ausgewählten freiwilligen Teilnehmer erwies sich als konstant erfolgreich. Die Fähigkeit zum Hellsehen ist genau wie die Begabung für Mathematik oder Musik nicht bei allen Menschen gleichermaßen vorhanden, sondern relativ selten.

Tiere und verlorene Gegenstände finden

Alle Fälle von Hellsehen, von denen bislang die Rede war, könnten durchaus Beispiele für Telepathie statt für Hellsehen sein. Die Schilderung dessen, was der Agent an einem fernen Ort sieht, gleicht der Schilderung eines Videos, das sich der Agent in einem Ganzfeldexperiment (siehe 2. Kapitel) ansieht, was man normalerweise als eine Form der Telepathie einstufen würde. Das allgemeine Verfahren ähnelte auch ziemlich dem in der Traumtelepathieforschung von Maimonides (2. Kapitel).

Das Phänomen, das sich am ehesten mit Hellsehen erklären lässt, ist das Finden von Dingen. Wenn niemand weiß, wo sie sind, können sie nicht mit Hilfe von Telepathie von Mensch zu Mensch ausfindig gemacht werden.

Das Finden von Wildtieren war eine Rolle, die in Jäger-Sammler-Gesellschaften traditionell Schamanen ausübten. Noch heute verfügen manche Jäger und Tierfotografen über ein Erfahrungswissen, wo sie ein Tier finden werden, nach dem sie suchen. Peter Bailey zum Beispiel, der in Hampshire lebt und sich seit vielen Jahren an Hirsche anpirscht und sie jagt, stellt in diesem Zusammenhang fest: «Ich habe diese unheimliche Gabe, zu wissen, wo ein Rotwild ist. Anscheinend kann ich seine Anwesenheit wahrnehmen. Bevor ich zum Feldstecher greife oder durchs Teleskop schaue, sagt mir etwas, dass dort ein Reh ist, und dann schaue ich einfach und lande einen Volltreffer, sogar über phänomenale Entfernungen hinweg.»

Barry Blackwell arbeitete zehn Jahre lang als Wildtierhüter bei der British Forestry Commission, und zu seinen Pflichten gehörte es, die Rotwildpopulation in Nadelholzplantagen zu kontrollieren. Er ging auf den verschiedenen Waldwegen auf und ab und hielt nach Rotwild Ausschau, um es zu schießen. Das Wild musste zum Fressen zu diesen Wegen kommen, da es in der Plantage nichts zu fressen gab. «Ich kam zu einer Kreuzung und nahm nicht mal das Gewehr von der Schulter, aber bevor ich die nächste Kreuzung erreichte, sagte mir ein merkwürdiges Gefühl, dass es dort Wild geben würde. Ich schaute vorsichtig um die Ecke, und dann sah ich das Wild auf dem Weg äsen. Diese merkwürdige Empfindung erwies sich erneut als richtig. Ich hatte dieses Gefühl nicht ständig, vielleicht ein- oder zweimal die Woche. Und ich wusste auch nicht einfach, wo das Wild wahrscheinlich wäre. Ich habe dieses Gefühl auch schon in Gebieten gehabt, wo ich normalerweise kein Wild erwarten würde.»

Der Unterwasserfotograf Jeremy Stafford-Dietsch schilderte, wie er einen gelbbraunen Hai fand, als er ein Riff im Pazifik erkundete:

> «Bei tausenden von Tauchgängen habe ich bisher einen oder zwei gesehen – also man stößt nicht unbedingt täglich auf einen. Ich schwamm gerade über eine große Fläche von Korallenköpfen. Es war kein besonders interessanter Tauchgang, und ich langweilte mich. Weit vor mir sah ich die Silhouette eines Korallenkopfs, und vor meinem geistigen Auge erblickte ich den Schwanz eines gelbbraunen Hais, der unter dem Korallenkopf hervorragte, obwohl ich das aus der Position, in der ich mich befand, unmöglich sehen konnte. Zwischen mir und diesem Haischwanz waren noch etwa dreißig andere Korallenköpfe. Und doch hatte ich ihn ganz deutlich gesehen. Ich dachte: Das ist doch lächerlich, ich werd mich doch

> nicht auf diesen Aberglauben einlassen und mir das genauer ansehen, also paddelte ich weiter und schaute mir alle anderen Korallenköpfe an. Dann dachte ich: Na schön, da kann man nichts machen, und darum schwamm ich zu diesem Korallenkopf hinüber – und tatsächlich, da ragte der Schwanz des Hais hervor, genauso wie ich mir das eingebildet hatte.»

Auch das Finden verlorener Gegenstände gehörte zu der traditionellen Rolle von Schamanen, Medien und professionellen Hellsehern. Noch heute suchen Menschen Seher auf, um verlorene Gegenstände zu finden, und bitten «Tierkommunikatoren», verloren gegangene Haustiere zu suchen. Manchmal haben sie damit Erfolg.[12] Sogar ein Heiliger steht in dem Ruf, verlorene Gegenstände wieder zu finden: der heilige Antonius von Padua. In vielen katholischen Kirchen zünden die Menschen Kerzen vor seinem Bildnis an und beten um seine Hilfe.

Der berühmteste europäische Hellseher in neuerer Zeit war der Holländer Gerard Croiset, der oft der holländischen Polizei behilflich war. Besonders gern wandte man sich an ihn, damit er Menschen fand, die spurlos verschwunden waren, und häufig musste er ängstlichen Verwandten erklären, dass die betreffende Person tot sei, weil er den Leichnam «gesehen» habe. Manchmal gelang es ihm, die Polizei an den Fundort zu führen. Er erhielt seine Informationen durch visuelle Bilder, die ihm wie Filmclips erschienen und zeigten, was gerade in der Ferne geschah oder geschehen war. Und bei einigen Gelegenheiten, als er sich geirrt zu haben schien, stellte sich schließlich heraus, dass er doch Recht gehabt hatte. Als er wegen der entführten Frau eines Londoner Zeitungsbosses konsultiert wurde, erklärte er, sie sei tot, und gab Einzelheiten der Route an, die die Kidnapper genommen hatten, wobei er sagte, an einem bestimmten Punkt befinde sich ein Flugzeug, das aus der «Vorkriegszeit» oder «nicht aus diesem Jahrzehnt» stamme. Doch als man kein derartiges Flugzeug fand, wurde seine Geschichte in Zweifel gezogen. Erst später stellte sich heraus, dass ein Kino an dieser Route einen Film über die Schlacht um England gezeigt hatte – und auf dem Dach hatte zu Werbezwecken die Attrappe einer Spitfire in Originalgröße gestanden.[13]

Paranormale Spionage

Bei den meisten der von der CIA und anderen US-Regierungsbehörden finanzierten Hellsehexperimente war eine Signalperson im Spiel, die sich an den Zielort begab. Diese Tests hätten darum auch per Telepathie funktionieren können. Aber bei einigen Tests wurden die Testpersonen aufgefordert, einen Ort zu schildern, für den sie nur einen kartographischen Hinweis bekommen hatten, ohne auch nur die Karte zu sehen. In einem besonders verblüffenden Fall forderte ein SRI-Forscher eine der begabtesten Testpersonen auf, sie solle beschreiben, was sich an der angegebenen Stelle befinde, die kartographisch aus einem Hinweis in binären Zahlen bestand. Hella Hammid, die Testperson, hatte keine Ahnung, dass es sich bei dem Zielort um einen Teilchenbeschleuniger, das Bevatron in Berkeley, handelte, ein großes kreisförmiges Gebäude, von dem vier Strahlröhren zu den Forschungslabors ausgingen. Sie schloss die Augen und sagte nach einer Pause: «Ich sehe eine Art rundes Gebäude. Es sieht wie ein bauchnabelförmiger Fitnessexpander aus.» Dann skizzierte sie das, was sie «sah», und fertigte auch ein Tonmodell davon an – ein kreisförmiges Gebilde, von dem vier Strahlen abgingen.[14]

Doch selbst in diesem Fall kann eine Telepathie nicht ausgeschlossen werden, da die Experimentatoren wussten, um welchen Zielort es sich handelte, und daher hätte die Testperson es von ihnen aufgeschnappt haben können. Aber manchmal wurden Testpersonen aufgefordert, Orte in der Sowjetunion zu beschreiben, während die Forscher selbst nicht wussten, was sich dort befand. So bestand beispielsweise in einem der Tests am SRI der Zielort aus einem kartographischen Hinweis, den die CIA geliefert hatte und der schlicht lautete, es handle sich um einen «sowjetischen Ort, für den sich die Analysten sehr interessieren». Die Testperson hieß Pat Price. Nach ein paar Minuten begann er mit seiner Schilderung: «Ich liege auf dem Rücken auf dem Dach eines zwei- oder dreistöckigen Backsteingebäudes. … Da ist etwas höchst Erstaunliches. Über meinem Kopf bewegt sich ein riesiger Portalkran hin und her. … Während ich in die Luft hoch schwebe und hinunterschaue, scheint er auf einem Gleis zu rollen, wobei sich auf beiden Seiten des Gebäudes eine Schiene befindet.» Dann fertigte er eine Skizze von der Anordnung der Gebäude sowie von dem Kran auf Rädern an.

Tatsächlich war der Ort eine geheime Kernwaffenfabrik in Semipalatinsk in Kasachstan, und CIA-Aufnahmen von Spionagesatelliten zeigten einen Gebäudekomplex mit einem riesigen Kran auf Schienen, der dem von Price gezeichneten Kran sehr ähnlich sah. Eines der interessantesten Details an Price' Beschreibung bestand darin, dass er ins Innere eines der Gebäude hinein «sah» und von etwas berichtete, was damals in der US-Regierung niemand wusste. Price sagte, Menschen würden darin eine riesige Metallkugel von etwa 20 Meter Durchmesser aus «Kugelkeilen» (spitz zulaufenden Metallteilen) zusammenbauen, hätten aber Probleme damit, die Teile zusammenzuschweißen. Erst drei Jahre später wurde diese Beobachtung bestätigt. In der Zeitschrift *Aviation Week* hieß es über diese Anlage: «In einem benachbarten Gebäude wurden große, extrem dicke Stahlkugelkeile hergestellt. Diese Stahlsegmente waren Teile einer großen Kugel von schätzungsweise 18 Meter Durchmesser. US-Beamte glauben, dass die Kugeln zum Einfangen und Speichern von Energie aus atomaren Sprengstoffen oder Impulsgeneratoren benötigt werden. Zunächst glaubten einige US-Physiker, es gebe keine Methode, mit deren Hilfe die Sowjets die Stahlkugelkeile der Kugeln zusammenschweißen könnten …, besonders wenn der zu verschweißende Stahl extrem dick war.»[15]

Price konnte diese Informationen zwar nicht von irgendjemandem in den USA aufgeschnappt haben, als er diese Anlage «sah» – aber könnte er sie nicht vielleicht telepathisch von den Menschen aufgeschnappt haben, die an diesem Ort in der Sowjetunion arbeiteten? Wenn sich sein Geist irgendwie ausstreckte, um ihn mit dieser Waffenfabrik zu verbinden, würde ihn dann die Bündelung seiner Aufmerksamkeit irgendwie in die Lage versetzen, den Ort direkt zu sehen? Oder ermöglichte ihm dies, sich mit dem Geist der Menschen an diesem Ort zu verbinden?

Wir können diese Fragen nicht beantworten. Dennoch waren in vielen Laborexperimenten in Zusammenhang mit Hellsehen die Ziele für alle völlig unbekannt, als die Testperson sie erriet. Telepathie wäre also nicht möglich gewesen. Und dennoch waren die Ergebnisse positiv.

Hellsehen im Versuch

Im 2. Kapitel habe ich die ESP-Kartenexperimente beschrieben, die den Schwerpunkt der parapsychologischen Forschung von den zwanziger bis zu den fünfziger Jahren des vorigen Jahrhunderts bildeten. In J. B. Rhines parapsychologischem Labor an der Duke University ebenso wie an anderen Laboratorien wurden viele dieser Tests unter eher hellseherischen als telepathischen Bedingungen durchgeführt. Das heißt, die Testperson erriet die Reihenfolge der Karten in einem gemischten Päckchen, bevor irgendjemand sie sich angeschaut hatte. Oder sie erriet, welche Karten sich in versiegelten Umschlägen befanden, bevor irgendjemand die Umschläge öffnete, um herauszufinden, ob die Vermutung richtig oder falsch war. Oder die Testperson riet, welche Karten sich in gemischten Päckchen hinter undurchsichtigen Schutzschirmen oder in anderen Räumen oder Gebäuden befanden, bevor irgendjemand sie sich angesehen hatte.

Hunderttausende solcher Versuche wurden an der Duke University und anderswo durchgeführt. Beliebig ratende Testpersonen würden bei einem Päckchen von 25 Zener-Karten mit fünf verschiedenen Symbolen etwa bei einem von fünf Versuchen oder etwa fünf Mal pro Päckchen Recht haben. Mit anderen Worten: Die Zufallstrefferquote läge bei rund 20 Prozent. Einige von Rhines besten Testpersonen errieten ziemlich konstant rund 8 bis 10 Karten pro Päckchen richtig, was einer Trefferquote von 30 bis 40 Prozent entsprach.[16] Die meisten Teilnehmer waren nicht so gut, aber als alle Ergebnisse zusammengefasst wurden, lagen die Trefferquoten noch immer über den bei Zufallstreffern zu erwartenden 20 Prozent. Bei einer halben Million Versuche beispielsweise, bei denen die Karten hinter undurchsichtigen Schutzschirmen lagen, betrug die Gesamttrefferquote 21,8 Prozent. Dies ist zwar keine sehr eindrucksvolle Zahl, aber bei einer derart großen Anzahl von Versuchen wäre die Wahrscheinlichkeit, dass dieses Ergebnis auf Zufall beruhte, astronomisch gering.

Auf den ersten Blick schienen diese Ergebnisse überwältigende Beweise für die Existenz von Hellsehen zu liefern und eine Erklärung durch Telepathie auszuschließen. Rhine und die meisten anderen Parapsychologen waren mit dieser Schlussfolgerung ganz zufrieden und erblickten in beiden Phänomenen nur verschiedene Aspekte des allgemeineren ESP-Phänomens. Aber sie hatten keine Ahnung, wie ESP funktioniert, und konnten nur vermuten, dass sie von einem nichtkörperlichen Geist abhing, der irgendwie frei von den Beschränkungen durch Zeit und Raum ist.[17]

Die Situation wurde noch komplizierter aufgrund des Umstands, dass eine andere Art von ESP, nämlich die Präkognition, genauso gut wie das Hellsehen bei Kartentests und Hellsehexperimenten zu funktionieren schien. Die Testpersonen konnten raten, welche Karte oder welches Ziel für das Hellsehen in der Zukunft ausgewählt würde! Ich werde auf diese Beweise im 18. Kapitel eingehen.

Manche Forscher gehen so weit zu behaupten, dass reines Hellsehen im Hinblick auf leblose Ziele überhaupt nicht vorkomme. Alle offenkundigen Formen von Hellsehen, argumentieren sie, hingen von Interaktionen zwischen lebenden Organismen ab. Entweder ist das Hellsehen ein Aspekt der Telepathie, wie bei den Hellsehtests mit einer Signalperson, oder es hängt davon ab, dass die Testperson einen Kontakt zu künftigen Gedanken über das Ziel herstellt, nachdem die Antwort bekannt ist.[18]

Der Versuch, das Hellsehen durch Einflüsse aus der Zukunft zu erklären, scheint uns noch tiefer in ein rätselhaftes Dunkel zu führen. Aber die Präkognition gibt es anscheinend tatsächlich, wie auch immer wir sie eines Tages erklären.

15. Vorahnungen bei Tieren

Viele Tiere scheinen zu spüren, wann ein Unglück oder eine Katastrophe bevorsteht. Die verblüffendsten Beispiele betreffen Erdbeben.

Manche Arten von Vorahnungen hängen möglicherweise mit dem Wahrnehmen subtiler physikalischer Veränderungen in der Umwelt zusammen. So spüren einige Tiere vielleicht Veränderungen im elektrischen Feld der Erde oder ein schwaches Zittern vor Erdbeben. Und manche scheinbaren Vorahnungen können auf Telepathie basieren, etwa wenn Hunde die Ankunft ihrer Halter antizipieren, indem sie ihre Intentionen in der Ferne wahrnehmen, sowie Menschen Telefonanrufe antizipieren, wenn jemand gerade beabsichtigt, sie anzurufen.

Andere Arten von Vorahnung sind mysteriöser. Bei ihnen scheint das Vorausfühlen oder Präkognition, also Vorauswissen, im Spiel zu sein. Sie setzen voraus, dass Einflüsse sich «rückwärts» in der Zeit, das heißt von der Zukunft in die Gegenwart, fortpflanzen. Damit scheinen sie unsere normalen Vorstellungen von Ursache und Wirkung in Frage zu stellen. Außerdem werfen sie eine Menge philosophischer Probleme auf. Heißt Präkognition, dass die Zukunft vorherbestimmt ist? Bedeutet dies, dass der freie Wille unmöglich ist? Führt dies zu Paradoxien, nämlich dass das Wissen um die Zukunft die Gegenwart beeinflusst, was wiederum die Zukunft verändern kann?

Angesichts solcher heiklen theoretischen Probleme ist es einfacher, die Beweise für die Präkognition zu ignorieren und jedes Nachdenken darüber zu vermeiden. Traditionell tat man dies, indem man annahm, wenn dieses Phänomen überhaupt auftrat, dann nur sehr selten, und es beschränkte sich auf Propheten, Seher, Orakel und Medien. Und deren Prophezeiungen waren sowieso oft vage und zweideutig. Wenn sich einige tatsächlich als richtig erwiesen, dann müsste dieses Vorauswissen eher übernatürlich als natürlich gewesen sein und damit den Horizont wissenschaftlichen Denkens übersteigen.

Diese Vorgehensweise lässt sich nicht mehr halten. Erstens kommen Vorahnungen bei vielen Tierarten vor. Sie sind natürlich und nicht übernatürlich. Generell lässt sich sagen, dass Tiere, die besser in der Lage sind, ein Unglück oder eine Katastrophe zu antizipieren, dadurch eine größere Chance haben, sie zu vermeiden und damit zu überleben. Und die Fähigkeit, unmittelbar drohende Gefahren wahrzunehmen, würde wahrscheinlich im Rahmen der natürlichen Auslese bevorzugt.

Zweitens haben Forschungen im 20. Jahrhundert im Zusammenhang mit menschlichen Erlebnissen ergeben, dass Vorahnungen und Präkognitionen weit verbreitet und nicht auf eine winzige Minderheit abnormer Individuen beschränkt sind.

Drittens haben Parapsychologen mit Hilfe mehrerer Arten von kontrollierten Experimenten überzeugende Belege für die Existenz der Präkognition gefunden (siehe 17. Kapitel).

Im vorliegenden Kapitel sehen wir uns Beweise für Vorahnungen und Antizipationen durch Tiere und Menschen an und überlegen, wie sie zu verstehen sind.

Vorahnungen von Erdbeben bei Tieren

In *Der siebte Sinn der Tiere* habe ich umfängliches Beweismaterial für ungewöhnliches tierisches Verhalten vor Erdbeben zusammengetragen, unter anderem auch historische Berichte seit der Zeit der alten Griechen. Ich habe in diesem Buch auch Beispiele von Erdbeben aus neuerer Zeit aufgeführt, nämlich in Kalifornien (die Erdbeben in Loma Prieta von 1987 und in Northridge von 1994), Japan (Kobe 1995) und Italien (Assisi 1997). In allen Fällen wurde vielfach von wilden Tieren berichtet, die sich ebenso wie Haustiere stunden- oder gar tagelang vor dem eigentlichen Erdbeben furchtsam, ängstlich oder sonstwie ungewöhnlich verhielten.

Von wenigen Ausnahmen abgesehen haben westliche Seismologen derartige Geschichten über ungewöhnliches tierisches Verhalten ignoriert und als Anekdoten oder gar als Aberglauben abgetan. Dagegen fordern die Behörden in China seit den siebziger Jahren die Öffentlichkeit auf, über ungewöhnliches tierisches Verhalten zu berichten. Mittlerweile hat man eine eindrucksvolle Erfolgsbilanz bei der Vorhersage von Erdbeben vorzuweisen, wobei in manchen Fällen Stunden vor verheerenden Erdbeben Städte evakuiert und damit zehntausende von Menschenleben gerettet wurden.

Ich habe vorgeschlagen, man solle wie die Chinesen auf ungewöhnliches tierisches Verhalten achten, statt es zu ignorieren. Erdbebenwarnsysteme ließen sich in Kalifornien, Griechenland, der Türkei, Japan und anderswo einrichten, indem man sich der Mithilfe tausender oder gar von Millionen Freiwilliger unter Einsatz moderner Kommunikationstechniken versichert.

Ein ungewöhnliches Verhalten bei einem einzelnen Tier ließe sich auf eine unvermutete Krankheit oder eine Reihe anderer Ursachen zurückführen und könnte nicht als Beweis dafür gelten, dass ein Erdbeben bevorstünde. Aber ein ungewöhnliches Verhalten, das unabhängig bei vielen Tieren in einem bestimmten Gebiet auftritt, würde darauf hindeuten, dass eine äußere Ursache vorliegt, und das könnte ein unmittelbar bevorstehendes Erdbeben sein. Früher erfuhren die Menschen vom Verhalten von Tieren an anderen Orten erst, nachdem es zu spät war. Für ein effektives Erdbebenvorwarnsystem, das auf ungewöhnlichem tierischem Verhalten basiert, wäre eine rasche Kommunikation genauso wichtig wie eine rasche Datenanalyse. Dank Telefonen, Internet und Computern ist dies inzwischen möglich. Fangen wir endlich an, ungewöhnlichem tierischem Verhalten unsere Aufmerksamkeit zu schenken.

Über die Medien könnten Millionen von Haustierbesitzern und Bauern in erdbebengefährdeten Gebieten aufgefordert werden, sich an diesem Projekt zu beteiligen. Sie könnten über das Verhalten aufgeklärt werden, das ihre Haustiere und andere Tiere vielleicht vor einem drohenden Erdbeben an den Tag legen – im Allgemeinen sind dies Anzeichen von Angst oder Furcht. Sowie die Leute diese Anzeichen bemerken würden, wären sie aufgefordert, sofort eine Telefonhotline mit einer leicht zu merkenden Nummer anzurufen – oder eine Nachricht via Internet zu senden. Ein Computersystem würde dann den Ausgangsort der eintreffenden Anrufe ermitteln, einen Alarm auslösen und auf einer Karte alle Orte kenntlich machen, von denen ungewöhnlich viele Anrufe kamen.

Wahrscheinlich würde es jede Menge Fehlalarme von Leuten geben, deren Haustiere beispielsweise krank sind, und einzelne Anrufe könnten sich auch als schlechter Scherz herausstellen. Doch falls es zu einer plötzlichen Zunahme von Anrufen aus einer bestimmten Region käme, könnte dies darauf hindeuten, dass in dieser Region ein Erdbeben bevorsteht. Auch andere Faktoren könnten das Verhalten von Tieren in dieser Region beeinflussen, etwa das Aufziehen von Unwettern oder Hurrikanen, Waldbrände, die Nähe von Raubtieren oder einfach Feuerwerk. Nähmen die Anrufe zum Beispiel in ganz Kalifornien am Abend des 4. Juli sprunghaft zu, hieße das wohl nur, dass eine Menge Menschen den Unabhängigkeitstag feiern, und nicht, dass Erdbeben demnächst gleichzeitig an allen Verwerfungslinien auftreten.

Forschungen im Zusammenhang mit einem derartigen Erdbebenvorwarnsystem würden nur einen Bruchteil der gegenwärtigen Budgets der Erdbebenforschung kosten. Sie könnten sogar privat gesponsert werden, wenn der Staat nicht dafür aufkommen würde. Anhand dieser Forschungen könnten wir etwas herausfinden. Ohne jede Forschung lernen wir gar nichts, und Erdbeben werden weiterhin ohne jede Vorwarnung zuschlagen.

Auch nach dem Erscheinen von *Der siebte Sinn der Tiere* im Jahre 1999 habe ich größere Erdbeben überprüft, um zu erfahren, ob ihnen ein ungewöhnliches Verhalten bei Tieren vorausgegangen war. Dies war der Fall.

Am 17. August 1999 suchte ein verheerendes Erdbeben (Stärke 7,4) die Türkei heim, dessen Epizentrum bei Izmit lag. Zeitungsberichte erwähnten, dass Hunde stundenlang vor dem Ausbruch des Erdbebens geheult hätten, und in allen möglichen anderen Berichten war von einem ungewöhnlichen Verhalten bei Hunden, Katzen und Vögeln die Rede.

Im darauf folgenden Monat, am 7. September, gab es ein schweres Erdbeben der Stärke 5,9 in Griechenland, dessen Epizentrum bei Athen lag. Auf meinen Wunsch hin führten Katarina Plassara und Socrates Seferiades Umfragen in und um Athen durch, um herauszufinden, ob den Menschen vor dem Erdbeben ein ungewöhnliches Verhalten bei Tieren aufgefallen war. Manche hatten etwas bemerkt, andere nicht. Mehrere Leute erklärten, vor dem letzten großen Erdbeben im Januar 1981 hätten sich mehr Tiere ungewöhnlich verhalten. Aber dieses Erdbeben war viel verheerender gewesen – es hatte eine Stärke von 6,7 gehabt.

Von den dutzenden Berichten über ungewöhnliches Verhalten vor dem Beben von 1999 betrafen die meisten Hunde und Katzen. Streunende Katzen «verschwanden», Hauskatzen versteckten sich oder rannten aus dem Haus, und zwar teilweise mehrere Stunden vor dem Beben. Manche Hunde heulten stundenlang vor dem Ausbruch, andere waren aufgeregt und versuchten aus dem Haus zu kommen, wieder andere wirkten verängstigt und wollten ihre Besitzer nicht verlassen. In einer Reitschule bei Athen wurden die Pferde «nervös» und «zappelig», wenige Minuten vor dem Erdbeben versuchten sie aus ihren Ställen zu kommen, indem sie gegen die Türen traten. Tauben sollen in ihren Schlägen auf ungewöhnliche Weise herumgeflattert sein, und andere Vögel verhielten sich ebenfalls untypisch. Dimitris Kalomenidis aus dem Dorf Aghios Mercurios berichtete:

> «Fast alle Vögel – Hühner, Fasane, Rebhühner, Enten und Gänse – waren zwei Stunden vor dem Erdbeben vom 7. September so nervös, dass ich mich fragte, worüber sie wohl so beunruhigt waren. Vor allem die Gänse machten eine Menge Lärm und liefen scheinbar ziellos und vereinzelt hin und her, statt wie üblich beisammen zu bleiben. Ich glaubte, irgendwo müsse ein Fuchs sein. Dieses Verhalten nahm immer mehr zu, und als das Beben kam, gerieten sie richtig in Panik und liefen in ihrem Gehege herum, als wollten sie ausbrechen. Etwa fünf Minuten vor dem Erdbeben begannen meine Hunde in einer Weise zu heulen, wie ich es noch nie zuvor gehört hatte.»

Mehrere Menschen erklärten, einen oder zwei Tage davor seien eine Menge Ameisen aus ihren Nestern gekrabbelt. Andere meinten, Mäuse seien aus ihren Löchern gekommen und merkwürdig herumgelaufen.

Am 28. Februar 2001 trat im Gebiet von Seattle ein Beben der Stärke 6,8 auf, und auch hier hatten sich Tiere zuvor ungewöhnlich verhalten. Manche Katzen sollen sich bis zu zwölf Stunden vor dem Erdbeben aus keinem ersichtlichen Grund versteckt haben; andere seien eine oder zwei Stunden davor ängstlich gewesen oder «ausgeflippt»; kurz vor dem Beben hätten einige Hunde «wie verrückt» gebellt, und auch andere Tiere hätten sich ungewöhnlich verhalten.

Laurie Holtz, die Ziegen hält und rund 30 Kilometer südlich vom

Epizentrum lebt, berichtete mir, dass die weiblichen Ziegen normalerweise gegen 23 Uhr in einen Pferch eingesperrt würden, aber am Abend vor dem Beben hätten sie sich gesträubt hineinzugehen und dann auf ganz ungewöhnliche Weise «ständig gemeckert». Am nächsten Tag, etwa acht Minuten bevor das Erdbeben auftrat, habe der Hund draußen gebellt, und die Ziegen «liefen in Kreisen im Pferch herum. Eine Ziege lief einfach in einem ganz engen Kreis herum, was ich noch nie zuvor bei einer Ziege gesehen hatte. Dann raste unser Hund im Haus die Treppe rauf und runter und bellte wie verrückt. Als ich aufstand, um hinauszugehen und nachzusehen, was los war, bebte die Erde.»

Niemand weiß, wie manche Tiere bevorstehende Erdbeben anscheinend spüren. Es gibt drei Haupttheorien: Sie schnappen irgendwie subtile Geräusche, Schwingungen oder Bewegungen der Erde auf; sie reagieren auf unterirdische Gase, die vor Erdbeben austreten; oder sie reagieren auf Veränderungen im elektrischen Feld der Erde, die Erdbeben vorausgehen. Ebenso gut aber könnten Tiere im Voraus irgendwie «spüren», was gleich geschehen wird, und zwar auf eine Weise, die sich derzeit wissenschaftlich nicht erklären lässt. Mit anderen Worten: Sie haben vielleicht ein Vorgefühl, dass etwas geschehen wird, oder ein Vorauswissen. Diese Hypothese wäre entbehrlich, wenn sich alle Fakten durch konventionellere Theorien zufrieden stellend erklären ließen. Gegenwärtig scheint die Theorie vom elektrischen Feld einigermaßen viel versprechend zu sein.[1] Aber mehrere andere Arten von Vorahnungen bei Tieren lassen sich nicht mit dieser Theorie erklären.

Vorahnung von Lawinen

Am 23. Februar 1999 verwüstete eine Lawine das Dorf Galtür in Tirol, und es gab zahlreiche Tote. Es war die schwerste Lawinenkatastrophe in Österreich seit 1954. Einen Tag davor kamen die Gämsen von den Bergen in die Täler – etwas, was sie normalerweise nie tun. «Die Stimmung im Dorf wurde merklich unruhig. An diesem Abend begann die stellvertretende Geschäftsführerin eines Hotels von Lawinen im Ort zu sprechen – dreizehn Jahre zuvor habe eine ein Haus zerstört. Am nächsten Tag, als die erste wirklich große Lawine kam, verlor sie drei Familienangehörige.»[2]

Albert Ernest arbeitete fast fünfzig Jahre lang als «Sachverständiger für Sicherheit am Berg» im Ennstal in der Obersteiermark. Er ist auch ein leidenschaftlicher Tierfotograf und gut vertraut mit den Gewohnheiten von Wildtieren. Er berichtete: «Immer wieder konnte ich beobachten, dass Gämsen sich bei drohender Lawinengefahr kaum in abbruchgefährdeten Bereichen aufhalten. ... Ich bin also aufgrund dieser Beobachtungen der Meinung, dass das Bergwild offensichtlich aus einem angeborenen Instinkt labile Verhältnisse in der Schneedecke erahnt und sein Verhalten danach ausrichtet.»

Durch Umfragen in Dörfern in den österreichischen und Schweizer Alpen, die Theodor Itten freundlicherweise für mich durchgeführt hat, habe ich herausgefunden, dass es sich bei den Tieren, die am häufigsten Lawinen vorausahnen, um Gämsen und Steinböcke, aber auch um Hunde handelt. Manche Hunde sollen stundenlang vor einem Lawinenabgang aus keinem ersichtlichen Grund ständig gebellt haben, und manche weigerten sich, ins Freie zu gehen. Josef Höllrigl aus Bludenz in Vorarlberg beispielsweise hat einen ausgebildeten Lawinensuchhund. Am 13. März 1988 weigerte sich der Hund einfach, das Haus zu seinem üblichen Morgenspaziergang zu verlassen. «Ungefähr 30 Minuten später ging eine große Lawine neben unserem Haus nieder. Ganz bestimmt wären wir umgekommen, wären wir draußen gewesen.»

So wenig wie im Falle von Erdbeben wissen wir nicht, wie diese Tiere die drohenden Katastrophen antizipierten. Vielleicht reagierten sie auf elektrische oder andere physikalische Veränderungen. Aber wenn dem so ist, weiß niemand, worin diese Veränderungen bestehen. Oder vielleicht haben die Tiere ein mysteriöseres Vorgefühl von Gefahr.

Wie auch immer – die Fähigkeit, Lawinen vorauszuahnen, wäre für Bergtiere offensichtlich überlebenswichtig und würde von der natürlichen Auslese bevorzugt. Aber viele Tiere antizipieren auch vom Menschen verursachte Katastrophen, die in der Welt der Natur nicht vorkommen, zum Beispiel Luftangriffe.

Vorahnung von Katastrophen, die Menschen verursachen

In *Der siebte Sinn der Tiere* habe ich geschildert, wie Hunde, Katzen und andere Tiere im Zweiten Weltkrieg Luftangriffe vorausahnten. Viele Familien in England und Deutschland verließen sich auf das Verhalten ihrer Haustiere, das sie vor drohenden Angriffen warnte, bevor irgendwelche offiziellen Warnungen ergingen. Diese Vorauswarnungen ereigneten sich, als die feindlichen Flugzeuge noch hunderte von Kilometern entfernt waren, also lange bevor die Tiere sie hätten hören können. Manche Hunde in London antizipierten sogar die Explosion von deutschen V-2-Raketen, obwohl diese mit Überschallgeschwindigkeit flogen und daher nicht im Voraus gehört werden konnten.[3] Wenn die Tiere die Luftangriffe nicht dadurch vorausahnten, dass sie sich nähernde Bomber oder Raketen hörten, wie konnten sie sie dann im Voraus spüren? Präkognition oder Vorgefühl scheint die einzige Möglichkeit zu sein.

Gebirgstiere wie Gämsen, die in der Lage sind, zu antizipieren, wann und wo eine Lawine sie gefährden würde, sind zweifellos über viele Generationen hinweg durch natürliche Auslese bevorzugt worden. Diese Sensibilität ist offenkundig überlebenswichtig, wie auch immer sie funktionieren mag. Vielleicht haben Tiere, die in erdbebengefährdeten Gebieten leben, eine ähnliche spezielle Sensibilität für physikalische Anzeichen entwickelt, die Erdbeben vorausgehen. Und vielleicht profitieren viele Arten von Tieren davon, dass sie Stürme und Hurrikane zu antizipieren vermögen.

Aber kein Tier profitiert über viele Generationen hinweg von der natürlichen Auslese, weil es über die Fähigkeit verfügt, Luftangriffe vorauszuahnen, die ja bis zum 20. Jahrhundert nicht vorkamen. Und kein Tier wird über viele Generationen hinweg wegen seiner Fähigkeit selektiert, auf andere Arten von Katastrophen zu reagieren, die von Menschen herbeigeführt werden. Und im Unterschied zu Luftangriffen ereignen sich diese von Menschen verursachten Katastrophen völlig zufällig.

In der Nacht des 9. Oktober 1963 stürzte ein gewaltiger Bergrutsch in den Stausee hinter dem neuerbauten Vajont-Damm in den italienischen Alpen. Als sich der See gefüllt hatte und die unteren Hänge unter Wasser lagen, wurde der gesamte Berghang instabil. Infolge des Bergrutschs schwappte eine hundert Meter breite Riesenwelle über den Damm, und gewaltige Wassermassen ergossen sich ins Tal und zerstörten die genau unterhalb gelegene Ortschaft Longarone völlig. 3000 Menschen kamen dabei ums Leben.

Ich fragte Professor Gioacchino Bratti, einen Historiker, der über die Katastrophe geschrieben hat und in Longarone lebt, ob irgendjemand kurz vor der Tragödie ein ungewöhnliches Verhalten bei Tieren bemerkt habe. Er fasste die Geschichten der Überlebenden mit folgenden Worten zusammen: «Sie erzählten von Hunden, die an diesem Abend nicht angekettet werden wollten und unablässig so schlimm bellten, dass sie ins Haus geholt werden mussten. Zeugen haben gesehen, wie Vögel sich selbst dabei umbrachten, als sie aus ihren Käfigen fliehen wollten, wie Füchse durch die Wälder rasten und wie Tiere ganz nervös waren und nicht schlafen konnten.»

Wenn diese Tiere ein Vorgefühl von Gefahr hatten, ergäbe all dies einen Sinn. Sinnlos hingegen wäre es, anzunehmen, dass sie irgendwie auf subtile physikalische Veränderungen in einem kilometerweit entfernten Berghang reagierten.

Manche Tiere scheinen eine bevorstehende Gefahr an bestimmten Orten zu spüren und versuchen entweder, diese Orte zu verlassen, oder sie vermeiden, sich dorthin zu begeben. Deidre Griffin beispielsweise lebte in Lesotho im Süden von Afrika und ritt gern mit ihrer Stute aus. Eines Tages galoppierten sie eilig nach Hause, um sich vor einem Unwetter in Sicherheit zu bringen.

> «Wir mussten am Haus und dann an einer großen Goldakazie vorbei, um zu ihrer Koppel zu gelangen. Plötzlich blieb sie wie angewurzelt stehen. Ich konnte sie nicht zum Weitergehen bewegen. Ich wusste, dass sie vor irgendetwas Angst hatte, aber ich konnte auf dem Weg vor uns nichts erkennen. Dann wurden wir vom Regen und vom Wind erfasst, und ich versuchte, sie mit aller Gewalt zum Weitergehen zu bewegen, und schließlich gab sie nach und schoss an dem Baum vorbei auf ihre Koppel. Als ich das Gatter schloss, sah ich, wie sie auf ein und demselben Fleck ständig auf und ab sprang, etwas, was ich noch nie zuvor und seither nie wieder gesehen habe. Ich rannte zu meiner Küchentür, und als ich sie gerade zumachte,

brach die Akazie auseinander und stürzte um. Etwa fünf Sekunden früher hätte sie mich erwischt. Irgendwie ‹spürte› meine Stute die Gefahr. Ich bin absolut überzeugt davon. Ich glaube wirklich, indem sie stehen blieb und sich weigerte weiterzugehen, versuchte sie zu verhindern, dass wir an dem Baum vorbeigehen mussten.»

In meiner Datenbank sind dutzende von anderen Berichten über Tiere, die ihre Halter daran zu hindern suchten, weiterzugehen, wenn eine unerwartete Gefahr vor ihnen lauerte. Manche Hunde weigerten sich, auf irgendwelchen Wegen zu gehen, als kurz darauf Äste oder ganze Bäume auf die Stelle stürzten, an der sonst Mensch und Hund gewesen wären. Andere Hunde, Pferde und Katzen hinderten ihre Besitzer daran, zu einer Reise aufzubrechen, oder verzögerten den Aufbruch, und kurz darauf gab es einen Verkehrsunfall, bei dem sie vielleicht hätten getötet werden können. Ein Hund hinderte sein Herrchen daran, ein Boot zu besteigen, das kurz darauf explodierte. Ein anderer Hund zog seinen Besitzer vom Straßenrand weg, kurz bevor ein Kleinbus um die Kurve schleuderte und in die Stelle krachte, an der sie sonst gestanden hätten.

In manchen Fällen wäre es möglich, wenn auch unglaubhaft, dass die Tiere etwas Ungewöhnliches hörten, was sie alarmierte, aber ich konnte mich nur schwer der Schlussfolgerung erwehren, dass bei einigen dieser Vorahnungen so etwas wie Präkognition oder Vorgefühl im Spiel gewesen sein musste.[4]

Manche Tiere, besonders Hunde, warnen ihre Besitzer nicht nur vor äußeren Gefahren wie Luftangriffen, umstürzenden Bäumen und Verkehrsunfällen, sondern auch vor drohenden gesundheitlichen Problemen, besonders vor epileptischen Anfällen.

Tiere, die vor einem drohenden Anfall oder Koma warnen

Jackie Evans, die in Mansfield in Nottinghamshire lebt, leidet unter Epilepsie. Sie sagt, ihr Zwergschnauzer Sam habe ihr Leben verändert. «Ich kann am Tag bis zu vier Anfälle bekommen, und manchmal treten sie gehäuft auf. Ich habe schon so oft blaue Flecken an den Knien bekommen, wenn ich bewusstlos hingefallen bin. Nachdem ich einen Anfall an einer Hauptverkehrsstraße gehabt hatte, bekam ich es mit der Angst zu tun, dass ich in dichtem Verkehr zusammenbrechen könnte. Weil ich so vorsichtig sein musste, fühlte ich mich eingeengt und deprimiert.» Aber inzwischen gibt ihr Sam etwa 20 Minuten im Voraus zu verstehen, wann ein Anfall droht. «Wenn wir im Haus sind, warnt er mich durch Bellen. Wenn wir draußen sind, setzt Sam sich vor mich hin und schaut mich an, erstarrt wie ein ausgestopftes Tier. Er schaut mich richtig durchdringend an. Wenn ich das ignoriere und nicht reagiere, wird er ärgerlich, und dann springt er auf und ab, kurz bevor der Anfall erfolgt. In diesen 20 Minuten habe ich genug Zeit, einen sicheren Ort aufzusuchen, um den Anfall zu überstehen. Er hat dazu beigetragen, mir den Stress und die Angst vor den Anfällen zu nehmen.»[5]

Sam ist nicht der einzige Hund, der Epileptiker vor Anfällen warnt und damit ihr Leben zum Positiven verändert. Einige Hunde, wie Sam, sind besonders ausgebildet,[6] aber die meisten tun dies spontan. Der britische Tierarzt Andrew Edney hat Anfang der neunziger Jahre die erste systematische Umfrage über dieses Vorwarnverhalten von Hunden durchgeführt. Genauer untersuchte er 21 Hunde, die anscheinend in der Lage waren, Anfälle vorherzusagen. Bei der Umfrage tat sich keine Hunderasse besonders hervor – Arbeitshunde, Jagdhunde, Terrier, Schoßhündchen und Mischungen vermochten vor Anfällen zu warnen, ebenso Männchen wie Weibchen, junge wie alte Hunde.

Bevor ein Anfall einsetzte, wirkten alle Tiere ängstlich, besorgt oder unruhig. Die meisten bellten oder winselten, und einige sprangen an ihren Besitzern hoch und schmiegten sich an sie. Sie setzten sich neben die Patienten oder «behüteten» sie und forderten sie auf, sich hinzulegen. Während sich der Anfall ereignete, blieben sie entweder neben den Kranken, manche leckten ihnen Gesicht oder Hände oder gingen Hilfe holen. Und sie waren bemerkenswert zuverlässig. Dazu Edney: «Kein Hund schien sich zu irren – einer ignorierte sogar ‹gespielte› Anfälle.»

Keiner der Hunde in Edneys Umfrage war dressiert worden. Alle hatten ihr Warnverhalten spontan bekundet. Und die meisten Epileptiker mussten das Verhalten der Tiere erst selbst entdecken. Einige sagten, es habe einige Zeit gedauert, bevor sie die Bedeutung der Signale ihres Hundes bemerkt hätten.[7]

Niemand weiß, wie Hunde epileptische Anfälle vorausahnen, und es gibt kaum Forschungen zu diesem Thema. Am häufigsten werden drei spekulative Ursachen genannt: Das Tier bemerke subtile Veränderungen im Verhalten oder ein Muskelzittern, dessen sich der Kranke nicht bewusst sei; es spüre elektrische Störungen im Gehirn, die mit einem bevorstehenden Anfall einhergingen; oder es nehme bestimmte Gerüche wahr, die vom Kranken vor einem Anfall abgesondert werden könnten. Alle drei Möglichkeiten setzen voraus, dass der Hund dem Patienten ziemlich nahe ist. Zur Wahrnehmung elektrischer Veränderungen im Nervensystem, falls so etwas überhaupt möglich ist, müsste er schon ganz nahe sein. Eigentlich würde man dann erwarten, dass Hunde nicht reagieren, wenn sie außer Seh- oder Riechweite sind. Aber – und darauf habe ich in *Der siebte Sinn der Tiere* hingewiesen – manche Hunde können sogar dann vor einem Anfall warnen, wenn sie in einem anderen Zimmer sind.

Könnte Telepathie dabei eine Rolle spielen? Das ist eher unwahrscheinlich, da der Patient ja keine Ahnung von einem bevorstehenden Anfall hat, wenn der Hund seine Warnung äußert. Eher dürfte es ein Vorgefühl sein.

Manche Hunde warnen auch vor anderen drohenden Krisen, wie Herzinfarkten oder einem Diabeteskoma.[8] Genauso wenig, wie es effiziente Warnsysteme für epileptische Anfälle gibt, existieren trotz intensiver Forschung auf diesem Gebiet keine zuverlässigen und effizienten Warnsysteme für Patienten, deren Blutzuckerspiegel zu niedrig ist. Auch hier könnten Hunde eine Hilfe sein. Vor kurzem verwies darauf ein Aufsatz im *British Medical Journal*.[9] Eine 34-jährige Frau beispielsweise hatte pro Woche etwa zwei hypoglykämische Anfälle und erwachte nicht, wenn sie sich nachts ereigneten. Aber ihr drei Jahre alter Golden Retriever Natt warnte sie zuverlässig: «Tagsüber läuft er auf und ab und legt ihr seinen Kopf auf den Schoß; während der nächtlichen Anfälle bellt er und scharrt an der Schlafzimmertür. Natt beruhigt sich erst wieder, sobald ihre Hypoglykämie korrigiert worden ist.» (Der Aufsatz, in dem diese Fälle standen, trug die Überschrift ‹Nichtinvasive Feststellung von Hypoglykämie mit Hilfe eines neuartigen, völlig biokompatiblen und patientenfreundlichen Warnsystems›.) Niemand weiß, wie den Hunden dies gelingt.

Es gibt noch viele Beispiele für Vorahnungen von Hunden und Katzen im Zusammenhang mit medizinischen Notfällen und plötzlichen Todesfällen. Aber wie bei allen Vorahnungen wird den Beteiligten ihre Bedeutung erst nach dem Ereignis klar.

Verschiedenartige Vorahnungen sind im Tierreich weit verbreitet, und zwar bei wilden Tieren wie bei Haustieren. Sie kommen auch bei Menschen vor. Zwar sind die meisten Menschen heutzutage vermutlich weniger sensibel als Hunde und Katzen, doch im Unterschied zu Tieren können sie sagen, was sie sehen oder fühlen.

16. Vorahnungen bei Menschen

Wie viele Tiere können anscheinend auch manche Menschen Gefahren im Voraus spüren. Diese Art von Vorahnung oder Intuition ist offenkundig überlebenswichtig – viele Menschen überleben nur deshalb, weil sie solche Vorahnungen beachten.

Die sechzehnjährige Carole Davies beispielsweise wollte gerade einen Spielsalon in London verlassen, den sie mit einigen Freunden besucht hatte, als es heftig zu regnen begann. Der Eingang war voller Menschen, die von der Straße hereingekommen waren, um sich unterzustellen.

> «Als ich so dastand und in die Nacht hinaussah, hatte ich ein Gefühl von Gefahr. Dann sah ich so etwas wie ein Bild vor mir, auf dem Menschen auf dem Boden unter Dachziegeln und Eisenträgern begraben waren. Ich schaute mich um, blickte nach oben und hatte den Eindruck, dass dies hier passieren würde. Ich schrie die Leute an rauszugehen. Niemand hörte auf mich. Ich rannte durch den Regen, gefolgt von meinen Freunden, in ein nahe gelegenes Café. Nach einer Weile hörten wir Sirenen, die vor dem Gebäude mit dem Spielsalon aufhörten. Wir liefen die Straße hinunter, um zu erfahren, was passiert war. Es war genau so, wie ich es gesehen hatte. Ein Mann, den ich angeschrien hatte, er solle rausgehen, wurde gerade unter dem Schutt herausgezogen.»

Im Krieg achten die Menschen mehr auf Gefahren, und natürlich gibt es da ja auch mehr Gefahren. Dramatische Vorahnungen sind im Krieg häufiger als in relativ ereignisarmen Friedenszeiten, und die eindrucksvollsten Geschichten in meiner Datenbank handeln von lebensbedrohlichen Gefahren im Krieg.

Im Zweiten Weltkrieg war Terry Miller mit ihren kleinen Kindern aus London evakuiert worden. Sie lebte in Babbacombe in Devon; als London während der deutschen Luftangriffe bombardiert wurde. Zwar wurde auch Babbacombe ein- oder zweimal bombardiert, doch sie fühlte sich dort sicherer, als sie es in London gewesen wäre.

> «Ganz plötzlich hatte ich das Gefühl, ich müsste Devon verlassen und nach Hause zurückkehren. Zuerst tat ich diesen Gedanken ab – warum sollte ich wegfahren, wenn ich doch so glücklich und zufrieden trotz des Kriegs war? Aber das Gefühl wurde stärker. Die Wände meines Zimmers schienen zu mir zu sprechen (so kam es mir vor): ‹Fahr heim nach London.› Dennoch widerstand ich dem Ruf etwa vier Monate lang. Dann wusste ich eines Tages geradezu blitzartig, dass ich mit den Kindern nach London zurückfahren musste. Ich verständigte meine Mutter und meinen Bruder (sie hatten die Luftangriffe überlebt), dass ich zu ihnen nach London kommen würde. An einem Samstag Ende 1942 fuhren wir nach London zurück. Ein paar Tage nach unserer Abfahrt aus Devon bekam ich einen Brief von einer Freundin aus Babbacombe, in dem sie schrieb: ‹Gott sei Dank bist du am Samstag mit den Kindern weggefahren. Am Sonntag frühmorgens warfen die Deutschen drei Bomben ab, und eine fiel auf das Haus, in dem ihr gewohnt habt, zerstörte es und tötete alle Nachbarn auf beiden Seiten.›»

Charles Bernuth, der im Zweiten Weltkrieg in der Siebten U.S. Army diente, erlebte das Gefühl von Gefahr mehrere Male. Er nahm am Einmarsch in Deutschland teil, und kurz nach der Überquerung des Rheins fuhr er nachts auf einer Autobahn mit zwei Offizierskameraden.

> «Plötzlich hörte ich diese leise innere Stimme. Etwas war mit der Straße nicht in Ordnung. Ich wusste es einfach. Ich hielt an, obwohl die anderen beiden stöhnten und meckerten. Dann ging ich zu Fuß auf der Straße weiter. Etwa 50 Meter von der Stelle, an der ich aus dem Jeep gestiegen war, entdeckte ich, was hier nicht stimmte. Wir wären gleich über eine Brücke gefahren – nur war die Brücke nicht mehr da. Sie war gesprengt worden, und stattdessen ging es etwa 25 Meter steil in die Tiefe.»

Manchmal werden Vorahnungen ohne Zögern befolgt. Catherine Curtis aus Santa Monica in Kalifornien erlebte dies beim Autofahren:

> «Ich fuhr gerade mit einer Freundin zur Arbeit, als ich plötzlich ‹fühlte›, dass sich ein Unfall anbahnte. Das könnte an irgendwelchen kleinen sichtbaren Hinweisen gelegen haben, aber ich kann mich weder an welche erinnern noch sie mir vorstellen. Auf jeden Fall befanden wir uns in flüssigem, aber dichtem Verkehr, als ich zu meiner Freundin hinübergriff, um sie zu schützen, und auf die Bremse zu steigen begann. Eine Sekunde später fuhr der Wagen vor mir auf der rechten Spur gegen einen Betonrandstein und schleuderte außer Kontrolle auf unsere Spur. Nur mein vorausschauendes Bremsen und die übermenschlichen Anstrengungen des anderen Fahrers, seinen Wagen wieder auf seine Spur zurückzulenken (obwohl er verkehrt herum rollte), verhinderten einen Zusammenstoß. Als sich meine Freundin vom ersten Schreck erholt hatte, war sie ziemlich verstört wegen meiner offensichtlichen Vorahnung und ist nie wieder darüber weggekommen.»

Menschen, die solche Vorahnungen hatten, oder Menschen, die ihnen nahe standen, haben überlebt, weil sie auf das Gefühl von Gefahr unverzüglich reagierten. Menschen, die solche Vorahnungen nicht haben oder ihnen keine Beachtung schenken, hätten da nur eine geringere Überlebenschance gehabt.

Wenn die Fähigkeit, Vorahnungen zu spüren, zu unserem biologischen Erbe gehört und von der natürlichen Auslese über zahllose Generationen hinweg bevorzugt worden ist, dann deshalb, weil Vorahnungen einen praktischen Wert haben. Die wirkungsvollsten Vorahnungen sind diejenigen, die anscheinend am dringendsten und «irrationalsten» sind, gerade weil die Ursache noch nicht offenkundig ist. Weniger dringende Vorahnungen sind im Allgemeinen auch weniger effektiv.

Vorahnungen von Todesfällen und Katastrophen

In meiner Datenbank sind 312 Fälle von menschlichen Vorahnungen, Präkognitionen oder Vorgefühlen gespeichert. Davon beziehen sich 76 Prozent auf Gefahren, Katastrophen oder Todesfälle, 21 Prozent auf neutrale Ereignisse und nur 3 Prozent auf glückliche Ereignisse wie die Begegnung mit einem künftigen Partner oder die Errettung oder Erlösung aus einer Gefahr. Gefahren, Todesfälle und Katastrophen dominieren eindeutig.

Bei einer Untersuchung gut belegter Fälle von Präkognition, die von der Society for Psychical Research zwischen den achtziger Jahren des 19. Jahrhunderts und den dreißiger Jahren des 20. Jahrhunderts gesammelt wurden, fand H. F. Saltmarsh heraus, dass 174 von 290 Fällen oder 60 Prozent Todes- oder Unglücksfälle betrafen. Nur ganz wenige bezogen sich auf glückliche Ereignisse. Die übrigen waren meist trivial oder neutral, obwohl manche sehr ungewöhnlich waren.[1] In einem dieser Fälle etwa hatte die Frau des Bischofs von Hereford geträumt, sie würde in der Halle des Bischofspalasts die Morgengebete sprechen. Als sie anschließend den Speisesaal betrat, erblickte sie ein riesiges Schwein, das neben dem Esstisch stand. Dieser Traum amüsierte sie, und sie erzählte ihn ihren Kindern und deren Gouvernante, bevor sie tatsächlich die Morgengebete in der Halle sprach. Dann begab sie sich in den Speisesaal und sah ein Schwein genau an der Stelle stehen, wo sie es in ihrem Traum erblickt hatte. Es war aus seinem Stall entkommen.[2]

Zweifellos neigen wir Menschen dazu, uns an ungewöhnliche Ereignisse und Vorahnungen von Katastrophen zu erinnern, weil sie dramatisch und erzählenswerter sind. Dies könnte durchaus Stichprobenfehler zugunsten von Todesfällen und Gefahren herbeiführen. Aber Vorahnungen glücklicher Ereignisse wie eines Lotteriegewinns liefern auch gute Geschichten, und dennoch kommen sie selten vor – ebenso wie Vorahnungen ungewöhnlicher Vorfälle wie eine Begegnung mit einem Schwein in einem Speisesaal.

Es ist unwahrscheinlich, dass sich diese Dominanz von Gefahren, Todesfällen und Katastrophen in den berichteten Fällen von Vorahnungen allein mit der selektiven Erinnerung erklären lässt. Für diese Dominanz gibt es nämlich entscheidende evolutionäre Gründe. Bei

Menschen und Tieren muss die natürliche Auslese die Fähigkeit, drohende Gefahren zu spüren, bevorzugt haben.

In unserer heutigen Welt meinen viele Menschen, sie müssten diese «irrationalen» Gefühle ignorieren. Hier zwei ganz andere Beispiele. Das erste bezieht sich auf eine junge Mutter und ihr Baby:

> «Ich war schon halb eingeschlafen, als ich plötzlich merkte, dass ich in Gedanken einen Brief an meine Mutter aufsetzte, in dem ich ihr mitteilte, mein drei Monate altes Baby sei gestorben. Dabei ging es ihm zu diesem Zeitpunkt gut, und ich redete mir das aus, sagte mir, ich solle nicht so dumm sein und so weiter. Eine Woche später bekam mein Baby Durchfall und Erbrechen und starb innerhalb von 24 Stunden.» (Jo Lewis)

Das zweite Beispiel stammt von einem jungen Mann aus Athen:

> «Eines Tages musste ich ins Zentrum von Athen fahren und überlegte, ob ich das Auto oder das Motorrad nehmen sollte. An diesem Tag kam mir das wie ein schreckliches Dilemma vor. Meine Gefühle sprachen dagegen, das Motorrad zu nehmen, aber meine Logik beharrte darauf, denn es wäre doch leichter zu parken und ich solle aufhören, so dumm zu sein. Als ich das Motorrad holte, hatte ich ein übles Gefühl und war sicher, dass meine merkwürdige Stimmung darauf hindeutete, jemand habe mich mit dem bösen Blick bedacht. Meine Vorahnung von einer Gefahr hielt an. Auf der Fahrt ins Zentrum von Athen wechselte ein Auto plötzlich die Spur und fuhr mich an. Mein Knöchel war stark gezerrt, und ich wurde ins Krankenhaus gebracht. Ich habe oft Vorahnungen von Gefahren, auf die ich in der Vergangenheit wenig achtete, da ich sie nicht für logisch hielt. Inzwischen höre ich mehr auf meine innere Stimme.» (Merlin Karolos)

Und manchmal haben Menschen düstere Vorahnungen, gegen die sie nicht viel ausrichten können, selbst wenn sie es wollten. Eines Tages erwachte Shawn Tinder aus Beloit im US-Staat Wisconsin mit «dem unangenehmsten Gefühl». Er «wusste einfach», dass etwas Schlimmes passieren würde, aber er konnte seinen Arbeitszeitplan nicht ändern.

«Im Laufe des Tages ‹hörte› ich tatsächlich eine Stimme, und zwar nur in meinem rechten Ohr, die dreimal zu mir sagte: ‹Du wirst Ärger kriegen.› So was ist mir noch nie passiert. Spätabends fuhr ich mit dem Auto um eine Kurve, als ein anderer Wagen plötzlich auf meine Spur einscherte und ich von der Straße ins Gras fahren musste, um einen Zusammenstoß zu vermeiden. Als ich mich wieder gefangen hatte, hielt mich ein Polizeibeamter wegen rücksichtslosen Fahrens an. Er hatte das Auto nicht gesehen, das mich fast erwischt hatte, sondern nur bemerkt, wie ich von der Straße abkam.»

Bei spektakulären Katastrophen behaupten hinterher oft viele Menschen, sie hätten gewisse Vorahnungen gehabt. Am 21. Oktober 1966 wälzte sich um 9.15 Uhr eine riesige, von Wasser unterspülte Kohleschlackenhalde auf das walisische Bergarbeiterdorf Aberfan. Sie verschüttete die örtliche Grundschule und eine Straße daneben und begrub die Kinder in ihren Klassenzimmern und die Menschen in ihren Häusern lebendig unter sich. 144 Menschen kamen dabei ums Leben, darunter 128 Kinder. Der Psychiater J. C. Barker, der nach der Katastrophe im Dorf tätig wurde, erfuhr, dass viele Menschen Vorahnungen gehabt hatten. Insgesamt untersuchte er 76 Fälle. In 36 ging es um Träume, die zum Teil so lebhaft und entsetzlich waren, dass die Träumenden schreiend erwachten. Eine Frau war in der Nacht davor von der Vision einer Kohlenlawine aufgewacht, die einen Abhang hinab auf ein verängstigtes Kind zuraste. Andere Menschen verspürten eine übermächtige Angst. Die zehnjährige Eryl Jones, die bei der Katastrophe umkam, hatte zwei Wochen davor zu ihrer Mutter gesagt: «Mami, ich habe keine Angst zu sterben.» Sie sagte, sie würde bei ihren Freunden sein. Ihre Mutter wunderte sich darüber, dass sie so etwas sagte. Am Vortag erklärte Eryl ihrer Mutter: «Ich habe geträumt, ich würde zur Schule gehen, und da war keine Schule mehr. Etwas Schwarzes war auf sie gefallen!» Ihre Mutter bat darum, sie neben ihren Freunden zu bestatten.[3]

Eine der berühmtesten Katastrophen des 20. Jahrhunderts war der Untergang der *Titanic* auf ihrer Jungfernfahrt von Southampton nach New York. Das Schiff sank in der Nacht vom 14. auf den 15. April 1912, nachdem es auf einen Eisberg gelaufen war. Es gab mehr als 1500 Tote. Die *Titanic*, damals das größte Schiff der Welt, war so konstruiert, dass sie angeblich unsinkbar war. Vorahnungen dieser Katastrophe waren daher besonders verblüffend, da sie praktisch von niemandem für möglich gehalten wurde. Selbst als die *Titanic* dann tatsächlich sank, waren einige Passagiere so überzeugt von der Unsinkbarkeit des Schiffs, dass sie sich weigerten, die Rettungsboote zu besteigen, als sie von der Mannschaft dazu aufgefordert wurden.

Einige Menschen stornierten ihre Reise auf der *Titanic* aufgrund ihrer Vorahnungen oder weil Menschen, die ihnen nahe standen, sie dazu bewegten, nicht mitzufahren.[4] Einer dieser Glücklichen war Harry Burroughs, der bei seiner Mutter in Southampton lebte und auf Linienschiffen arbeitete. Er hatte einen Monat lang gewartet, bevor er für diese Jungfernfahrt anheuerte, und brach am 10. April auf, um an Bord der *Titanic* zu gehen. Kurz darauf kam er wieder nach Hause und erklärte seiner Mutter, er habe es sich anders überlegt, weil er «irgend so ein Gefühl» hätte.[5] Zu denjenigen, die nicht mitfahren wollten, gehörten auch Frank Adelman, ein Geiger aus Seattle, und seine Frau. Kurz bevor sie an Bord gehen sollten, hatte Mrs. Adelman eine plötzliche Vorahnung einer drohenden Gefahr und sagte, sie wolle ihre Reise verschieben. «Nachdem er über die Angelegenheit mit seiner Frau diskutiert hatte, willigte Mr. Adelman darin ein, eine Münze zu werfen – sie sollte darüber entscheiden, ob sie wie geplant fahren oder ein anderes Schiff nehmen würden.» Mrs. Adelman gewann, und sie stornierten ihre Buchung auf der *Titanic*.[6]

Dutzende anderer Menschen hatten ebenfalls Vorahnungen oder wurden von anderen vor der Fahrt gewarnt, beschlossen aber dennoch, sie anzutreten. Einige zählten zu den Überlebenden, andere nicht.

Auch manche Menschen, die gar nicht vorhatten, mit dem Schiff zu fahren, befürchteten das Schlimmste. Zu ihnen gehörte Blanche Marshall, die bei Southampton lebte und zusammen mit ihrer Familie und ihren Freunden zusah, wie die *Titanic* ablegte. Plötzlich umklammerte sie den Arm ihres Mannes und sagte: «Dieses Schiff wird untergehen, bevor es Amerika erreicht.» Die Anwesenden versuchten sie davon zu überzeugen, dass dies unmöglich wäre, aber sie wurde wütend und rief: «Steht nicht einfach so rum und schaut mich an! Tut was! Ihr Dummköpfe, ich kann doch sehen, wie hunderte von Menschen im eisigen Wasser ums Überleben kämpfen!»[7]

Natürlich müssen wir uns in diesen wie in allen anderen Fällen auf die Aussage der Menschen verlassen, die diese Geschichten erzählen, und derer, die sie bestätigt haben. Aber selbst bei den wahren Geschichten über Vorahnungen werden diese erst im Nachhinein als zutreffend erkannt. Vielleicht haben viele Menschen Vorahnungen, bevor Schiffe in See stechen oder Flugzeuge abheben, denen dann keine Katastrophen folgen. Zweifellos wird solch ein blinder Alarm im Allgemeinen vergessen. Andererseits könnten sich manche Menschen irgendwelcher Vorahnungen gar nicht bewusst sein und dennoch Gefahren aus dem Weg gehen, ohne zu wissen, warum.

Diese Möglichkeiten ließen sich zum Beispiel dadurch quantitativ bestimmen, dass man die Anzahl der Passagiere auf Schiffen, in Zügen oder Flugzeugen nach einem Unglück untersucht. Gab es weniger Passagiere, als dies nach den Buchungen zu erwarten gewesen wäre? Gab es mehr Stornierungen, oder stiegen weniger Passagiere ein, verglichen mit den Buchungen an den Tagen oder Wochen vor dem Unglück?

Wenn weniger Passagiere gebucht oder mehr Passagiere storniert hätten, wäre dies eine Möglichkeit, mögliche Vorahnungen quantitativ zu bestimmen, selbst wenn den Passagieren diese Vorahnungen nicht bewusst gewesen wären. Soweit ich weiß, hat es eine derartige Untersuchung erst einmal gegeben, nämlich als W. E. Cox Eisenbahnunglücke in den USA zwischen 1950 und 1954 analysierte. Er besorgte sich die Passagierzahlen für den Tag des Unglücks selbst, für den gleichen Zug an den vorhergehenden sieben Tagen und auch für den gleichen Zug am gleichen Wochentag während der vorhergehenden vier Wochen. Tatsächlich erfuhr er, dass signifikant weniger Menschen mit den Zügen reisten, die verunglückten, als mit den vergleichbaren Zügen, die nicht verunglückten.[8] Cox selbst wies darauf hin, eine derartige Analyse könnte sogar noch aufschlussreicher sein, wenn man Flugzeugkatastrophen untersuchte.

Der Anschlag auf das World Trade Center vom 11. September 2001

Hunderte Millionen von Menschen haben im Fernsehen den Terroranschlag gesehen, der die beiden Türme des World Trade Center in New York zerstörte. Diese Bilder gehören sicher zu den schockierendsten der Geschichte. Tausende verloren ihr Leben, in den beiden Flugzeugen wie in den Türmen.

Kurz darauf bat ich um Informationen über Träume und Vorahnungen, die im Zusammenhang mit dieser Katastrophe stehen könnten, und zwar sowohl auf Plakaten am Union Square in New York, wo es Treffen und Gedenkveranstaltungen für die Opfer gab, wie auch durch Anzeigen in der New Yorker Zeitung *Village Voice*. Ich erhielt 57 anscheinend relevante Berichte. (Weitere 11 waren zu vage oder zu ungenau für eine Analyse.) Darunter befanden sich 38 mögliche präkognitive Träume und 15 Vorahnungen oder Vorgefühle. In vielen Fällen erzählten die Menschen vor dem Terroranschlag anderen von ihren Träumen oder Ängsten. Ich zweifle nicht daran, dass ein Aufruf in größerem Maßstab noch viel mehr Fälle ans Licht gebracht hätte.

Etwa ein Drittel der Träume ereignete sich in der Nacht vor der Katastrophe, ein weiteres Drittel in den vorhergehenden fünf oder sechs Tagen. In einigen Fällen spielten die Träume an Bord von Flugzeugen, wie bei Mike Chernie, einem Gerichtsmediziner, der in Manhattan wohnt und etwa 300 Meter vom World Trade Center entfernt arbeitet:

> «Etwa fünf Tage vor der Katastrophe hatte ich einen ungewöhnlich lebhaften Traum. Ich träumte, ich wäre ein Passagier in einem Flugzeug und würde auf einem Fensterplatz an der linken Seite sitzen. Die Kabine war vom Sonnenlicht erfüllt, und die Sicht nach draußen war ausgezeichnet. Ich weiß nicht mehr, wie der Traum angefangen hat, aber ich erinnere mich noch an ein überwältigendes Gefühl von entsetzlicher Angst. Die anderen Passagiere und ich waren äußerst besorgt über unsere Flugroute – wir flogen sehr niedrig über die Gebäude von Manhattan. Ich bin auf den drei Hauptflughäfen von New York schon oft gelandet und vertraut mit den normalen Landeanflugrouten, und dieser Anflug war alles andere als normal. Ich fliege auch gern und hatte noch nie schlechte Erfahrungen als Passagier gemacht oder irgendwelche schlechten Träume vom Fliegen gehabt. Doch in diesem Traum hatte ich große Angst, weil wir den Gebäuden so nahe waren. Viele Passagiere äußerten sich lebhaft und teilten meine Besorgnis. Ich erkannte einige Gebäude, als wir über sie hinweg flogen, und es war klar, dass wir di-

rekt nach Süden über die Südspitze der Insel flogen. Dann gab es einen ungeheuren Aufprall, und ich erwachte. Dieser Traum beunruhigte mich noch Tage danach, und zwar so sehr, dass ich ihn meiner Frau schilderte.»

Einige dieser geträumten Flugreisen waren nicht speziell in New York angesiedelt, sie entsprachen auch nicht genau der Situation bei den Unglücksflügen, aber sie wiesen doch eine Reihe verblüffender Ähnlichkeiten auf. So träumte zum Beispiel Leora Giacoi am Morgen des 10. September, sie würde geschäftlich eine Flugreise unternehmen,

> «und dabei schwitzte ich vor Nervosität, fast als hätte ich Angst, wir könnten irgendwo aufprallen. Schräg vor mir saß ein Mann. Ich konnte sein Gesicht nicht sehen, nur seine dunkel getönte Haut, seine lange, dünne Nase und sein schulterlanges schwarzes Haar. Ich schaute nach vorn und erblickte alle Kontrollinstrumente des Flugzeugs. Es war, als ob ich auf dem Rücksitz eines Autos wäre, nur viel größer, und hinter mir waren Menschen. Ich konnte die Windschutzscheibe sehen, und draußen war der Himmel strahlend blau. Dann sah ich dieses hellgraue Gebäude. Wir stießen mit diesem Gebäude zusammen. Flammen schossen aus den Glasfenstern, und das Flugzeug fing Feuer. Ich hörte schreiende Stimmen und Sirenen. Dann begann das Gebäude umzufallen. ... Ich saß erstaunlicherweise noch immer auf meinem Sitz, lebendig und gesund. Überall um mich herum waren Flammen.»

Andere Träume handelten nicht von Flugzeugen, sondern von entsetzlichen Situationen im Innern von Wolkenkratzern. Einige betrafen speziell das World Trade Center, wie im Fall von Steven Brown, der in Manhattan lebt. Am Morgen des 11. September träumte er, er befände sich «im Treppenhaus des World Trade Center mit einer Menge Menschen, die hinauszukommen versuchten». Am selben Morgen, gegen sechs Uhr, träumte auch Audry Parrish, sie wäre im World Trade Center. «Ich war in World Trade 1, und er geriet in Brand. Ich entkam, indem ich über eine Glasbrücke etwa in halber Höhe ins zweite Gebäude kroch, als auch das zu brennen anfing.»

Keith Vass dagegen träumte, er wäre hoch oben in einem bekannten

Wolkenkratzer, nicht in New York, sondern in Philadelphia, nämlich im Mellon Bank Center, wo er früher arbeitete.

> «Mir gegenüber befand sich ein Gebäude, das mit dem Mellon Bank Center identisch war. In Wirklichkeit gibt es kein solches Gebäude, aber dieses war in jeder Hinsicht identisch. Es war schon dämmrig, und es stürmte heftig. Mein Gebäude wackelte, ebenso das auf der anderen Straßenseite. Ich wusste nicht, ob ich es räumen sollte. Dann bemerkte ich, wie das Gebäude gegenüber an der Spitze zu zerbrechen und abzubröckeln begann. Brocken der grauen Granitverkleidung brachen ab und stürzten auf die Straße. Dann implodierte das gesamte Gebäude und stürzte in sich zusammen, und das sah genau so aus wie das WTC, als es zusammensackte. Ich war schockiert und eilte zum Treppenhaus, lief rasch etwa dreißig Stockwerke bis zum Erdgeschoss hinunter und verließ das Gebäude. Als ich draußen war, bemerkte ich, dass überhaupt kein Hurrikan oder Sturm war. Es war Krieg, und überall fielen Bomben.»

Mehrere Menschen träumten von Explosionen in New York oder von Flugzeugen, die mit Gebäuden zusammenstießen, von zusammenbrechenden Gebäuden oder von Menschen, die in panischer Angst wegliefen. Gina Vigo träumte am Morgen des 11. September, dass «Manhattan von einem unglaublichen Blizzard heimgesucht wurde. Die Menschen rannten, um sich vor den heftigen Schneeschauern unterzustellen, und alles war weiß. Später, als ich im Fernsehen Bilder von der herabfallenden Asche sah, erinnerte mich das merkwürdig an meinen Traum an diesem Morgen.»

Menschen, die Vorahnungen hatten, sprachen von «einem Gefühl schrecklicher Angst», «unheimlichen Gefühlen», «intensiver Panik und Schmerz», «einem intensiven Gefühl, dass etwas nicht stimmte» und vom «Gefühl, dass etwas Schlimmes passieren würde». Amanda Bernsohn berichtete, in der Nacht davor

> «konnte ich nicht aufhören zu weinen, und ich konnte mir das überhaupt nicht erklären. Am nächsten Morgen verschlief ich das Klingeln des Weckers (zum ersten Mal in den acht Monaten, seit ich diesen Job habe), weil ich einen äußerst lebhaften und fesselnden

Traum hatte. An diesem Morgen wurde ich aus meinem Traum von einer Freundin geweckt, die anrief, um mir von dem ersten Flugzeug zu erzählen, das WTC 1 getroffen hatte. Wäre ich rechtzeitig aufgewacht, dann wäre ich ins Büro gegangen, das etwa drei Blocks vom World Trade Center entfernt ist.»

Ihr Traum war zwar überhaupt nicht mit der WTC-Katastrophe vergleichbar, aber es war eine in Manhattan spielende Horrorgeschichte. «Ich ging eine Straße entlang, und an die Häuserwände waren lauter Hakenkreuze gesprayt. Die Nazis hatten New York erobert, und ich konnte überhaupt keine Menschen entdecken.»

Viele Menschen erschienen an diesem Morgen nicht rechtzeitig zur Arbeit, darunter auch Menschen, die im World Trade Center arbeiteten und die getötet worden oder in großer Gefahr gewesen wären, wenn sie wie üblich zur Arbeit gefahren wären. Am 17. September 2001 erschien in der *Chicago Tribune* unter der Überschrift *Lucky to be alive* («Mit Glück am Leben geblieben») ein Artikel, der die Geschichten von 15 Menschen erzählte, die der Katastrophe entgangen waren. Einer hatte verschlafen, weil er am Abend zuvor bei einer Party zu viel getrunken hatte; bei einem anderen verspätete sich der Zug; beim Nächsten war das Auto kaputtgegangen; einer hatte gedacht, es sei doch ein so schöner Tag, und beschlossen, zu Fuß zur Arbeit zu gehen, und daher war er zu spät gekommen. Wirklich Glück gehabt. Und wer weiß, vielleicht spielten bei einigen dieser Fälle auch unbewusste Vorahnungen eine Rolle.

Zweifellos versäumen jeden Tag Menschen aus allen möglichen Gründen, zur Arbeit zu gehen, und zweifellos haben Menschen jeden Tag Ängste oder Vorahnungen, denen keine Katastrophen folgen. Und zweifellos haben jede Nacht Menschen Albträume über Flugzeugabstürze, einstürzende Gebäude oder andere Katastrophen. An die Ängste oder Albträume, denen Katastrophen folgen, erinnert man sich im Allgemeinen mehr als an die, bei denen das nicht der Fall ist. Aber können diese allgemeinen Prinzipien alle Fakten erklären? Argumente dieser Art werden von Skeptikern seit Jahren benutzt, um die Telepathie als eine Illusion abzutun, die auf Zufällen und selektiver Erinnerung beruhe. Nur mit Hilfe eingehender Forschungen und quantitativer Daten können wir hoffen, Antworten auf diese Fragen zu finden.

Cox ging mit seiner quantitativen Analyse von Eisenbahnunglücken in den fünfziger Jahren des vorigen Jahrhunderts (siehe S. 311) mit gutem Beispiel voran. Und für die Flugzeugabstürze vom 11. September 2001 existieren tatsächlich quantitative Daten. In den Computern von American Airlines und United Airlines ist die Anzahl der Passagiere an Bord der vier Flugzeuge gespeichert, die zum Absturz gebracht wurden, ebenso wie die Anzahl der Stornierungen und der Passagiere, die nicht an Bord gingen. Gab es also weniger Passagiere als sonst oder mehr Stornierungen oder mehr Passagiere, die nicht eincheckten? Um dies herauszufinden, ließen sich die Zahlen für diesen Tag mit denen vorhergehender Tage und Wochen vergleichen. Sie könnten auch mit normal verlaufenen Flügen vom selben Morgen verglichen werden. Gäbe es weniger Passagiere, mehr Stornierungen und mehr nicht erscheinende Passagiere bei den Flugzeugen, die abstürzten, als man es zufällig erwarten würde, ergäbe dies einen statistischen Beweis für die Wirksamkeit von Vorahnungen, egal, ob sich die betreffenden Menschen ihrer bewusst waren oder nicht.

Ich versuchte solche Zahlen von American Airlines zu erhalten und erkundigte mich bei einem hochrangigen Manager, ob ich Zugang zu den relevanten Daten bekommen dürfte. Er war freundlich und aufgeschlossen, konnte mir aber leider nicht helfen – alle Daten für die Flüge vom 11. September seien vom FBI unter Verschluss genommen worden, das minuziös jede Buchung, Stornierung und jedes Nichterscheinen von Passagieren untersuchen würde. Vielleicht ließe sich das FBI ja dazu bewegen, eine vergleichende Analyse der Daten für diese Flüge mit den Daten für die gleichen Flüge an früheren Tagen und mit anderen vergleichbaren Flügen vorzunehmen.

Präkognitionen – im Nachhinein betrachtet

Der Begriff *Präkognition*, der ja wörtlich «Vorauswissen» bedeutet, ist an sich paradox. Denn erst nach dem Ereignis, auf das sich eine Präkognition bezieht, können wir wissen, dass es sich tatsächlich um eine solche handelte. Vor diesem Ereignis ist sie nichts weiter als eine Möglichkeit, selbst wenn sie ungewöhnlich dringlich und überzeugend erscheinen mag. Normalerweise sind solche Vorahnungen zu vage, um als genaue Vorhersage zu dienen.

Stellen wir uns einmal vor, es gäbe eine Hotline oder eine Webseite, bei der wir eine Vorahnung oder potenziell präkognitive Träume zu Protokoll geben könnten, sobald wir sie gehabt haben. Wahrscheinlich gäbe es an manchen Tagen mehr Meldungen als an anderen, und vor dem Morgen des 11. September 2001 könnte es durchaus eine starke Zunahme von Meldungen gegeben haben. Das hätte dann darauf hinweisen können, dass etwas Schlimmes geschehen würde. Aber was?

Gesetzt den Fall, alle Menschen, die ungewöhnliche und beunruhigende Träume vor den Katastrophen in New York und Washington, D.C., gehabt hatten, hätten die Hotline angerufen oder an die Webseite eine E-Mail geschickt, um diese Träume zu melden. Selbst wenn sie dies getan hätten, wäre es schwierig, wenn nicht gar unmöglich gewesen, gezielt vorherzusagen, dass Flugzeuge auf das World Trade Center und das Pentagon abstürzen würden. Ein Überwiegen von Träumen über Flugzeugabstürze und einstürzende Gebäude hätte vielleicht allgemein auf die Art von Katastrophe hinweisen können, die möglicherweise stattfinden würde. Aber die Details wären gewiss zu unterschiedlich gewesen, als dass man exakt hätte vorhersagen können, wo oder wann die Flugzeuge abstürzen würden. Manche Träume handelten tatsächlich vom World Trade Center, aber einige betrafen andere Gebäude in New York, etwa das Empire State Building, oder Gebäude in anderen Städten. Erst im Nachhinein hätte sich die Bedeutung dieser Träume erkennen lassen.

Präkognitionen können aufgrund der selektiven Erinnerung überschätzt werden, und zwar aus zwei Gründen. Erstens werden wohl die meisten potenziellen Präkognitionen vergessen, denen kein damit im Zusammenhang stehendes Ereignis folgte. Zweitens kann Menschen die Erinnerung an Vorahnungen nach dem Ereignis trügen, indem sie die Bedeutung von Träumen oder Bildern, an die sie sich nur vage erinnern, übertreiben. Aus diesen Gründen sind Vorahnungen dann am überzeugendsten, wenn sie im Voraus festgehalten werden oder wenn zumindest einem anderen Menschen vor dem Ereignis davon erzählt wird. Wenn jemand viele mögliche Vorahnungen festhielte und die meisten träfen nicht ein oder wären zu vage, würde dies der Zufallstheorie Auftrieb geben und die Argumente für echte Vorahnungen in

Frage stellen. Wenn allerdings jemand nur selten mögliche Vorahnungen festhielte und sich diese als wahr erwiesen, spräche dies umso mehr für die Möglichkeit von Präkognitionen. Die eindrucksvollsten Vorahnungen von der Katastrophe um das World Trade Center waren diejenigen, die anderen erzählt wurden, und zwar von Menschen, die nur selten solche Vorahnungen hatten.

Die selektive Erinnerung kann natürlich auch bewirken, dass die Kraft der Präkognition ernsthaft unterschätzt wird. Insbesondere können viele präkognitive Träume in Vergessenheit geraten, weil sie so trivial zu sein scheinen oder einfach weil die meisten Träume sowieso vergessen werden. Und wie wir im nächsten Kapitel sehen werden, können viele Menschen präkognitive Träume haben, ohne es zu wissen.

17. Die Erforschung der Präkognition

Im frühen 20. Jahrhundert machte der britische Luftfahrtingenieur J. W. Dunne eine erstaunliche Entdeckung im Zusammenhang mit Träumen, die er in seinem bemerkenswerten Buch *An Experiment With Time* zusammenfasste, das 1927 erschien. Er stellte fest, dass er oft von Ereignissen träumte, die kurz darauf passierten, vergaß aber leicht diese Träume. Erst als er sorgfältig Buch über seine Träume führte und sie sofort schriftlich festhielt, wenn er aufgewacht war, wurde ihm dieses Phänomen klar. Dunne brachte Freunde und Bekannte dazu, das Gleiche zu tun, und erfuhr, dass auch sie präkognitive Träume hatten, ohne sich dessen bewusst gewesen zu sein. Er beschrieb eine simple Methode, mit deren Hilfe jeder Mensch sein Experiment durchführen kann. Ich habe es selbst versucht, und zu meiner Überraschung funktionierte es, wie ich später schildern werde.

Dunne gelang seine entscheidende Entdeckung, als er als junger Mann in der britischen Armee in Südafrika diente. In einem besonders lebhaften Albtraum befand er sich auf einer Insel, auf der ein Vulkanausbruch unmittelbar bevorstand. Verzweifelt versuchte er die französischen Behörden zu bewegen, 4000 Menschen zu evakuieren, deren Leben in Gefahr war.

Am nächsten Tag erzählte er mehreren Menschen von seinem Traum. Kurz darauf erhielt er ein Exemplar des *Daily Telegraph* aus England – mit der folgenden Schlagzeile: *Vulkankatastrophe auf Martinique*. In dem Artikel stand, die Hauptstadt dieser französischen Karibikinsel sei vernichtet worden und über 40 000 Menschen seien umgekommen.

Der Artikel war vor Dunnes Traum geschrieben worden, und tausende von Menschen hatten ihn bereits gelesen, so dass sich der Traum eher mit Telepathie als mit Präkognition erklären ließ. Aber während Dunne geträumt hatte, dass 4000 Menschen gefährdet seien, und glaubte, die Zeitung hätte diese Zahl genannt, stellte er später fest, dass er in der Eile die Zeitung nicht genau gelesen hatte, die tatsächlich eine Zahl von 40 000 nannte. Da ging ihm auf, dass sich der Traum weder auf das bezog, was in der Zeitung konkret stand, noch auf das, was in Wirklichkeit geschehen war, denn spätere Berichte nannten genauere Zahlen, die weder bei 4000 noch bei 40000 lagen. Stattdessen bezog sich der Traum auf das, was er gelesen zu haben glaubte. Das wäre ganz normal gewesen, wenn er den Traum in der Nacht nach der Zeitungslektüre gehabt hätte, als eine Art Erinnerung an das Erlebnis der Lektüre. Überraschend war, dass dies zwar eine Erinnerung an ein Erlebnis zu sein schien, aber sie erfolgte im Voraus! Als hätte der Traum in der falschen Nacht stattgefunden.

Dunne hielt fortan seine Träume sorgfältig fest und untersuchte, was vor und nach ihnen geschehen war, und dabei gelangte er zu dem Schluss, dass manche Träume sich ganz normal auf Dinge bezogen, die ein oder zwei Tage zuvor passiert waren. Aber andere Träume bezogen sich auf Dinge, die erst ein oder zwei Tage später geschahen, ja manchmal noch weiter in der Zukunft. Ohne die schriftlichen Aufzeichnungen wäre ihm das nie klar geworden.

Außerdem fand er heraus, dass er manchmal Erlebnisse hatte, die ihm bekannt vorkamen, und später entdeckte er, dass sie Träumen entsprachen, die er bereits gehabt, aber wieder vergessen hatte. Solche unheimlich vertrauten Erlebnisse werden oft als Déjà-vu-Erlebnisse bezeichnet. Dunne meinte, einige dieser Déjà-vu-Erlebnisse würden deshalb als solche empfunden werden, weil sie in Träumen vorausgeahnt wurden.

Er versuchte das Verhältnis zu berechnen, in dem die Zahl seiner Träume, die sich auf vergangene Erlebnisse bezogen, zur Zahl der Träume stand, die sich auf die Zukunft bezogen. Er beschränkte den Zeitrahmen für diese Analyse auf die nahe Zukunft und die nahe Vergangenheit, da ansonsten der Vergleich irreführend wäre – Erinnerungen aus der fernen Vergangenheit ließen sich zwar erkennen und zählen, aber Vorahnungen der fernen Zukunft konnten nicht erkannt und gezählt werden, da diese künftigen Ereignisse ja noch gar nicht stattgefunden hatten. Er gelangte zu einem erstaunlichen Schluss: «Es gibt etwa genauso viele Bilder, die sich unbestritten auf die nahe Zukunft beziehen, wie solche, die gleichermaßen unbestritten die nahe Vergangenheit betreffen.»[1]

Dunne formulierte Anweisungen, wie die Details von Träumen unmittelbar nach dem Erwachen festzuhalten seien, und betonte, wie wichtig es sei, die tatsächlich gesehenen Bilder aufzuschreiben statt irgendwelcher Deutungen. Dann sollen die Aufzeichnungen an den folgenden Tagen gelesen werden, damit man herausfindet, ob irgendwelche Details Erlebnissen entsprechen, die man nach dem Traum gehabt hat. Er betonte, dass man das Experiment am besten dann durchführen solle, wenn man auf Reisen sei, oder zu anderen nicht alltäglichen Zeiten, denn im normalen Alltagsleben ließe sich nur schwer feststellen, ob vertraute Bilder in Träumen der Vergangenheit oder der Zukunft angehören. Und je ungewöhnlicher die Bilder seien, desto mehr spreche für eine Vorahnung.

Als ich selbst Dunnes Experiment ausprobierte, hatte ich anfangs Mühe, mich überhaupt an meine Träume zu erinnern, geschweige denn die Kraft, sie aufzuschreiben, sobald ich erwachte. Mit einiger Übung fiel es mir leichter. Und schon bald entdeckte ich, dass ich anscheinend tatsächlich Träume hatte, die auf Erlebnisse vorausdeuteten, welche sich später ereigneten. In einem beunruhigenden Traum beispielsweise befand ich mich in einer Versammlung, auf der ein Mann Menschen herumjagte, wobei er mit etwas herumfuchtelte, das wie eine metallene Spritze aussah – ein glänzendes zylindrisches Objekt, an dessen Ende eine Nadel herausragte. Wie Dunne vorgeschlagen hatte, hielt ich das Bild als solches fest und nicht meine Interpretation dieses Bildes, derzufolge der Mann versuchte, den Menschen Heroin zu injizieren. Am nächsten Tag war ich auf einer lebhaften Party in London, und da sah ich, wie jemand andere Leute mit einem glänzenden Metallobjekt mit einer Nadel daran verfolgte. Es war ein Ohrlochstecher. Er versuchte nicht, den anderen etwas zu injizieren, sondern drohte scherzhaft damit, ihnen die Ohren zu piercen. Hätte ich mich auf meine Interpretation des Traumbildes statt auf das Bild selbst konzentriert, dann hätte ich vermutlich die Ähnlichkeit nicht erkannt.

Wenn Sie selbst präkognitive Träume erleben wollen, versuchen Sie, sich an Dunnes Anweisungen zu halten. Die Vorstellung, dass wir oft von Dingen träumen, die noch nicht geschehen sind, widerspricht derart unseren üblichen Denkmustern, dass wir sie leicht für unmöglich halten oder ablehnen – bis wir so etwas selbst erleben. Dennoch fällt es schwer, persönliche Erlebnisse von Präkognition zu akzeptieren, da sie im Widerspruch zu unseren Vorstellungen über die Zeit stehen.

Gleichwohl sprechen sowohl spontane Erlebnisse wie experimentelle Tests entschieden dafür, dass es Präkognition wirklich gibt.

An jemanden denken und ihm dann begegnen

Im Laufe meiner Forschungen zum siebten Sinn habe ich dutzende von Berichten anderer Menschen über ein Phänomen erhalten, das meines Wissens in der wissenschaftlichen Literatur noch nie erwähnt oder erörtert worden war und dessen Klassifizierung mir Mühe bereitete. Viele Menschen haben schon erlebt, dass sie an einen Freund oder Bekannten denken, und zwar aus keinem bestimmten Grund, und kurz darauf begegnen sie dieser Person. Niemand hält dies für seltsam, wenn er jemandem begegnet, dem zu begegnen er erwartet hat oder dem er häufig begegnet. Erst bei unerwarteten Begegnungen ist das Phänomen so verblüffend.

Andreas Thomopoulos beispielsweise, ein Filmregisseur aus Athen, war vor einiger Zeit mit seiner Frau in Paris. «Als wir durch die Straßen spazierten, mussten wir an einen guten Freund von mir aus meiner Studentenzeit in London denken. Wir fragten uns, wie es ihm wohl gehen mochte, da ich ihn seit über zwanzig Jahren nicht mehr gesehen hatte. Als wir kurz darauf um eine Ecke bogen, stand er plötzlich vor uns!»

Mary Flanagan aus Hoboken in New Jersey ist einer von vielen Menschen, die Ähnliches erlebt haben. «Als ich die Straße entlang ging, dachte ich an eine Bekannte, die ich seit drei Jahren nicht mehr gesehen oder gesprochen hatte und die in einer anderen Stadt lebt. Etwa zehn Minuten später kam sie mir auf der Straße entgegen.»

In den meisten Fällen fand die Begegnung mit den Menschen, an die jemand dachte, kurz darauf statt – nur Sekunden oder Minuten später. Eine Variante dieses Erlebnisses besteht darin, dass Menschen irrtümlicherweise glauben, jemanden gesehen zu haben, den sie kennen, dann merken, dass es nicht diese Person ist, an die sie gedacht haben – und dann begegnen sie ihr kurz darauf doch noch. Anne Knowles, die in Devon lebt, berichtet, dass sie so etwas ziemlich oft erlebt:

> «Da gehe ich die Straße entlang und sehe jemanden und denke: Ach, das ist ja Frau Soundso, doch wenn ich bei ihr bin, ist das gar nicht diese Person. Aber wenn ich dann um die Ecke biege, ist dort diese Frau Soundso, für die ich die erste Frau gehalten habe. Das ist schon so oft passiert, dass ich bald dachte: Aha, sie wird hinter der Ecke auftauchen – und so war es dann auch. Das kann fünf oder zehn Minuten später sein, aber auf jeden Fall sehe ich sie. Das ist so, als würde ich eine Spur von der zweiten Person aufgreifen und sie mit der ersten Person verbinden.»

Vorwegnahmen von Begegnungen gibt es anscheinend sogar bei Fahrzeugen. David Coulthard arbeitete während der Schulferien auf einer Baustelle in County Durham im Norden Englands.

> «Wir fuhren mit dem Lieferwagen der Firma zur Baustelle, und aus irgendeinem Grund merkte ich mir das Nummernschild des Wagens, ich kann mich noch heute daran erinnern: BRO 868B. Als der Job vorbei war, ging ich wieder zur Schule. Zwei Jahre später war ich an einem Sonntagmorgen mit dem örtlichen Fahrradclub unterwegs, als ich ohne zu ahnen warum urplötzlich an diesen Baufirmenwagen und sein Nummernschild dachte. Etwa eine halbe Minute später fuhr der Lieferwagen in der entgegengesetzten Richtung an mir vorbei!»

Manche Menschen ahnen auch Begegnungen mit Tieren voraus. Im 14. Kapitel erwähnte ich, dass manche Jäger und Tierfotografen anscheinend Begegnungen mit Tieren antizipieren, die sie jagen oder fotografieren wollen, und behauptete, dies könnten Beispiele für Hellsehen sein. Aber sie ließen sich auch als Fälle von Präkognition interpretieren. Manche Angler haben Ähnliches erlebt, und hier handelt es sich wohl eher um Präkognition als Hellsehen, da man die Fische ja nicht im Wasser «sieht», sondern vielmehr erwartet, sie zu fangen. Paul Hicks beispielsweise, der früher ein leidenschaftlicher Angler war, zeltete manchmal tagelang am Ufer. «Manchmal wusste ich einfach, dass ich innerhalb von ein, zwei Minuten einen Fisch fangen würde. Das war schon unheimlich, wenn es dann tatsächlich passierte. Das lag nicht einfach am Wetter oder an der richtigen Tageszeit oder sonst was – es war einfach ein Wissen, dass irgendwas passieren würde.»

Handelt es sich bei all diesen Fällen um Zufall und selektive Erinnerung? Vielleicht. Aber möglicherweise steckt mehr dahinter, und das wird sich nur durch Forschungen klären lassen. So könnten etwa Menschen, die solche Vorahnungen ziemlich häufig haben, sich Notizen machen und dann feststellen, wie vielen dieser Vorahnungen tatsächliche Begegnungen folgen. Mit Hilfe einer statistischen Analyse müsste sich ermitteln lassen, ob sich diese Antizipationen nach der Zufallshypothese erklären lassen oder nicht.

Anfangs glaubte ich, das Antizipieren von Begegnungen könnte im Prinzip telepathisch sein, entsprechend der Antizipation von Telefonanrufen (siehe 6. Kapitel). Aber es gibt doch einen wesentlichen Unterschied zwischen den beiden Phänomenen. Im Fall der Telefonanrufe denkt eine Person an die andere und hegt die Absicht anzurufen. Diese Absicht richtet sich auf die andere Person und erzeugt die geeigneten Bedingungen für Telepathie. Bei den unerwarteten Begegnungen hingegen beabsichtigt die Person, die an jemanden denkt, an sich nicht, der anderen Person zu begegnen, und diese denkt auch nicht an sie. Daher ist das Antizipieren von Begegnungen anscheinend eher präkognitiv als telepathisch.

Außerdem bezieht sich die Vorahnung von Telefonanrufen gewöhnlich auf Personen, mit denen ein Mensch eng verbunden ist, und das spricht eher dafür, sie als Telepathie zu erklären. Die Antizipation von Begegnungen hingegen bezieht sich auch auf bloße Bekannte oder gar auf Fahrzeuge oder wilde Tiere.

Präkognition im Labor

Seit den dreißiger Jahren des vorigen Jahrhunderts führen Parapsychologen zahlreiche Experimente im Zusammenhang mit Präkognition durch, und zwar mit generell positiven Ergebnissen.

Bei den ersten Versuchen mussten bestimmte Karten geraten werden, ähnlich wie bei den Verfahren in anderen ESP-Tests (siehe S. 68). Der Unterschied bestand darin, dass die Testpersonen aufgefordert wurden, die Reihenfolge der Karten in einem Päckchen zu raten, bevor das Päckchen gemischt wurde. Im Durchschnitt waren die Ergebnisse viel besser, als es nach der Wahrscheinlichkeit zu erwarten gewesen wäre.[2] Um zu vermeiden, dass sich auf das Mischen irgendeine menschliche Befangenheit auswirkte, wurden automatische Mischmaschinen verwendet, und die Päckchen wurden nach zufällig ausgewählten Zahlen abgehoben. Aber irgendwie waren die Testpersonen dennoch im Stande zu erraten, was noch nicht geschehen war. Bei späteren Experimenten wurden die Kartenpäckchen durch vollautomatisierte Computertests ersetzt, wobei die Symbole in einer zufälligen Reihenfolge gezeigt wurden, die erst festgelegt wurde, nachdem die Testpersonen ihre Entscheidung getroffen hatten. Im Durchschnitt waren die Ergebnisse immer noch positiv.

Insgesamt wurden zwischen 1935 und 1987 rund 50 000 Personen in nahezu zwei Millionen Einzelversuchen auf ihre Präkognitionsfähigkeiten hin getestet. Die Ergebnisse wurden von dutzenden unterschiedlicher Forscher wiederholt. Über diese Studien wurde in insgesamt 113 wissenschaftlichen Fachartikeln berichtet. Aufgrund der kombinierten Ergebnisse dieser Studien lag die Wahrscheinlichkeit, dass es sich dabei um Zufall handelte, bei eins zu 10^{24}.[3] Hier handelte es sich also eindeutig um ein konkretes Phänomen.

Ein wichtiges Charakteristikum dieser Ergebnisse bestand darin, dass die Testpersonen ganz unterschiedliche Leistungen erbrachten, je nachdem, ob sie ein Feedback bekamen oder nicht. Wenn man ihnen nämlich nicht sagte, wie das Ziel der Tests aussah, und sie nie erfuhren, ob ihre Vermutungen richtig oder falsch waren, lagen die Ergebnisse nicht über dem Zufallslevel. Eine Präkognition fand nur dann statt, wenn sie ein Feedback bekamen. Ja, je früher sie nach ihren Vermutungen das «Ziel» zu sehen bekamen, also die konkrete Reihenfolge der Karten oder Symbole (die natürlich erst, nachdem sie sie erraten hatten, nach dem Zufallsprinzip erstellt wurde), desto mehr Treffer erzielten sie.[4]

Bei all diesen Experimenten ging es um eine «erzwungene Auswahl» unter einer begrenzten Anzahl von Symbolen, etwa den fünf Figuren auf Zener-Karten. Aber mehrere Forscher führten zusätzlich präkognitive Hellsehexperimente durch. Bei standardisierten Hellsehexperimenten begab sich ein Sender oder eine «Signalperson» an einen Ort, der aus einem Pool möglicher Orte nach dem Zufallsprinzip ausgewählt worden war, und wenn der Sender da war, versuchte die Testperson zu schildern, was der Sender erlebte (siehe S. 72 ff.). Bei der Präkognitionsversion dieser Tests wurde die Testperson aufgefordert, die Szene zu beschreiben, bevor der Sender eingetroffen war. Die Testpersonen bekamen ein Feedback hinsichtlich des Zielorts, nachdem sie ihn beschrieben hatten, und in manchen Fällen wurden sie sogar hingebracht. Derartige Experimente, die am Stanford Research Institute, in Princeton und anderswo durchgeführt wurden, waren bemerkenswert erfolgreich. Am umfassendsten waren die Experimente in Princeton – hier führten die Forscher 227 derartige Tests durch. Bei ihren positiven Ergebnissen betrug die Wahrscheinlichkeit, dass es sich um Zufälle handelte, eins zu 10^9.[5]

Aus all diesen Experimenten ging hervor, dass die Präkognition mit den zukünftigen Erlebnissen der Testpersonen zusammenhängt, nicht mit irgendeinem künftigen Zustand, von dem sie nie etwas erfahren. Dies bestätigt Dunnes Entdeckung, dass präkognitive Träume mit dem zukünftigen Erleben des Träumers zusammenhängen und nicht mit objektiven Fakten. So entsprach beispielsweise Dunnes Traum vom Vulkanausbruch auf Martinique, der am Anfang dieses Kapitels geschildert wurde, nicht dem konkreten Bericht, den er später in der Zeitung las, sondern dem, wie er ihn fälschlich gelesen hatte.

Künftige Gefühle wahrnehmen

Ein Vorgefühl ist ein Gefühl, dass etwas geschehen wird, ohne dass man sich bewusst ist, worum es sich dabei handelt. Einige der innovativsten Forschungen in der modernen Parapsychologie haben ergeben, dass sich Vorgefühle im Labor feststellen lassen, obwohl die Person, die diese Vorgefühle hat, sich ihrer ganz und gar nicht bewusst ist.

Mitte der neunziger Jahre dachten sich Dean Radin und seine Kollegen an der University of Nevada in Las Vegas ein Experiment zum Testen von Vorgefühlen aus, bei dem die emotionale Erregung einer Testperson automatisch überwacht werden konnte, indem man wie bei einem Lügendetektortest die Veränderungen im Hautwiderstand mit Hilfe von Elektroden maß, die mit den Fingern verbunden waren. Ändern sich nämlich emotionale Zustände, so ändert sich auch die Aktivität der Schweißdrüsen, was zu Veränderungen bei der «elektrodermischen Aktivität» führt, die man mit dem Computer erfassen und aufzeichnen kann.

Im Labor lassen sich relativ leicht messbare emotionale Veränderungen bei Testpersonen erzielen, indem man sie üblen Gerüchen, schwachen Elektroschocks, gefühlsbetonten Wörtern oder provokativen Fotos aussetzt. Radin verwendete bei seinen Experimenten Fotos. Die meisten Bilder zeigten emotional ruhige Motive wie Landschaften, aber manche waren schockierend, etwa Bilder von Leichen, die für Obduktionen aufgeschnitten waren, oder pornografische Bilder. Ein großer Pool von diesen «ruhigen» und «emotionalen» Bildern war im Computer gespeichert.

Bei Radins Experimenten waren zwei Finger an der linken Hand einer Testperson miteinander verkabelt, so dass die elektrodermische Aktivität überwacht werden konnte, und die Testperson saß vor einem Computerbildschirm. Als sie bereit war anzufangen, klickte sie auf die Computermaus. Der Computer wählte daraufhin nach dem Zufallsprinzip die Fotos aus dem gespeicherten Pool aus. Der Bildschirm blieb fünf Sekunden lang leer, dann erschien das zufällig ausgewählte Bild drei Sekunden lang, bevor der Bildschirm wieder leer wurde. Nach einer Ruhepause von fünf Sekunden erklärte eine Mitteilung auf dem Bildschirm der Testperson, sie könne die Maustaste für den nächsten Versuch drücken, wann immer sie sich dazu bereit fühle.

Wie zu erwarten war, blieben die Testpersonen emotional ruhig, wenn ruhige Bilder auf dem Bildschirm erschienen, und wenn emotionale Bilder erschienen, waren die Testpersonen emotional erregt, wie sich an einer Zunahme ihrer elektrodermischen Aktivität zeigte. Wenn emotionale Bilder erscheinen sollten, nahm die elektrodermische Aktivität interessanterweise zu, bevor das Bild auf dem Bildschirm auftauchte. Die emotionale Erregung der Testpersonen setzte 3 bis 4 Sekunden im Voraus ein (Abb. 17.1). Aber wenn sie später gefragt wurden, ob ihnen bewusst gewesen war, welche Art von Bildern erscheinen würde, erklärten fast alle, dies sei nicht der Fall gewesen. Ihre Vorgefühle waren also großenteils unbewusst.

Dick Bierman, Professor für Psychologie an der Universität Amsterdam, hat Radins Experimente in den Niederlanden wiederholt. Wie bei Radins Experimenten ließen die Testpersonen mehr emotionale

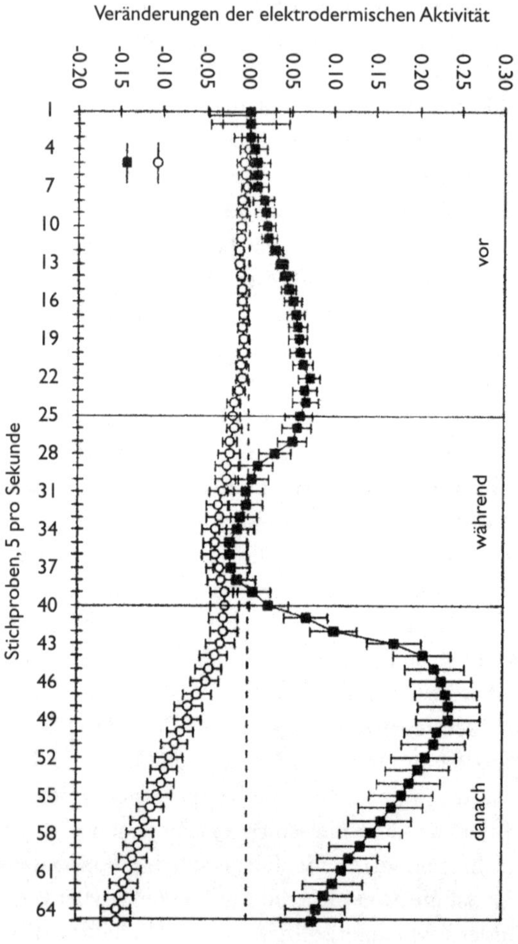

Abbildung 17.1 Veränderungen in der elektrodermischen Aktivität der Teilnehmer vor, während und nach dem Erscheinen von Zielbildern auf einem Computerbildschirm. Die elektrodermische Aktivität wies eine große Veränderung auf, nachdem den Teilnehmern emotional bewegende Bilder gezeigt wurden. Es gab aber auch eine signifikante Veränderung, bevor diese Bilder gezeigt wurden. Derartige Veränderungen traten bei Kontrollversuchen mit ruhigen Bildern nicht auf. Dies sind Durchschnittsergebnisse aus insgesamt 900 Versuchen mit 24 Teilnehmern. Die Balken zeigen die Standardfehler an. (Daten aus Radin, 1997.)

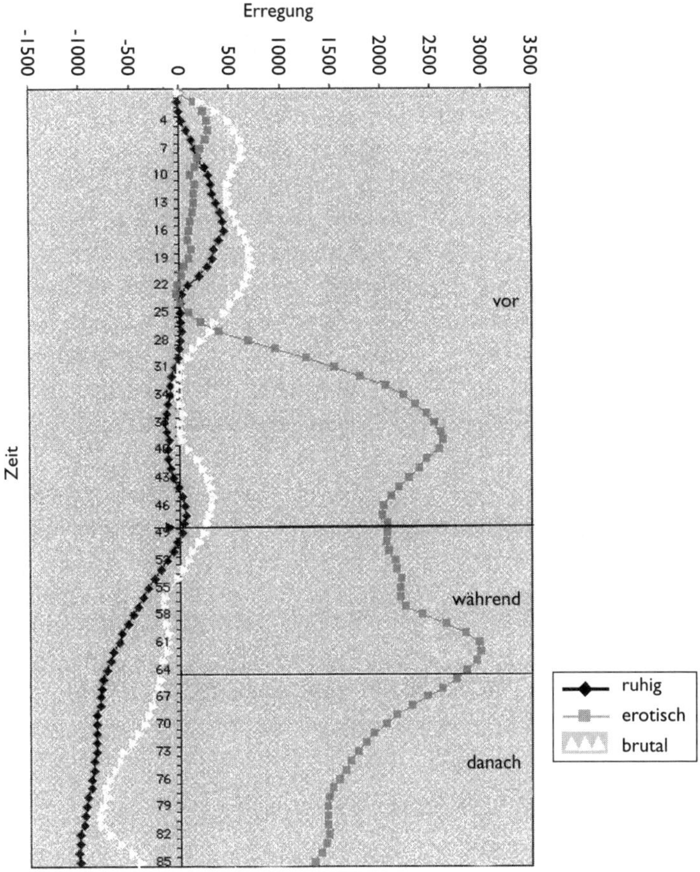

Abbildung 17.2 Veränderungen in Rupert Sheldrakes elektrodermischer Aktivität vor, während und nach dem Betrachten ruhiger, erotischer oder brutaler Bilder. Im Falle der erotischen Bilder gab es eine große Reaktion, bevor die Bilder erschienen. (Der Effekt war statistisch gesehen signifikant; p = 0,03.) Dieses Experiment wurde von Dick Bierman in seinem Labor am Starlab in Brüssel, Belgien, durchgeführt.

Erregung erkennen, bevor emotionale Bilder auf dem Bildschirm erschienen, als vor ruhigen Bildern. Bierman fand auch heraus, dass die erotischen Bilder im Allgemeinen mehr Erregung auslösten, bevor sie erschienen, als die Bilder mit Gewaltmotiven.[6]

Im Februar 2001 nahm ich selbst als Testperson an einem von Biermans Tests teil; die Ergebnisse sind in Abbildung 17.2 zu sehen. Ich wies eine starke emotionale Erregung auf, bevor die erotischen Bilder erschienen, obwohl ich mir dessen ganz und gar nicht bewusst war. Die dramatische Zunahme meiner elektrodermischen Aktivität setzte sechs Sekunden vor dem Auftauchen der erotischen Bilder auf dem Bildschirm ein. Keine derartige Erregung stellte sich vor den ruhigen Bildern ein, nicht einmal vor den Bildern mit Gewaltmotiven.

Als ich mich diesem Test unterzog, hatte ich bereits von Radins und Biermans Experimenten gelesen und war beeindruckt von dem bemerkenswerten Effekt, den sie entdeckt hatten. Aber es erstaunte mich dann doch, wie gut der Test funktionierte, als ich selbst eine Testperson war, und wie eindeutig die Ergebnisse bei einem Experiment ausfielen, das nur etwa 15 Minuten dauerte. Da die Bilderabfolge von einem automatischen Zufallsgenerator im Computer gesteuert wurde, hatte ich keine Möglichkeit, durch irgendwelche «normalen» Mittel herauszufinden, was für ein Bild als nächstes kommen würde, noch konnte ich irgendwelche Hinweise von Bierman aufschnappen. Er selbst wusste ja auch nicht, welche Bilder auftauchen würden – er war sowieso nicht im Raum, als ich die Tests absolvierte. Ich war allein mit dem Computer, den Bildern und meinen Emotionen.

Aufwachen, bevor der Wecker läutet

Zum Schluss möchte ich noch auf ein weit verbreitetes, aber kaum erklärliches Phänomen eingehen, nämlich auf das Erwachen, kurz bevor der Wecker läutet. Dies gilt gewöhnlich nicht als Präkognition, aber ich vermute, dass es sich als solche erweisen könnte. Gegenwärtig ist das völlig offen, und dies ist ein Forschungsgebiet, das fast gänzlich Neuland ist.

Wie viele Menschen habe ich schon ziemlich oft erlebt, dass ich den Wecker stelle und dann kurz vor dem Läuten aufwache. Anfangs, als ich noch einen altmodischen Wecker zum Aufziehen hatte, vermutete ich, das läge daran, dass ich das Klicken hörte, das solche Wecker oft von sich geben, kurz bevor das Läuten ausgelöst wird. Aber dann entdeckte ich, dass mir das auch bei elektronischen Weckern passiert, bei denen es vor dem Läuten kein mechanisches Geräusch gibt.

Ohne darüber allzu sehr nachzudenken, nahm ich dann an, das Phänomen müsse auf einem inneren Zeitgefühl, einer «biologischen Uhr», beruhen. Menschen haben genau wie viele andere Organismen innere Tagesrhythmen, oft zirkadiane Rhythmen genannt, die täglichen Zyklen wie Wachen und Schlafen zu Grunde liegen. Vieles sprach dafür, dass sich diese Fähigkeit, zu einer bestimmten Zeit zu erwachen, mit der biologischen Uhr erklären ließ, auch wenn nicht ganz klar war, wie dies im Einzelnen funktionierte. Jahrelang hielt ich das für selbstverständlich und entdeckte, dass die meisten Menschen, mit denen ich darüber sprach, von einer ähnlichen Erklärung ausgingen.

Aber als ich mich mit der Theorie der biologischen Uhr näher befasste, begann ich doch ernsthafte Zweifel daran zu hegen, und zwar vor allem aus zwei Gründen.

Erstens war diese Theorie im Hinblick auf die Evolution wenig sinnvoll. Zwar spricht in evolutionsgeschichtlicher Hinsicht sehr viel dafür, dass biologische Uhren die Basis täglicher Rhythmen sind. Zirkadiane Rhythmen sind Organismen dabei behilflich, ihre Aktivitäten den natürlichen Zyklen von Tag und Nacht anzupassen, und man begegnet ihnen bei vielen Arten von Tieren, unter anderem bei Insekten, und auch bei Pflanzen. Aber in unserer Evolutionsgeschichte gäbe es beispielsweise keinen Präzedenzfall dafür, dass wir etwa Punkt 4.45 Uhr erwachen, damit wir einen frühen Flug noch erwischen. Mechanische Uhren wiederum wurden erst vor weniger als tausend Jahren erfunden, und bis zur Erfindung von Chronometern im 18. Jahrhundert gingen sie nicht besonders genau.

Präzise standardisierte Uhren wurden erstmals zur Bestimmung des Längengrads bei der Navigation auf See wichtig, und das war erst Ende des 18. Jahrhunderts möglich.[7] Erst mit dem Bau von Eisenbahnen und der Erfindung des Telegrafen im 19. Jahrhundert wurden Uhren an Land präzise synchronisiert, da Eisenbahnen ja nach festen Fahrplänen verkehren mussten. Die Synchronisierung wird heute ständig durch Zeitsignale per Funk und telefonisch aufrechterhalten.

All dies ist für uns selbstverständlich, aber es ist ein überraschend neues Phänomen, ebenso wie das Tragen von Uhren durch die Mehrheit der Bevölkerung. Industriegesellschaften sind nun einmal von präziser Zeitmessung und Pünktlichkeit abhängig. Traditionelle, vorindustrielle Gesellschaften sind viel weniger von der exakten Zeitmessung besessen und haben eine viel entspanntere Einstellung zur Zeit, wie jeder wissen wird, der einmal in einer überwiegend ländlichen Gesellschaft gelebt hat oder in ihr auf Reisen unterwegs war.

Daher war es während des größten Teils der menschlichen Evolutionsgeschichte nicht nötig, dass Menschen nachts zu ungewöhnlichen Zeiten mit einer Genauigkeit von ein paar Minuten erwachten. Wie hätte sich diese Fähigkeit so rasch auf der Basis einer nur annähernd genauen biologischen Uhr entwickelt haben können? Schon allein das Wort *zirkadian* (vom Lateinischen *circa* «ungefähr» und *dies* «Tag») drückt ja aus, dass diese Rhythmen ihrem Wesen nach prinzipiell Annäherungswerte sind.

Zweitens ging mir auf, dass mein eigenes Zeitgefühl tagsüber nicht besonders gut entwickelt war. Oft konnte ich die Zeit mit einer Genauigkeit von etwa zehn Minuten erraten, aber manchmal tippte ich um mehr als eine halbe Stunde daneben. Jahrelang trug ich keine Uhr, und daher entwickelte ich ein besseres Zeitgefühl als die meisten Menschen, die ich kenne, aber dennoch vermag ich tagsüber die Zeit weniger genau zu schätzen als nachts. Warum?

Da ich auf diese Fragen in der wissenschaftlichen Literatur keine Antworten fand,[8] versuchte ich mehr darüber in Erfahrung zu bringen, indem ich Freunde und Bekannte fragte, was sie selbst zu diesem Phänomen festgestellt hätten. Schon bald fand ich heraus, dass die meisten Menschen ähnliche Erfahrungen wie ich gemacht hatten. Und auch manche Hunde scheinen über ähnliche Fähigkeiten zu verfügen. So hat beispielsweise David Keast, der in Kalifornien lebt, festgestellt, dass seine Schäferhündin «nur Sekunden, bevor unser batteriebetriebener Wecker losgeht, neben unserem Bett auftaucht – als ob sie nicht möchte, dass wir zu spät zur Arbeit kommen. Anfangs glaubte ich, sie müsse etwas hören, was sich in der Uhr abspielt, aber die gibt keinen Laut von sich. Ganz egal, auf welche Zeit wir den Wecker einstellen – sie ist da. Ich habe sogar versucht, ihre üblichen Weckzeiten durcheinander zu bringen, und habe wartend im Bett gelegen, und tatsächlich ist sie aufgetaucht.»

Die Gelegenheit zu einer genaueren Untersuchung ergab sich im Juli 2000, als ich mich als Gastdozent an der Woods Hole Oceanographic Institution auf Cape Cod im US-Staat Massachusetts aufhielt. Mit Hilfe einer sehr intelligenten Gruppe von Doktoranden erforschte ich, wie das Zeitgefühl zu funktionieren scheint, wenn Menschen wach sind und wenn sie schlafen. In dieser Gruppe von 49 Personen hatte zu meiner Überraschung jeder schon die Erfahrung gemacht, kurz vor dem Weckerläuten zu erwachen. Einige erklärten, sie könnten sich auch selbst programmieren, um zu bestimmten Zeiten sogar ohne Wecker aufzuwachen.

War dies bloß eine Frage der Routine? Nein, denn 34 Personen (79 Prozent) hatten festgestellt, dass sie noch immer vor dem Läuten erwachten, wenn der Wecker auf einen ungewohnten Zeitpunkt eingestellt wurde. Die meisten anderen konnten sich nicht erinnern, ob sie dies schon erlebt hatten oder nicht.

Wie kurz vor dem Weckerläuten erwachten sie normalerweise? 17 erklärten, innerhalb von zwei Minuten, 14 innerhalb von fünf. Das heißt, insgesamt 31 Personen (63 Prozent) wachten innerhalb von fünf Minuten vor der eingestellten Weckzeit auf. Doch als es darum ging, die Zeit tagsüber zu erraten, meinten die meisten, sie würden oft um eine halbe Stunde oder mehr daneben liegen. Dies war tatsächlich der Fall, wie ich feststellte, als ich plötzlich alle aufforderte, die Zeit zu erraten, ohne auf die Uhr zu sehen. Einige lagen sogar um 45 Minuten daneben! Und die meisten von denen, die einigermaßen richtig lagen, räumten ein, sie hätten erst vor kurzem auf die Uhr gesehen.

Probieren Sie es doch mal mit Ihrer Familie oder mit Ihren Freunden aus. Fordern Sie sie ohne Vorwarnung auf, zu raten, wie spät es ist. In den meisten Fällen, vermute ich, werden Sie feststellen, dass die meisten Menschen mit ihren Vermutungen ziemlich weit daneben liegen. Doch dieselben Menschen werden wahrscheinlich erklären, dass sie ein paar Minuten vor dem Weckerklingeln erwachen.

Im Herbst 2000 veranstaltete ich weitere Umfragen mit Hilfe von Fragebögen in Vorlesungen und Seminaren, die ich in London sowie in den USA in Chicago und in Santa Rosa und Santa Cruz in Kalifornien abhielt. Die Ergebnisse zeigten an all diesen Orten fast das gleiche Muster. Insgesamt erklärten 96 Prozent, sie seien schon kurz vor dem Weckerläuten erwacht. Nur 1 Prozent erklärte, dies sei noch nie der Fall gewesen, und die anderen 3 Prozent waren sich nicht sicher. 88 Prozent meinten, dies sei ihnen sogar schon zu unüblichen Zeiten passiert, 2 Prozent verneinten dies, und 10 Prozent waren sich nicht sicher. Die meisten Menschen erklärten, sie würden auch kurz vor telefonischen Weckrufen erwachen, genau wie vor dem Weckerläuten. (Aber ein paar Personen meinten, wenn sie früh aufstehen müssten, hätten sie solche Angst zu verschlafen, dass sie die ganze Nacht immer wieder aufwachen würden oder überhaupt nicht schlafen könnten.)

Außerdem berichteten die meisten Personen (73 Prozent), sie könnten sich selbst so programmieren, dass sie zu einer bestimmten unüblichen Zeit sogar ohne Wecker aufwachen würden. Hier zwei typische Aussagen: «Ich kann mir selbst sagen, zu welcher Zeit ich am nächsten Morgen wach werden soll, bevor ich schlafen gehe, und werde etwa fünf Minuten vor dieser Zeit aufwachen. Ich bin selbstständig und wache nicht jeden Tag zur selben Zeit auf.» «Ich kann mich so programmieren, dass ich zu jeder gewünschten Zeit aufwache, egal wie müde ich bin. Ich schaffe es immer innerhalb von fünf Minuten.» Einige Menschen vertrauten auf diese Fähigkeit so sehr, dass sie überhaupt keinen Wecker benötigten. Zum Beispiel: «Ich benutze nie einen Wecker, da ich stets vor dem erforderlichen Zeitpunkt aufwachen kann.» Andere waren sich da weniger sicher und benutzten «für alle Fälle» einen Wecker.

Diese Umfragen bestätigten, dass die meisten Menschen ein viel genaueres Zeitgefühl haben, wenn sie schlafen, als wenn sie wach sind. Warum muss das so sein? Je mehr ich darüber nachdachte, desto überraschender erschien es mir. Tagsüber empfangen wir ja alle möglichen äußeren Hinweise – wir hören Uhren schlagen, sehen auf die Uhr und hören die Zeit im Radio; dazu kommen natürliche Hinweise wie der Stand der Sonne. Das sollte es uns eigentlich leichter machen, zu wissen, wie spät es ist. Nachts hingegen erhalten wir stundenlang nur ganz wenige Hinweise – und doch schätzen wir viel genauer. Außerdem haben wir tagsüber eine doppelte Chance, richtig zu raten, weil wir uns ja nach beiden Seiten hin irren können: Wir können mit unserer Vermutung zu spät oder zu früh liegen. Dagegen kann nachts nur das Aufwachen vor dem Weckerläuten zählen, denn danach ist man ja sowieso wach.

Warum also sollte das Spüren der Uhrzeit so viel besser klappen, wenn wir schlafen, als wenn wir wach sind? Am naheliegendsten ist die Möglichkeit, dass biologische Uhren aus irgendeinem unbekannten Grund während des Schlafs besser funktionieren. Aber wenn dieses

Phänomen tatsächlich auf einer inneren Uhr beruht, die mit den täglichen Rhythmen von Tag und Nacht, Wachen und Schlafen synchron läuft, dann müsste sie doch stark gestört sein, wenn Menschen zu unregelmäßigen Zeiten zu Bett gehen oder wenn sie unter Jetlag leiden. Doch mehrere Menschen haben mir ausdrücklich erklärt, dass sie dennoch vor dem Weckerläuten aufwachen können, wenn sie unterwegs sind und mehrere Zeitzonen passieren. Ich habe keine Ahnung, wie häufig diese Erfahrung ist. Ich würde gern mehr erfahren über die Auswirkungen des Jetlags auf die Fähigkeit, zu vorgegebenen Zeiten aufzuwachen, und zwar mit oder ohne Wecker.

Vielleicht ist eine ungefähr genau gehende innere «Uhr» beteiligt, wenn Menschen im Voraus wissen, wann sie aufwachen müssen. Aber angesichts der Genauigkeit, mit der Menschen aufwachen können, besteht doch die Möglichkeit, dass auch die Präkognition oder das Vorgefühl eine Rolle spielen kann. Anfangs habe ich gezögert, diese Idee ernst zu nehmen, aber je mehr ich darüber nachdachte, desto plausibler erschien sie mir. Es gibt ja schon genügend Beweise für Vorahnungen und Präkognitionen, ebenso wie gute experimentelle Belege für das Existieren des Vorgefühls in Form einer unbewussten emotionalen Erregung. Ein Wecker, der nachts läutet, ist nun wirklich aufregend. Dem könnte durchaus eine physiologische Erregung vorausgehen, wie bei den oben dargestellten Vorgefühlexperimenten (Abb. 17.1 und 17.2). Wenn dies der Fall ist, dann müssten lautere Wecker eine stärkere Wirkung haben als leisere. Einige Leute haben sich spontan dazu geäußert. Zum Beispiel: «Ich wache sehr oft ein oder zwei Minuten vor dem Weckerläuten auf. Das geschieht häufig, wenn ich einen sehr lauten, unangenehm schrillen Wecker benutze, aber selten, wenn ich einen leiseren, weniger schrillen Wecker nehme.» Ich weiß nicht, wie viele Menschen sonst noch diese Erfahrung gemacht haben.

Auf der Grundlage von Beweisen sollte es möglich sein, zu ermitteln, ob nun die Innere-Uhr-Hypothese oder die Präkognitionshypothese stimmt. Was würde beispielsweise passieren, wenn Menschen nachts von etwas geweckt würden, was sie nicht im Voraus kennen, etwa einem Feueralarm oder unerwartet lauten Geräuschen? Nach der Präkognitionshypothese würden sie dennoch im Voraus erwachen, aber nach der Innere-Uhr-Hypothese nicht. Um herauszufinden, ob jemand bemerkt hatte, dass er vor unerwarteten Alarmen erwachte, fragte ich bei meinen Umfragen: «Haben Sie jemals festgestellt, dass Sie kurz vor einem unerwarteten Alarm oder Vorfall aufgewacht sind?» Zu meinem Erstaunen antwortete die Mehrheit (53 Prozent) darauf mit Ja, 16 Prozent mit Nein, und 31 Prozent wussten es nicht mehr.

In diesem Zusammenhang ist es interessant, daran zu erinnern, dass viele stillende Mütter erklären, sie würden oft aufwachen, kurz bevor ihr Baby zu schreien beginnt, selbst wenn das Kind in einem anderen Zimmer ist (siehe 3. Kapitel). In solchen Fällen ist es schwierig, zwischen Telepathie und Präkognition zu unterscheiden, und beide mögen eine Rolle spielen. Das Gleiche gilt für Menschen, die aufwachen, kurz bevor sie einen Telefonanruf erhalten.

Aber nicht jedes Mal folgt einem Aufwachen vor dem Weckerläuten ein Läuten, ein lautes Geräusch oder ein anderes Phänomen, das das Aufwachen ausgelöst hat. Viele Menschen erwachen vor der Zeit, auf die der Wecker eingestellt ist, und schalten dann den Wecker ab, bevor er läutet. Und viele wachen zu einer vorher festgelegten Zeit auf, ohne überhaupt einen Wecker zu benutzen. In beiden Fällen kann das Aufwachen nicht das Ergebnis einer Präkognition des konkreten Weckerläutens sein. Wovon könnte es dann eine Präkognition sein? Es muss die Zeit sein, die die Uhr anzeigt, wenn wir nach dem Aufwachen auf sie schauen. Selbst Menschen, die ohne einen Wecker aufwachen können, müssen auf die Uhr schauen, nachdem sie aufgewacht sind – sonst würden sie ja nicht wissen, ob sie zur richtigen Zeit aufgewacht sind.

Bezeichnenderweise war ja ein Traumbild von seiner Uhr, die eine bestimmte Zeit anzeigte, das allererste Erlebnis, mit dem J. W. Dunne seine Untersuchung über präkognitive Träume begann. Das Bild zeigte nicht seine Uhr, wie sie wirklich aussah, als er das Bild erblickte. Es war eine Vorschau auf die Art und Weise, wie er auf die Uhr schaute, als er aufwachte.[9]

Die Präkognitionshypothese des Aufwachens zu festgelegten Zeiten mag auf den ersten Blick weit hergeholt erscheinen. Gleichwohl wirkt sie aufgrund der vorliegenden Beweise plausibel. Die nächste Stufe bestünde dann darin, sie experimentell zu testen; mehr dazu in Anhang A.

Ein Weckerläuten löst einen großen Schock im System aus – es ist eine Art Alarm. Das Wort «Alarm» geht auf das italienische *all'arme* zurück, was wörtlich «zu den Waffen!» bedeutet. Das Lexikon definiert Alarm als «Gefahrenmeldung, Warnzeichen».[10] Ein Tier oder Mensch, das oder der vor einer Gefahr oder einem herannahenden Feind aufwachen würde, hätte eine bessere Überlebenschance. Ein präkognitives Erwachen vor einem Alarm ist evolutionär gesehen durchaus sinnvoll. Alle Tiere sind verwundbar, wenn sie schlafen. Tiere, die Gefahren antizipieren können und im Voraus aufwachen, werden wahrscheinlich von der natürlichen Auslese begünstigt.

Vierter Teil

Wie funktioniert der siebte Sinn?

18. Der erweiterte Geist und die moderne Physik

In diesem Buch behaupte ich, dass der Geist nicht auf das Innere des Kopfes beschränkt ist, sondern sich über ihn hinaus erstreckt. Die Bilder, die wir erleben, wenn wir uns umschauen, sind genau da, wo sie zu sein scheinen, es sei denn, es handelt sich dabei um Illusionen oder Halluzinationen.

Unsere Absichten reichen ebenfalls über das Gehirn hinaus. Sie sind generell auf Menschen, Dinge und Orte in der Außenwelt gerichtet, entsprechend unseren Bedürfnissen, Begierden, Wünschen, Vorlieben, Abneigungen, Pflichten, Ambitionen und zuweilen auch unseren Idealen.

Durch Aufmerksamkeit und Absicht erstreckt sich unser Geist in die Welt jenseits unseres Körpers. In diesem Buch habe ich dargelegt, dass diese Erweiterungen des Geistes durch morphische Felder erfolgen und dass sich mit Hilfe dieser erweiterten Felder das Gefühl des Angestarrtwerdens und die Telepathie erklären lassen.

Eine Metapher, mittels deren wir uns den erweiterten Geist vorstellen können, bietet uns eine der einfachsten Formen tierischen Lebens: die einzellige Amöbe. Einige Amöbenarten leben in Teichen und ernähren sich von Bakterien. Der Prototyp der Amöbe in Biologielehrbüchern ist *Amoeba proteus*, so benannt nach dem griechischen Meeresgott Proteus, der die Gabe der Verwandlungsfähigkeit besaß (Abb. 18.1).

Amöben bewegen sich herum, indem sie Fortsätze in die Welt um sie herum ausstrecken, die man Pseudopodien oder «Scheinfüßchen» nennt und die sich in jede Richtung erstrecken (Abb. 18.1). Einige dieser Fortsätze können wieder eingezogen werden, während sich andere bilden und in eine andere Richtung ausstrecken.

Amöben sind zwar sehr primitive Tiere, doch amöbenartige oder «amöboide» Zellen sind auch Teil unseres eigenen Zellaufbaus – wie

Abbildung 18.1 Auf der linken Seite streckt eine schwimmende Amöbe Pseudopodien in verschiedene Richtungen aus. Gerät ein Scheinfüßchen in Kontakt mit einer festen Oberfläche, wächst es daran entlang, während die anderen Pseudopodien wieder eingezogen werden. (Nach Jennings, 1906.)

bei allen anderen komplexen Tieren sind amöboide Zellen unabdingbar für unser Überleben.[1] So sind zum Beispiel einige von den weißen Blutzellen, die Makrophagen, amöboid und senden Pseudopodien aus, die Bakterien und andere Fremdkörper verschlingen, genau wie frei lebende Amöben in Teichen Bakterien verschlingen. Die extremsten Beispiele amöboider Zellen sind die Nerven.[2] Manche Nervenzellen haben enorm verlängerte pseudopodienartige Fortsätze: die Nervenfasern, die die Nervenimpulse leiten. Diese Pseudopodien, Axonen oder Achsenzylinder genannt, können über einen Meter lang sein, wie die Axonen im Ischiasnerv, die unsere Zehen, Füße und Beine mit dem Kreuzbeingeflecht an der Basis der Wirbelsäule verbinden. Wenn die Axonen wachsen, senden sie viele dünne, haarartige Fortsätze (Filopodien genannt) aus, die den Bereich um die Spitze des wachsenden Axons erkunden.

Nervenzellen haben viele Axonen, und einige davon erstrecken sich bis zur Oberfläche anderer Nervenzellen, mit denen sie ein Netzwerk von wechselseitigen Verknüpfungen bilden. Andere Axonen reichen vom Gehirn oder von der Wirbelsäule bis in die Sinnesorgane hinein, und wieder andere stellen den Kontakt zu den Muskeln und Drüsen her, deren Aktivität sie auslösen können.

Es ist kein Zufall, dass der Geist in Netzwerken von Nervenzellen verwurzelt ist, deren pseudopodienartige Axonen sich weit über den Hauptteil des Zellkörpers hinaus erstrecken. Der Geist wiederum ist in der Lage, mentale Pseudopodien in die Welt jenseits des Körpers auszusenden, und bildet Netzwerke wechselseitiger Verknüpfungen mit anderen Geistern.

Bei der visuellen Aufmerksamkeit konzentriert sich der Geist auf eine bestimmte Person, ein Tier, eine Pflanze, eine Maschine, einen Ort, ein Objekt oder ein Blickfeld. Ein optisches Pseudopodium erstreckt sich aus dem Körper, um das Objekt der Aufmerksamkeit zu berühren, und dabei beeinflusst es dieses Objekt. Natürlich schießen optische Pseudopodien blitzschnell heraus. Andere Menschen und Tiere können diese Aufmerksamkeit durch ihre eigenen erweiterten Felder wahrnehmen und spüren, dass sie angeschaut werden.

Durch soziale Felder verknüpfen die Pseudopodien von Aufmerksamkeit und Absicht die Menschen untereinander. Die Bande zwischen den Menschen dienen als Kanäle der Gedankenübertragung. Sie sind das Medium telepathischer Rufe (3. und 6. Kapitel), der telepathischen Wahrnehmung von Absichten (5. Kapitel) und des telepathischen Spürens von ferner Not und fernem Tod (4. Kapitel).

Durch eine Kombination von Aufmerksamkeit und Absicht können die Pseudopodien des Geistes auch bis zu fernen Orten und Objekten reichen und über die Reichweite der Sinne hinaus einen Kontakt zu ihnen herstellen. Ein Ergebnis kann das Hellsehen sein, ein anderes die Psychokinese, der Einfluss des Geistes auf die Materie über eine gewisse Distanz hinweg.

In diesem Buch bin ich nicht auf die Beweise für «Geist auf Materie»-Einflüsse eingegangen, da ich mich hier mit dem siebten Sinn befasse. Ich begnüge mich mit dem Hinweis, dass es viele Belege aus gut kontrollierten Experimenten dafür gibt, dass Menschen physikalische Vorgänge, etwa die Abläufe in Zufallsgeneratoren, über eine gewisse Distanz hinweg durch ihre Absichten beeinflussen können.[3] Wir wissen nicht im Detail, wie die Absichten diese Beeinflussung bewirken; aber allgemein ausgedrückt, entspricht die Psychokinese der Vorstellung vom erweiterten Geist, der sich auf physikalische Systeme über eine gewisse Distanz hinweg konzentriert und mit ihnen durch Pseudopodien der Absicht verknüpft ist.

Außer den experimentellen Belegen für die Psychokinese gibt es immer mehr Beweise für die segensreichen Fernwirkungen von Gebeten. In mehreren unabhängigen Reihenexperimenten wurde für manche

Menschen gebetet, für andere nicht. Diese Experimente wurden nach den standardisierten «Doppelblindverfahren» durchgeführt, wie sie etwa bei klinischen Tests üblich sind. Die Patienten selbst wussten nicht, dass für sie gebetet wurde, noch wussten dies ihre Ärzte. Dennoch zeigte sich bei den Patienten, für die gebetet wurde, die Tendenz, dass sie besser überlebten oder rascher gesund wurden als diejenigen, für die nicht gebetet wurde.[4] Aber bei der Heilwirkung des Gebets kann mehr im Spiel sein als Psychokinese oder gar telepathische hypnotische Suggestion. Wer betet, glaubt ja nicht, dass die Heilkraft von ihm selbst ausgeht, sondern von Gott. Doch die meisten Menschen, die beten, würden es wahrscheinlich bejahen, dass die Konzentration ihrer Absicht einen Kanal für die heilende Gnade oder die göttliche Macht darstellt.

Abschließend möchte ich erwähnen, dass eines der faszinierendsten gegenwärtigen Forschungsgebiete das Studium der möglichen Einflüsse gemeinschaftlicher Erlebnisse auf die Aktivitätsmuster in Zufallsgeneratoren ist. Solche Geräte erzeugen ein zufälliges «Rauschen» als Ergebnis von Quantenprozessen. Bei mehreren Gelegenheiten haben diese «zufälligen» Muster große, statistisch gesehen signifikante Veränderungen auf der ganzen Welt aufgewiesen, und zwar zu Zeiten, als Milliarden von Menschen sich gleichzeitig geistig auf dieselben Ereignisse konzentrierten, etwa auf das Urteil im Prozess gegen O. J. Simpson (bei dem er entgegen den Erwartungen nicht für schuldig wegen Mordes erklärt wurde) und die katastrophalen Ereignisse in New York und Washington am 11. September 2001.[5]

In die Zukunft projizierte Absichten

Die Präkognition ist das rätselhafteste paranormale Phänomen. Insofern sie besagt, dass zukünftige Ereignisse in der Zeit zurückgreifen, um den Geist in der Gegenwart zu beeinflussen, scheint sie all unseren normalen Vorstellungen von Kausalität, denen zufolge Ursachen den Wirkungen vorausgehen, Hohn zu sprechen. Wie können wir eigentlich etwas spüren, das noch nicht geschehen ist?

Möglich wäre dies, wenn entweder ein Einfluss zeitlich rückwärts wirken würde oder wenn sich unser Geist auf irgendeine Weise zeitlich vorwärts erstrecken würde und mit seinem eigenen zukünftigen Zustand verbunden wäre. Könnte unser Geist in der Gegenwart tatsächlich mit sich selbst in der Zukunft verbunden sein? Wir wissen ja, dass der Geist mit sich selbst in der Vergangenheit verbunden ist, nämlich durch die Erinnerung. Aber vielleicht ist ja diese Alternative – das zeitliche Zurückwirken oder eine Vorwärtsprojektion des Geistes – gar keine echte Alternative, sondern es handelt sich dabei um zwei verschiedene Aspekte ein und desselben Prozesses.

Unser Geist projiziert in die Zukunft voraus durch unsere Absichten, die sich nicht nur räumlich, sondern auch zeitlich ausdehnen, in Richtung künftiger Ziele – es ist geradezu das Wesen von Absichten, in die Zukunft hineinzureichen. Sagen wir beispielsweise, dass ich die Absicht hege, mit meiner Familie im nächsten Monat mit der Bahn von London nach Edinburgh zu fahren, um an der Hochzeit eines Freundes teilzunehmen. Ich mache Pläne, kaufe Fahrkarten und so weiter. Meine Absicht dehnt sich also sowohl räumlich aus, nämlich von London nach Edinburgh mit der Great Northern Eastern Railway, als auch zeitlich, nämlich von jetzt an bis zur Zeit und zum Ort der Zeremonie. Außerdem habe ich viele andere künftige Pläne. Manche, wie mein Plan, nach Edinburgh zu fahren, sind förmliche Verabredungen, die ich in meinen Terminkalender eintrage; andere sind eher vage Ambitionen und Hoffnungen, wieder andere verstehen sich von selbst und sind gewohnheitsmäßig, wie meine Absichten, heute Nacht zu schlafen, morgen früh zu einer normalen Zeit aufzustehen, zu frühstücken, zu arbeiten, zu Mittag zu essen und so weiter. All diese Pseudopodien der Absicht erstrecken sich jetzt von meinem Geist in die Zukunft, in Richtung verschiedener Orte, Zeiten und Ereignisse.

Nehmen wir an, eine oder mehrere dieser Absichten werden unterbrochen, zum Beispiel durch ein Unglück. Wenn dieses Unglück meine Absichten beeinflusst, kann es vielleicht von den mentalen Pseudopodien, die es unterbricht, gespürt werden, selbst wenn sich diese aus der Sicht des gegenwärtigen Augenblicks in der Zukunft befinden. Diese Veränderung in der Zukunft kann durch die Felder meiner Absichten wahrgenommen werden. Sie beeinflusst mich vielleicht zunächst vor allem physiologisch und emotional. Möglicherweise wird sie mir gar nicht bewusst, oder ich werde mir dieser bevorstehenden Veränderung entweder durch ein vages Gefühl der Unruhe oder durch eine Vorahnung, durch eine spezifischere Intuition oder durch einen Traum bewusst. Die Verbindung vom zukünftigen Ereignis zu mir heute vollzieht sich durch meine Absichten, die sich in Raum und Zeit ausdehnen, wie mentale Fasern in der Zukunft, und zwar mehr in der nahen und weniger in der fernen Zukunft.

Freiheit und Determinismus

Im Zusammenhang mit der Präkognition stellen sich unweigerlich tiefgründige Fragen im Hinblick auf Freiheit und Determinismus. Wenn wir wissen, dass etwas geschehen wird, bedeutet dies dann, dass die Zukunft festgelegt ist? Und wenn die Zukunft festgelegt ist, bedeutet dies dann, dass der freie Wille eine Illusion ist?

Diese Probleme sind nicht so schlimm, wie sie zu sein scheinen. Erstens ist die Präkognition nicht eindeutig. Jede Vorahnung oder Präkognition kann erst im Nachhinein als solche erkannt werden (siehe 15. und 16. Kapitel). Vor dem Ereignis, auf das sie sich bezieht, hat sie daher einen unbestimmten Status, bestenfalls eine Wahrscheinlichkeit.

Zweitens ist der übliche theoretische Gegensatz zwischen einer Zukunft, die völlig determiniert, und einer Zukunft, die völlig unbestimmt ist, unrealistisch und künstlich. Diese beiden Möglichkeiten lassen sich in einem Diagramm darstellen (Abb. 18.2 oben). Die Vorstellung einer völlig determinierten Zukunft erlaubt keine Freiheit oder Wahl, nicht einmal den Zufall. Die Vorstellung einer völlig undeterminierten Zukunft hingegen bedeutet, dass es in der Gegenwart zu einem plötzlichen Kollaps aller unbestimmten Möglichkeiten zu bestimmten Fakten in dem Augenblick kommt, da diese Möglichkeiten in die Gegenwart gelangen – zu einem senkrechten Abfall von totaler Indeterminiertheit zu totaler Determiniertheit. Der Mathematiker Ralph Abraham hat auf eine plausiblere Vorstellung hingewiesen, nämlich dass es Übergänge zwischen diesen Extremen gibt. Ein einfaches Modell ist ein Gradient von Determiniertheit (Abb. 18.2 unten). Die unmittelbare Zukunft ist demnach determinierter als die ferne Zukunft.

Im unmittelbar bevorstehenden Augenblick ist in der Tat vieles mehr oder weniger fixiert. Aus einfachen physikalischen Ursachen wie

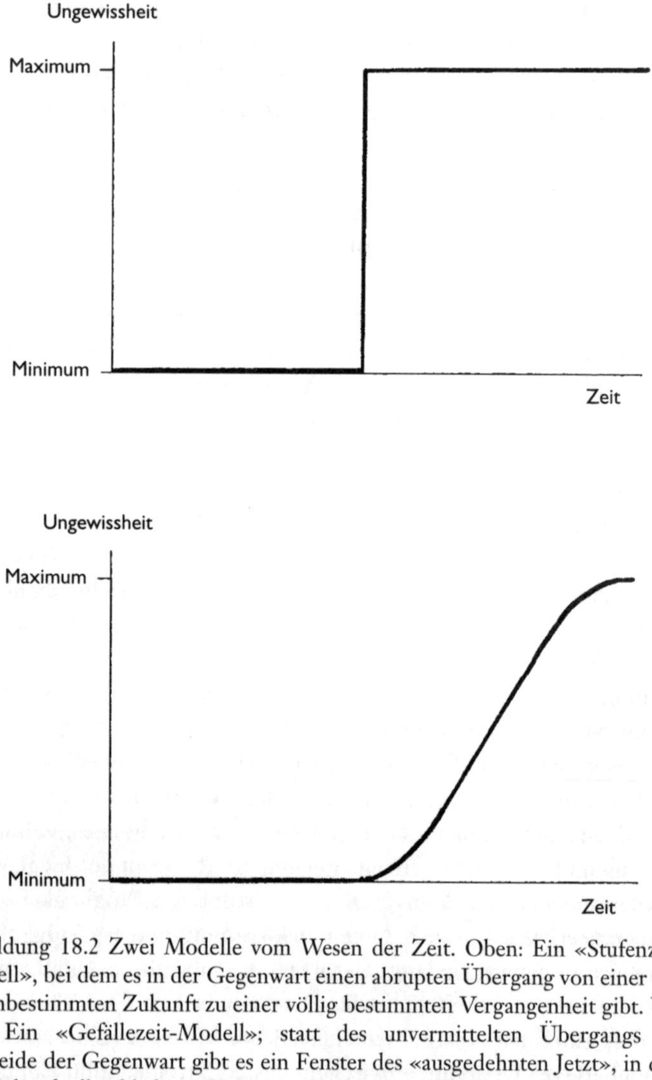

Abbildung 18.2 Zwei Modelle vom Wesen der Zeit. Oben: Ein «Stufenzeit-Modell», bei dem es in der Gegenwart einen abrupten Übergang von einer völlig unbestimmten Zukunft zu einer völlig bestimmten Vergangenheit gibt. Unten: Ein «Gefällezeit-Modell»; statt des unvermittelten Übergangs der Schneide der Gegenwart gibt es ein Fenster des «ausgedehnten Jetzt», in dem die Zukunft allmählich zur Vergangenheit erstarrt. (Nach Abraham, 1999.)

Trägheit und Beschleunigung aufgrund der Schwerkraft beispielsweise wird der Mond seine Umlaufbahn fortsetzen, und ein Stein, der eine Sekunde zuvor hoch oben von einer Felswand fallen gelassen wurde, wird weiter fallen, bis er den Boden unten erreicht. Tiere und Menschen werden damit fortfahren, gemäß ihren bereits formulierten Absichten zu handeln. Je näher die Zukunft der Gegenwart liegt, desto determinierter und vorhersagbarer erscheint sie – außer bei unerwarteten Katastrophen oder Unfällen, überraschenden Entscheidungen oder kreativen Akten. Je weiter weg die Zukunft von der Gegenwart liegt, desto weniger determiniert und vorhersagbar ist sie.

Selbst die relativ determinierte nahe Zukunft ist nur als Wahrscheinlichkeit vorhersagbar. Wir kennen diese Art von wahrscheinlicher Vorhersage aus dem Alltagsleben, zum Beispiel aus Wettervorhersagen, wirtschaftlichen Vorhersagen oder aus den Berechnungen der Lebenserwartung von Seiten der Versicherungen. Versicherungsmathematiker gehörten denn auch zu den Ersten im Geschäftsleben, die sich mathematischer Wahrscheinlichkeitstheorien bedienten, wie sie im späten 17. Jahrhundert aufkamen. Diese Wahrscheinlichkeitstheorien basieren auf einer Korrespondenz zwischen dem Mathematiker und Philosophen Blaise Pascal (1623–1662) und dem Mathematiker Pierre de Fermat (1601–1665) über die Mathematik von Zufallsspielen, Würfeln und Wetten.

Zu Beginn des 20. Jahrhunderts glaubten die meisten Wissenschaftler, dass schlampige und ungenaue Vorhersagen in Form von Wahrscheinlichkeiten einfach das Ergebnis eines begrenzten menschlichen Wissens und begrenzter Fähigkeiten zur Durchführung von Berechnungen seien. Alle Ereignisse in der physikalischen Welt seien völlig determiniert. Die Zukunft sei im Prinzip völlig vorhersagbar, auch wenn sich in der Praxis die meisten Dinge nicht mit Genauigkeit vorhersagen ließen. Dennoch glaubte man, dass alles vorhersagbar wäre, wenn es eine mathematische Intelligenz gäbe, die der unseren haushoch überlegen wäre. Im frühen 19. Jahrhundert versinnbildlichte der französische Physiker Pierre Simon Laplace (1749–1827) dieses Ideal in einer Art Gedankenexperiment:

> «Wir müssen also den gegenwärtigen Zustand des Weltalls als die Wirkung seines früheren und als die Ursache des folgenden Zu-

> stands betrachten. Eine Intelligenz, welche für einen gegebenen Augenblick alle in der Natur wirkenden Kräfte sowie die gegenseitige Lage der sie zusammensetzenden Elemente kennte und überdies umfassend genug wäre, um diese gegebenen Größen der Analysis zu unterwerfen, würde in derselben Formel die Bewegungen der größten Weltkörper wie des leichtesten Atoms umschließen; nichts würde ihr ungewiss sein, und Zukunft wie Vergangenheit würden ihr offen vor Augen liegen.»[6]

Die Physiker haben sich längst von dieser Phantasievorstellung verabschiedet. Der Indeterminismus ist in der Quantenphysik von zentraler Bedeutung. Vorhersagen sind prinzipiell nur in Form von Wahrscheinlichkeiten möglich. Außerdem werden dank der Entwicklung von Chaos- und Komplexitätstheorien inzwischen viele natürliche Prozesse als chaotisch-dynamische Vorgänge dargestellt.

Der Determinismus alten Stils ist kein Grundprinzip der Physik mehr, auch wenn er als mathematische Abstraktion in Technologien wie dem Bau von Raketen nützlich sein mag. Der mechanistische Determinismus funktioniert nämlich am besten, wenn er auf Maschinen angewandt wird, die ja so konstruiert sind, dass sie auf vorhersagbare Weise agieren, etwa Computer. Keinesfalls sollen unsere Maschinen launenhaft arbeiten und für zufällige Fehler anfällig sein oder schwankenden Wahrscheinlichkeiten unterliegen. Aber dennoch laufen sie falsch und gehen unvorhersehbar kaputt.

Die Pseudopodien der Absicht, die sich von Menschen und von Tieren in die Zukunft erstrecken, werden nicht in ein Reich der völligen Determiniertheit oder der völligen Indeterminiertheit projiziert, sondern in ein Reich der Wahrscheinlichkeit. Sie tragen ihrerseits zur Wahrscheinlichkeit dessen bei, was geschehen wird. Meine Absichten beeinflussen die Zukunft. Und die Absichten anderer Menschen sowie das, was wahrscheinlich geschehen wird, beeinflussen ebenfalls meine Absichten.

Können die Pseudopodien der Absicht ihrerseits in der Zukunft miteinander interagieren? So muss ich beispielsweise aufgrund meiner Absicht, den Zug von London nach Edinburgh zu nehmen, an einem bestimmten Tag zu einer bestimmten Tageszeit an der King's Cross Station sein. Jemand, den ich kenne, plant vielleicht gerade, einen anderen Zug von King's Cross zu nehmen, und unsere Pläne haben zur Folge, dass wir uns wahrscheinlich auf dem Bahnhof begegnen. Unsere Absichten überlappen oder überschneiden sich. Kurz bevor wir uns tatsächlich begegnen, fange ich vielleicht an, an diese andere Person zu denken, oder diese Person fängt vielleicht an, an mich zu denken. Und dann begegnen wir uns wirklich. Solche Vorahnungen von Begegnungen sind ziemlich häufig (siehe 17. Kapitel).

Die Vorstellung, dass Pseudopodien der Absicht in das Reich künftiger Wahrscheinlichkeiten hineinreichen, ist keine vollständige und abgeschlossene Theorie der Präkognition oder anderer Aspekte des siebten Sinns, sondern vielmehr ein vorläufiger Versuch, uns den siebten Sinn mit Hilfe einer biologischen Metapher als erweiterten Geist vorzustellen. Die «Sinnesorgane» des siebten Sinns erstrecken sich gleichsam als die Pseudopodien des Geistes in die Außenwelt und in die Zukunft hinein.

Theorien über paranormale Phänomene

Bevor ich ausführlicher auf meine eigenen Vorstellungen vom erweiterten Geist eingehe, möchte ich kurz eine Reihe anderer Theorien von paranormalen Phänomenen skizzieren, damit man sich ein Bild von den Alternativen machen kann.[7]

1. Zunächst einmal gibt es da die Standardansicht dogmatischer Skeptiker, die behaupten, hier wäre nichts zu erklären. Alle scheinbar «paranormalen» Phänomene seien Illusionen, Irrtümer, Zufälle, die Produkte subtiler sinnlicher Hinweise oder gar das Ergebnis von Schwindel und Betrug. Alle Beweise könne man ausnahmslos bestreiten, abtun oder ignorieren. Der Geist sei nichts weiter als die Hirntätigkeit, und es gebe keine neuen Felder oder Arten von Informationstransfer, die der orthodoxen Physik nicht bereits bekannt seien.

2. Jahrzehntelang haben manche Erforscher des Paranormalen dualistische Theorien über Geist und Materie im Sinne des extremen Dualismus von René Descartes übernommen. Die Welt der Materie sei völlig getrennt von der Welt des Bewusstseins oder Geistes, die nicht-

materiell sei und außerhalb von Raum und Zeit existiere. Descartes selbst hielt den Geist für prinzipiell spirituell und glaubte, wir Menschen seien die einzigen sterblichen Wesen, die mit dieser spirituellen Natur ausgestattet seien. Wir seien auch die einzigen spirituellen Wesen mit einer körperlichen Natur. Alle anderen Arten von spirituellen Wesen, wie die Engel und Gott, seien nichtmateriell.

Mit einem nichtmateriellen, von Raum und Zeit nicht begrenzten oder vielmehr außerhalb von Raum und Zeit befindlichen Bewusstsein ließe sich vielleicht erklären, wie paranormale Phänomene sich in der Ferne ereignen. Aber leider ist es bislang noch niemandem gelungen, exakt darzulegen, wie dieses Bewusstsein mit dem Gehirn oder etwas anderem Materiellen interagiert, da es ja im Prinzip außerhalb des Raums ist.[8] Ein weiteres Problem liegt darin, dass der Geist großenteils unbewusst ist. Und wo ist das Unbewusste lokalisiert? Ist es materiell und innerhalb des Raums oder spirituell und außerhalb des Raums?

Schließlich beschränkt der kartesianische Dualismus das Bewusstsein auf den Menschen und leugnet es bei Tieren. Somit kann es auch nicht die biologische Natur des siebten Sinns erklären.

Eine Form des körperlosen Bewusstseins außerhalb von Raum und Zeit könnte ja für das Verstehen ewiger abstrakter Ideen und mathematischer Gleichungen ideal sein. Es wäre völlig rational und unpersönlich. Aber derartige körperlose rationale Gedanken wären wenig hilfreich für eine Mutter, wenn sie die Bedürfnisse ihres Babys telepathisch wahrnimmt, oder für einen Hund, der weiß, wann sein Besitzer nach Hause kommt.

3. Etliche Theoretiker haben behauptet, es gäbe außer den vertrauten drei Dimensionen des Raums und der Dimension der Zeit noch zusätzliche Dimensionen, mit denen sich paranormale Phänomene erklären ließen. In den zwanziger Jahren des vorigen Jahrhunderts, als Forscher wie J.W. Dunne von der Existenz einer einzigen zusätzlichen Dimension sprachen, wirkte das äußerst kühn.[9] In den siebziger Jahren behauptete Gertrude Schmeidler, das Universum enthalte eine zusätzliche Dimension, die ein «topologisches Falten» gestatte, so dass zwei Regionen, die scheinbar weit voneinander getrennt sind, durch diese zusätzliche Dimension unmittelbar miteinander in Kontakt treten

könnten.[10] Ein paar Jahre später wurde zur Erklärung von ESP ein achtdimensionales Modell der Raum-Zeit vorgestellt.[11]

In der Mainstreamphysik gibt es zusätzliche Dimensionen inzwischen im Dutzend billiger. Die Gleichungen der Quantenphysik arbeiten mit zahlreichen Dimensionen, ebenso der Zweig der Mathematik, der Dynamik heißt. Dort werden Veränderungsprozesse in «Phasenräumen» dargestellt, in denen sich das System auf ein Ziel, Attraktor genannt, zu bewegt. Derartige Attraktoren sind ein wesentlicher Aspekt der Chaostheorie, die in den achtziger Jahren das wissenschaftliche Denken im Hinblick auf komplexe Systeme revolutionierte. Komplexe Systeme können in ihren Phasenräumen dutzende oder gar hunderte oder tausende von Dimensionen haben.[12]

Nach der Superstringtheorie, einem Zweig der Physik, der Kosmologie und Elementarteilchenphysik miteinander kombiniert, soll das Universum in elf Dimensionen eingebettet sein – zehn des Raums und eine der Zeit.[13] Die Brane-Theorie, wie sie Stephen Hawking in seinem Buch *Das Universum in einer Nussschale* empfiehlt,[14] kennt zehn oder elf Dimensionen.

In diesem Zusammenhang überrascht es nicht, dass einige Forscher dargelegt haben, mit Hilfe zusätzlicher Dimensionen ließen sich vielleicht Psi-Phänomene erklären. Manche haben auch behauptet, dass zahlreiche unabhängige Raum-Zeit-Systeme nebeneinander existieren und miteinander interagieren können.[15] Das Problem ist nur, dass derartige Behauptungen sehr vage sind. Sie erklären nicht, wie sich mit Hilfe dieser zusätzlichen Dimensionen beispielsweise Telepathie oder Präkognition verstehen ließen.

4. John Taylor hat vor einiger Zeit eine ESP-Theorie vorgetragen, bei der sich der Informationstransfer zwischen lebenden Gehirnen durch eine Art Resonanz zwischen ähnlichen Nerventätigkeitsmustern vollzieht. Er erklärt die Präkognition damit, dass 1. zukünftige Ereignisse bereits existieren und dass 2. eine Resonanz durch die Zeit erfolgen kann. Seine Theorie basiert auf der speziellen Relativitätstheorie. «Einsteins spezielle Relativitätstheorie kombiniert die drei Koordinaten des Raums mit der Zeit, so dass ein starres Block-Universum der vierdimensionalen Raum-Zeit entsteht. Nach diesem Modell existieren alle – zukünftigen wie vergangenen – Ereignisse bereits im Raum-

Zeit-Kontinuum.»[16] Ein Problem bei dieser Theorie besteht darin, dass sogar innerhalb der Physik selbst Einsteins starres Universum als unvereinbar mit der Quantenphysik erscheint, in der die Zukunft nicht festgelegt ist. Und im Übrigen ist ein solches Block-Universum auch mit jeder Form von freiem Willen unvereinbar.[17]

5. In den siebziger Jahren stellte der Parapsychologe Rex Stanford eine allgemeine Theorie von Psi-Phänomenen vor, die er «Konformanzverhalten» nannte. Diese allerdings etwas vage Theorie konzentrierte sich auf zwei Wesensmerkmale paranormaler Phänomene: 1. dass Psi-Effekte in Übereinstimmung mit den Zielen oder Bedürfnissen lebender Organismen einhergehen und 2. dass Organismen durch ihre Ziele und Bedürfnisse Zufallsprozesse beeinflussen.[18] Eine der Stärken von Stanfords Theorie bestand darin, dass sie keine bewusste Intention voraussetzte, was ja mit der Beobachtung übereinstimmt, dass Psi-Phänomene oft unbewusst auftreten.

6. Der Parapsychologe William Braud hat einen wichtigen Beitrag zu den Psi-Theorien geliefert, auch wenn es sich dabei nicht um eine Theorie im eigentlichen Sinne handelt. Er verwies auf den Gegensatz von «Labilität» und «Trägheit». Labilität sei die Bereitschaft zur Veränderung, «die Leichtigkeit, mit der sich ein System von einem Zustand in einen anderen begeben kann, die Menge ‹freier Variabilität› im System».[19] Trägheit ist somit das Gegenteil – die Tendenz, Veränderungen zu widerstehen.[20] Braud schlug vor, die Psychokinese direkt mit der Menge an Zufälligkeit im Zielsystem in Beziehung zu setzen: Je größer die Labilität, desto größer die Fähigkeit zu Psi-Effekten – und umgekehrt: Je größer die Trägheit, desto geringer die Fähigkeit zu Psi-Effekten. Im Zusammenhang mit Telepathie und anderen ESP-Aspekten bedeutet dies, dass labile Geister empfänglicher sein müssten als Geister mit einer starken Trägheit. Beim Träumen sowie während der Meditation und der Entspannung ist der Geist labiler; er kann rasch von einer Idee oder einem Bild zu anderen Ideen oder Bildern huschen, und in solchen Zuständen ist der Geist anscheinend tatsächlich offener für paranormale Einflüsse. Auch die Neuheit erleichtert die Empfänglichkeit für Psi – per definitionem geht es dabei um einen Wandel, nämlich die Ablösung eines alten Musters durch ein neues.

Wenn die Aufmerksamkeit dagegen auf die äußere physikalische und soziale Welt fixiert ist, bewirken deren Stabilität und Trägheit gewöhnlich, dass der Geist weniger labil und weniger für subtile paranormale Einflüsse empfänglich ist.[21]

7. Seit über vierzig Jahren weisen einige Forscher darauf hin, dass die Quantenphysik eine Erklärung für paranormale Phänomene liefern könnte.

Unter Quantenphysikern ist es seit langem umstritten, was eine «Messung» oder «Beobachtung» ausmacht. Manche Physiker erklären, das Bewusstsein spiele dabei eine wesentliche Rolle, indem es eine wechselseitige Beziehung zwischen dem Beobachter und dem Beobachteten herstelle. Einige andere Physiker, vor allem Evan Harris Walker, gehen sogar noch weiter und behaupten, das Bewusstsein interagiere mit Quantenprozessen nicht nur in der Außenwelt, was zur Psychokinese führe, sondern auch im Gehirn selbst.[22] Nach dieser Theorie weist das Bewusstsein Kohärenz, Bedeutung, Ordnung oder Information dem zu, was sonst nichts weiter als ein zufälliges Rauschen im Gehirn und in der Außenwelt wäre.[23]

Ein weiterer Aspekt der Quantentheorie ist die «Nicht-Lokalität» auf der Quantenebene, auch «Nicht-Trennbarkeit» oder «Verwicklung» genannt. Wenn ein Quantensystem (etwa ein Atom) in einzelne Teile zerfällt, bleiben diese Teile nach der Quantentheorie miteinander «verwickelt», und zwar dergestalt, dass eine Veränderung in einem Teil sofort mit einer Veränderung in einem anderen Teil verbunden ist, selbst wenn sie kilometerweit auseinander liegen. Wenn zum Beispiel ein Photonenpaar vom selben Atom ausgesandt wird, ist ihre Polarisation unbestimmt, obwohl das eine Photon die dem anderen entgegengesetzte Polarisation haben muss. Sobald die Polarisation von einem Photon gemessen wird, weist das andere sofort die entgegengesetzte Polarisation auf. Albert Einstein war ganz und gar nicht glücklich über diesen Aspekt der Quantentheorie, gerade weil er eine «gespenstische Fernwirkung» zuzulassen schien. Aber Experimente haben gezeigt, dass die Nicht-Lokalität auf Quantenebene tatsächlich ein grundlegendes Merkmal der Wirklichkeit ist.[24]

Mehrere Quantenphysiker haben erklärt, dass Phänomene wie Telepathie und Psychokinese die Nicht-Lokalität auf Quantenebene voraussetzen. Aufgrund der Quantenphysik kann es tatsächlich eine gespenstische Fernwirkung geben, durch die der Geist andere Geister oder physikalische Systeme beeinflusst, auf die er konzentriert ist.

Brian Josephson und sein Kollege Fotini Pallikari-Viras haben in einem Aufsatz mit dem Titel «Biological utilization of quantum nonlocality» («Biologische Anwendung der Quanten-Nicht-Lokalität») behauptet, dass eine Konzentration im Zusammenhang mit Zielen die Quantenwahrscheinlichkeitsverteilungen verändern könne und dass diese Konzentration effektiver wäre, wenn ein Lernen stattfände.

> «Der fragliche Konzentrationsprozess lässt sich an einer einfachen Versuchsanordnung veranschaulichen. Dabei ist eine Spule über einen Draht mit einem Strommessgerät über eine kurze Distanz hinweg verbunden. Ein Ausschlagen der Nadel des Messgeräts lässt sich dadurch erzeugen, dass man einen Magneten in der Nähe der Spule bewegt. Eine Person, der die Fakten des Magnetismus unbekannt sind und die ein Ausschlagen in einer bestimmten Richtung hervorzurufen versucht, wird den Magneten zunächst willkürlich bewegen und daher ein Ausschlagen in einer zufälligen Richtung hervorrufen. Aber irgendwann wird sie hinter das zu Grunde liegende Prinzip kommen und den Magneten auf eine nichtbeliebige Weise bedienen und damit in der Lage sein, ein Ausschlagen in der vorgeschriebenen Richtung auf Kommando hervorzurufen. Auf die oben geschilderten Prozesse übertragen heißt dies, dass die Lernprozesse dieser Person eine zunächst zufällige Verteilung von Magnetbewegungen in eine auf das Ziel, also die oben erwähnten Prinzipien, konzentrierte Verteilung umwandeln. Damit wird behauptet, dass ähnliche Mechanismen in Biosystemen auf einer mikroskopisch kleinen Ebene wirksam sein können.»[25]

Dies ist zwar kein vollständiger Überblick über die diversen Psi-Theorien, aber er veranschaulicht doch die Hauptideen auf diesem Gebiet. Er zeigt auch, wie weit wir noch von einem Verständnis dieser unerklärten Phänomene entfernt sind. Meine eigene Hypothese ähnelt einigen der oben dargestellten Ideen, aber sie geht weder von der Quantenphysik noch von Theorien des menschlichen Bewusstseins, sondern von der Biologie aus. Für mich als Biologen sind paranormale Phänomene in unserer biologischen Natur verwurzelt. Ich behaupte nun, dass sie aus bestimmten Feldern entstehen, die von grundlegender Bedeutung für alle lebenden Organismen sind, nämlich den morphischen Feldern.

19. Mentale Felder

Zum ersten Mal war ich überzeugt, dass lebende Organismen durch Felder organisiert werden, als ich an der Universität Cambridge über die Entwicklung von Pflanzen forschte. Wie entwickeln sich Pflanzen aus einfachen Embryonen im Innern von Samen zu Fingerhutblüten, Mammutbäumen oder Bambusstauden? Wie nehmen Blätter, Blüten und Früchte ihre charakteristischen Formen an? Diese Fragen bezogen sich auf die Morphogenese, wie die Biologen dies nennen, also auf die Formentstehung (nach dem griechischen *morphé* «Form» + *genesis* «Entstehung»). Vor dem gleichen Problem stehen wir, wenn wir verstehen wollen, wie aus befruchteten Eizellen in Tieren Fruchtfliegen, Goldfische oder Elefanten hervorgehen. Die naive Antwort lautet, dass alles genetisch programmiert sei. Irgendwie folge jede sich entwickelnde Pflanze oder jedes Tier den Anweisungen des genetischen Codes. Problematisch an dieser Theorie ist, dass wir genau wissen, was Gene tun: Sie codieren die Abfolge von Bausteinen, Aminosäuren genannt, aus denen Eiweißmoleküle bestehen. Einige Gene befassen sich auch mit der Steuerung der Eiweißsynthese. Das ist aber etwas ganz anderes als das «Programmieren» der Morphogenese oder des Instinktverhaltens.

Gene ermöglichen es den Zellen, die richtigen Proteine zur richtigen Zeit zu produzieren, wenn sich der Organismus entwickelt. Aber wie kann das Vorhandensein der richtigen Proteine die Form einer Blume oder den Körperbau einer Maus erklären? Niemand weiß es. Das ist eines der großen ungelösten Probleme der Biologie. Sydney Brenner, einer der scharfsinnigsten Molekularbiologen, hat es 2001 folgendermaßen auf den Punkt gebracht:

> «Wenn man schlicht sagt: ‹Entwicklung ist nichts weiter als das Einschalten der richtigen Gene am richtigen Ort zur richtigen Zeit, und damit ist alles beantwortet›, dann ist das absolut wahr. Aber es

> ist auch absolut sinnlos, denn irgendwo in unserem tiefsten Inneren möchten wir eigentlich am liebsten loslegen und eine Maus machen. … Natürlich wird niemand eine echte Maus bauen, aber wir wären doch gern in der Lage, eine Gedankenmaus zu basteln.»[1]

Im Laufe der letzten vierzig Jahre wurde ungeheure Mühe auf das Studium der Gene und die Steuerung der Gentätigkeit verwendet. Inzwischen stehen uns zwar gewaltige Mengen detaillierter Informationen zur Verfügung, aber damit – so Brenner – verstehen wir noch lange nicht die Entwicklung einer Maus oder irgendeines anderen Organismus. Gene einzuschalten und die richtigen Proteine in den richtigen Zellen zur richtigen Zeit zu produzieren ist nur der erste von vielen Schritten.

Würde man behaupten, dass Zellen, Gewebe und Organe sich einfach automatisch selbst zusammensetzen, wäre dies das Gleiche, wie wenn man alle Materialien zur richtigen Zeit zu einer Baustelle schaffen würde, und das Gebäude würde sich dann aufgrund blinder physikalischer Kräfte automatisch selbst zur richtigen Form zusammenfügen. Offensichtlich ist dies nicht der Fall. Gebäude errichten sich nicht selbst, und sie werden nach einem Plan erbaut, einem Plan, der außerdem nicht in den Baumaterialien enthalten ist. Er ist eher eine Art räumliche Vorstellung, ein Informationsmuster. Gleichwohl hat er reale Auswirkungen und entscheidet darüber, wo die Baumaterialien angebracht werden und welche Form das Gebäude annimmt.

Seit den zwanziger Jahren des vorigen Jahrhunderts sind viele Biologen, die die Entwicklung von Pflanzen und Tieren untersucht haben, davon überzeugt, dass es zusätzlich zu den Genen organisierende Felder innerhalb des sich entwickelnden Organismus geben müsse, so genannte morphogenetische Felder. Diese Felder enthalten gewissermaßen unsichtbare Pläne oder Blaupausen für die verschiedenen Organe und für den Organismus als Ganzen. In mathematischen Modellen von morphogenetischen Feldern werden die Ziele des morphogenetischen Prozesses als *Attraktoren* dargestellt. Diese Attraktoren liegen innerhalb von «Attraktionsbecken» in einem vieldimensionalen Phasenraum und ziehen den sich entwickelnden Organismus zu den Entwicklungszielen hin.[2] Die Entwicklung einer Maus wird von Mausfeldern, die Entwicklung einer Kiefer wird von Kieferfeldern gestaltet.

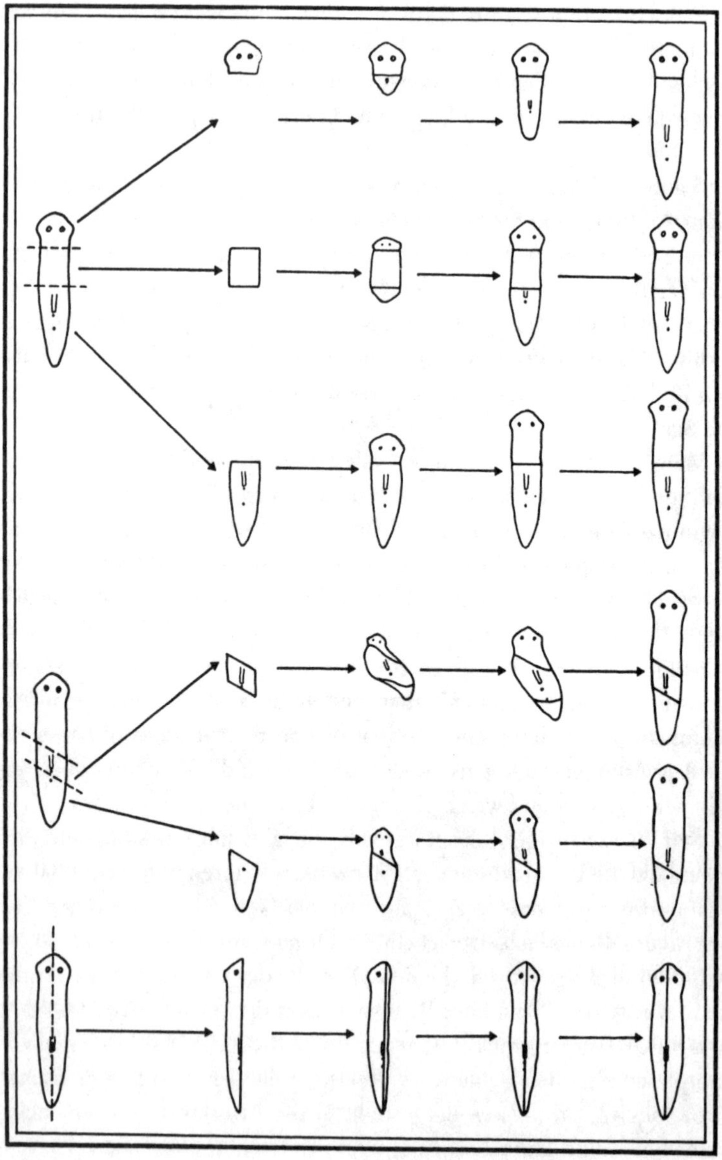

Abbildung 19.1 Die Regeneration vollständiger Plattwürmer *(Planaria)* aus Wurmteilen; auf der linken Seite sind die Schnitte zu erkennen. (Nach Morgan, 1901.)

Mit Hilfe dieser Felder lässt sich nicht nur die normale Entwicklung, sondern auch die Regeneration erklären. Schneidet man einen Weidenbaum oder einen Plattwurm in Stücke, kann sich jedes Stück regenerieren, um einen völlig neuen Organismus zu bilden (Abb. 19.1). Wie andere Arten von Feldern sind morphogenetische Felder an sich ganzheitlich. Die isolierten Teile behalten die Fähigkeit, einen ganzen Organismus neu zu bilden, da jeder Teil noch mit dem Feld des ganzen Organismus verbunden ist.

Zerschneidet man einen Magneten in einzelne Teile, ist jeder Teil ein vollständiger Magnet mit einem vollständigen Magnetfeld. Durch Felder organisierte Systeme unterscheiden sich erheblich von rein mechanischen Systemen, etwa Computern. Computer bauen sich nicht selbst zusammen – sie werden in Fabriken nach äußeren Konstruktionsplänen zusammengesetzt. Zerschneidet man einen Computer in einzelne Teile, erhält man nichts weiter als einen kaputten Computer.

In von Feldern organisierten Systemen interagieren alle Teile durch das Feld des ganzen Systems miteinander. So interagieren beispielsweise alle Planeten und die Sonne miteinander durch das Gravitationsfeld des Sonnensystems. Magnetfelder befinden sich in Magneten und um sie herum und interagieren mit anderen benachbarten Magnetfeldern sowie mit elektrischen Strömen. Genauso befinden sich morphogenetische Felder, die Pflanzen und Tiere organisieren, innerhalb von ihnen und um sie herum und verbinden ihre Teile miteinander.[3]

Das Problem ist nur, dass niemand genau weiß, was morphogenetische Felder sind oder wie sie funktionieren. Die meisten Biologen gehen davon aus, dass sie sich irgendwann einmal mit Hilfe der konventionellen Physik und Chemie erklären lassen. Aus den verschiedensten Gründen bin ich nicht dieser Meinung. Ich glaube, dass sie eine neue Art von Feldern sind, die die Physik noch nicht kennt. In meinen beiden Büchern zu diesem Thema, *Das schöpferische Universum* und *Das Gedächtnis der Natur*, befasse ich mich detailliert mit der Beschaffenheit dieser Felder sowie mit den experimentellen Belegen dafür.[4] Hier möchte ich nur drei ihrer Hauptmerkmale kurz darstellen.

Erstens vermitteln morphogenetische Felder den ansonsten zufälligen oder unbestimmten Prozessen in den von ihnen gesteuerten Systemen Muster oder Strukturen. Zweitens enthalten sie Attraktoren, die

Systeme unter ihrem Einfluss zu zukünftigen Zielen hinziehen. Drittens entwickeln sie sich zusammen mit den lebenden Organismen selbst. Die morphischen Felder aller Arten haben eine Geschichte und enthalten aufgrund des Prozesses, den ich morphische Resonanz nenne, ein immanentes Gedächtnis. Diese Resonanz findet zwischen Aktivitätsmustern in selbstorganisierenden Systemen aufgrund ihrer Ähnlichkeit statt, unabhängig davon, wie weit sie auseinander liegen. Die morphische Resonanz wirkt über Raum und Zeit hinweg, von der Vergangenheit in die Gegenwart.

Durch morphische Resonanz greift jedes Individuum einer Art auf das kollektive Gedächtnis der Art zurück und trägt zugleich dazu bei. Wenn sich zum Beispiel ein Mäuseembryo entwickelt, wird er durch morphogenetische Mausfelder geformt, die ein räumliches Gedächtnis von zahllosen früheren Mäusen und von den Organen, Geweben und Zellen in ihnen enthalten.

Morphogenetische Felder formen nicht nur Zellen, Gewebe, Organe und lebende Organismen, sondern sind auch auf der molekularen Ebene wirksam. Die morphogenetischen Felder von Proteinmolekülen beispielsweise gestalten die Art und Weise, wie sich Ketten von Aminosäuren auf die richtige Weise zusammenfalten, um den Proteinen ihre charakteristische Form zu geben. Gene spezifizieren zwar die Abfolge, in der Aminosäuren miteinander verknüpft werden, aber sie entscheiden nicht darüber, wie sich diese Ketten von Aminosäuren zusammenfalten. Irgendeine Kette könnte sich potenziell zu einer astronomischen Anzahl verschiedener Formen zusammenfalten. Eine typische Kette aus 100 Aminosäuren ergäbe Billiarden möglicher dreidimensionaler Formen. Würde sie sich zusammenfalten, indem sie diese Formen nach Belieben «erforscht», bis sie die energetisch stabilste Form gefunden hat, könnte dies länger dauern, als das gesamte Universum existiert.[5] (Dies wird zuweilen das Levinthal'sche Paradox genannt, nach dem Molekularbiologen Cyrus Levinthal.[6]) Tatsächlich dauert der Faltprozess vielleicht nur ein paar Sekunden, höchstens ein paar Minuten. Darüber hinaus haben Proteine nicht nur eine einzige mögliche Form mit einem Minimum an Energie – Berechnungen zufolge sind viele alternative Minimum-Energie-Formen möglich. In der Literatur über Proteinfaltung spricht man vom «Problem des multiplen Minimums».[7] Auch nach 35 Jahren intensiver Forschung ist die

Faltung von Proteinen noch immer eines der großen ungelösten Probleme in der Molekularbiologie.[8]

Die gelungensten mathematischen Modelle des Faltprozesses verstehen die endgültige Form des Proteins als Attraktor oder «Attraktionsbecken».[9] Diese Modelle stimmen mit der Vorstellung überein, dass das Falten von einem morphogenetischen Feld determiniert wird, das andernfalls zufällige oder indeterminierte Prozesse entschieden einschränkt.[10]

Morphogenetische Felder gehören zu einer größeren Klasse von Feldern, die morphische Felder heißen und alle ein von morphischer Resonanz vermitteltes immanentes Gedächtnis enthalten. Andere Arten morphischer Felder sind zum Beispiel die Verhaltensfelder, die dem Verhalten und den Instinkten von Tieren zu Grunde liegen. Wenn ein Kätzchen heranwächst, werden seine Instinkte und sein Verhalten durch morphische Resonanz von zahllosen Katzen in der Vergangenheit geformt. Seine morphischen Felder enthalten ein kollektives Gedächtnis der Art. Diese Felder interagieren mit dem Nervensystem und dem Gehirn, indem sie andernfalls indeterminierten oder chaotischen Prozessen in ihnen Muster und Ordnung vermitteln, wie wir unten sehen werden.

Außerdem koordinieren die morphischen Felder sozialer Gruppen, auch soziale Felder genannt, das Verhalten von Tiergruppen wie Termitenkolonien, Vogelscharen, Fischschwärmen und Wolfsrudeln (siehe 7. Kapitel).

Morphische Felder liegen auch unseren Wahrnehmungen, Gedanken und anderen geistigen Prozessen zu Grunde. Die morphischen Felder geistiger Tätigkeiten heißen mentale Felder. Durch mentale Felder erstreckt sich der erweiterte Geist via Aufmerksamkeit und Absicht in die Umwelt hinein und stellt Verbindungen zu anderen Mitgliedern sozialer Gruppen her. Mit Hilfe dieser Felder lassen sich Telepathie, das Gefühl des Angestarrtwerdens, Hellsehen und Psychokinese erklären. Vielleicht lassen sich damit auch Vorahnungen und Präkognitionen verstehen, nämlich durch Absichten, die in die Zukunft projiziert werden.

Mentale Felder und das Gehirn

Die morphischen Felder von Wahrnehmung, Verhalten und geistiger Tätigkeit sind zwar in der Hirntätigkeit verwurzelt, reichen aber weit über das Gehirn hinaus. Dies lässt sich grob mit einem Mobiltelefon vergleichen. Die Übertragungen, die es ausstrahlt, sind in der elektrischen Aktivität in seinen Schaltkreisen und elektronischen Komponenten verwurzelt. Doch die Funkübertragungen pflanzen sich in elektromagnetischen Feldern fort, die weit über die materielle Struktur und die elektrischen Schaltkreise des Telefons hinausreichen. Analog dazu behaupte ich, dass mentale Wahrnehmungs- und Verhaltensfelder zwar eng mit der Hirntätigkeit zusammenhängen, aber durch Aufmerksamkeit und Absicht darüber hinausreichen.

Vor einigen Jahrzehnten stellten sich die Wissenschaftler das Gehirn wie eine Fernsprechvermittlung vor, wobei die mit den Sinnesorganen verknüpften Nerven Signale an die Schaltzentrale übertragen, wo Schalter sie mit anderen Neuronen verbinden, die Erinnerungen speichern oder die Aktivitäten von Muskeln oder Drüsen auslösen. Die Metapher der altmodischen Fernsprechvermittlung ist inzwischen von der Computermetapher abgelöst worden: Das Gehirn ist wie ein Computer, und die Nervenzellen arbeiten wie Transistoren in einem elektronischen Netzwerk. Aber die Forschungen zur Hirntätigkeit liefern keine Belege für diese Computermodelle mit ihren fest verdrahteten Schaltkreisen.

Stattdessen gibt es komplexe Aktivitätsmuster in großen Neuronenpopulationen. Diese Aktivitätsmuster lassen sich entweder durch Bildtechniken nachweisen, wobei verschiedene Teile des Gehirns infolge der erhöhten Aktivität in ihnen «aufleuchten», oder indem man Muster von elektrischer Aktivität durch Elektroden misst, die an der Oberfläche des Gehirns angebracht werden.

Der Neurowissenschaftler Walter Freeman von der University of California in Berkeley untersucht seit vielen Jahren diese Aktivitätsmuster, insbesondere im Zusammenhang mit der Wahrnehmung von Gerüchen. Er und seine Kollegen haben entdeckt, dass diese Muster nicht fixiert sind, sondern sich entsprechend den Erlebnissen des Tiers verändern. «Die Muster der Hirntätigkeit lösen sich ständig auf, bilden sich neu und verändern sich, besonders in Relation zueinander.

Wenn ein Tier lernt, auf einen neuen Duft zu reagieren, kommt es zu einer Verschiebung in allen anderen Mustern, selbst wenn sie nicht direkt am Lernen beteiligt sind. Es gibt keine fixierten Darstellungen wie in Computern – es gibt nur Bedeutungen.»

Freeman behauptet, diese Bedeutungen hingen von Intentionen ab, die oft unbewusst seien. Er bedient sich der Sprache der Dynamik, wenn er als Modell der Interpretation von Bedeutung Attraktoren vorschlägt.[11] Die Hirntätigkeit werde durch Bedeutungen und Intentionen modifiziert, gerade weil sie im Sinne der Chaostheorie chaotisch sei. «Gehirne sind von Chaos durchtränkt.»[12]

Ich behaupte nun, dass morphische Felder dazu beitragen, Ordnung und Muster in dieses sensible Chaos zu bringen, und mit dem Gehirn durch ihre ordnende Tätigkeit interagieren. Sie enthalten durch morphische Resonanz ein immanentes Gedächtnis. Und sie reichen durch Aufmerksamkeit und Absicht auch weit über das Gehirn hinaus.

Körperbilder und Phantomgliedmaßen

Genauso wie unsere Bilder von den Dingen um uns herum dort lokalisiert sind, wo sie zu sein scheinen, nämlich außerhalb des Gehirns, ist dies auch bei unseren Bildern von unserem Körper der Fall.

Nach der konventionellen Theorie befindet sich Ihr Körperbild im Inneren Ihres Gehirns. Wenn Sie den Druck Ihres Hinterteils auf einem Stuhl oder einen Schmerz in Ihrem Knie spüren, wären diese Empfindungen nicht dort lokalisiert, wo sie zu sein scheinen, sondern eigentlich im Inneren Ihres Kopfes. Ich behaupte hingegen, dass diese Gefühle genau da sind, wo sie zu sein scheinen. Sie sind nicht einfach ins Gehirn gestopft.

Der Gegensatz zwischen der Gehirntheorie und der Feldtheorie lässt sich am besten am Beispiel von Phantomschmerzen verdeutlichen. Wenn Menschen ein Glied aufgrund eines Unfalls oder durch eine Amputation verlieren, haben sie gewöhnlich das Gefühl, als ob das Glied noch da wäre. Es ist zwar ein Phantom, aber es schmerzt ganz real.

Diese Phantomschmerzen bestehen unbegrenzt. Menschen, die Glieder im Zweiten Weltkrieg, also vor über fünfzig Jahren, verloren haben, erzählten mir, dass sie noch immer unter Phantomschmerzen leiden. Leo Unger beispielsweise wurden bei einem Einsatz 1944 in Norwegen beide Füße durch eine Landmine schwer beschädigt. Beide Beine mussten unterhalb des Knies amputiert werden. «Vom ersten Tag an hatte ich immer das Gefühl, dass meine Beine und Füße noch immer an Ort und Stelle wären. Schon früh hatte ich starke Phantomschmerzen, bei denen ich das Gefühl hatte, als ob Feuerkugeln meine Glieder hinab und aus meinen Zehen hinaus schießen würden. Nach zwanzig Jahren stellte sich dieses Gefühl nur noch selten ein, aber oft habe ich das Gefühl, dass die Knochen in meinen Füßen bloß gebrochen wären, was ja der Fall war, als ich verwundet wurde.»

Viele Menschen können ihre Phantomgliedmaßen bewegen, als wären sie echt. Menschen, denen vor nicht allzu langer Zeit ein Arm amputiert wurde, wollen damit den Telefonhörer abheben, bis sie merken, dass ihr Arm nicht mehr aus Fleisch und Blut ist.

Manche Phantomgliedmaßen schrumpfen gewissermaßen im Laufe der Zeit. Dies geschieht allerdings nicht, wenn die Betreffenden künstliche Arme oder Beine haben. Das Phantom füllt gleichsam das künstliche Gliedmaß aus und «passt gewöhnlich in die Prothese, genau wie eine Hand in einen Handschuh passt».[13] Wenn jemand, dessen Phantomglied geschrumpft ist, irgendwann eine Prothese trägt, wird das Phantomglied im Allgemeinen wieder wachsen, um sich der Prothese anzupassen.[14] Ja, Phantome spielen eine wichtige Rolle, wenn sich jemand an ein künstliches Glied gewöhnen muss, und erleichtern es sehr, dieses zu benutzen. In der medizinischen Literatur heißt es dann meist, dass das Phantom die Prothese «beseelt». Ein Forscher hat dies so formuliert: «Das leblose Gliedmaß wird vom lebendigen Phantom beseelt.»[15]

Ich behaupte, dass Phantome die Felder der fehlenden Gliedmaßen sind. Sie sind genau da, wo sie zu sein scheinen.[16]

Der konventionellen Anschauung nach sollen Phantome im Gehirn sein, genau wie alle anderen Erlebnisse. Doch bislang waren alle medizinischen Versuche, Phantome im Nervensystem aufzuspüren, bemerkenswerterweise vergeblich.

Zunächst lautete die vorherrschende Hypothese, Phantomgliedmaßen würden im Gehirn aufgrund von Impulsen von Nerven im verbliebenen Gliedstumpf erzeugt, besonders in Nervenknötchen an den abgeschnittenen Nervenenden, den so genannten Neuromen. Impulse aus den Neuromen würden sich über das Rückenmark bis ins Gehirn bewegen und in den Sinnesregionen der Großhirnrinde Empfindungen erzeugen, die dann auf das fehlende Glied «bezogen» würden. Diese Theorie wurde wiederholt bei chirurgischen Versuchen überprüft, den Schmerz in den Phantomgliedmaßen zu lindern, indem man Neuromen abschnitt oder die Nerven vom Stumpf an den Wurzeln neben dem Rückenmark abtrennte. Leider existierten bei den meisten dieser Patienten die Phantome weiter, und der Schmerz wurde nicht behoben.[17]

Die Stumpfhypothese stand auch noch vor einem anderen schwerwiegenden Problem. Sie konnte nämlich nicht erklären, wieso manche Menschen, die ohne Gliedmaßen geboren waren, ihre fehlenden Gliedmaßen als Phantome erleben, wenn die Nerven doch überhaupt nicht verletzt wurden.[18]

Einer anderen Hypothese zufolge würden sich die Phantome aufgrund einer überschüssigen Nerventätigkeit im Rückenmark bilden, da den Nerven der normale Input aus dem Gliedmaß fehlen würde. Also durchtrennten die Chirurgen verschiedene Nervenwege im Rückenmark, um damit den Phantomschmerz zu beheben. Aber auch diese Behandlung funktionierte nicht. Die Phantome und der Schmerz hielten sich hartnäckig.[19]

Außerdem bestätigt die Erfahrung von Querschnittgelähmten keineswegs die Theorie, dass Phantome aus überschüssiger Nerventätigkeit im Rückenmark entstehen. Querschnittgelähmte sind teilweise gelähmt, da ihr Rückenmark unterbrochen ist und sie unterhalb der Bruchstelle kein Gefühl oder keine Kontrolle über ihren Körper mehr haben. Dennoch haben sie oft Phantombeine und sogar Phantomgenitalien. Sie können auch Phantomschmerzen in den Beinen oder in der Leistengegend haben, obwohl Nervenimpulse aus diesen unteren Teilen des Körpers die Bruchstelle im Rückenmark nicht überqueren können.[20]

Die Ursache von Phantomen wurde daher noch tiefer im Gehirn gesucht. Hoffnungsvolle Chirurgen entfernten Bereiche des Thalamus und des sensorischen Rindenareals, die Nervenimpulse aus dem fehlenden Glied empfangen hätten – ein weiterer kühner Versuch, den Phantomschmerz zu lindern. Aber der Schmerz ging im Allgemeinen nicht weg, genauso wenig wie das Phantom.[21]

Also forschte man noch tiefer im Gehirn nach der Ursache des Phantoms. Einer Hypothese zufolge würde das Körperbild von einem komplexen Nervennetzwerk im Gehirn erzeugt, einer so genannten Neuromatrix, die angeblich in den Nerven «fest verdrahtet» sei. Diese Neuromatrix «erzeugt Muster, verarbeitet Informationen, die sie durchströmen, und erzeugt letztlich das Muster, das als der ganze Körper empfunden wird».[22] Problematisch an dieser Theorie ist allerdings, dass sie sich praktisch nicht überprüfen lässt. Der Versuch, ein Phantom zu entfernen, indem man die Neuromatrix zerstört, «käme einer Zerstörung fast des gesamten Gehirns gleich».[23]

Eine andere Hypothese lokalisiert die Quelle von Phantomen im Prozess des «Remapping» in Hirnarealen, die zuvor Nervenimpulse aus den amputierten Organen empfingen und nun nicht mehr empfangen.[24] Die Bildung neuer Nervenverbindungen im Gehirn mag einige Aspekte von Phantomen erhellen, aber sie kann zunächst einmal nicht ihre Existenz erklären, da sie unmittelbar nach der Amputation auftreten, also lange bevor so viel Zeit vergangen ist, dass es zu einem Remapping kommen kann.

Die meisten Menschen könnten potenziell einen Phantomarm erleben, wenn sie es wollten, ohne sich einer Amputation unterziehen oder unter einer Nervenbeschädigung leiden zu müssen – und ganz gewiss ohne Remapping. Solche Phantome kann nämlich die Anästhesie in knapp einer Stunde erzeugen. Dies kommt häufig bei Patienten vor, die sich eines chirurgischen Eingriffs an ihren Armen unterziehen, nachdem sie eine Lokalanästhesie ins Rückenmark verabreicht bekommen haben. Etwa 90 Prozent der Patienten empfinden einen Phantomarm innerhalb von 20 bis 40 Minuten nach der Injektion des Anästhetikums ins Armgeflecht, die eine Betäubung der in den Arm laufenden Nerven bewirkt. Wenn sie die Augen schließen, können sie quasi ihren Arm bewegen und heben sowie die Hand abbiegen und die Finger bewegen. Der Arm fühlt sich völlig real an. Doch wenn sie dann die Augen aufmachen, entdecken sie gewöhnlich zu ihrer Überraschung, dass ihr richtiger Arm unbeweglich auf dem Bett liegt, während der von ihnen erlebte Phantomarm eine andere Position einnimmt. Sobald sie diese Diskrepanz bemerken, zieht sich der Phantomarm typischerweise rasch in den realen Arm zurück und verschmilzt mit ihm.[25] Die Wahrnehmung, die der Patient von dem Körperglied hat, wird korrigiert, um die Realität widerzuspiegeln. Sobald die Betäubung nachlässt, verschwindet das Phantom. Auf die gleiche Weise erleben Patienten, deren Beine anästhesiert wurden, Phantombeine. Wenn der Patient auf dem Rücken liegt, erhebt sich das Phantombein gewöhnlich in die Luft über dem echten Bein.[26]

Um solche Phantome zu erklären, greift die medizinische Forschung immer wieder auf Begriffe wie «Körperschema» oder «Körperbild» zurück – Phänomene, die sich irgendwo im Gehirn befinden sollen.[27] Aber die Theorie, dass sich das Körperbild ganz im Gehirn befinde, ist nichts weiter als eine Annahme. Diese Theorie widerspricht auch der unmittelbaren Erfahrung der Patienten. Es ist viel einfacher anzunehmen, dass das Körperbild und die Phantomgliedmaßen genau dort lokalisiert sind, wo sie zu sein scheinen.

Die Existenz von Phantomgliedmaßen hat atemberaubende Auswirkungen für «außerkörperliche Erfahrungen». Mehrere Umfragen haben ergeben, dass etwa jeder fünfte Mensch bereits erlebt hat, außerhalb seines Körpers zu sein, besonders in Krisenaugenblicken.[28] Typisch für dieses Erleben ist, dass die Menschen sich von ihrem physischen Körper getrennt empfinden, so als befänden sie sich in einem anderen Körper. So berichtete beispielsweise ein Mann, der unter Vollnarkose operiert worden war: «Ich bin frei in der Luft geschwebt und habe von oben hinuntergeschaut und meinen eigenen Körper gesehen, wie er da auf dem Operationstisch lag.»[29] Er hatte also nicht bloß Phantomgliedmaßen, sondern einen ganzen Phantomkörper, der von seinem physischen Körper losgelöst war. Solche «out of body»-Erfahrungen treten häufig auf, wenn Menschen Nahtoderlebnisse haben, also dem Tod nahe waren.[30] Nach langjährigem Studium von Phantomgliedmaßen gelangte der Neurologe Ronald Melzack zu der Schlussfolgerung: «Es ist evident, dass sich unser Erleben eines Körpers gänzlich ohne einen Körper vollziehen kann. Wir brauchen keinen Körper, um einen Körper zu spüren.»[31]

Ich behaupte, dass ein Phantomglied das morphische Feld des von innen erlebten Glieds ist. Ein Phantomkörper ist somit das morphische Feld des von innen erlebten Körpers. Eine wirklich große Frage lautet, ob der Phantomkörper den Tod des physischen Körpers überleben kann. Ich kann diese Frage nicht beantworten.

Der erweiterte Geist und das persönliche Erleben

In diesem Buch habe ich dargelegt, dass sich unser Geist über unser Gehirn hinaus erstreckt – sogar beim einfachsten Wahrnehmungsakt. Bilder sind dort, wo sie zu sein scheinen. Subjekt und Objekt sind nicht radikal voneinander getrennt, als ob sich das Subjekt im Innern des Kopfes und das Objekt in der Außenwelt befände. Beide sind vielmehr wechselseitig miteinander verknüpft.

Durch das Sehen gelangt die Außenwelt über die Augen in den Geist, und die subjektive Welt des Erlebens wird durch Wahrnehmungs- und Intentionsfelder in die Außenwelt projiziert.

Unsere Absichten erstrecken sich sowohl hinein in die Welt rings um uns wie auch in die Zukunft. Wir sind mit unserer Umwelt und miteinander verbunden.

Unser Geist durchdringt unseren Körper, und unsere Körperbilder sind dort, wo wir sie erfahren, nämlich in unserem Körper und nicht bloß in unserem Kopf.

Zunächst mag es schockierend erscheinen, wenn wir unsere unmittelbarste Erfahrung ernst nehmen. Wir haben uns an die Theorie gewöhnt, dass all unsere Gedanken, Bilder und Gefühle im Gehirn lokalisiert sind und nicht dort, wo sie zu sein scheinen. Die meisten von uns haben diese Vorstellung im Alter von zehn oder elf Jahren aufgeschnappt. Francis Crick hat diese Theorie zwar die «Erstaunliche Hypothese» genannt, doch an sich wird sie nicht wie eine überprüfbare wissenschaftliche Hypothese behandelt. Innerhalb der akademischen Wissenschaft und der Schulmedizin gilt sie als selbstverständlich, und die meisten gebildeten Menschen akzeptieren sie als die wissenschaftlich korrekte Anschauung. Dennoch spricht nur ganz wenig für die Theorie der Gleichsetzung von Geist und Gehirn. Sie widerspricht der unmittelbaren Erfahrung. Und sie schließt die Möglichkeit des siebten Sinns aus, indem sie die Anhänger der Gehirntheorie zwingt, alle Beweise zu leugnen oder zu ignorieren, die gegen diese Theorie sprechen.

Die Vorstellung vom erweiterten Geist ermöglicht es uns, die Beweise für den siebten Sinn bei Menschen und Tieren ernst zu nehmen. Sie verhilft uns zu der Erkenntnis, dass der siebte Sinn ein Teil unserer biologischen Natur ist. Und sie eröffnet der Forschung ein riesiges

Neuland in der Welt der Natur. In Anhang A lege ich dar, wie sich jeder Interessierte an diesem neuen Forschungsprogramm beteiligen kann.

Vor allem aber ist die Erkenntnis, dass unser Geist über unser Gehirn hinausreicht, eine Befreiung für uns. Wir sind nicht mehr in der Enge unseres Schädels eingesperrt, unsere Geister sind nicht mehr voneinander getrennt und isoliert. Wir sind nicht mehr unserem Körper, unserer Umwelt und anderen Arten entfremdet. Wir sind wechselseitig miteinander verbunden.

Anhang

Anhang A
Wie man sich an der Forschung beteiligen kann

Die meisten in diesem Buch vorgestellten Forschungsgebiete sind ausgesprochen unerschlossen und weisen ein enormes Potenzial für Forschung und Entdeckung auf. Jeder, der sich genügend dafür interessiert, kann sich daran beteiligen. Insbesondere tun sich hier großartige Möglichkeiten für Schüler- und Studentenprojekte auf.

Bitte teilen Sie mir Ihre Beobachtungen und Ergebnisse mit, entweder per E-Mail über meine Webseite (www.sheldrake.org) oder per Post an eine der am Ende dieses Anhangs aufgeführten Adressen.

Ein Tagebuch über spontane Erlebnisse führen

Viele Menschen haben persönliche Erfahrungen mit Telepathie, dem Gefühl des Angestarrtwerdens oder Vorahnungen, oder sie beobachten ein solches Verhalten bei ihren Familienangehörigen oder Freunden oder bemerken es an ihren tierischen Gefährten. Aber allzu oft wird es einfach vergessen, oder man erinnert sich nur vage daran. Um sicherzugehen, dass die Erfahrungen so korrekt wie möglich festgehalten werden, sollte man sich kurz nach dem Erleben Notizen machen, am besten in einem speziellen Notiz- oder Tagebuch oder in einer Computerdatei.

Persönliche Erlebnisse sind als Beweise noch wertvoller, wenn es Zeugen für sie gibt. Es lohnt sich also auch festzuhalten, ob irgendwelche anderen Menschen dabei waren und wer sie waren. Wenn zum Beispiel jemand einen ungewöhnlichen Traum hat, der sich später als präkognitiv herausstellt, ist das Erlebnis umso beweiskräftiger, wenn der Traum kurz nach dem Erwachen aufgezeichnet wird – noch besser: Wenn er anderen Menschen erzählt wurde, bevor die Ereignisse stattfanden, auf die er sich anscheinend bezogen hat.

Im Hinblick auf Erlebnisse, die man wiederholt hat, ist es sehr wertvoll, ein Tagebuch zu führen. Wenn Sie beispielsweise oft wissen, wer gerade anruft, bevor Sie ans Telefon gehen, sollten Sie diese Intuitionen in ein Buch, das neben dem Telefon bereitliegt, notieren – und zwar bevor Sie abheben. Anschließend halten Sie fest, ob Sie richtig oder falsch lagen, und notieren das Datum und die Uhrzeit. Außerdem notieren Sie, ob der Anruf erwartet oder nicht erwartet wurde.

Mütter und Babys

Für stillende Mütter, die feststellen, dass ihre Milch manchmal ausfließt, wenn sie nicht bei ihrem Baby sind, ist es hilfreich, zwei Notizbücher zu haben, wie dies im 4. Kapitel beschrieben ist. Die Mutter hat das eine bei sich, während das andere bei ihrem Partner oder Babysitter bleibt. Wenn die Milch ausfließt, notiert die Mutter die Uhrzeit und die Umstände. Die Person, die beim Baby ist, notiert die Zeiten, zu denen das Baby schreit oder bekümmert wirkt. Vergleicht man später die beiden Notizbücher, stellt sich heraus, wie oft der Milchausfluss der Mutter mit dem Bedürfnis des Babys zeitlich zusammenfiel und wie oft nicht.

Mütter, die entdecken, dass sie nachts oft aufwachen, kurz bevor ihr Baby zu schreien beginnt, sollten sich selbst und ihr Baby mit Videokameras aufnehmen lassen, so dass sich die genaue Abfolge der Ereignisse detaillierter untersuchen lässt. Wären Mutter und Baby im selben Zimmer, ließen sich normale sinnliche Hinweise wie Geräusche kaum ausschließen, so dass diese Beobachtungen signifikanter sind, wenn sie in verschiedenen Zimmern vorgenommen werden. Wenn die Mutter und ihr Baby während der Nacht von separaten Kameras auf zeitcodiertem Videoband gefilmt werden, sollte eine spätere Auswertung der Videoaufzeichnungen die Beantwortung einer Reihe von Fragen ermöglichen: Weist das Baby Anzeichen auf, dass es zuerst aufwacht und dann irgendwie die Mutter alarmiert? Wacht die Mutter auf, bevor das Baby irgendwelche Anzeichen aufweist, dass es aufwacht? Beginnen beide zur selben Zeit unruhig zu werden? Und was geschieht, wenn entweder die Mutter oder das Baby zu einer ungewöhnlichen Zeit aufwacht oder aufgrund eines Notfalls oder einer Krise?

Katzen, Hunde und Papageien, die wissen, wann ihre Besitzer heimkommen

Wenn irgendein Tier die Rückkehr eines Familienmitglieds vorauszuahnen scheint, kann eine Erforschung dieses Verhaltens am einfachsten damit beginnen, dass jemand zu Hause in einem Notizbuch die Zeiten festhält, zu denen das Tier Anzeichen von Erwartung erkennen lässt. Dann sollte auch die Zeit, zu der die betreffende Person nach Hause kommt, notiert werden, ebenso wie das Verkehrsmittel und die Zeit, zu der sie sich auf den Heimweg gemacht hat. Um die Möglichkeit auszuschließen, dass das Tier auf ein Routineverhalten oder zum Beispiel auf vertraute Autogeräusche reagiert, sollte die Person zu ungewöhnlichen Zeiten heimkommen, die den Menschen zu Hause nicht bekannt sind, und unübliche Verkehrsmittel benutzen, zum Beispiel ein Taxi.

Für genauere Beobachtungen sollte man eine Videokamera verwenden, die während der Abwesenheit der Person ständig läuft und auf die Stelle gerichtet ist, an der das Tier gewöhnlich wartet oder seine antizipatorischen Reaktionen bekundet. Der Zeitcode sollte auf dem Videoband mitlaufen. Die Videobänder sollten später von einer dritten Partei, die die Bewegungen der Person nicht im Detail kennt, «blind» analysiert werden. Diese dritte Person notiert, wann das Tier Anzeichen von Erwartung von sich gibt, indem es beispielsweise an einer Tür oder an einem Fenster wartet, und hält die genauen Zeiten fest, zu denen das Tier sich an dieser Stelle befindet. Auf diese Weise lässt sich das Verhalten des Tiers objektiv festhalten und mit den Bewegungen der Person vergleichen.

In formellen Experimenten weist ein Experimentator die Person mit Hilfe eines Pagers oder Handys an, wann sie nach Hause kommen soll. Diese Heimkehrzeiten werden vom Experimentator willkürlich ausgewählt und sind der Person, die von zu Hause abwesend ist, oder den Menschen, die zu Hause bei dem Tier sind, nicht bekannt.

Pam Smart und ich haben viele derartige Experimente mit Hunden durchgeführt,[1] aber soweit ich weiß, gibt es bislang keine mit der Videokamera aufgenommenen Experimente mit Katzen, Papageien oder anderen Tieren, die eine Heimkehr antizipieren.

Telepathische Rufe nach Katzen und Hunden

Im 3. Kapitel habe ich darauf hingewiesen, dass manche Katzen- und Hundebesitzer bemerkt haben, dass sie ihre Katze oder ihren Hund stumm und anscheinend telepathisch rufen können, wenn sich das Tier in einem anderen Raum oder sogar im Freien befindet. Es müsste relativ einfach sein, solche Rufe experimentell zu untersuchen, auch wenn dies meines Wissens bislang noch niemand versucht hat.

Der Tierbesitzer würde von seinem Tier so getrennt werden, dass er von diesem weder gesehen noch gehört werden könnte. Das Tier würde sich im Freien oder in einem anderen Raum befinden. Der Raum, in dem der Mensch säße, würde mit einer Videokamera ständig gefilmt werden, wobei der Zeitcode auf dem Film festgehalten würde. Dann würde der Mensch zu zufällig ausgewählten Zeiten das Tier telepathisch rufen. Falls das Tier in einer Reihe derartiger Tests gewöhnlich kurz nach dem Ruf erschiene, dies jedoch zu anderen Zeiten signifikant weniger häufig täte, wäre dies ein Beweis dafür, dass diese Rufe auf telepathische Weise übertragen würden.

Telefontelepathie

Bei der einfachsten Version dieses Experiments benennt die Testperson vier Menschen, bei denen sie eine telepathische Reaktion für wahrscheinlich hält. Die Testperson gibt dem Experimentator die Namen und Telefonnummern dieser Menschen an, ebenso wie die Zeiten, zu denen alle Beteiligten an den Tests teilnehmen könnten. Natürlich benötigt man bei diesem Experiment ein Telefon, bei dem der Anrufer nicht auf dem Display angezeigt wird – aus diesem Grund kann das Experiment nicht mit einem Handy durchgeführt werden, da alle lieferbaren Modelle eine solche Anzeige haben.

Eine Viertelstunde vor dem für einen Versuch vereinbarten Zeitpunkt sitzt die Testperson ruhig da und liest oder geht einer anderen entspannenden Tätigkeit nach; allerdings sollte sie nicht fernsehen oder ein Video anschauen, da dies zu sehr ablenken könnte. Bei Versuchen, die gefilmt werden, sollte die Testperson die ganze Zeit von der Kamera erfasst werden. Wenn beispielsweise der Testanruf für 11.15

Uhr angesetzt ist, setzt sich die Testperson um 11 Uhr ins Blickfeld der Kamera. Kurz darauf, etwa um 11.02 Uhr, ermittelt der Experimentator mit einem Würfel einen der vier potenziellen Anrufer, der jeweils eine Zahl von 1 bis 4 zugewiesen bekommen hat. (Zeigt der Würfel eine 5 oder 6, wird so lange gewürfelt, bis eine 1, 2, 3 oder 4 kommt.) Der Experimentator ruft die durch Würfeln ermittelte Person an und fordert sie auf, die Testperson um 11.15 Uhr anzurufen. Falls die anderen potenziellen Anrufer bis 11.05 Uhr nichts vom Experimentator gehört haben, wissen sie, dass sie an diesem Versuch nicht teilnehmen werden.

Zur vorher vereinbarten Zeit ruft der ausgewählte Anrufer bei der Testperson an, nachdem er zuvor ein paar Minuten an sie gedacht hat. Wenn das Telefon um 11.15 Uhr klingelt, weiß die Versuchsperson, dass es einer der vier potenziellen Anrufer ist, und bevor sie abhebt, muss sie raten, welcher es ist. Die Versuchsperson spricht den Namen in die Kamera, hebt dann den Hörer ab und sagt «X», «Na, X?» oder «Hallo, X», bevor die andere Person irgendetwas sagt.

Es besteht eine 25-prozentige Chance, dass die Testperson zufällig Recht hat. Sind ihre Vermutungen zu über 25 Prozent richtig, müssen die Daten statistisch analysiert werden, damit ihre Signifikanz bestimmt werden kann. Die geeignetste statistische Methode ist der Binomialtest. Nach diesem Test ist in einer Serie von 10 Versuchen mit vier potenziellen Anrufern ein Ergebnis von 6 oder mehr Treffern statistisch gesehen signifikant, nämlich mit dem konventionellen Schwellenwert von $p = 0{,}05$. Anders gesagt: Die Wahrscheinlichkeit, dass es sich dabei um Zufall handelt, beträgt 1 zu 20. Bei einer Serie von 15 Versuchen sind 9 oder mehr Treffer (richtige Vermutungen) signifikant. Bei einer Serie von 20 Versuchen sind ebenfalls 9 oder mehr Treffer signifikant. Bei 25 Versuchen sind 10 oder mehr richtige Vermutungen signifikant.

Eine andere Möglichkeit, dieses Experiment durchzuführen, besteht darin, dass alle vier Anrufer sich zusammen mit dem Experimentator an ein und demselben Ort befinden. Dann lassen sich alle ununterbrochen von einer einzigen Kamera aufnehmen, während die Versuchsperson an einem anderen Ort von einer anderen Kamera mit einem synchronisierten Zeitcode ständig gefilmt wird. Wie bei der ersten Methode wählt der Experimentator für jeden Versuch nach dem

Zufallsprinzip einen der vier Anrufer aus, der dann zur vorher festgelegten Zeit anruft. Wenn sich alle Anrufer an einem einzigen Ort befinden, lässt sich das Experiment besser kontrollieren und jeder Aspekt davon auf Videoband aufzeichnen.

Solche Experimente könnte man auch mit Tieren durchführen, die Rufe antizipieren. Eine einfache Testanordnung bestünde darin, das Tier während einer Reihe von Testphasen zu filmen, in denen vier verschiedene Personen Telefonanrufe tätigen, und zwar in einer zufälligen Abfolge zu zufällig ausgewählten Zeiten. Eine dieser Personen wäre jemand, auf dessen Anrufe das Tier normalerweise reagiert. Die anderen wären Fremde. Falls das Tier seine üblichen Reaktionen bekundet, wenn die Person, die es kennt, anruft, aber Anrufe der anderen drei Personen ignoriert, dann wäre das ein entschiedener Beweis für die telefontelepathischen Fähigkeiten des Tieres.

E-Mail-Telepathie

Experimente zum Testen der Telepathie in Zusammenhang mit E-Mails werden nach einer ähnlichen Versuchsanordnung wie die Telefonexperimente durchgeführt. Aus vier von der Testperson benannten potenziellen E-Mail-Versendern wird einer nach dem Zufallsprinzip vom Experimentator ausgewählt, um dann zu einer vorher festgelegten Zeit, zum Beispiel um 10.30 Uhr, der Testperson eine E-Mail zu schicken. Um 10.17 Uhr schickt der Experimentator dieser Person eine E-Mail mit der Aufforderung, der Testperson um 10.30 Uhr eine E-Mail zu senden. Die anderen erhalten keine E-Mail vom Experimentator, und um 10.20 Uhr wissen sie, dass sie nicht ausgewählt wurden. Der ausgewählte E-Mail-Versender denkt ein paar Minuten vor 10.30 Uhr an die Versuchsperson, schreibt ihr dann eine Mitteilung und schickt diese exakt um 10.30 Uhr an die Testperson, samt einer Kopie an den Experimentator.

Um 10.29 Uhr rät die Testperson, welcher der vier potenziellen E-Mail-Versender ihr eine Minute später eine E-Mail schicken wird, und teilt diese Vermutung dem Experimentator per E-Mail mit.

Diese E-Mail zeigt automatisch die Zeit an, zu der sie abgeschickt wurde, genauso wie die E-Mail des ausgewählten Versenders an die

Testperson. Somit gibt es einen eindeutigen objektiven Beweis, dass die Vermutung erging, bevor die E-Mail abgeschickt wurde.

Die Testperson kann während der 15-minütigen Phase vor der Vermutung gefilmt werden – so wird bewiesen, dass sie nicht gemogelt hat, indem sie E-Mails oder Anrufe von einem der E-Mail-Versender bekommen hat. Das Experiment lässt sich auch durchführen, wenn alle vier E-Mail-Versender im selben Raum sind (aber in einem anderen Raum als die Testperson, am besten Kilometer von ihr entfernt) und ständig von der Kamera gefilmt werden, womit praktisch jede Möglichkeit eines Betrugs ausgeschlossen wird.

Die zu erwartende Zufallstrefferquote liegt bei 25 Prozent. Treffer über diesem Level lassen sich auf ihre statistische Signifikanz hin genau wie bei den Telefonexperimenten durch den Binomialtest überprüfen.

Das Gefühl, angestarrt zu werden

Bei dem Grundexperiment zum Testen des Gefühls, angestarrt zu werden (siehe 12. Kapitel), arbeiten die Testpersonen paarweise: Die eine ist der Angestarrte, die andere der Betrachter. Die angestarrte Person sitzt mit dem Rücken zum Betrachter und trägt eine Augenbinde, wie sie Flugreisende als Schlafhilfe erhalten. Diese Augenbinden verhindern zum einen, dass die angestarrte Testperson ein peripheres Gesichtsfeld hat, und vermitteln ihr zum andern ein größeres Gefühl der Entspannung, indem sie Ablenkungen reduzieren und eine reizarme Umgebung erzeugen.

Der Betrachter sitzt hinter der Testperson und starrt in einer Reihe von 20 Versuchen entweder deren Nacken an oder schaut beiseite und denkt an etwas anderes. Die Abfolge der Versuche erfolgt nach dem Zufallsprinzip. Die einfachste Möglichkeit besteht darin, dass der Betrachter vor jedem Versuch eine Münze wirft. Kopf bedeutet «schauen», Zahl «nicht schauen». Statt einer Münze können auch Zufallszahlentabellen oder ein Zufallsgenerator verwendet werden, wobei ungerade Zahlen «schauen», gerade Zahlen «nicht schauen» bedeuten. Oder man kann vorgefertigte randomisierte Anweisungsblätter von meiner Webseite (www.sheldrake.org) herunterladen.

Kurz vor jedem Versuch signalisiert der Betrachter der Testperson mittels eines mechanischen Klickens oder eines Piepsers, dass der Versuch beginnt. Innerhalb von 10 Sekunden muss die Testperson raten, ob der Betrachter «schaut» oder «nicht schaut». Diese Vermutungen sind entweder richtig oder falsch und werden in das Trefferblatt eingetragen. Abbildung A.1 zeigt ein Mustertrefferblatt.

Dieses Experiment lässt sich mit oder ohne Feedback durchführen. Der Betrachter erklärt der Testperson entweder nach jeder Vermutung, ob diese richtig oder falsch ist, oder er tut dies nicht. Beide Methoden liefern im Allgemeinen signifikant positive Ergebnisse, aber die Testpersonen arbeiten eher besser, wenn sie ein Feedback bekommen, und sei es auch nur, weil das Experiment so für sie interessanter ist.

Die Anzahl der richtigen und der falschen Vermutungen wird für die Blick- und die Nicht-Blick-Versuche jeweils getrennt addiert, ebenso wie die Gesamtanzahl (Abb. A.1). Dann werden die Ergebnisse einer Reihe von Testpersonen in eine Tabelle eingetragen, wie dies Tabelle A.1 zeigt, die konkrete Daten aus einem Experiment an einer Schule in London wiedergibt.

Es gibt zwei Möglichkeiten, die Daten zusammenzuzählen und zu analysieren. Die erste besteht einfach darin, dass man alle Zahlen in jeder Spalte zusammenzählt. Bei der zweiten Methode (die mir Prof. Nicholas Humphrey vorgeschlagen hat) wird jeder Testperson ein Testwert zugeschrieben, je nachdem, ob es mehr richtige als falsche Vermutungen (+), mehr falsche als richtige Vermutungen (–) oder gleich viele richtige und falsche Vermutungen (=) gibt. Diese Methode hat den Vorteil, dass jede Testperson gleich gewichtet wird, während bei der ersten Methode eine Minderheit von Testpersonen, die entweder sehr positiv oder sehr negativ abschneidet, einen unverhältnismäßig großen Einfluss auf die Gesamtergebnisse hat. Die Gesamtergebnisse nach beiden Methoden zeigt die Tabelle A.1 an.

Jason betrachtet Sharon

Datum 15. November 2001

Details Sharon hat Augen verbunden, signalisiert mit Klicker,

Entfernung: 3 Meter

Versuch	Blick/Nicht-Blick	Ergebnis
1	Blick	✓
2	Nicht-Blick	✗
3	Blick	✗
4	Nicht-Blick	✓
5	Blick	✗
6	Blick	✓
7	Blick	✓
8	Blick	✗
9	Nicht-Blick	✗
10	Nicht-Blick	✓
11	Blick	✓
12	Nicht-Blick	✗
13	Blick	✓
14	Blick	✗
15	Nicht-Blick	✓
16	Blick	✓
17	Nicht-Blick	✗
18	Blick	✓
19	Nicht-Blick	✓
20	Nicht-Blick	✗

	schaut		schaut nicht	
Summen	Richtig....7...	Falsch...4.......	Richtig..4...	Falsch......5...
Gesamt		Richtig...11..	Falsch.....9.....	

Abbildung A.1 Mustertrefferblatt aus einem Blick-Experiment.

Tabelle A.1. Eine Musterzählliste eines Blick-Experiments. Jedes Betrachter/Testperson-Paar führte 20 Versuche durch. Die Tabelle zeigt die Anzahl der richtigen und der falschen Vermutungen bei den Blick- (B) und den Nicht-Blick-Versuchen (NB) sowie die Gesamtergebnisse. Außerdem werden die Testpersonen mit + gewertet, wenn sie mehr richtige als falsche Vermutungen geäußert haben, mit –, wenn sie mehr falsche als richtige Vermutungen geäußert haben, und mit =, wenn die Anzahl der richtigen und der falschen Vermutungen gleich war. (Dieses Experiment wurde an der St. James' School for Senior Girls in London mit Mädchen der Jahrgangsstufe 11, Alter 15–16, am 20. November 2001 durchgeführt.)

Betrachter/ Testperson	B richtig	B +/–/=	B falsch	NB richtig	NB +/–/=	NB falsch	Summe richtig	Summe +/–/=	Summe falsch
Mimi/Emma	7	+	3	4	-	6	11	+	9
Emma/Mimi	12	+	2	4	+	2	16	+	4
Jayvanti/Rajvee	6	=	3	4	-	7	10	=	10
Rajvee/Jayvanti	6	=	6	5	+	3	11	+	9
Neela/Grace	10	+	2	4	=	4	14	+	6
Grace/Neela	9	+	2	4	=	4	11	+	9
Sam/Jessica	8	+	1	4	-	7	12	+	8
Jessica/Sam	5	=	5	6	+	4	11	+	9
Lucy/Alix	5	+	3	9	+	3	14	+	6
Alix/Lucy	3	-	5	5	-	7	8	-	12
Anna/Clare	7	+	4	3	-	7	9	-	11
Clare/Anna	7	+	4	4	-	5	11	+	9
Holly/Stella	7	+	3	7	+	3	14	+	6
Stella/Holly	5	=	5	4	-	6	9	-	11
Summe	96		51	65		68	161		119
richtig %	65%			49%			58%		
Summe +/-/=	10+	1-	3=	5+	8-	1=	10+	3-	1=

Für eine statistische Analyse lassen sich die Treffer für richtige und falsche Vermutungen in den Blick-, Nicht-Blick- und Summen-Spalten mit Hilfe standardisierter statistischer Tests, etwa dem χ^2-Test, vergleichen. Mit anderen Worten: Wenn die Testpersonen einfach willkürlich raten, sollten die durchschnittlichen Trefferquoten in allen Fällen zu 50 Prozent richtig und zu 50 Prozent falsch sein. Bei der Methode +/–/= lautet die Null-Hypothese, dass die Anzahl der +Treffer gleich der Zahl der –Treffer ist. (Bei dieser Methode werden die =Treffer ignoriert.)

Immer wieder weisen diese Tests ein charakteristisches Ergebnismuster auf, wonach die Testpersonen über dem Zufallslevel bei den Blick-Versuchen und nahe dem Zufallslevel bei den Nicht-Blick-Versuchen abschneiden (siehe 11. Kapitel).

Bislang hat es nur ganz wenige Tests gegeben, bei denen die Testpersonen wiederholt getestet wurden, während sie ein Feedback erhielten, um festzustellen, wieweit sie sich durch Übung verbessern können. Es würde sich durchaus lohnen, dieses Potenzial zur Verbesserung durch Übung zu untersuchen.

Wie schon im 11. Kapitel dargelegt, lassen sich Blick-Experimente auch mit Hilfe von Fernsehüberwachungsanlagen durchführen. Bei den bislang absolvierten Tests dieser Art wurden die Testpersonen nicht aufgefordert zu raten, ob sie angeschaut werden oder nicht; vielmehr wurden ihre unbewussten Reaktionen durch Aufzeichnungen ihres Hautwiderstands überwacht, der mit Hilfe von Elektroden an den Fingern gemessen wurde. Die Hautwiderstandsmethode erfordert natürlich eine aufwändigere Versuchsanordnung als die Ratemethode, aber sie ist dennoch relativ preiswert und eignet sich recht gut für ein Studentenprojekt.

Wenn sich der Hautwiderstand von Menschen verändert, während sie durch eine Überwachungskamera angeschaut werden, könnte er sich auch verändern, wenn sie durchs Internet angeschaut werden. Damit ergibt sich die Möglichkeit von Online-Experimenten, bei denen die Testperson über eine Webkamera betrachtet wird.

Außerdem könnte das Experiment sogar live im Fernsehen funktionieren. Beispielsweise könnten sich vier Testpersonen vor laufenden Kameras in verschiedenen Räumen im Fernsehstudio befinden. In einer Reihe von Versuchen würden sie jeweils einzeln in einer zufälligen Abfolge Millionen von Fernsehzuschauern gezeigt. Sie selbst hätten keine Ahnung, bei welchen Versuchen ihr Bild von Millionen Menschen oder von niemandem gesehen würde. Würde sich der Hautwiderstand der Versuchspersonen verändern, wenn sie live von Millionen gesehen würden, und könnten sie richtig raten, wann sie gesehen und wann sie nicht gesehen würden?

Würden solche Experimente tatsächlich im Fernsehen funktionieren, hätte dies unmittelbare Auswirkungen für Menschen, die sich «den Augen der Öffentlichkeit» aussetzen. Ihr Bild würde nicht nur zu Millionen von Zuschauern übertragen werden, sondern auch die Zuschauer könnten ihrerseits diejenigen beeinflussen, die auf dem Bildschirm erscheinen.

Auswirkungen beim Betrachten von Fotos

Können Menschen wissen, wann jemand ihr Foto betrachtet und an sie denkt, selbst wenn sie weit weg sind?

Ich habe inzwischen damit begonnen, dieser Frage experimentell nachzugehen, und zwar mit Hilfe eines Verfahrens, wie es bei dem oben beschriebenen Grundexperiment im Zusammenhang mit dem Gefühl des Angestarrtwerdens angewandt wird. Der Unterschied besteht darin, dass der Betrachter beim Fotografie-Experiment die Testperson nicht direkt anstarrt, sondern ihr Foto anschaut. Währenddessen befindet sich die Testperson in einem anderen Raum oder Gebäude. Der Betrachter signalisiert den Beginn jedes Versuchs mit Hilfe eines Rufsignals über eine drahtlose Gegensprechanlage. Wie bei den Blick-Experimenten ist die Abfolge von Blick- und Nicht-Blick-Versuchen zufällig, und bei jedem Versuch muss die Testperson raten, ob sie angeschaut wird oder nicht. Sie hat entweder Recht oder Unrecht, und wenn sie zufällig rät, wird ihre Trefferquote um die 50 Prozent liegen. Man kann zur Auswertung die gleichen Trefferblätter und statistischen Analysen wie bei den Blick-Experimenten verwenden.

Wenn Menschen wissen, wann jemand ihre Fotografie anschaut, wäre dies dann ein Beispiel für das Gefühl des Angestarrtwerdens? Oder wäre dies ein Fall von Telepathie? Die Versuchsanordnung würde insofern dem Blick-Experiment ähneln, als sich der Betrachter auf ein visuelles Bild der Testperson konzentriert. Aber es würde sich eher um Telepathie handeln, da das visuelle Bild dazu dient, dass sich die Gedanken des Betrachters auf die Testperson konzentrieren, und diese Gedanken könnten die Testperson in der Ferne beeinflussen.

In einer Hinsicht unterscheidet sich das Gefühl des Angestarrtwerdens von der Telepathie – diese funktioniert nämlich am besten zwischen Menschen, die einander gut kennen, und nicht so sehr zwischen Fremden. Im Gegensatz dazu funktioniert das Gefühl des Angestarrtwerdens auch zwischen Fremden.

Bei meinen ersten Foto-Experimenten mit Betrachtern und Testpersonen, die gute Freunde oder Familienmitglieder waren, waren die Ergebnisse positiv und statistisch gesehen signifikant, außerdem wiesen sie das gleiche Muster wie einfache Blick-Experimente auf. Bei den Blick-Versuchen lag der Anteil der richtigen Vermutungen über dem

Zufallslevel, nämlich bei 58 Prozent, während bei den Nicht-Blick-Versuchen 50 Prozent der Vermutungen richtig waren, also exakt so viele, wie es durch Zufall zu erwarten gewesen wäre.

Doch als meine Kollegen und ich Foto-Experimente in Schulen in England, den USA und Deutschland durchführten, lagen die Ergebnisse sowohl bei den Blick- wie bei den Nicht-Blick-Versuchen auf dem Zufallslevel. Bei diesen Tests wurden die Betrachter/Testperson-Paare mehr oder weniger zufällig ausgewählt, und die meisten kannten einander nicht gut. An denselben Schulen lieferten einfache Blick-Tests das übliche Ergebnismuster – mit hoch signifikanten positiven Trefferzahlen bei den Blick-Versuchen und nichtsignifikanten Ergebnissen bei den Nicht-Blick-Versuchen.

Somit bestätigen diese ersten Foto-Experimente die Vermutung, dass sie eher auf Telepathie als auf dem Gefühl des Angestarrtwerdens basieren.

Wenn das Betrachten von Fotografien von Freunden und Familienangehörigen dazu beiträgt, eine telepathische Verbindung zu ihnen herzustellen, wirkt sich das unmittelbar auf die übliche Praxis aus, Fotos seiner Lieben auf Schreibtischen und in Wohnzimmern aufzustellen oder sie in der Brieftasche mit sich herumzutragen.

Experimente im Zusammenhang mit dem Aufwachen vor dem Weckerläuten

Im 17. Kapitel habe ich die Möglichkeit erörtert, das Phänomen des Aufwachens kurz vor dem Weckerläuten könnte eher etwas mit Präkognition als mit einem Zeitgefühl zu tun haben. Wie ließe sich diese Idee überprüfen?

Mein erster Gedanke war, Testpersonen aufzufordern, sich mit dem Wissen schlafen zu legen, dass sie von einem Wecker geweckt würden, aber ohne zu wissen, auf welche Zeit er eingestellt ist. Dann würde sich nachts ein Experimentator ins Schlafzimmer der Testperson schleichen und einen Wecker neben ihr Bett stellen. Er wäre auf eine zufällig gewählte Zeit eingestellt, etwa zwischen vier und sechs Uhr morgens.

Die Testperson würde notieren, zu welcher Zeit sie aufwachte. Sie könnte auch mit Hilfe einer im Schlafzimmer installierten Videoüberwachungskamera die ganze Nacht über gefilmt werden, damit man sehen kann, wann sie Anzeichen von Unruhe bekundet. Würden die Testpersonen in einer Reihe solcher Tests häufiger kurz vor dem Weckerläuten erwachen, als man dies zufälligerweise erwarten würde?

Der offensichtliche Nachteil dieser Idee bestand darin, dass die meisten Menschen nicht wollen, dass Experimentatoren nachts in ihrem Haus herumschleichen. Die Lösung bestand darin, die Testperson telefonisch zu wecken, mit Hilfe computerisierter Weckrufe zu zufällig ausgewählten Zeiten. Der Experimentator könnte diese Weckrufe im Voraus bei der Telefongesellschaft bestellen, und niemand müsste sich durch irgendwelche Schlafzimmer schleichen.

Bislang hat noch niemand derartige Tests durchgeführt. Natürlich müssten die Testpersonen hoch motiviert sein, um sich dieser Quälerei zu unterziehen – zum Beispiel durch eine gute Bezahlung.

Sollte sich herausstellen, dass Menschen tatsächlich vor dem Weckerläuten aufwachen, wenn sie eigentlich mit konventionellen Mitteln nicht gewusst haben können, wann das Läuten erfolgt, spräche dies doch sehr für die Präkognitionshypothese.

Adressen

Bitte informieren Sie mich über Ihre Testergebnisse, entweder per E-Mail über meine Webseite, www.sheldrake.org, oder per Post an eine der folgenden Adressen:

Rupert Sheldrake
BM Experiments
London WC1N 3XX
England

The Institute of Noetic Sciences
P.O. Box 6007
Petaluma
CA 94955-6007
USA

Berichte über Ihre eigenen Erfahrungen bzw. Experimente können Sie auch an die deutsche Koordinierungsstelle schicken. Hier werden alle deutschsprachigen Berichte übersetzt, ausgewertet und in einer internationalen Datenbank erfasst:

«Sieben-Experimente-Projekt»
Waldstraße 14
D-22926 Ahrensburg

Anhang B
Die Experimente und Umfragen im Detail

1. Kapitel
Wie man einen hellsichtigen Papagei testet

Im 1. Kapitel habe ich kurz das Verfahren für einen Telepathietest zwischen Aimée Morgana und ihrem Papagei N'kisi geschildert. Während der Tests befanden sich Aimée und N'kisi in verschiedenen Zimmern auf verschiedenen Etagen, und dabei wurden sie ständig durch zwei synchronisierte Videokameras gefilmt. N'kisis Äußerungen wurden auch ständig auf Tonband festgehalten.

Es gab 29 Testsitzungen und in jeder Sitzung fünf zweiminütige Versuche. Zu Beginn jedes Versuchs öffnete Aimée einen verschlossenen Umschlag, der ein Foto enthielt, welches sie dann während der restlichen Versuchsphase betrachtete. Das Ende dieser zweiminütigen Phase wurde automatisch durch einen Wecker signalisiert.

Die Fotos hatte ein Helfer, der ansonsten mit dem Experiment nichts zu tun hatte, aufgrund einer Liste von 30 Schlüsselwörtern ausgesucht, die zu N'kisis Wortschatz gehörten und die sich durch Bilder visuell darstellen ließen. Der Helfer steckte diese Bilder in undurchsichtige Umschläge, und zwar ein Bild pro Umschlag, verschloss die Umschläge und mischte sie, bevor er sie nummerierte. Damit konnte weder diese Person noch Aimée noch ich im Voraus wissen, welches Foto Aimée bei einem Versuch betrachten würde.

Drei Personen schrieben unabhängig voneinander die Tonbänder von jeder Testsitzung ab, zwei in den USA und eine in Europa. Diese Abschriften erfolgten «blind», d.h., die Abschreiberinnen wussten nicht, welche Bilder Aimée gerade betrachtete oder wann eine Versuchsphase begann und endete. Die Aufteilung der Abschriften in einzelne Portionen entsprechend den zweiminütigen Versuchsphasen erfolgte später, basierend auf den Videoaufzeichnungen der Tests.

Es ergab sich eine bemerkenswert gute Übereinstimmung zwischen den drei «blinden» Abschreiberinnen. Ein Beispiel dieser Abschriften von einem der Versuche enthält die Tabelle B.1 unten. Das Bild bei diesem Versuch zeigt ein Paar an einem Strand in spärlicher Badekleidung.

Tabelle B.1. Die unabhängig erstellten Abschriften für Versuch 25/3 von Anna Yamamoto, Betty Killa und Pam Smart. Zum Vergleich wurde auch Aimée Morganas Abschrift aufgenommen. Das Schlüsselwort «nackter Körper» (unterstrichen) taucht in allen Abschriften auf.

Anna Yamamoto	Betty Killa	Pam Smart	Aimée Morgana
	Töne, Pfeifen, Quietschen	Pfeifen und Piepsen	(Piepsen und Pfeifen)
Schau meinen hübschen <u>nackten Körper</u> an	Schau meinen hübschen <u>nackten Körper</u> an	Schau meinen hübschen <u>nackten Körper</u> an	Schau meinen hübschen <u>nackten Körper</u> an
		Pfeifen und Piepsen	
	Pfeifen, Quietschen		(Piepsen und Pfeifen)
Schau dir das kleine … (?) an	Schau dir das kleine … an	Pfeifen und Piepsen	Schau dir das kleine Bild…(-chen) an
	Töne, Pfeifen, Piepsen		(Piepsen und Quietschen)
Schau meinen hübschen nackten Po an	Schau meinen hübschen <u>nackten Körper</u> an		Schau meinen hübschen <u>nackten Körper</u> an
	Töne, Quietschen, Pfeifen		(Piepsen)

In ein paar Fällen ließen die Abschreiberinnen einige Worte aus oder hörten etwas anderes. Dies war am häufigsten bei der englischen Abschreiberin, Pam Smart, der Fall, die mit dem amerikanischen Akzent, mit dem N'kisi spricht, nicht vertraut war. Diese Unterschiede zwischen den Abschreiberinnen wirkten sich insgesamt relativ gering auf die Schlussfolgerungen aus. Um diese Abweichungen festzustellen, wurden die Daten auf dreierlei Weise analysiert: 1. durch Verwendung der Zahlen, bei denen alle Abschreiberinnen übereinstimmten, 2. durch Verwendung eines Mehrheitsvotums und 3. durch Einbeziehung von Wörtern, die nur von einer der drei Abschreiberinnen aufgezeichnet wurden. Außerdem schrieb auch Aimée selbst die Bänder ab, aber ihre Abschriften wurden bei dem Auswertungsverfahren nicht verwendet, da sie ja nicht blind erfolgt waren. Gleichwohl stimmten ihre Abschriften ausgezeichnet mit denen der «blinden» Abschreiberinnen überein.

Die Daten wurden statistisch analysiert, und zwar auf der Basis der im Voraus spezifizierten Schlüsselwörter wie «Doktor», «Blume», «nackter Körper» und «Telefon». Aus der ursprünglichen Liste von 30 Schlüsselwörtern wurden für den Test 20 ausgewählt, die sich durch ein Foto darstellen ließen. Die Person, die die Fotos auswählte, konnte für die verbleibenden Schlüsselwörter keine passenden Fotos finden. Außerdem musste ein weiteres Schlüsselwort, nämlich «Kamera», ausgeschlossen werden, da N'kisi häufig «Kamera» sagte, wenn er sah, wie Aimée die Kameras vor einer Testsitzung einschaltete und wie die Kameras während der Tests liefen. Folglich bedeutete der hohe Anteil von «Lärm», der mit diesem Wort verbunden war, dass jedes mögliche «Signal» unterdrückt würde. Somit blieben insgesamt 19 Schlüsselwörter für die Analyse übrig.

Insgesamt gab es 142 Versuche aus maximal möglichen 145 Versuchen. Drei mussten aufgegeben werden, weil die Testsitzungen durch Anrufe unterbrochen wurden. Drei weitere mussten eliminiert werden, da das Testbild eine Kamera war. Somit verblieben insgesamt 139 Versuche für die Analyse.

In 71 Versuchen gab N'kisi ein oder mehrere Schlüsselwörter von sich, und auf diesen 71 Tests basiert die Analyse. Bei den anderen 68 Versuchen blieb N'kisi entweder ganz stumm, oder er gab keines der 19 Schlüsselwörter von sich, die den Testbildern entsprachen. Somit war bei diesen Versuchen weder ein «Treffer» noch eine «Niete» möglich – sie waren also für die Analyse irrelevant. Nicht zählbare Bemerkungen von N'kisi während dieser Sitzungen waren generell Versuche, Kontakt zu Aimée aufzunehmen, oder unzusammenhängendes Geplapper über Tagesereignisse.

Aufgrund eines Mehrheitsvotums, bei dem mindestens zwei der drei blinden Abschreiberinnen sich bei Schlüsselwörtern einig waren, gab N'kisi 117 Schlüsselwörter von sich. Als Treffer wurde gewertet, wenn N'kisi ein Schlüsselwort aussprach, das dem Bild entsprach, welches

Aimée während dieses speziellen Versuchs anschaute. Nach der Wahrscheinlichkeit, also wenn man annahm, dass N'kisi diese Wörter zufällig von sich gegeben hatte, hätte es 7,4 Treffer gegeben. Tatsächlich erzielte er 23 Treffer (Tabelle B.2). Dieses Ergebnis war statistisch gesehen hoch signifikant.

Tabelle B.2. Ergebnisse der N'kisi-Telepathieversuche auf der Basis von Schlüsselwörtern, die von der Mehrheit der unabhängigen Abschreiberinnen erfasst wurden. Diese Tabelle enthält Daten aus allen Versuchen, bei denen N'kisi ein Schlüsselwort mindestens einmal äußerte. Spalte E gibt die Wahrscheinlichkeit an, dass N'kisi ein bestimmtes Schlüsselwort während irgendeines speziellen Versuchs zufällig aussprach; dabei wurde die Anzahl der Versuche, bei denen das Wort vorkam (Spalte C), durch die Gesamtzahl aller übrigen gesprochenen Wörter (116) geteilt. Spalte F zeigt die Wahrscheinlichkeit (p) an, dass N'kisi einen Treffer zufällig erzielte; dabei wurde die Wahrscheinlichkeit in Spalte E mit der Anzahl der Bilder multipliziert, die Spalte B angibt.

A. Bild	B. Anzahl der Bilder	C. So oft wurde das Wort gesagt	D. Anzahl der Treffer	E. p Wort = C/116	F. p Treffer = E x B
1 Buch	4	3	1	0,026	0,103
2 Flasche	5	3	0	0,026	0,128
3 Auto	4	8	1	0,068	0,273
4 Karten	1	0	0	–	–
5 CD	7	0	0	–	–
6 Computer	4	0	0	–	–
7 Doktor	2	16	0	0,136	0,274
8 Feder	1	4	0	0,034	0,034
9 Feuer	3	0	0	–	–
10 Blume	17	23	10	0,197	3,341
11 Gläser	7	10	1	0,085	0,598
12 Umarmung	7	5	1	0,043	0,299
13 Schlüssel	3	0	0	–	–
14 Medizin	4	16	3	0,137	0,547

15	Nackter Körper	4	11	3	0,094	0,376
16	Telefon	6	6	1	0,051	0,308
17	Zähne	1	0	0	–	–
18	Fernsehen	1	0	0	–	–
19	Wasser	10	12	2	0,103	1,128
Summe		90	117	23	–	7,409

Wenn sich alle drei «blinden» Abschreiberinnen völlig einig waren, äußerte N'kisi 105 Schlüsselwörter, und 19 davon waren Treffer. Falls N'kisi durch Zufall gesprochen hätte, dann hätte er 7,6 Mal Recht gehabt. Und wenn nur eine der drei Abschreiberinnen ein Schlüsselwort aufschnappte, äußerte N'kisi 136 Schlüsselwörter, und 26 davon waren Treffer, während nur 7,4 Zufallstreffer zu erwarten gewesen wären. (Bei jedem Versuch, bei dem nur eine der Abschreiberinnen ein Schlüsselwort mitbekam, wiesen Aimées Abschriften das gleiche Wort auf, und daher handelte es sich hier wahrscheinlich nicht um für die Abschreiberin typische Treffer. Aimée ist mit N'kisis Sprechweise natürlich vertrauter als sonst jemand.)

Nach all diesen Methoden sowie nach drei verschiedenen statistischen Tests erzielte N'kisi signifikant sehr viel mehr Treffer, als man es der Wahrscheinlichkeit nach erwartet hätte (Tabelle B.3.I). Ausführlicher geht unser Fachaufsatz zu diesem Experiment auf N'kisis Treffer und die statistischen Analysen ein.[1]

Tabelle B.3. Die statistische Signifikanz von N'kisis Treffern beim Telepathie-Experiment aufgrund der Daten der drei «blinden» Abschreiberinnen. Bei den Daten in Zeile A waren sich alle drei Abschreiberinnen einig; bei Zeile B waren sich zumindest zwei einig, und Zeile C enthält Schlüsselwörter, die nur von einer der drei wahrgenommen wurden. Die statistische Signifikanz wird nach der Wahrscheinlichkeit (p) angegeben, dass die beobachteten Ergebnisse durch Zufall entstanden wären. Die obere Tabelle (I) enthält Versuche, bei denen die Bilder allen 19 Schlüsselwörtern entsprechen; die untere Tabelle (II) enthält nur Versuche, bei denen die Bilder den 12 Schlüsselwörtern entsprechen, die N'kisi tatsächlich in einem oder mehreren Versuchen gesagt hat. Jan van Bolhuis, ein Statistiker an der Freien Universität Amsterdam, hat die statistischen Analysen mit Hilfe von drei verschiedenen Methoden durchgeführt.

Bei der Randomised Permutation Analysis (RPA) wurden die von N'kisi während der Versuchsreihe geäußerten Schlüsselwörter mit den bei diesen Versuchen verwendeten Bilder zu 20 000 verschiedenen Zufallspermutationen kombiniert. Die Wahrscheinlichkeit der beobachteten Trefferzahl, die sich aus Zufall ergibt, wurde danach berechnet, wie häufig sich bei 20 000 Malen genauso viele oder mehr «Treffer» ergaben, wie N'kisi sie tatsächlich erzielte.

Bei der zweiten Methode, der Monte Carlo Procedure (MCP), wurde die Wahrscheinlichkeit, dass N'kisi ein bestimmtes Wort in einem bestimmten Versuch äußerte, so berechnet, dass die Häufigkeit, mit der das Schlüsselwort geäußert wurde, durch die Gesamtzahl der geäußerten anderen Schlüsselwörter geteilt wurde (siehe Tabelle B.2). Dann wurden für jeden Versuch «Zufallsreaktionen» durch den Computer entsprechend der jeweiligen Wahrscheinlichkeit erzeugt, dass ein bestimmtes Schlüsselwort gesprochen würde. Diese Zufallsgeneration von Reaktionen wurde 20 000 Mal wiederholt. Die Wahrscheinlichkeit, dass N'kisi die tatsächliche Trefferzahl durch Zufall erzielt hätte, wurde aus der Anzahl der zufälligen «Versuche» aus 20 000 errechnet, bei denen es genauso viele oder mehr «Treffer» gab wie die, die tatsächlich beobachtet wurden. Dieses MCP-Verfahren ähnelt zwar dem RPA-Verfahren, lässt sich aber viel schneller durchführen – es beansprucht am Computer nur ein paar Minuten, während für das RPA-Verfahren mehrere Tage benötigt werden.

Beim dritten Verfahren werden einfach die Gesamttrefferzahlen mit der Trefferzahl verglichen, die durch Zufall auf der Basis der Wahrscheinlichkeit zu erwarten wäre, dass ein bestimmtes Wort in einem bestimmten Versuch geäußert würde (siehe Tabelle B.2). Diese Analyse arbeitet mit dem Binomialtest (bn), sie ist gröber und weniger zuverlässig als die RPA- und MCP-Methoden.

I. Mit allen 19 Schlüsselwörtern

Auswerterinnen	Treffer	Nieten	p (RPA)	p (MCP)	p (bn)
A. drei	19	86	0,004	0,004	0,0002
B. zwei	23	94	0,0003	0,0002	0,000001
C. eine	26	110	0,0002	0,0002	0,0000006

II. Nur mit den tatsächlich geäußerten 12 Schlüsselwörtern

Auswerterinnen	Treffer	Nieten	p (RPA)	p (MCP)	p (bn)
A. drei	19	55	0,005	0,004	0,0002
B. zwei	23	59	0,0005	0,0003	0,000001
C. eine	26	73	0,0003	0,0003	0,0000001

Unsere Schlüsselwörterauswahl wurde einer unbearbeiteten Liste von N'kisis gesamtem Wortschatz entnommen und enthielt einige Wörter, die er nur selten benutzt hatte und die er während dieser Versuchsreihe überhaupt nicht äußerte. Es waren die Wörter «Karten», «CD», «Computer», «Feuer», «Schlüssel», «Zähne» und «Fernsehen». Es gab 18 Versuche, bei denen die entsprechenden Bilder verwendet wurden, und dabei konnte N'kisi weder einen Treffer noch eine Niete erzielen, da er diese Wörter nie sagte. Daher mussten für eine fairere Analyse der Ergebnisse die Versuche ausgeklammert werden, bei denen diese Bilder verwendet wurden. Die Ergebnisse dieser Analyse sind in Tabelle B.3.II enthalten. Diese Methode reduzierte die Zahl der Nieten und erhöhte damit den Anteil von N'kisis Treffern. So waren beispielsweise nach der Mehrheitszählmethode (B) 23 von 82 Wörtern Treffer (28 Prozent). Dennoch änderte sich bei dieser Methode kaum etwas an der statistischen Signifikanz der Ergebnisse, wie ein Vergleich von Teil I und II der Tabelle B.3 zeigt.

Mindestens in zweifacher Hinsicht war dieses Testverfahren nicht «fair» gegenüber N'kisi. Da er zum einen keine menschliche Testperson war, konnten wir ihm nicht erklären, dass er einem Telepathietest unterzogen wurde und dass er das Schlüsselwort nur während der zweiminütigen Versuchsphase sagen sollte. In 13 Fällen äußerte er entweder ein Schlüsselwort, das bei einem Versuch ein Treffer gewesen war, noch einmal, nachdem der nächste Versuch begonnen hatte, oder er sagte das Wort, das dem vorhergehenden Bild entsprach, erst während des folgenden Versuchs. Diese Wörter wurden daher als Nieten gewertet, aber vielleicht waren sie in Wirklichkeit keine Nieten, sondern vielmehr Wiederholungen von Treffern oder verspätete Treffer.

Zum andern konnte N'kisi nicht wissen, dass wir unsere Analyse auf eine Liste von vorab ausgewählten Schlüsselwörtern beschränkten. In einigen Fällen äußerte er Wörter oder Formulierungen, die durchaus telepathische Treffer hätten gewesen sein können, aber wir durften sie in unserer formellen Analyse aufgrund des vorab festgelegten Zählverfahrens nicht als solche werten. So betrachtete Aimée beispielsweise bei einem Versuch ein Foto eines Autos, dessen Fahrer den Kopf aus dem Fenster streckte. Als sie diesen herausgestreckten Kopf betrachtete, sagte N'kisi: «Oh, oh, Vorsicht, du hältst den Kopf raus.»

Weil es uns interessierte, zählten Aimée und ich auch die Anzahl von Treffern, die Beispiele wie die obige Bemerkung («Kopf raus») umfassten, welche nichts mit den vorab festgelegten Schlüsselwörtern zu tun hatten. Nach dieser flexibleren Methode betrug die Gesamttrefferzahl 32, gegenüber den 23 Treffern nach der Schlüsselwörtermethode, die von einer Mehrheit der unabhängigen Abschreiberinnen festgehalten wurden, beziehungsweise den 26 Treffern, die von mindestens einer der Abschreiberinnen festgehalten wurden. Aufgrund der im Voraus festgelegten unflexiblen Regeln schätzte die formelle Analyse die Anzahl der Treffer als zu gering ein. Aber auf einem so umstrittenen Forschungsgebiet sind streng definierte Kriterien, die so weit wie möglich alle subjektiven Urteile ausschalten, nun einmal unerlässlich, so unfair sie gegenüber dem Papagei gewesen sein mögen. Aber selbst bei diesen starren Kriterien war die Anzahl von N'kisis Treffern viel höher, als sie zufällig zu erwarten gewesen wäre, und statistisch gesehen hoch signifikant. Die Ergebnisse lassen somit die Schlussfolgerung zu, dass N'kisi das, woran Aimée dachte, tatsächlich telepathisch aufschnappte.

3. Kapitel
Eine Untersuchung des Milchausflussreflexes bei stillenden Müttern, die fern von ihrem Baby sind

Wie im 3. Kapitel erwähnt, hat Katy Barber, eine erfahrene Hebamme, diese Untersuchung für mich durchgeführt. Die 19 Teilnehmerinnnen bekamen je zwei Tagebücher, in die sie acht Wochen lang ihre Beobachtungen notierten, und zwar in der Zeit, in der sie stillten. Eines der Tagebücher hatte die Mutter dabei, wenn sie nicht bei ihrem Baby war, und darin trug sie die Zeiten ein, zu denen ihre Milch ausfloss, sowie sonstige Bemerkungen über ihre Gefühle. Die Babysitterin führte das andere Tagebuch und notierte die Zeiten, zu denen das Baby schrie, hungrig zu sein schien oder andere Anzeichen von Kummer bekundete. Durch einen Vergleich der beiden Tagebücher konnten wir dann ermitteln, ob der Ausfluss mit dem Kummer des Babys zeitlich zusammenfiel oder nicht.

Unter den 19 Teilnehmerinnen gab es sieben, die entweder ihr Baby nie allein ließen oder keinen Milchausfluss hatten, wenn sie nicht bei ihm waren. Drei weitere hatten zwar einen Milchausfluss, wenn ihr Baby sie brauchte, aber ihre Aufzeichnungen waren für eine statistische Ergebnisanalyse unbrauchbar.

Somit blieben neun Mütter übrig, deren Daten detailliert analysiert werden konnten. Ich teilte die Zeit, die die Mütter nicht bei ihrem Baby waren, in zehnminütige Phasen ein und ermittelte die zehnminütigen Phasen, in denen die Babys Anzeichen von Kummer bekundeten. Im Durchschnitt bekundeten die Babys Kummer in 9,4 Prozent der zehnminütigen Phasen, während ihre Mütter nicht bei ihnen waren. Insgesamt hatten diese Mütter in 88 Fällen Milchausfluss, wenn sie nicht bei ihren Babys waren. Wäre es zufällig dazu gekommen, hätte es der Wahrscheinlichkeit nach in neun Fällen geschehen können, wenn die Babys bekümmert waren. Tatsächlich kam es in 35 Fällen zu Milchausfluss während dieser Phase. Die Wahrscheinlichkeit, dass dies ein Zufallsergebnis ist, liegt bei über eins zu einer Milliarde.

Zwar kam es zu einem Milchausfluss viel häufiger, während die Babys bekümmert waren, als man es der Wahrscheinlichkeit nach erwarten würde, dennoch traten 53 der 88 Fälle von Milchausfluss in einer

Phase auf, in der keine Anzeichen von Kummer seitens der Babys notiert wurden. Warum also gab es so häufig «blinden Alarm»? In einigen dieser Fälle hat es sich möglicherweise gar nicht um blinden Alarm gehandelt, da in 11 dieser 53 Fälle die Babysitterinnen nichts ins Tagebuch geschrieben hatten, und das konnte bedeuten, dass sie dies einfach vergessen hatten, während die Babys tatsächlich bekümmert gewesen waren. Und weitere 17 dieser 53 Fälle traten bei einer bestimmten Mutter während ihrer Mittagspause bei der Arbeit auf, wenn sie gewohnheitsmäßig ihre Milch abpumpte, und oft kam es zum Ausfluss, wenn sie sich gerade anschickte, den Druck in ihren Brüsten zu lindern. Doch auch wenn man diese Fälle von der Gesamtzahl «blinder Alarme» abzog, gab es noch immer 25 ungeklärte Fälle – offenbar war der Ausflussreflex der Mutter kein sehr zuverlässiger Hinweis auf die Bedürfnisse des Babys. In einigen dieser Fälle bemerkten die Mütter, der Ausfluss könnte ihre eigenen Ängste, das Baby zu verlassen, widergespiegelt haben, zum Beispiel weil es gerade geimpft worden war oder zahnte oder einfach weil die Mütter dies zuvor nur selten getan hatten.

Nur eine der Mütter nahm im Zeitraum dieser Studie ihren Ganztagsjob wieder auf und hatte relativ häufig Milchausfluss, so dass eine Überprüfung der Theorie von den synchronisierten Rhythmen möglich war. Abgesehen von dem Ausfluss in ihrer Mittagspause, als sie sich anschickte, Milch abzupumpen, oder sich dies vornahm, kam es meist zwischen 15.30 Uhr und 17.30 Uhr dazu – und das war auch der Zeitraum, in dem ihr Baby am häufigsten Anzeichen von Kummer bekundete. Die Reaktionen der Mutter in diesem Zeitraum konnten telepathisch vom Baby beeinflusst worden sein, aber sie könnten sich auch auf eine physiologische Synchronisation mit den Stillzyklen ihres Babys zurückführen lassen. Doch auch wenn man diese Zeiträume aus der Analyse ausklammerte, gab es noch immer signifikant häufiger Milchausfluss, der mit den Bedürfnissen des Babys zeitlich zusammenfiel, als es der Wahrscheinlichkeit nach zu erwarten gewesen wäre, nämlich 8 gegenüber 1,7.

Diese erste Studie hat zwar schon ermutigende Ergebnisse geliefert, aber hier bedarf es noch erheblich mehr Forschung. Die meisten Frauen bei dieser Studie waren zum ersten Mal Mutter geworden, und nur eine von ihnen nahm ihre Arbeit wieder auf, während sie stillte.

Für künftige Untersuchungen sollte man am besten erfahrene Mütter gewinnen statt Mütter mit ihrem ersten Baby, ebenso Mütter, die vorhaben, wieder zur Arbeit zu gehen, während sie stillen.

6. Kapitel
Die Naturgeschichte der Telefontelepathie

Den folgenden Fragebogen habe ich bei meinen Umfragen in Großbritannien, den USA, Deutschland und Argentinien verwendet.

Telepathie bei Telefonanrufen
Ein Fragebogen

1. Haben Sie jemals an jemanden gedacht, gerade als oder kurz bevor das Telefon läutete, und meldete sich dann tatsächlich die Person, an die Sie gedacht hatten? (Schließen Sie Vorahnungen aus, für die es eine natürliche Erklärung geben könnte, und beziehen Sie nur die ein, die telepathisch zu sein schienen.)
Ja O Nein O
(Falls Nein, beantworten Sie nur die Fragen 2, 3, 7 und 8.)

2. Ihr Alter
Unter 18: O, 19-30: O, 31-50: O, 51-70: O, 71+: O

3. Ihr Geschlecht
männlich O weiblich O

4. Wie oft haben Sie scheinbar telepathische Telefonanrufe erlebt? (Bitte nur eine Möglichkeit ankreuzen.)
Fast jeden Tag O
Mindestens einmal pro Woche O
Mindestens einmal pro Monat O
Mindestens einmal pro Jahr O
Weniger als einmal pro Jahr O

5. Haben Sie dies jemals bei einem Mobiltelefon erlebt?

Ja O	Nein O	Habe keins O

6. Bei wem haben Sie das erlebt? (Falls es bei einer Kategorie mehr als eine Person war, setzen Sie bitte die Anzahl ein, statt ein Kreuz zu machen.)

Vater O	Freund O
Mutter O	Freundin O
Sohn O	Kollege O
Tochter O	Kollegin O
Bruder O	Arbeitgeber O
Schwester O	Arbeitnehmer O
Ehepartner O	Andere O (bitte spezifizieren: ...)
Lebensgefährte/in	

7. Haben Sie jemals festgestellt, dass Sie an jemanden denken konnten, der Sie anrufen sollte, und kurz darauf rief der oder die Betreffende Sie auf eine Weise an, die telepathisch zu sein schien?

Ja O	Nein O

8. Haben Sie irgendwelche anderen telepathischen Erlebnisse gehabt?

Ja O	Nein O

Falls Ja, schildern Sie diese Erlebnisse bitte kurz:

Ich verteilte die Fragebögen bei meinen Vorträgen oder Seminaren, meist nach dem Vortrag und vor der Zeit für Fragen und Diskussionen. Alle Anwesenden erhielten ein Exemplar und wurden gebeten, es gleich an Ort und Stelle auszufüllen. Kulis oder Stifte wurden an die Leute verteilt, die nichts zu schreiben dabeihatten. Es gab eine Pause, in der die Fragebögen ausgefüllt und dann eingesammelt wurden. Die überwiegende Mehrheit der Anwesenden füllte den Fragebogen aus.

An dieser Umfrage nahmen die folgenden Anzahlen von Personen teil:

Argentinien	220 Frauen	114 Männer
Deutschland	496 Frauen	169 Männer
Großbritannien	134 Frauen	59 Männer

USA	332 Frauen	167 Männer
Insgesamt:	1182 Frauen	509 Männer

Frage 1 beantworteten im Durchschnitt 92 Prozent der Befragten mit Ja. In allen Ländern erklärte ein statistisch gesehen signifikant höherer Anteil von Frauen als Männern, sie hätten so etwas erlebt (Abb. 6.1).

Die Altersverteilung der Teilnehmer an der Umfrage sah folgendermaßen aus:

unter 18	2 Prozent
19-30	11 Prozent
31-50	46 Prozent
51-70	37 Prozent
über 70	4 Prozent

Bei Frage 4 kreuzten die meisten Teilnehmer die Rubriken «Mindestens einmal pro Woche» oder «Mindestens einmal pro Monat» an, aber rund 10 Prozent meinten, sie hätten dies täglich erlebt (Abb. B.1).

Die Teilnehmer an der Umfrage hatten kein Handy, aber insgesamt 265 Personen erklärten, sie hätten scheinbar telepathische Telefonanrufe bei Handys erlebt. Dies ist eine genügend große Anzahl, die dafür spricht, dass das Phänomen nicht von einer bestimmten Telefontechnik abhängt und sowohl bei Signalen auftritt, die sich durch Kupferdrähte oder Glasfasern fortpflanzen, wie auch bei solchen in Form von Funkwellen.

Die Antworten auf Frage 6 – «Bei wem haben Sie das erlebt?» – sind in Abbildung B.2 zusammengefasst. Am häufigsten wurden Freunde genannt, gefolgt von Müttern, Ehepartnern, Lebensgefährten und Kollegen.

Allerdings könnten diese Zahlen irreführend sein. Normalerweise haben Menschen entweder einen Ehepartner oder einen Lebensgefährten, und wenn man diese beiden Kategorien zusammenfassen würde, wäre die Zahl größer als bei den Müttern. Bei künftigen Fragebögen wäre es wahrscheinlich besser, nur eine einzige Kategorie zu verwenden – «Ehepartner oder Lebensgefährte» – als zwei separate Kategorien. Außerdem haben Menschen nur eine Mutter und ge-

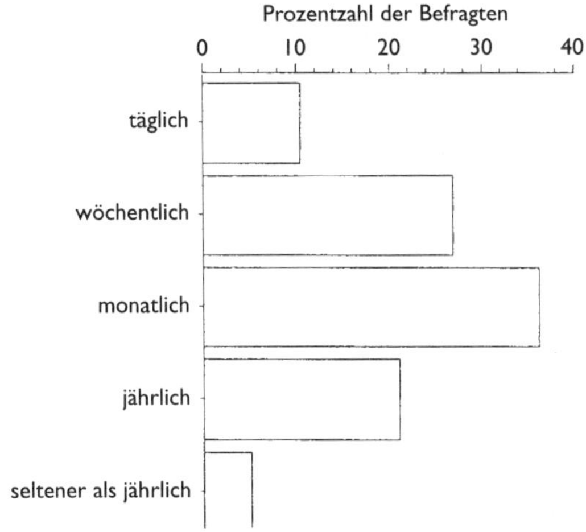

Abbildung B.1. Die Häufigkeit, mit der die Teilnehmer bei den Fragebogenaktionen erklärten, sie hätten anscheinend telepathische Erlebnisse im Zusammenhang mit Telefonanrufen gehabt. Kombinierte Ergebnisse aus Argentinien, Deutschland, Großbritannien und den USA.

wöhnlich nur einen Ehepartner oder Lebensgefährten, aber sie können mehrere Freunde haben. Wenn man daher die Kategorie «Freunde» in einzelne Freunde unterteilen würde, hätte sie nicht so ein Übergewicht im Vergleich zu Müttern, Ehegatten und Lebensgefährten.

Wie schon im 6. Kapitel erwähnt, reagierten mehr Menschen auf Freunde vom selben Geschlecht als auf Freunde des anderen Geschlechts, aber sowohl Frauen wie Männer reagierten mehr auf Mütter als auf Väter sowie in geringerem Maße mehr auf Schwestern als auf Brüder. Im Gegensatz dazu reagierten Mütter etwas mehr auf Töchter als auf Söhne und Väter etwas mehr auf Söhne als auf Töchter (Abb. B.3).

Ein Grund für die stärkeren Reaktionen auf Mütter und Schwestern als auf Väter und Brüder könnte darin bestehen, dass Menschen im Allgemeinen die engeren emotionalen Bindungen zu Müttern als zu Vätern oder zu Schwestern als zu Brüdern haben. Banaler könnte man den Unterschied auch damit erklären, dass Frauen im Allgemeinen andere Familienangehörige häufiger anrufen als Männer, weshalb ihre Anrufe größere Chancen haben, antizipiert zu werden.

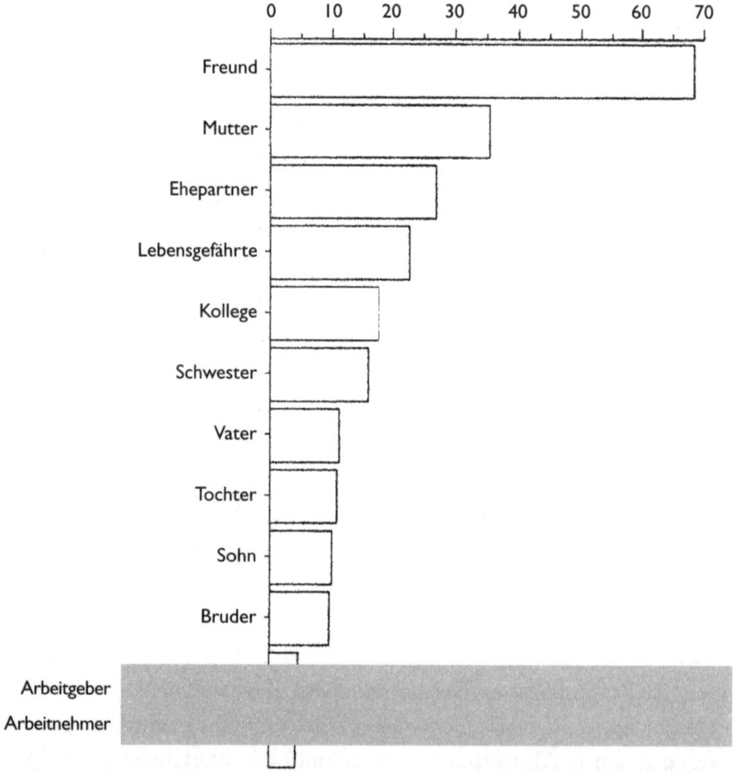

Abbildung B.2 Kategorien von Anrufern, bei denen die Teilnehmer an Fragebogenaktionen anscheinend telepathische Erlebnisse gehabt haben. Kombinierte Ergebnisse aus Argentinien, Deutschland, Großbritannien und den USA.

Experimentelle Forschungen im Zusammenhang mit telepathischen Telefonanrufen

Wie im 6. Kapitel erwähnt, hatte bei meinen Experimenten zur Telepathie in Verbindung mit Telefonanrufen jede Testperson vier potenzielle Anrufer. In einigen Fällen benannten die Testpersonen alle vier Anrufer selbst; in anderen nannten die Testpersonen zwei oder drei, und die übrigen Anrufer wurden von meiner Mitarbeiterin gestellt und waren für die Testpersonen Fremde.

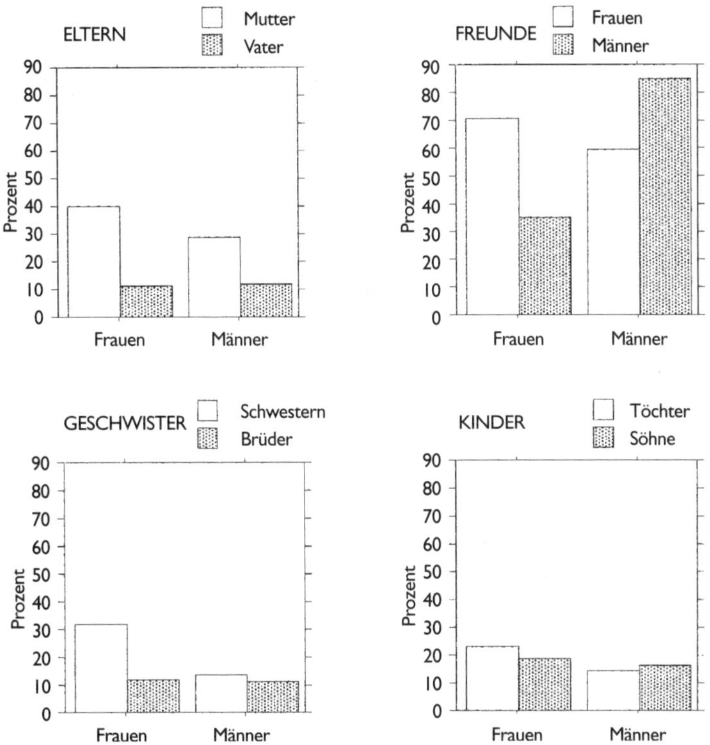

Abbildung B.3 Offenkundig telepathische Reaktionen von Frauen und Männern auf Telefonanrufe von Freunden und Freundinnen sowie Familienangehörigen. Kombinierte Ergebnisse aus Argentinien, Deutschland, Großbritannien und den USA.

Meine Mitarbeiterin Pam Smart und ich warben die Testpersonen durch Anzeigen in Lokalzeitungen oder durch Internetagenturen an. Wir bezahlten die Testpersonen für ihre Teilnahme (meist £ 10 oder € 16,5 pro Versuch), wobei sie natürlich die gleiche Summe bekamen, egal, ob ihre Vermutungen richtig oder falsch waren. Wir forderten die Personen auf, an einer ersten Reihe von 10 Versuchen teilzunehmen, und einige Testpersonen wurden dann aufgefordert, an weiteren Reihen von je 10 Versuchen teilzunehmen. (Einige Testpersonen waren aus persönlichen Gründen nicht in der Lage, die ganze Reihe abzuschließen.)

Zu einer vorher verabredeten Zeit erhielt die Testperson einen Anruf von einer dieser vier Personen. Bevor die Testperson den Hörer abnahm, musste sie raten, wer anrief. Bei den Versuchen, die nicht mit der Videokamera aufgezeichnet wurden, hob die Testperson den Hörer ab und sagte «Hallo, X [Name des Anrufers]», bevor der Anrufer gesprochen hatte. Der Anrufer erklärte daraufhin sofort, ob diese Vermutung stimmte oder nicht. Bei den gefilmten Versuchen saß die Testperson im Blickfeld der Kamera und wurde eine Viertelstunde lang vor der für den Anruf verabredeten Zeit ständig auf zeitcodiertem Videoband aufgenommen. Die Testperson sprach ihre Vermutung in die Kamera, bevor sie den Hörer abhob.

Jeder der vier Anrufer für eine bestimmte Testperson bekam eine Nummer zwischen 1 und 4, und vor jedem Versuch wählte der Experimentator einen beliebigen Anrufer aus, indem er würfelte. (Wir benutzten professionelle Casinowürfel und -würfelbecher, die wir in Las Vegas gekauft hatten.) Diese Auswahl des Anrufers wurde weniger als 15 Minuten vor dem Anruf vorgenommen, als die Testpersonen bereits vor laufender Kamera saßen.

Die Wahrscheinlichkeit, dass die Vermutungen der Testpersonen zufällig richtig waren, betrug eins zu vier oder 25 Prozent. Bei insgesamt 448 nicht gefilmten Versuchen, die im Februar 2002 abgeschlossen wurden, waren 192 Vermutungen richtig (43 Prozent) und 256 falsch. Dieses Ergebnis war statistisch gesehen äußerst signifikant, wobei die Wahrscheinlichkeit, dass es sich dabei um Zufall handelte, bei eins zu vielen Milliarden lag (nach dem Binomialtest, $z = 8,67$, $p < 10^{-11}$). Bis zum selben Datum hatten wir insgesamt 237 auf Video aufgenommene Versuche abgeschlossen, und zwar mit 109 richtigen Vermutungen (46 Prozent). Wieder bekamen wir also erheblich mehr richtige Vermutungen als die nach der Wahrscheinlichkeit zu erwartenden 25 Prozent, wobei auch hier die Wahrscheinlichkeit, dass es sich bei diesem Ergebnis um Zufall handelte, bei eins zu mehreren Milliarden lag ($z = 7,39$, $p < 10^{-10}$).

Bei einer Reihe von 100 mit der Videokamera aufgenommenen Versuchen mit Sue Hawksley, die in Wakefield in Yorkshire lebt, waren die Anrufer mehrere Freundinnen, ihre Schwester und ihre Mutter. Bei ihrer Mutter lag ihre Trefferquote beim Zufallslevel von 25 Prozent, bei ihrer Schwester nur geringfügig höher, nämlich bei 29 Prozent. Aber bei ihren Freundinnen waren die Trefferquoten erheblich größer – bei einer betrug sie 71 Prozent (Tabelle B.4).

Tabelle B.4. Ergebnisse von Sue Hawksleys Telefontelepathie-Versuchen bei verschiedenen Anrufern: ihrer Mutter Emma, ihrer Schwester Gillian, ihren Freundinnen Gayle und Kay (Schwestern), Jayne Jaques und Jayne Shepherd. Es gab auch einen Versuch mit ihrer Tochter Laura. Alle Versuche wurden auf Videoband aufgenommen und fanden zwischen September 2000 und März 2001 in Wakefield in Yorkshire statt.

Anruferin	Anrufe insgesamt	richtig	falsch	richtig in %
Emma	16	4	12	25
Gayle	20	13	7	65
Gillian	22	6	15	29
Jayne J.	17	12	5	71
Jayne S.	3	3	0	100
Kay	21	10	11	48
Laura	1	0	1	0
Summe/Schnitt	100	49	51	49

Bei einer zweiten mit der Videokamera aufgenommenen Serie von 85 Versuchen waren zwei von Sue Hawksleys Anrufern Fremde, und zwei waren Freundinnen, die bereits an der ersten Serie teilgenommen hatten (Gayle und Jayne S.). Bei diesen Freundinnen betrug die Trefferquote 66 Prozent, bei den Fremden nur 18 Prozent (Abb. 6.3). Der Unterschied bei den Quoten bei Freundinnen und bei Fremden war statistisch gesehen hoch signifikant (nach dem 2x2-Kontingenztest, $\chi^2 = 19{,}2$; $p = 0{,}00001$). Bei dieser Serie betrug ihre Gesamttrefferquote 45 Prozent, und das lag sehr signifikant über dem Zufallslevel – die Wahrscheinlichkeit, dass dieses Ergebnis Zufall war, betrug eins zu 25 000 (nach dem Binomialtest, $z = 4{,}07$, $p = 0{,}00004$).

Bei diesen Versuchsserien mit Sue Hawksley befanden sich alle Anrufer genau wie bei den Versuchen mit anderen Testpersonen an unterschiedlichen Orten: einige waren zu Hause, andere bei der Arbeit, wieder andere an irgendwelchen Orten. In einem weiteren Experiment mit Sue wurden alle vier Anrufer am selben Ort untergebracht, in einem Hotel namens «Holmfield Arms», das von ihrem Haus in Wakefield etwa anderthalb Kilometer entfernt ist. Ich selbst war auch da, um das Experiment zu koordinieren. Wir führten die Anrufe von einem Zimmer aus. Drei der Anruferinnen waren Freundinnen (Gayle, Kay und Jayne S.). Die andere Anruferin war meine Mitarbeiterin Pam Smart, die Sue zuvor erst einmal begegnet war und eine der «Fremden» in der vorangegangenen Versuchsserie gewesen war. Zwei Kameramänner filmten unabhängig voneinander alle Versuche mit synchronisierten Videokameras. Der eine befand sich im Hotel «Holmfield Arms» und filmte mich beim Würfeln, um die Anruferin für jeden Versuch auszuwählen, und dann filmte er die Anruferin, während sie den Anruf tätigte. Der andere Kameramann war in Sue Hawksleys Haus. Im Laufe eines Tages führten wir 17 Versuche durch, deren Ergebnisse Tabelle B.5 enthält. Das Ergebnismuster ähnelte dem in Sue Hawksleys anderen Versuchen, wobei die Trefferquoten bei ihren Freundinnen weit über dem Zufallslevel lagen, bei Pam Smart hingegen exakt auf dem Zufallslevel.

Tabelle B.5. Ergebnisse eines Telefontelepathie-Experiments am 15. Juni 2001 in Wakefield in Yorkshire. Ein Kameramann filmte die Testperson Sue Hawksley ständig während jedes Versuchs in ihrem Haus. Ein zweiter Kameramann filmte die Anruferinnen an einem anderen Ort, der anderthalb Kilometer entfernt war. Das Gesamtergebnis der Testperson – 8 richtige Vermutungen bei 17 Versuchen – lag signifikant über dem Zufallslevel (nach dem Binomialtest, z = 1,75, p = 0,04).

Anruferin	Versuche	richtig	falsch	richtig in %
Gayle	5	2	3	40
Jayne	5	3	2	60
Kay	3	2	1	67
Pam	4	1	3	25
Summe/Schnitt	17	8	9	47

Sue Hawksley berichtete uns, sie habe sich bei einigen Versuchen viel sicherer gefühlt, was ihre Vermutungen betraf, als bei anderen. Um zu untersuchen, ob diese Gefühle mit der Genauigkeit der Vermutungen zusammenhingen, sagte Sue in 144 auf Video aufgenommenen Versuchen in die Kamera, wie sicher sie sich ihrer Vermutung sei, bevor sie den Hörer abnahm; die Angaben wurden später anhand des Videobandes ermittelt. Es gab drei Abstufungen: «sicher», «nicht ganz sicher» und «reine Vermutung». Die Ergebnisse zeigten, dass sie, wenn sie glaubte, sie würde nur vermuten, tatsächlich mit einer Trefferquote von nur 29 Prozent nicht signifikant über dem Zufallslevel von 25 Prozent lag. Wenn sie «nicht ganz sicher» war, hatte sie zu 35 Prozent Recht, das Ergebnis lag also zwar signifikant höher als nach der Wahrscheinlichkeit, aber nicht viel höher. Aber wenn sie sich sicher fühlte, landete sie eine spektakuläre Trefferquote von 82 Prozent, wobei die Wahrscheinlichkeit, dass dieses Ergebnis reiner Zufall war, bei eins zu mehreren Milliarden lag (Tabelle B.6).

Tabelle B.6. Der Zusammenhang zwischen Sue Hawksleys Gewissheit und ihren Trefferquoten bei 144 gefilmten Versuchen. Die Wahrscheinlichkeitszahlen (p) in der letzten Spalte wurden mit Hilfe des Binomialtests errechnet und lassen ermessen, wie signifikant ihre Trefferquote vom Zufallslevel abwich. NS bedeutet «nicht signifikant».

Gewissheit	Anzahl der Versuche	richtig	falsch	richtig in %	p
sicher	28	23	5	82	$< 1 \times 10^{-10}$
nicht sicher	95	33	62	35	0,02
reine Vermutung	21	6	15	29	NS

Eine weitere Testperson nahm an einer umfassenden Serie von gefilmten Versuchen teil, nämlich Scott Reeves, der in London lebt. Zwei der Anrufer waren seine Eltern, die in Southport in Lancashire wohnen, also rund 400 Kilometer von London entfernt im Nordwesten Englands; die anderen beiden waren meine Mitarbeiterin Pam Smart und Carole Macaulay, die er beide nicht kannte. Wir sagten voraus, dass er bei den ihm vertrauten Menschen, seinen Eltern, besser abschneiden würde als bei den Personen, die er nicht kannte, also Pam und Carole. Dies war denn auch der Fall. Seine Trefferquote bei seinen Eltern lag bei 47 Prozent, bei den anderen beiden Anruferinnen bei 25 Prozent (Abb. 6.3).

Aus den Daten für die einzelnen Anrufer geht hervor, dass er bei seiner Mutter besser abschnitt als bei seinem Vater sowie bei Carole besser als bei Pam (Tabelle B.7). Prozentual ausgedrückt war er sogar bei Carole erfolgreicher als bei seinem Vater, allerdings waren das so wenige Versuche, dass dieser Unterschied nicht signifikant war. Eine mögliche Ursache dafür, dass seine Trefferquote bei Carole höher als erwartet ausfiel, könnte darin liegen, dass beide sich am Telefon auf Anhieb verstanden, so dass sie bald keine Fremde mehr für ihn war.

Tabelle B.7. Telefontelepathie-Experimente mit Scott Reeves als Testperson, durchgeführt zwischen Juni 2001 und Januar 2002. Seine Anrufer waren seine Mutter und sein Vater (Brenda und Brian Reeves), Pam Smart und Carole Macaulay. Alle Versuche wurden mit der Videokamera aufgenommen. Seine Vermutungen waren bei 12 von 30 Versuchen richtig – eine Gesamttrefferquote von 40 Prozent. (Statistische Signifikanz nach dem Binomialtest: $z = 1,68$, $p = 0,05$.)

Anrufer	Anzahl der Versuche	richtig	falsch	richtig in %
Mutter	7	4	3	57
Vater	10	4	6	40
Carole	7	3	4	43
Pam	6	1	5	17
Summe/Schnitt	30	12	18	40

Um zu untersuchen, ob die Entfernung irgendeinen Einfluss auf die Telefontelepathie hat, warben wir Testpersonen in Großbritannien an, die Anrufer benennen konnten, die in mindestens 1500 km entfernten Ländern lebten, und dazu Anrufer in Großbritannien. Die Tabelle B.8 enthält ihre Trefferquoten bei diesen beiden Kategorien von Anrufern. (Für einige dieser Testpersonen waren ein oder mehrere ihrer vier Anrufer Fremde, aber die Daten für die Anrufe von Fremden wurden nicht in diese Tabelle aufgenommen, da uns hier nur der Vergleich zwischen vertrauten Menschen interessierte, die geografisch gesehen näher oder weiter entfernt sind.) Die Gesamttrefferquote bei Anrufern aus dem Ausland lag bei 61 Prozent und damit höher als bei Anrufern aus Großbritannien – 36 Prozent. Nichts deutet somit darauf hin, dass die Telepathie mit der Entfernung abnähme. Die größere Trefferquote bei den weiter weg lebenden Personen kann durchaus darauf zurückzuführen sein, dass es sich dabei meist um gute Freunde oder Familienangehörige handelte, die den Testpersonen eng verbunden waren.

Tabelle B.8. Telefontelepathie-Versuche mit Testpersonen aus Großbritannien, deren Anrufer mindestens 1500 Kilometer von ihnen entfernt lebten, verglichen mit anderen Anrufern aus Großbritannien, die ebenfalls von den Testpersonen benannt wurden. Die Tabelle enthält keine Anrufe von Fremden.

Testperson	Ausländische Anrufer aus:	Ausländische Anrufer richtig	Ausländische Anrufer falsch	Britische Anrufer richtig	Britische Anrufer falsch
Claire Morsman	Australien/ Neuseeland	7	7	2	6
Kama Murray	Südafrika	3	1	0	4
Marina Theofrastos	Südafrika	2	0	0	1
Rebecca Harlow	Südafrika	1	1	1	1
Tope Adebanji	Nigeria	3	1	1	0
Dhuha Awad	Jemen	4	2	0	1
Esther Leoneis	Griechen-land	2	2	4	1
Summe		22	14	8	14
richtig in %		61		36	

8. Kapitel
Eine Umfrage im Zusammenhang mit dem Gefühl, angestarrt zu werden

Um mehr über die Umstände herauszufinden, unter denen Menschen das Gefühl des Angestarrtwerdens erleben, verteilte ich bei meinen Vorträgen den folgenden Fragebogen. Wie bei dem Fragebogen auf Seite 398 erfolgte dies gewöhnlich nach dem Vortrag und vor den Fragen der Zuhörer und der Diskussion mit ihnen. Alle Anwesenden erhielten ein Formular und wurden gebeten, es gleich an Ort und Stelle auszufüllen. Es gab eine Pause, in der die Zuhörer die Fragebögen ausfüllten, die dann eingesammelt wurden. Die überwiegende Mehrheit der Anwesenden füllte den Fragebogen aus.

Das Gefühl, angestarrt zu werden
Ein Fragebogen

1. Haben Sie jemals das Gefühl gehabt, jemand würde Sie von hinten anstarren, und als Sie sich umdrehten, stellten Sie fest, dass dies der Fall war? (Schließen Sie Erlebnisse aus, für die es eine normale Erklärung geben könnte.)
Ja O Nein O
Falls Nein, überspringen Sie die Fragen 4 bis 7. Falls Ja, beantworten Sie bitte alle Fragen.

2. Ihr Alter
Unter 18: O 19-30: O 31-50: O 51-70: O 71+: O

3. Ihr Geschlecht
männlich O weiblich O

4. Wie oft haben Sie erlebt, dass Sie von hinten angestarrt wurden? (Bitte nur eine Möglichkeit ankreuzen.)
Mindestens einmal pro Woche O Mindestens einmal pro Monat O
Mindestens einmal pro Jahr O Weniger als einmal pro Jahr O

5. Bei wem haben Sie das erlebt?
Vater O Mutter O Sohn O Tochter O
Bruder O Schwester O Ehepartner O Lebensgefährte O
Kollege O Freund O Freundin O Fremder Mann O
Fremde Frau O
Sonstige Personen (bitte genauer angeben) ....

6. Wo haben Sie das erlebt?
Auf der Straße O In einem Auto O
In einem Café, einer Bar oder einem Club O
In einem Theater, Vortragssaal oder an ähnlichen Orten O
In einem Zug oder Bus O Zu Hause O
Sonstige Orte (bitte genauer angeben) ....

7. Haben Sie dies jemals bei einem Tier erlebt?
Ja O Nein O Falls Ja, bei welcher Art? ....

8. Haben Sie jemals festgestellt, dass Sie andere Menschen von hinten anstarren konnten, bis sie sich umdrehten?
Ja O Nein O

9. Welche Arten von Emotionen oder Absichten beeinflussen Ihrer Erfahrung nach andere Menschen, wenn Sie sie anstarren?
Der Wunsch, ihre Aufmerksamkeit zu erregen O
Zorn O Sexuelles Verlangen O
Neugier O
Andere (bitte genauer angeben) ....

10. Haben Sie jemals festgestellt, dass Sie ein Tier von hinten anstarren konnten, bis es reagierte?
Ja O Nein O
Falls Ja, geben Sie bitte weitere Details an ....

11. Bitte schildern Sie kurz eine besonders unvergessliche Gelegenheit, bei der Sie das Gefühl hatten, angestarrt zu werden, oder bei der Sie Menschen beeinflusst hatten, indem Sie sie anstarrten.

An dieser Umfrage beteiligten sich Studenten der Universität Cambridge (36), Teilnehmer an einem wissenschaftlichen Symposion in Schweden (34) und Bürger aus Huntington im US-Staat New York (50), aus Atlanta in Georgia (30), aus Arlington in Virginia (53) sowie aus Asheville in North Carolina (126). Insgesamt waren es 175 Frauen und 154 Männer. Es gab folgende Altersverteilung:

unter 18	4 Prozent
19-30	22 Prozent
31-50	36 Prozent
51-70	35 Prozent
über 70	2 Prozent

Mehr Frauen (81 Prozent) als Männer (74 Prozent) beantworteten die erste Frage mit Ja, und auch bei allen Örtlichkeiten machte sich ein ähnlicher Unterschied zwischen den Geschlechtern bemerkbar. Wer Frage 1 bejahte, schilderte dann auch Details der Erlebnisse.

Frage 4 – die Häufigkeit dieser Erlebnisse – wurde folgendermaßen beantwortet:

wöchentlich	18 Prozent
monatlich	33 Prozent
jährlich	30 Prozent
seltener	19 Prozent

Die Antworten auf Frage 5 sind in Tabelle B.9 zusammengefasst (siehe auch Abb. 8.1, S. 179). Der höchste Prozentsatz der Teilnehmer erklärte, von fremden Männern angestarrt worden zu sein (76 Prozent), gefolgt von fremden Frauen (54 Prozent). Dann kamen Freundinnen, Freunde, Kollegen, Ehepartner, Mütter, Lebensgefährten, Väter und andere Familienangehörige.

Bei diesen Antworten gab es einige interessante geschlechtsspezifische Unterschiede. Frauen reagierten mehr auf fremde Männer als auf fremde Frauen. Und im Zusammenhang mit Freunden erklärten Männer, sie hätten mehr auf Blicke von Freundinnen als von Freunden reagiert. Frauen reagierten signifikant häufiger als Männer auf Blicke von Ehepartnern, Lebensgefährten, Kollegen und Töchtern.

Tabelle B.9. Prozentuale Verteilung der Befragten, die erlebt hatten, dass sie von hinten angestarrt wurden, und die auf verschiedene Kategorien von Beobachtern reagiert hatten. Die Zahlen sind sowohl für alle Befragten wie auch separat für Frauen und Männer angegeben. Die Zahlen in dieser Tabelle basieren auf den Antworten von 154 Frauen und 111 Männern. Die statistische Signifikanz des Unterschieds zwischen den Antworten von Frauen und Männern (auf der Basis der 2x2-Kontingenztabellen errechnet) wird in der Spalte p angegeben. Anhand der Zahlen in dieser Spalte bemisst sich die Wahrscheinlichkeit (p), dass dieser Unterschied zwischen Männern und Frauen zufällig ist. Je niedriger die Wahrscheinlichkeitswerte, desto mehr spricht dagegen, dass es sich hier um Zufall handelt. Einige Unterschiede waren statistisch gesehen nicht signifikant (NS).

Beobachter	Alle	Frauen	Männer	p
Fremder Mann	76	87	64	< 0,0001
Fremde Frau	54	48	62	0,02
Freundin	32	28	38	NS
Freund	27	26	27	NS
Kollege	24	32	13	0,003
Ehepartner	18	22	12	0,03
Mutter	16	17	15	NS
Lebensgefährte	14	24	12	0,02
Vater	12	14	11	NS
Tochter	10	16	3	0,0005
Schwester	9	11	6	NS
Sohn	7	9	4	NS
Bruder	3	5	2	NS

Die Antworten auf die Fragen 6, 8 und 9 sind im 8. Kapitel zusammengefasst, und in den Abbildungen 8.2 und 8.3 sind die Ergebnisse im Einzelnen wiedergegeben. Auf Frage 8 antworteten signifikant mehr Frauen (88 Prozent) als Männer (71 Prozent), sie hätten festgestellt, dass sie andere anstarren und dazu bringen könnten, sich umzudrehen (mehr dazu im 8. Kapitel).

Bei Frage 7 erklärten 55 Prozent der Befragten, sie hätten das Gefühl gehabt, von einem Tier angeschaut zu werden. Von den 329 Befragten meinten 79, sie hätten dies bei einem Hund erlebt, 59 bei einer Katze, 9 bei einem Pferd, 6 bei Wild, 5 bei einem Vogel, 3 bei einem Bären, 2 bei einer Schlange und je 1 bei einer Ziege, einem Schwein, einem Affen, einem Eichhörnchen, einer Maus, einem Delphin, einem Leguan und einer Meeresschildkröte. Somit enthielt die Liste Säugetiere, Vögel und Reptilien, aber keine Amphibien, Fische oder Insekten und andere Wirbellose.

Bei Frage 10 erklärten erneut 55 Prozent, sie hätten festgestellt, dass sie ein Tier von hinten anschauen und es dazu bringen konnten, sich umzudrehen. In den meisten Berichten handelte es sich um Katzen und Hunde, aber einige Befragte berichteten, sie hätten dies bei Pferden und bei Vögeln erlebt.

12. Kapitel
Von Skeptikern geäußerte Zweifel am Gefühl des Angestarrtwerdens

Robert Baker

Die größte Skeptikerorganisation der Welt ist CSICOP, das in Amherst im US-Staat New York ansässige Committee for the Scientific Investigation of Claims of the Paranormal (Komitee zur wissenschaftlichen Untersuchung von Behauptungen der Existenz des Paranormalen). Im Jahr 2000 erschienen im *Skeptical Inquirer*, der Zeitschrift des CSICOP, zwei Artikel, in denen behauptet wurde, das Gefühl des Angestarrtwerdens sei eine Illusion. Beide Artikel versuchten, meine Forschungen zu diesem Thema zu widerlegen.

Der erste Artikel stammte von Robert Baker, einem CSICOP-Mitglied und emeritierten Professor der Psychologie aus Kentucky, der zwei «Demonstrationen» vorführte, um zu widerlegen, dass Menschen wissen könnten, wann sie angestarrt werden. Für seine erste Demonstration wählte Baker Menschen aus, die darin vertieft waren, zu essen oder zu trinken, fernzusehen, am Computer zu arbeiten oder in der

Bibliothek der University of Kentucky zu lesen. Unauffällig platzierte er sich hinter ihnen und starrte sie an. Dann stellte er sich vor und bat sie, einen Fragebogen auszufüllen.

Baker sagte voraus, dass Menschen, die in eine Tätigkeit vertieft seien, sich um eine Empfindung, angestarrt zu werden, «niemals» kümmern würden. Die Antwort, die Baker von den angestarrten Personen erwartete, lautete: «Während der letzten fünf Minuten hatte ich überhaupt keine Ahnung, dass irgendjemand mich anschaut.» Tatsächlich gaben 35 von 40 Personen diese Antwort – aber fünf nicht. Zwei berichteten, sie wären sich bewusst gewesen, «beobachtet und angestarrt zu werden», und drei erklärten, sie hätten das Gefühl gehabt, dass irgendetwas «nicht stimmt». Während Baker diese speziellen Testpersonen anstarrte, bemerkte er: «Alle drei standen auf, schauten sich um, wechselten mehrmals den Platz und wirkten einige Male vorübergehend zerstreut.»

Die Antworten dieser fünf Personen sprachen gegen Bakers Vorhersage, daher führte er im Nachhinein ein weiteres Kriterium ein. Er legte fest, dass die Testpersonen im Stande sein sollten zu sagen, wo er gesessen hätte, als er sie anschaute. Das konnte niemand. Er erblickte darin einen «guten Grund zu glauben, sie waren … sich nicht bewusst, dass sie betrachtet wurden».[2] Aber dies trifft das Problem nicht. Wenn jemand das Gefühl hat, angestarrt zu werden, muss er sich nicht unbedingt mehrere Minuten später daran erinnern können, wo der Beobachter gewesen ist.

Zum Abschluss seiner Analyse «verwarf» Baker die Ergebnisse der beiden Personen (eines Mannes und einer Frau), die gesagt hatten, sie wüssten, dass sie angestarrt worden waren. Er hielt sie für «verdächtig», weil die Frau erklärt hatte, man würde ihr ständig nachspionieren, und der Mann behauptete, er verfüge über übersinnliche Fähigkeiten. Aber wenn das Gefühl des Angestarrtwerdens wirklich existiert, dann könnten Menschen mit paranoiden Neigungen sensibler als die meisten anderen Menschen sein,[3] ebenso Menschen, die behaupten, übersinnliche Fähigkeiten zu besitzen.

Bei seiner zweiten «Demonstration» schaute Baker zusammen mit einem Studenten Testpersonen in zufälligen Intervallen von hinten an. Die Testpersonen wurden aufgefordert aufzuschreiben, wann sie glaubten, angeschaut zu werden. Baker erklärte ihnen, sie würden während eines 20-minütigen Versuchs in fünf einminütigen Phasen angestarrt werden. Entsprechend seinen Erwartungen stellte er fest, dass ihre Vermutungen nicht über die Wahrscheinlichkeit hinausgingen.

Warum unterschieden sich diese Ergebnisse so sehr von den ständig positiven und statistisch gesehen signifikanten Effekten, die ich und andere erzielten? Es gab mehrere wichtige Unterschiede im jeweiligen Verfahren.

Bei meinen Experimenten gab es bei einer Serie von 20 Versuchen etwa gleich viele Kontroll- und Blick-Versuche, während es bei Baker 15 Kontroll-Phasen und nur 5 einminütige Blick-Phasen gab. Diese Besonderheit schloss von vornherein eine einfache statistische Analyse der Ergebnisse aus. Jede Testperson durfte nur fünf Mal raten, wann sie angeschaut wurde. Wenn die Vermutungen völlig zufällig waren, wären Nieten drei Mal häufiger wahrscheinlich als Treffer.

Bei meinen Experimenten dauerte jeder Versuch nur etwa 10 Sekunden, aber Baker arbeitete mit Versuchsphasen von 60 Sekunden. Bei vorbereitenden Tests stellte ich fest, dass die Testpersonen den höchsten Prozentsatz an richtigen Vermutungen äußerten, wenn sie aufgefordert wurden, rasch zu raten, ohne viel Zeit darauf zu verwenden, über ihre Reaktionen nachzudenken.

Baker sorgte auch auf dreierlei Weise dafür, dass seine Testpersonen abgelenkt wurden:

1. Neben jeder Zeit auf dem Mustertrefferblatt, das in Bakers Aufsatz abgedruckt war, befand sich ein unerklärliches Zahlenpaar, zum Beispiel 0801 1&2, 0802 2&3.[4] Ich schrieb an Baker und bat um Aufklärung, aber seine Antwort machte das Ganze nur noch wirrer. Er schrieb, die auf seinem Musterzeitblatt gezeigten Zeiten «waren überhaupt nicht auf dem Zeitblatt der Testperson – da sie natürlich bei den einzelnen Testpersonen anders waren. Die Zahlengruppe 1&2 zeigt die erste Minute, die Gruppe 2&3 die zweite Minute der Zeitphase an usw.»

Wäre ich eine von Bakers Testpersonen gewesen, dann wären mir seine Anweisungen ein Rätsel gewesen. Wenn ich der Meinung wäre, ich würde angestarrt werden, müsste ich zunächst einmal anhand der Uhr berechnen, in welcher Minute dies geschah. Dann müsste ich mich entscheiden, wohin ich meine Antwort schreiben sollte. Wenn ich das Gefühl hätte, ich wäre in der siebten Minute angestarrt worden, müsste ich dann meine Antwort auf die Zeile «6&7» oder auf die Zeile «7&8» schreiben?

2. Die von Baker veröffentlichten Anweisungen waren widersprüchlich. Er schrieb, den Testpersonen sei gesagt worden, es gäbe fünf einminütige Blick-Phasen. Doch in dem Musteranweisungsblatt stand, dass die Testpersonen «fünf Mal für jeweils zwei Minuten» angestarrt würden. Baker hat inzwischen eingeräumt, dies sei ein Fehler gewesen.[5] Um das Maß der Verwirrung voll zu machen, werden in seinem Artikel die einminütigen Blick-Phasen auch als «fünfminütige Phasen» bezeichnet.[6]

3. Baker wies seine Testpersonen nicht nur an zu raten, wann sie angestarrt würden, sondern forderte sie auch auf, ihre Vermutungen mit ihren Antworten in anderen Phasen zu vergleichen, so dass sie ihre vorherigen Vermutungen ändern konnten, wenn sie wollten. Diese Anweisung könnte durchaus dazu beitragen, dass die Testpersonen noch mehr von ihren unmittelbaren Gefühlen abgelenkt wurden.

Wie Baker sage ich voraus, dass jemand, der sich an seine experimentellen Methoden (einschließlich seiner zweideutigen Anweisungen) hält, wahrscheinlich seine negativen Ergebnisse wiederholt. Ich sage aber auch voraus, dass meine positiven Ergebnisse von dem wiederholt werden sollten, der meine vergleichbaren Methoden anwendet.[7]

David Marks und John Colwell

Der zweite Artikel im *Skeptical Inquirer* stammte von den beiden britischen Psychologen David Marks (ebenfalls ein CSICOP-Mitglied) und John Colwell.[8] Er basierte auf zwei Experimenten von Colwell und seinen Kollegen, die sie an der University of North London durchgeführt hatten.[9] Bei ihrem Hauptexperiment arbeiteten sie mit Methoden, die auf meinen eigenen Verfahren beruhten, und hielten sich an die randomisierten Sequenzen von 20 Blick- und Nicht-Blick-Versuchen, die auf meiner Webseite angegeben sind. Statt meine Befunde zu widerlegen, wiederholten sie sie und erzielten verblüffend signifikante positive Ergebnisse (Abb. 11.4).

Dann versuchten sie, die positiven Ergebnisse dieses Experiments mit fachlichen Argumenten gegen meine randomisierten Sequenzen abzutun. Die Sequenzen, die ich dann auf meiner Webseite zur Verfügung stellte, waren «ausgewogen» – eine Reaktion auf die Kommentare anderer Skeptiker über Probleme, die sich aus «strukturlosen» Randomisierungen ergeben könnten. Für jede Sequenz von 20 Versuchen gab es eine weitere Sequenz als Gegenstück, so dass es jedes Mal, wenn es in einer Sequenz einen Blick-Versuch gab, in der anderen Sequenz einen Nicht-Blick-Versuch gab und umgekehrt. Das Set von Sequenzen war auf diese Weise «ausgewogen», um mögliche Artefakte zu vermeiden, die sich nach Meinung einiger Skeptiker aus der Verwendung von «strukturlos» randomisierten Sequenzen ergeben könnten.[10]

Marks und Colwell vermuteten, weil die Testpersonen ein Feedback bekamen, könnte ihr Erfolg bei den Blick-Versuchen auf einem «impliziten Lernen» von Strukturen beruhen, die in meinen randomisierten Sequenzen verborgen seien, so dass sie irgendwie erraten könnten, ob als Nächstes ein Blick- oder ein Nicht-Blick-Versuch käme. Aber Marks und Colwell blieben den Beweis schuldig, dass die Teilnehmer tatsächlich irgendwelche verborgenen Strukturen in den randomisierten Sequenzen entdeckten. Sie bemühten sich auch nicht darum, ihre eigene Hypothese zu überprüfen – dabei hätten sie nur die Trefferblätter der Teilnehmer daraufhin untersuchen müssen, ob die Vermutungen tatsächlich den Mustern folgten, die sie vorhersagten. Als ich Colwell um Kopien der Trefferblätter bat, um herauszufinden, ob die Fakten ihrer Hypothese entsprachen, weigerte er sich, mir Einblick in die Daten zu gewähren.

Marks und Colwell verschwiegen auch einen eklatanten Fehler in ihrer spekulativen Vermutung, weil sie vielleicht hofften, dass die Leser nicht dahinter kämen. Wenn nämlich ein implizites Lernen stattgefunden hätte, müsste das den Teilnehmern ermöglicht haben, sich gleichermaßen bei den Blick- und den Nicht-Blick-Versuchen zu verbessern. Aber dies war nicht der Fall. Verbesserungen traten nur bei den Blick-Versuchen ein (Abb. 11.4).

Marks und Colwell behaupteten dennoch, dass ihre Muster-Wahrnehmungs-Hypothese meine ganzen Blick-Experimente widerlegen würde, obwohl ihre eigenen Daten dies nicht bestätigten. Aber ihre Hypothese wurde nicht nur von ihren Befunden widerlegt, sondern sie war auch irrelevant. Ihre Kritik an meiner Arbeit basierte auf dem kurzen Bericht eines Journalisten in einer populärwissenschaftlichen Zeitschrift. Offensichtlich hatten sie keine Kenntnis von den ausführlichen Aufsätzen zum Thema, die ich bereits in seriösen Fachzeitschriften veröffentlicht hatte. Hätten sie nämlich diese Aufsätze gelesen, dann hätten sie festgestellt, dass ihre Muster-Wahrnehmungs-Hypothese bereits widerlegt worden war.

Zum einen war die Randomisierung in über 5000 meiner Versuche tatsächlich «strukturlos» – sie erfolgte durch jeden Beobachter vor jedem Versuch durch Werfen einer Münze.[11] Das Gleiche galt auch für über 3000 Versuche an deutschen und amerikanischen Schulen.[12] Somit lassen sich die hoch signifikanten positiven Ergebnisse dieser Experimente nicht, wie Marks und Colwell behaupteten, als «Artefakt einer Pseudo-Randomisierung» erklären.[13] Auch im Computerexperiment im Wissenschaftsmuseum in Amsterdam (siehe S. 232 ff.) wurde die Sequenz von Blick- und Nicht-Blick-Versuchen durch ein Randomisierungsprogramm im Computer festgelegt, das «strukturlose» Zufallssequenzen erstellte. Bei diesen Versuchen, an denen über 18 700 Testpersonen teilnahmen, waren die Ergebnisse positiv und in astronomischer Höhe signifikant. Diese Tests schlossen ein «implizites Lernen» aus, wie es Marks und Colwell unterstellt hatten.

Zum andern veränderte ich die Versuchsanordnung, als ich die modifizierten Sequenzen übernahm, die Marks und Colwell als pseudozufällig bezeichnen, so dass die Testpersonen kein Feedback mehr bekamen. Da aber die Muster-Wahrnehmungs-Hypothese auf dem Feedback basiert, lässt sich damit nicht die Tatsache erklären, dass es bei über 10 000 Versuchen ohne Feedback dennoch hoch signifikante positive Ergebnisse gab.[14]

Colwell und seine Kollegen versuchten nun auf Marks' Empfehlung hin die Sache für sich zu entscheiden, indem sie ein zweites Experiment veranstalteten, bei dem sie «strukturlose» Randomisierungen verwendeten. Aber dieses Experiment unterschied sich vom ersten in einer weiteren wichtigen Hinsicht: Einer von Colwells Akademikerkollegen trat ausschließlich als Beobachter auf. (Beim ersten Experiment, das positive Ergebnisse lieferte, hatte dies ein Doktorand getan.) Tatsächlich konnten die Ergebnisse keine Wirkungen des Starrens verzeichnen. Also zogen Colwell und seine Kollegen den voreiligen Schluss, dies läge an der «strukturlosen» Randomisierung. In ihrem Artikel erwähnten Marks und Colwell nicht, dass beim zweiten Experiment eine andere Person das Starren übernommen hatte. Dieses Experiment bewies nichts weiter, als dass Colwells Kollege ein ineffektiver Beobachter war. Tausende ähnlicher Versuche mit Hilfe «strukturloser» Randomisierungen, die ich selbst durchgeführt habe und die unabhängig davon von anderen wiederholt wurden, haben hingegen äußerst signifikante positive Ergebnisse geliefert.[15]

Experimentell wurde bereits nachgewiesen, dass verschiedene Beobachter zu ganz unterschiedlichen Ergebnissen gelangen können. Bei Blick-Tests über Fernsehüberwachungsanlagen (CCTV) erzielte der Skeptiker Richard Wiseman Ergebnisse auf dem Zufallslevel, als er der Beobachter war. Im gleichen Experiment erzielte eine andere Beobachterin, Marilyn Schlitz, dagegen statistisch gesehen signifikante positive Ergebnisse (siehe unten).

CCTV-Experimente und von Experimentatoren erzielte Effekte

Richard Wiseman, ein britisches CSICOP-Mitglied, erforschte den Blick-Effekt, indem er einige CCTV-Blick-Experimente durchführte, bei denen Studenten als Beobachter und als Testpersonen fungierten. Wie bei den oben beschriebenen Studien von Colwell und seinen Kollegen lieferte das erste Experiment signifikante positive Ergebnisse.[16] Ebenso wie Colwell und seine Kollegen versuchte auch Wiseman diese Ergebnisse als Artefakte des Randomisierungsverfahrens abzutun, ohne seine Hypothese anhand seiner eigenen Daten zu überprüfen. Ich bat ihn, mir die Daten zur Verfügung zu stellen, damit ich feststellen konnte, ob seine Artefakt-Theorie richtig oder falsch war. Zunächst erklärte er mir, die Daten wären «unzugänglich», aber später gelang es ihm, die Ergebnisse für einige seiner Testpersonen ausfindig zu machen, und er stellte sie mir freundlicherweise zur Verfügung. Ich stellte fest, dass sie seine Artefakt-Theorie nicht bestätigten.[17]

Bei seinen anschließenden CCTV-Experimenten übernahmen Wiseman und seine Kollegen das Schauen selbst. Nun entdeckten sie, wie sie erwartet hatten, dass es keinen signifikanten Effekt gab.

Zum Glück ist das noch nicht das Ende der Geschichte. Marilyn Schlitz, eine Psychologin aus Kalifornien, die bei CCTV-Blick-Experimenten stets positive Ergebnisse erzielt hatte, begab sich zu Wisemans Labor in England, wo sie ein gemeinsames Experiment unter identischen Bedingungen durchführten. Die Hälfte der studentischen Testpersonen wurden nach dem Zufallsprinzip Schlitz, die andere Hälfte Wiseman zugewiesen. Schlitz erzielte statistisch gesehen signifikante positive Ergebnisse, als sie selbst die Experimentatorin und Beobachterin war. Wiseman hingegen erzielte nichtsignifikante Ergebnisse, als er selbst der Experimentator und Beobachter war.[18]

Somit gab es also einen auffälligen «Experimentatoren-Effekt». Derartige Effekte sind ja aus der Psychologie und der Medizin bekannt.[19] Allgemein formuliert erzielen Experimentatoren meist die Ergebnisse, die sie erwarten – daher werden viele psychologische Experimente und klinische Versuche ja auch nach dem «Doppelblind-Verfahren» durchgeführt, bei dem weder die Experimentatoren noch die Testpersonen wissen, wer welches Mittel erhält. Bestimmt hatten Wiseman und Schlitz ganz unterschiedliche Erwartungen – während sie die Möglichkeit von Blick-Effekten ernst nahm, ging er an die Experimente mit der Einstellung heran, dies sei zwar, wie er selbst es formulierte, «reine Zeitverschwendung, aber probieren wir's halt mal».[20]

Derartige Experimentatoren-Effekte sind nicht symmetrisch. Dass es den Testpersonen nicht gelang, Wisemans Blicke wahrzunehmen, besagt nur, dass Wiseman ein ineffektiver Beobachter war. Seine negativen Erwartungen könnten durchaus die Art und Weise beeinflusst haben, wie er die Testpersonen ansah. Dass hingegen die Teilnehmer die Blicke von Schlitz wahrnahmen, und zwar unter Bedingungen, die sinnliche Hinweise ausschlossen, spricht eher für die Existenz einer unerklärten Sensibilität für Blicke.

Anhang C
Eine kurze Geschichte früher Theorien des Sehens

Wie wir im 13. Kapitel gesehen haben, gab es in der Antike eine fortwährende Debatte über das Wesen des Sehens, die weit reichende Auswirkungen auf das Verständnis vom Wesen des Geistes hatte. Es gab vier Haupttheorien: Die Intromissions-Theorie, nach der Bilder ins Auge gelangen, aber nichts hinausgelangt; die Extramissions-Theorie, der zufolge die Aufmerksamkeit nach außen dringt; Theorien, die Intromission und Extramission kombinierten; und Theorien über das Medium, durch das das Sehen erfolgt.

David Lindberg hat die Geschichte dieser Debatte in seinem ausgezeichneten Buch *Theories of Vision from Al-Kindi to Kepler* (deutsch: *Auge und Licht im Mittelalter. Die Entwicklung der Optik von Alkindi bis Kepler*) beschrieben, das ich jedem empfehlen möchte, der sich für die Details interessiert. Hier begnüge ich mich mit einer kurzen Zusammenfassung der Entwicklung von Ideen, die zur gegenwärtigen orthodoxen Theorie des Sehens geführt haben und die erstmals 1604 von Johannes Kepler vorgestellt worden war.

Das antike Griechenland und Rom

Die Philosophenschule der Atomisten, die im 5. Jahrhundert v. Chr. mit Leukippos und seinem Schüler Demokrit begann, formulierte die früheste Fassung des Materialismus, nämlich die Doktrin, dass die Wirklichkeit aus unteilbaren Teilchen von bewegter Materie bestehe – mit anderen Worten: aus Atomen, die sich in einem leeren Raum bewegen. Sie behaupteten, die Oberfläche der Dinge sondere materielle Teilchen in alle Richtungen ab. Das Sehen beruhe darauf, dass diese Teilchen ins Auge gelangen, wo sie optische Empfindungen auslösen. Um die Existenz zusammenhängender Bilder zu erklären, nahmen sie an, dass die Teilchen in dünnen Flüssigkeitsfilmchen vereint seien, die ins Auge gelangen. Der römische Atomist Lukrez (der um 55 v. Chr. starb) nannte diese Filmchen *simulacra* und verglich sie mit dem Rauch, der von brennendem Holz aufstieg, mit der Wärme aus Feuern oder den Häuten, die Insekten oder Schlangen abwerfen, wenn sie sich häuten.[1]

Diese Intromissions-Theorie warf grundlegende Probleme auf, auf welche die Verfechter konkurrierender Theorien natürlich genüsslich hinwiesen. Wie können beispielsweise materielle *simulacra* einander ohne jede Störung durchdringen? Und wie kann das Bild eines großen Objekts wie eines Bergs so weit schrumpfen, dass es in die Pupille gelangt? Diese Theorie vermochte auch nicht zu erklären, was geschieht, sobald die Filmchen ins Auge eingedrungen sind. Wie lässt sich damit das Sehen erklären? Außerdem machte diese Theorie das Sehen zu einem passiven Prozess und ignorierte somit die aktive Rolle der Aufmerksamkeit.

Immerhin räumten einige Atomisten ein, dass Einflüsse sich in beiden Richtungen bewegen könnten, also nicht nur in die Augen hinein, sondern auch aus dem Sehenden hinaus. Demokrit erklärte den bösen Blick nach dem gleichen Prinzip wie das Sehen: Die Fernwirkung werde durch sich bewegende materielle Bilder vermittelt, die mit feindseligen geistigen Inhalten aufgeladen seien, welche «beständig mit der zum Opfer ausersehenen Person verbunden bleiben und damit sowohl den Körper wie den Geist stören und verletzen».[2]

Schon zu Beginn des 5. Jahrhunderts v. Chr. trugen Angehörige der Schule der Pythagoreer eine frühe Version der Extramissions-Theorie vor, indem sie behaupteten, ein optischer Strom werde aus dem Auge nach außen projiziert und das Auge enthalte ein «Feuer». Dieser Glaube an ein inneres Licht wurde zum einen damit begründet, dass Menschen mit geschlossenen Augen nach einem Schlag Licht sehen können – so wie man «Sterne sieht», wenn man einen Schlag auf den Kopf bekommt.

Der Philosoph Platon (427–347 v. Chr.) übernahm zwar die Vorstellung von einem sich nach außen bewegenden optischen Strom, behauptete aber, dieser verbinde sich mit dem Tageslicht zu einem «einzigen gleichartigen Körper», der sich vom Auge bis zum sichtbaren Objekt erstrecke. Dieses erweiterte Medium sei das Instrument der

Sehkraft, das aus dem Auge nach außen reiche. Durch dieses Medium würden Einflüsse von dem sichtbaren Objekt in die Seele gelangen. Platon kombinierte also praktisch die Intromissions-Theorie und die Extramissions-Theorie mit der Vorstellung von einem vermittelnden Medium zwischen dem Objekt und dem Auge.[3]

Aristoteles (384–322 v. Chr.), der mit Platon zu den bedeutendsten griechischen Philosophen zählt, war ursprünglich Platons Schüler. Wie Platon betonte auch er die Bedeutung eines vermittelnden Mediums zwischen dem Auge und dem gesehenen Objekt, lehnte aber sowohl die Intromissions-Theorie wie die Extramissions-Theorie ab. Beim Sehen gelange nichts Materielles ins Auge oder aus ihm heraus. Das vermittelnde Medium nannte er das «Durchsichtige». Es habe die gleichen Eigenschaften wie Luft, Wasser, viele Feststoffe und auch das himmlische Firmament, durch das wir die Sterne sehen. Für Aristoteles war Licht keine materielle Substanz, sondern ein «Zustand des Durchsichtigen», der aus der Anwesenheit von Feuer oder irgendeinem anderen Leuchtkörper resultiere. Als ein Zustand des Mediums und nicht als Substanz brauche Licht keine Zeit, um sich fortzupflanzen, sondern verbinde sofort das Auge und das sichtbare Objekt miteinander. Während Aristoteles also zuweilen den Gedanken zu vertreten schien, es gebe so etwas wie eine Intromission von Einflüssen des sichtbaren Objekts auf das Auge, meinte er damit nicht, dass sie sich tatsächlich in der Zeit vom einen ins andere bewegten. Vielmehr sei das sichtbare Objekt die Quelle oder Ursache der sofortigen Veränderung des Zustands des Durchsichtigen, durch welchen Einflüsse auf die Seele des Beobachters übertragen würden.

Wie Aristoteles und Platon betonte auch die Philosophenschule der Stoiker im antiken Griechenland und Rom die Bedeutung des Mediums zwischen dem Beobachter und dem sichtbaren Objekt. Wie Platon glaubten die Stoiker, dass ein optischer Geist aus dem Auge fließe und sich mit dem Tageslicht zu einem Lichtkegel verbinde. Dieser Kegel, dessen Spitze sich im Auge befinde, sei das Medium des Sehens. Einige Stoiker meinten, dieses Medium werde ein Instrument der Seele und fungiere als Verlängerung des Wahrnehmenden. Oder wie der römische Stoiker Cicero (106–43 v. Chr.) es formulierte: «Die Luft selbst sieht zusammen mit uns.»

Die stoische Theorie wurde von Galen (um 129–199 n. Chr.) übernommen, einem griechisch-römischen Arzt, der rund 1400 Jahre lang nachhaltigen Einfluss auf die Medizin hatte. Wie Cicero glaubte er, die Luft selbst werde ein Instrument der Wahrnehmung, und «das Sehen erstreckt sich nach außen durch die Luft zum bunten Körper».[4] Aber als Arzt belegte Galen seine Theorie des Sehens mit einer Fülle anatomischer Details und gelangte zu der Schlussfolgerung, die Linse sei das Hauptsehorgan im Auge.

Der letzte wichtige Beitrag der klassischen Antike stammte von den Mathematikern, angefangen bei dem großen Geometer Euklid (um 300 v. Chr. tätig). Euklids Methode war streng mathematisch und klammerte praktisch alle Aspekte des Sehens aus, die sich nicht auf die Geometrie zurückführen ließen. Er übernahm eine Extramissions-Theorie, nach der sich Strahlen aus dem Auge in Form eines Kegels erstreckten. Die Kegelspitze befände sich im Auge, und die Strahlen würden sich so lange nach außen bewegen, bis sie das Objekt einfingen. Euklid erkannte natürlich, dass das Licht beim Sehen eine Rolle spielt, aber er äußerte sich kaum zur Art und Weise, wie es mit den optischen Strahlen verbunden ist, die aus den Augen dringen.

Euklids geometrische Methode wurde von anderen Mathematikern vertieft, vor allem von Klaudios Ptolemaios (127–148 n. Chr. tätig). Er glaubte, der aus den Augen kommende optische Strom bestehe aus Äther oder der «Quintessenz», dem fünften Element (neben Erde, Luft, Feuer und Wasser).[5] Er lehnte Euklids Idee von eigenständigen Strahlen ab, die aus den Augen kommen und Lücken aufweisen – für ihn war der Sehkegel kontinuierlich. Er werde durch das Licht modifiziert, und die Wahrnehmung von Farbe beruhe auf der Anwesenheit von Licht.

All diese Theorien des Sehens hatten ihre Stärken und Schwächen, und die verschiedenen Lehrmeinungen existierten weit über tausend Jahre nebeneinander. Die Debatte wurde in der arabischen Welt fortgesetzt, insbesondere zwischen dem 9. und dem 13. Jahrhundert, und hauptsächlich aus arabischen Quellen gelangten diese Ideen ins mittelalterliche Europa.

Islamische Theorien des Sehens

Die Übersetzung philosophischer, mathematischer und medizinischer Texte aus dem Griechischen ins Arabische erreichte ihren Höhepunkt im 9. Jahrhundert n. Chr. und sorgte für große intellektuelle Unruhe in der islamischen Welt. In dieser Zeit wurde die Wissenschaft erstmals ein internationales Unternehmen. Die islamische Welt erstreckte sich von Spanien und Marokko bis an die Grenzen Chinas. Sie griff einerseits auf griechische Traditionen zurück, vor allem durch Alexandria in Ägypten, und wurde andererseits durch die Kulturen Persiens, Indiens, Zentralasiens und Chinas bereichert. Diese bedeutende Zivilisation stellte einen wesentlichen Übergang zwischen den Zivilisationen der Antike und der beginnenden Neuzeit im Westen dar.

Einer der Pioniere beim Prozess des Assimilierens und Weiterentwickelns der griechischen Tradition war Al-Kindi (um 801 – um 866), der in Bagdad lebte. Er sah seine Aufgabe darin, diesen ererbten Wissensbestand zu vermitteln, zu korrigieren und zu vervollständigen. In diesem Geist schrieb er rund 260 Bücher über alle Wissenszweige, darunter auch eines über die Optik. Aber die Optik war für ihn nicht bloß ein Thema unter vielen – für Al-Kindi war die Strahlung von Energie oder Kraft grundlegend für die gesamte Natur: «Es ist offenkundig, dass alle Dinge dieser Welt ... auf ihre eigene Art Strahlen wie ein Stern erzeugen. ... Alles, was in der Welt der Elemente wirklich existiert, sendet in alle Richtungen Strahlen aus, welche die gesamte Welt erfüllen.» Er glaubte, die Strahlung würde die Welt zu einem riesigen Netzwerk verbinden, in dem alles auf alles andere einwirke, um natürliche Wirkungen zu erzielen – eine erstaunliche Vision der wechselseitigen Verbundenheit. So würden Sterne auf die Erde einwirken, und Magnete, Feuer, Schall und Farben wirkten auf Objekte in ihrer Umgebung ein. Sogar im Geist gebildete Worte könnten Energie ausstrahlen und Wirkungen außerhalb des Geistes erzielen.[6]

Somit waren für Al-Kindi die Strahlungsgesetze die Gesetze der Natur, und die Optik war die Grundlage aller anderen Wissenschaften. Er war sich zwar der verschiedenen Lehrmeinungen über das Wesen des Sehens bewusst, lehnte aber die Intromissions-Theorien ab und übernahm eine modifizierte Version von Euklids Theorie, derzufolge die optische Energie vom Auge ausgesandt werde. Wie Ptolemaios lehnte er die Vorstellung von eigenständigen Strahlen ab und behauptete, der optische Kegel sei ein kontinuierlicher, gänzlich empfindlicher Strahl.[7] Für ihn war diese Strahlung nicht eine konkrete Bewegung einer materiellen Substanz aus den Augen, sondern vielmehr eine Umwandlung des Mediums.

Al-Kindis Abhandlung über das Sehen wurde ein beliebtes Lehrbuch im Islam und beeinflusste jahrhundertelang die Entwicklung des Denkens. Aber einige muslimische Gelehrte lehnten die Extramissions-Theorie zugunsten verschiedener Versionen der aristotelischen Theorie ab, vor allem Avicenna (980–1037), während andere sich im Anschluss an Galen auf die Anatomie des Auges konzentrierten.

Alhazen (965–1039) trug eine neue Theorie des Sehens vor, sie fasste die Ideen aus den konkurrierenden Lehrmeinungen zu einer genialen Synthese zusammen. Er übernahm die anatomischen Erkenntnisse von Galen und dessen Anhängern, die aristotelische Idee vom transparenten Medium und die mathematischen Methoden von Euklid und Al-Kindi. Seine wichtigste Neuerung bestand darin, die Richtung der Einflüsse umzukehren, die sich im optischen Kegel fortpflanzen: Nicht eine Strahlung bewege sich aus dem Auge hinaus, sondern Licht bewege sich hinein. Damit schuf er die Grundlagen für die Intromissions-Theorie des Sehens, die zur orthodoxen wissenschaftlichen Anschauung im frühen 17. Jahrhundert wurde.[8] Obwohl sich seine Theorie auf eindrucksvolle Weise damit beschäftigte, wie Einflüsse ins Auge eindringen, ließ er sich viel weniger über das aus, was geschieht, wenn sie dort angelangt sind. Er hielt die Linse für das Sinnesorgan des Auges, vermochte jedoch nicht zu erklären, wie aus der Empfindlichkeit der Linse das Sehen selbst entstehen kann.

Mittelalter und Renaissance

Astronomie und Optik waren die Naturwissenschaften, die im mittelalterlichen Europa ihre größte Blüte erlebten. Die Entwicklung von Ideen auf diesen Gebieten wurde stark beeinflusst von der Übersetzung von Texten aus dem Arabischen und Griechischen ins Lateinische, und die intellektuellen Moden veränderten sich, als mehr Material zur Verfügung stand. Bis zum Ende des 12. Jahrhunderts hatten

Platon und die Tradition der Neuplatoniker den größten Einfluss, und die Extramissions-Theorie des Sehens dominierte. Der Einfluss dieser Theorie nahm sogar noch zu, als Übersetzungen von Al-Kindi aus dem Arabischen und von Ptolemaios aus dem Griechischen vorlagen, die mathematische Analysen der vom Auge ausgehenden optischen Strahlen enthielten.

Im 13. Jahrhundert umfasste eine Fülle neuer Übersetzungen die meisten Werke von Aristoteles, zusammen mit den Schriften seiner arabischen Kommentatoren, ebenso wie die optischen Schriften von Alhazen. Mittlerweile standen praktisch alle Standpunkte und Argumente der Antike wie des Islam den europäischen Gelehrten an den großen Wissenszentren wie Paris und Oxford zu Gebote.

Mehrere bedeutende Gelehrte leisteten ihren Beitrag zur neuen Debatte über das Wesen des Sehens. Den größten Einfluss hatte Roger Bacon (um 1214 – um 1292), ein englischer Franziskanerbruder. Er stützte seine Theorie des Sehens auf Alhazen, derzufolge ein Strahlenkegel oder eine Strahlenpyramide ins Auge eindringt, und arbeitete die Geometrie der Strahlen und der optischen Perspektive weiter aus. Aber Bacon versuchte nicht, die Intromissions-Theorie auf Kosten der anderen Lehrmeinungen voranzutreiben. Er strebte eine Synthese an, indem er aristotelische Ideen über das transparente Medium einbezog und die Existenz optischer Strahlen annahm, die aus dem Auge durch dieses Medium zum sichtbaren Objekt gelangten.

Zwei Jahrhunderte lang hielt der Einfluss von Bacons Theorie an. Aber zunehmend beherrschten die Aristoteliker die mittelalterlichen Universitäten, und obwohl es viele scholastische Diskussionen über die aristotelische Methode gab, gingen daraus nur wenige originelle Beiträge hervor.[9]

Die Renaissance führte keinen radikalen Bruch mit den mittelalterlichen Theorien des Sehens herbei, aber technische Fortschritte auf vier Gebieten (siehe S. 260) trugen zu Johannes Keplers Theorie vom Netzhautbild und somit zur modernen Wissenschaft bei: Erstens die Entwicklung der Linearperspektive, wie sie bereits die Gemälde von Giotto (um 1266–1337) aufwiesen und die dann ausdrücklich vom florentinischen Künstler Brunelleschi (1377–1446) formuliert wurde. Zweitens Fortschritte beim Studium der Anatomie generell und insbesondere ein besseres Verständnis der Struktur des Auges, zumal der wahren Form der Linse, die zuvor für eine Kugel gehalten wurde. Drittens die Forschungen mit der Camera obscura. Und viertens die auf das Studium von Brillenlinsen zurückgehende Erkenntnis, dass doppelt konvexe Linsen eine Bündelung von Lichtstrahlen bewirken.

All diese Fortschritte lieferten die wesentlichen Elemente für Keplers Synthese, die in vielerlei Hinsicht einen Höhepunkt der mittelalterlichen Tradition der Optik darstellte. Dazu David Lindberg: Kepler fand «eine neue, nicht aber eine neuartige Lösung für ein mittelalterliches Problem, das etwa 600 Jahre zuvor von Alhazen formuliert worden war. Weil Kepler die mittelalterliche Überlieferung ernst nahm, weil er die meisten ihrer Grundannahmen teilte, weil er aber auf mehr Strenge und Widerspruchslosigkeit achtete, als die mittelalterlichen Perspektivisten hatten erreichen können, konnte er diese Überlieferung zu ihrer Vollendung führen.»[10] Doch diese Synthese führte zu neuen Problemen, die noch heute ungelöst sind, wie wir im 13. Kapitel gesehen haben.

Anmerkungen

Einführung

1 Matthews (1996).
2 Horgan (1996).
3 Kuhn (1970).
4 Inglis (1977), S. 148f.
5 Michell und Rickard (1977), S. 16.
6 Popper und Eccles (1977).
7 Über elektromagnetische Sinne siehe McFarland (1981).
8 Downer (1999).
9 Baker (1980).
10 Droscher (1966).
11 Ebenda.
12 Ein Beispiel dafür, wie umstritten diese Phänomene sind, gab es im Herbst 2001 in England. Es fing alles ganz harmlos an, als die britische Post einen Satz Briefmarken aus Anlass des 100. Jahrestages der Einführung des Nobelpreises herausgab. Mehrere Nobelpreisträger wurden um ihre Kommentare gebeten, und die Post veröffentlichte sie zum Erscheinen der Marken in einem Begleitheft. Brian Josephson, Nobelpreisträger für Physik und Professor an der Universität Cambridge, bemerkte, er glaube, dass Entwicklungen in der Quantentheorie «zu einer Erklärung von Prozessen führen können, die in der konventionellen Wissenschaft noch nicht verstanden werden, wie die Telepathie». Damit hatte er in ein Wespennest gestochen, und sogleich wurde er von zornigen Akademikern und anderen Gegnern «des Paranormalen» attackiert. So erklärte zum Beispiel David Deutsch, Physiker an der Universität Oxford, gegenüber der Zeitung *Observer*: «Telepathie existiert einfach nicht. Die Royal Mail hat sich dazu hinreißen lassen, Ideen zu unterstützen, die absoluter Unsinn sind» (McKie, 2001). Wie sich herausstellte, war Deutsch so überzeugt von seiner Meinung, dass er nicht das geringste Bedürfnis verspürt hatte, das Beweismaterial für Telepathie zu studieren (Carr, 2001). James Randi, ein berufsmäßiger Entlarver aus

den USA, erklärte den Zuhörern von BBC, es sei «ein Refugium von Scharlatanen», Telepathie mittels der Quantenphysik erklären zu wollen (BBC 4, *Today*, 2. Oktober 2001). Josephson hat einen Nobelpreis für Quantenphysik, Randi ist ein Zauberkünstler ohne wissenschaftliche Qualifikation.

13 Zum Beispiel ist der eben erwähnte David Deutsch, der Brian Josephsons Ideen abtat, ein führender Vertreter der Idee von parallelen Universen. (Deutsch, 1997)

14 Siehe z.B. Deutsch (1997).

15 Broad und Wade (1985).

16 Sabbagh (1999).

17 Die Fälle von W.J. Levy (Rhine, 1974) und S.G. Soal (Markwick, 1978).

18 Mit Sicherheit ist die experimentelle Forschung in der Parapsychologie in methodologischer Hinsicht strenger als in jedem anderen Wissenschaftsgebiet. Aufgrund einer neueren Untersuchung verschiedener wissenschaftlicher Zeitschriften habe ich herausgefunden, dass 85 Prozent der Experimente in der psychischen Forschung und in der Parapsychologie Blindexperimente waren – in den medizinischen Wissenschaften waren es nur 6 Prozent, in der Psychologie 5 Prozent, in der Biologie 1 Prozent, und in der Physik und Chemie gab es überhaupt keine Blindexperimente. (Sheldrake, 1998b, 1998c)

19 Gardner (1983), S. 57.

20 Ebenda, S. 58.

21 So gab es zum Beispiel in den USA zu Beginn des 21. Jahrhunderts keine 10 professionellen Wissenschaftler, die sich ausschließlich mit Parapsychologie befassten, und alle waren auf private Mittel angewiesen. Die weltweite Auflage der Hauptzeitschrift auf diesem Gebiet, des *Journal of Parapsychology*, betrug weniger als 800 Exemplare (Hansen, 2001). Mittlerweile gibt es mehrere finanziell großzügig ausgestattete und mächtige Organisationen, deren Hauptzweck die Propagierung negativer Einstellungen gegenüber allen paranormalen Phänomenen ist, etwa CSICOP, das Committee for the Scientific Investigation of Claims of the Paranormal. Diese Organisation betreibt selbst keine Forschung, sondern ist primär mit der Entlarvung befasst. Die CSICOP-Zeitschrift *Skeptical Inquirer* hat eine Auflage von rund 50 000 Exemplaren und nennt sich selbst «Zeitschrift für Wissenschaft und Vernunft». Viele ihrer Abonnenten sind Akademiker, und dazu gehören auch so prominente Wissenschaftler wie der Biologe Richard Dawkins sowie einflussreiche Vertreter der Wissenschaftsmedien wie Sir John Maddox, der ehemalige Herausgeber von *Nature*, einer führenden wissenschaftlichen Zeitschrift.

22 Piaget (1973), S. 280.

23 Crick (1994), S. 3.

24 Der Neurologe Wilder Penfield fand heraus, dass er lebhafte Erinnerungsblitze auslösen konnte, indem er die Hirnrinde von Patienten bei Hirnoperationen stimulierte, aber obwohl diese Stimulationen Erinnerungen auslösen konnten, glaubte er nicht, sie wären in dem stimulierten Teil angesiedelt, und er gelangte auch zu der Schlussfolgerung: Die Erinnerung «ist nicht in der Hirnrinde». (Penfield, 1975)

1. Gedanken und Absichten lesen

1 Frederic Myers, einer der Pioniere der Erforschung paranormaler Phänomene, hat den Begriff Telepathie 1882 eingeführt. (Myers, 1882)

2 Gallup und Newport (1991).

3 Blackmore (1997).

4 Vgl. z. B. Schouten (1982).

5 Sheldrake und Smart (1997), Sheldrake, Lawlor und Turney (1998), Brown und Sheldrake (1998).

6 Sheldrake (1999a), 7. Kapitel.

7 Woodhouse (1992), S. 54.

8 «Wenn man ein sehr gut geschultes Pferd oder ein Pferd reitet, das einen wirklich sehr gut kennt, ist man versucht zu glauben, das Pferd empfange telepathische Botschaften. Doch das kann einfach an leichten Bewegungen des Reiters liegen, die das Pferd interpretiert und auf die es reagiert.» (Kiley-Worthington, 1987, S. 88f.)

9 Pepperberg (1999).

10 Wir führen weitere Experimente durch, und Aimée überwacht N'kisis laufenden Spracherwerb und fährt damit fort, die Art und Weise zu untersuchen, wie er seinen Wortschatz benutzt.

11 Gurney, Myers und Podmore (1886), 6. Kapitel, Fall 37.

12 Mit Hilfe von Menschen, die so etwas ziemlich häufig erleben, sollten sich experimentelle Tests durchführen lassen, indem man die Testpersonen auffordert zu raten, welche Melodie sie im Radio hören werden, noch ehe es eingeschaltet wird. Anhand einer hinreichend großen Stichprobe an Mutmaßungen müsste sich ermitteln lassen, ob dies reiner Zufall ist oder nicht.

13 Zahlreiche Beispiele liefert Eason (1994, 1995).

14 Schwarz (1972).

15 Ebenda, S. 77.

16 Ebenda, S. 152.

17 Ebenda, S. 203.
18 Galton (1883).
19 Penrose (1989), S. 424–427.
20 Penguin Dictionary of Psychology, S. 785f.
21 Freud (1983), S. 25–44.
22 Ebenda, S. 30.
23 Einen Überblick bietet J. Ehrenwald: «Psi, psychotherapy and psychoanalysis», in: Wolman (1977).
24 Ein Pionier in der Erforschung von Telepathie in der Psychoanalyse war Jule Eisenbud (Eisenbud, 1970).
25 Mayer (1996), S. 718.
26 Ebenda.
27 Mayer (2001).
28 Siehe zum Beispiel Whan (2000).
29 Jung (1987), S. 143.
30 Ein mögliches Experiment ließe sich zum Beispiel live im Fernsehen durchführen. Das beliebte Fernsehquiz «Wer wird Millionär?» verwendet das Multiplechoiceverfahren – die Teilnehmer müssen sich zwischen vier möglichen Antworten auf jede Frage für eine entscheiden. Für die Zwecke dieses Experiments könnten bei manchen Fragen die Antworten auf dem Bildschirm für die Fernsehzuschauer gezeigt werden, bei anderen Fragen nicht. Geben nun die Teilnehmer mehr richtige Antworten, wenn diese Millionen von Zuschauern bekannt sind, als wenn sie es nicht sind?
31 Siehe Murphy (1992).
32 Murphy und White (1978), S. 52.
33 Ebenda.
34 Hawkins (1983).
35 a.a.O., S. 43.
36 Novak (1976), S. 135f.

2. Gedankenübertragung im wissenschaftlichen Versuch

1 Temple (1989), 5. Kapitel; Richet (1923).
2 Gregory (1919).
3 Zitiert in Gurney, Myers und Podmore (1886), Bd. 2, S. 324.
4 Gregory (1919), S. 212.
5 Clements (1983).
6 Wallace (1874), 10. Kapitel.
7 Gurney, Myers und Podmore (1886), Bd. 2, S. 340.

8 a.a.O., S. 344.
9 a.a.O., Bd. 1, 2. Kapitel.
10 Ebenda.
11 Ebenda.
12 Ebenda.
13 Siehe dazu Thouless (1972), 5. Kapitel.
14 Sinclair (1930).
15 Radin (1997), S. 97.
16 Eine ausführliche Darstellung enthält Radin (1997).
17 Rhine (1937), S. 56.
18 Eine Zusammenfassung dieser Ergebnisse findet sich bei Radin (1997).
19 Rhine (1937).
20 Rhine (1967).
21 Rhine (1954), S. 24.
22 Rhine (1937), S. 115.
23 Schmeidler und McConnell (1958).
24 Rhine (1954), S. 166.
25 Fenwick und Fenwick (1998).
26 Ullman, Krippner und Vaughan (1973).
27 Das Bild, das am ehesten der Abschrift entsprach, bekam eine 1, das mit der geringsten Übereinstimmung eine 8. Befand sich das tatsächlich verwendete Bild in den oberen 4, galt dies als Treffer, rangierte es bei 5 oder darunter, als Niete. Wenn Telepathie nicht in Träumen vorkommt, wären nach dem Zufallsprinzip die Tests etwa je zur Hälfte Treffer und Nieten. Mit anderen Worten: Die durchschnittliche Trefferquote würde 50 Prozent betragen.
28 Radin (1997), 5. Kapitel.
29 Ebenda, S. 78.
30 Radin (1997).
31 Siehe z.B. Wiseman, Smith und Kornbrot (1996).
32 Siehe z.B. Parker (2000).
33 1999 behaupteten zwei Forscher – einer davon war der bekannte Skeptiker Richard Wiseman –, die kombinierten Ergebnisse neuer Ganzfeld-Studien lägen nicht signifikant über der Zufallsquote (Milton und Wiseman, 1999). Zu diesem Ergebnis aber waren sie gelangt, indem sie eine Reihe von nichtstandardisierten Experimenten einbezogen wie Hellsehversuche, bei denen es keine Sender gab, außerdem hatten sie einige neuere, überaus erfolgreiche Experimente ausgeklammert. Als diese einbezogen wurden, waren die kombinierten Ergebnisse tatsächlich statistisch signifikant (Milton, 1999). Ihre Analyse war auch noch in anderer Hinsicht fehlerhaft (Storm

und Ertel, 2001; siehe auch Milton und Wiseman, 2001) und löste eine intensive Diskussion unter Experten aus, deren Ergebnisse in einer redigierten Fassung veröffentlicht wurden (Schmeidler und Edge, 1999). Eine umfassende, aktuelle Übersicht bieten Schlitz und Radin (2002).

34 Broughton und Alexander (1997).

35 Bem, Palmer und Broughton (2001); Storm und Ertel (2000).

36 Bem, Palmer und Broughton (2001).

37 Schlitz und Honorton (1992).

38 Dalton (1997).

39 Broughton und Alexander (1997).

40 Dagegen haben dogmatische Skeptiker einfach das Beweismaterial ignoriert. So behauptete beispielsweise Professor Lewis Wolpert, ein Biologe an der Londoner Universität, der 2001 als wissenschaftliche Autorität in einer Fernsehsendung im Discovery Channel auftrat: «Es gibt keinerlei Beweise für Telepathie jeglicher Art» (*Animal X*, Discovery Channel, USA, 31. August 2001). Und ein paar Monate später versicherte David Deutsch, ein bekannter Physiker an der Universität Oxford, in der Zeitung *The Observer*: «Telepathie existiert einfach nicht.» (McKie, 2001)

41 Zusammenfassungen dieser Forschungen bieten Schlitz und Braud (1997) und Delanoy (2001).

42 Delanoy und Sah (1994).

43 Recordon, Stratton und Peters (1968).

44 Der von Peters und seinen Kollegen veröffentlichte Aufsatz enthielt keine statistische Analyse. Auf meine Bitte hin hat Jan van Bolhuis, Professor für Statistik an der Freien Universität Amsterdam, ihre Ergebnisse mit Hilfe des Binomialtests analysiert, und die Zahlen, die ich hier zitiere, sind das Ergebnis seiner Berechnungen.

45 Das einzige Problem bei diesen bemerkenswert erfolgreichen Tests bestand darin, dass die Mutter des Jungen die nächste Karte sehen wollte, bevor sie mit «richtig» oder «nein» auf das Erraten der vorhergehenden Karte antwortete. Damit gab es die vage Möglichkeit, dass sie durch einen unbewussten Code in der Aussprache dieser Wörter irgendwie Informationen weitergab. Aber Peters und seine Kollegen hielten dies für äußerst unwahrscheinlich und konnten auch keine Spur eines derartigen Codes in den Tonbandaufnahmen der Testsitzungen entdecken. Außerdem war der Junge geistig erheblich zurückgeblieben, und der Test verlief so schnell, dass die Verwendung eines Codes praktisch unvorstellbar erschien. Darüber hinaus wurden die Bänder sorgfältig von drei Zauberkünstlern abgehört, die alle Mitglieder im Magic Circle waren, und auch sie vermochten keinen möglichen Code zu entdecken. Ich habe sie mir ebenfalls angehört und konnte

keine Möglichkeit eines Codes in den Worten der Mutter oder in irgendwelchen anderen möglichen Lauten erkennen.

46 Recordon, Stratton und Peters (1968), S. 396.

3. Telepathische Rufe

1 Zitiert in Stevenson (1970), S. 5f.
2 Rhine (1981), S. 88.
3 a.a.O., S. 46.
4 Stevenson (1970), S. 89.
5 a.a.O., S. 61f.
6 Stoppard (1985).
7 Eason (1992).
8 Sheldrake (2002).
9 Williams (1960), S. 208.
10 Long (1919).

4. Not und Tod an fernen Orten

1 Gurney, Myers und Podmore (1886), 5. Kapitel.
2 Inglis (1985).
3 Myers (1903), S. XVI.
4 Ebenda, S. XVII.
5 Inglis (1977), S. 382.
6 Gurney, Myers und Podmore (1886), Bd. 1, Fall 76.
7 Ebenda, Bd. 2, S. 723.
8 Ebenda.
9 Zitiert in Kelly (2001).
10 Eine hilfreiche Zusammenfassung dieser Berechnungen bietet Broad (1962), 5. Kapitel.
11 Siehe z.B. Stevenson (1970), Rhine (1981).
12 Stevenson (1970), S. 17.
13 Ebenda, S. 24
14 Ebenda, S. 25.
15 Rhine (1981), S. 20.
16 Stevenson (1970), S. 22.
17 Ebenda, S. 24, 183.

18 Eine Reihe von Beispielen enthält Sheldrake (1999a).
19 Playfair (1999, 2002).

5. Die Fernwirkung von Intentionen

1 *Country Life*, 5. November 1999.
2 Die Details dieser Experimente stehen in unseren veröffentlichten Aufsätzen über das Thema (Sheldrake und Smart, 1998, 2000a) sowie in Anhang B von Sheldrake (1999a).
3 Sheldrake und Smart (2000b).
4 Berger (2001), S. 240.
5 Adamson (1960), S. 28.
6 Ebenda, S. 137.
7 Sitwell (1946), S. 144.
8 Hygen (1987).
9 Ebenda.
10 Lang (1911).
11 Twain (1884).

6. Telepathie am Telefon

1 van der Post (1962), S. 236f.
2 Vielleicht war dieser Prozentsatz zu hoch, da manche Menschen, die mit «Nein» geantwortet hätten, sich gar nicht die Mühe machten, den Fragebogen auszufüllen und abzugeben. Tatsächlich gaben etwa 20 Prozent der Befragten den Fragebogen nicht ab, so dass die echte Gesamtzahl der Befragten 2113 betrug. Nimmt man im schlimmsten Fall an, dass alle, die das Formular nicht ausfüllten, mit «Nein» geantwortet hätten, würde dies den Prozentsatz derer, die mit «Ja» antworteten, auf 74 Prozent gesenkt haben. Aber auch das ist noch immer eine klare Mehrheit.
3 Sheldrake (2000), Brown und Sheldrake (2001).
4 Ebenda.
5 Diese Zahl enthält alle Ergebnisse von sämtlichen Testpersonen, auch von denen, die keine signifikanten telepathischen Fähigkeiten aufwiesen.
6 Nach dem Binomialtest, wobei $z = 3{,}94$, $p = 0{,}00004$.
7 Nach dem Binomialtest, wobei $z = 8{,}7$, $p \ll 10^{-10}$.
8 Bei einem Vergleich der Ergebnisse mit Freunden und Fremden mit Hilfe einer 2x2-Kontingenztabelle, wobei $\chi^2 = 25{,}65$, $p = 0{,}0000002$.

9 Cooper (1982), Braude (1979).
10 Sheldrake (1999a).
11 Steiger und Steiger (1992), S. 16.

7. Die Entwicklung der Telepathie

1 Sheldrake (1999a).
2 Morell (1997).
3 Clutton-Brock (1981).
4 Sheldrake und Smart (1998), Sheldrake, Lawlor und Turney (1998), Brown und Sheldrake (1999).
5 Wylder (1978).
6 Blake (1975).
7 Das Kaninchen wurde nicht einem speziellen Stressreiz ausgesetzt, sondern der Stress ergab sich spontan im Zusammenhang mit seiner Umwelt.
8 Peoc'h (1997).
9 Long (1919), S. 101–105.
10 Ebenda, S. 95.
11 Ausführlicher befasst sich damit Sheldrake (1999a), 13. Kapitel.
12 Carlson (2000).
13 www.red3d.com/cwr/boids. Siehe auch ein komplexeres Modell mit «fleischfressenden Boids» von Ariel Dolan, www.aridolan.com/eFloys.html.
14 Für ein Beispiel, wo eine Schar Tauben in drei Dimensionen mit Hilfe von zwei Kameras untersucht wurde, vergleiche Pomeroy und Heppner (1992). Einen Überblick zur Erforschung von Scharen und anderen Tiergruppen bieten Parrish und Hammer (1997).
15 Heppner, Convissar, Moonan und Anderson (1985).
16 Gould und Heppner (1974).
17 Siehe z.B. Selous (1931).
18 Die konventionelle Theorie besagt, dass ererbte Unterschiede im Scharverhalten in den Genen codiert seien. Dann drückt sich dieses «genetische Programm» des Scharverhaltens irgendwie in der Formation von Scharen aus, und zwar durch Programme auf individueller Basis, vergleichbar denen im «Boids-Modell» des künstlichen Lebens. Abgesehen von der Schwierigkeit, das Scharverhalten mit Hilfe solcher Programme zu erklären, gibt es zusätzlich das Problem, dass genetische Programme nur Metaphern sind. Gene tun ja nichts anderes, als die Sequenzen von Aminosäuren in Proteinen zu codieren. Wie kann die Herstellung bestimmter Proteine die Ursache dafür sein, dass sich Gehirne so und nicht anders entwickeln? Und wie

können diese Proteine wiederum bestimmte Bewegungsmuster innerhalb von Scharen verursachen? Außerdem sollen diese Bewegungen durch irgendeine innere Darstellung der sichtbaren Welt im Inneren des Vogelhirns organisiert sein – aber wie soll das funktionieren? Es gibt also eine Menge weit reichender und unbeantworteter Fragen. Die Standardvorstellung ist somit äußerst spekulativ, und es gibt so gut wie keine Beweise für sie.

19 Schechter (1999).

20 «Unser Modell kombiniert Merkmale der Navier-Stokes-Gleichung für eine einfache komprimierbare Flüssigkeit mit einem einfachen Relaxationsmodell für Spins in einem Eisenmagneten ...» Siehe http://materialscience@uoregon.edu/toner.html.

21 Long (1919).

22 Wilson (1980).

23 Partridge: «Schooling», in: McFarland (1981).

24 Huth und Wissel (1992). Über den Virtuellen Fischtank, ein Exponat im Bostoner Museum of Science, informiert www.mos.org.

25 Siehe z. B. Niwa (1994).

26 Partridge: «Schooling», in: McFarland (1981).

27 Hölldobler und Wilson (1994).

28 von Frisch (1975).

29 Marais (1973). Siehe auch Sheldrake (1994), 3. Kapitel.

8. Das Gefühl, angestarrt zu werden

1 Mitteilung von A.R. Mansfield.

2 Sheldrake (1994).

3 Sheldrake (1994), Braud u.a. (1993a).

4 Cottrell, Winer und Smith (1996).

5 Conan Doyle (1884).

6 Poortman (1959).

7 Haynes (1973).

8 Braud u.a. (1993a), Cottrell, Winer und Smith (1996).

9 Die statistische Signifikanz dieses Unterschieds zwischen Frauen und Männern wurde mit Hilfe einer 2x2-Kontingenztabelle errechnet (χ^2 = 15,15; $p<0{,}0001$).

10 Titchener (1898).

11 Ebenda.

12 Coover (1913).
13 Ebenda.
14 Die einzigen signifikanten Ausnahmen stellen einige neuere Experimente von Skeptikern dar, bei denen die Skeptiker selbst ihre Versuchspersonen anstarrten. Siehe dazu das 12. Kapitel und Anhang B.

9. Überwachung und Argwohn

1 Matthews (1996), S. 16.
2 Payne (1981), S. 34.
3 Kokubo (1998).
4 Yamamoto u. a. (2000).
5 Payne (1981), S. 72.

10. Die Sensibilität der Tiere

1 McFarland, D.: «Defensive behaviour», in: McFarland (1981).
2 Morris (1990), S. 69.
3 Willmer (1999).
4 Morris (1990).
5 Reichel-Dolmatoff (1997), S. 115.
6 Boone (1970), S. 74f.
7 Ehrenreich (1997), S. 40.
8 Ebenda, S. 43.
9 Ebenda, S. 52.
10 Corbett (1986), S. 179–181.
11 Goodall (2000), S. 47.
12 London (1991), S. 77f.
13 Long (1919), S. 91f.
14 Gould (1989).

11. Experimente in Verbindung mit dem Gefühl, angestarrt zu werden

1 Titchener (1898).
2 Ebenda.
3 Coover (1913). Einen ausführlicheren Bericht enthält Coover (1917).

4 Poortman (1939).
5 Poortman (1959).
6 Poortman (1959) selbst hat seine Ergebnisse nicht statistisch analysiert, aber ich habe dies getan (Sheldrake, 1994) und herausgefunden, dass ihre Signifikanz in der Tat einen Wert von $p<0,05$ hatte.
7 Die Ergebnisse wurden nie veröffentlicht, sondern nur in einer Magisterarbeit festgehalten (Peterson, 1978).
8 Die Forschungsergebnisse wurden nur als kurze Zusammenfassung veröffentlicht (Williams, 1983).
9 Sheldrake (1981), S. 165.
10 Von Michael Mastrandrea an der Nueva Middle School in Hillsborough, Kalifornien.
11 Die Koordinatoren waren Dr. Harris Stone und James Trifone.
12 Sheldrake (1999b).
13 Sheldrake (1998a).
14 Sheldrake (2001).
15 Sheldrake (1998a, 1999b, 2001). Neben den Projekten an Schulen und Colleges gab es eine Version meines Blick-Experiments bei einer Wanderausstellung mit dem Titel «Do It» in Kunstmuseen in ganz Nordamerika, und auch hier waren die Ergebnisse positiv und signifikant und wiesen das übliche Muster auf. Zum Beispiel führten Anfang 1999 im Nickle Arts Museum an der Universität Calgary in Kanada 37 Beobachter/Testperson-Paare diese Experimente durch. Bei den Blick-Versuchen waren 63 Prozent der Vermutungen korrekt, bei den Nicht-Blick-Versuchen 50 Prozent – das Gesamtergebnis lag bei 56,5 Prozent. Die Treffer der Versuchspersonen betrugen 27+ 7– 3= bei den Blick-Versuchen, 12+ 16– 9= bei den Nicht-Blick-Versuchen und 23+ 7– 7= insgesamt.
16 Ich verdanke diese Analysemethode Prof. Nicholas Humphrey.
17 Coovers Schlussfolgerungen basierten auf den durchschnittlichen Gesamttreffern, die tatsächlich nahe am Zufallslevel lagen. Aber wenn man die Leistungen einzelner Testpersonen in Betracht zog, war nicht nur das Gesamtergebnis positiv (5+ 3– 20=), sondern es gab auch eine auffällige Tendenz, dass die Personen Recht hatten, wenn sie tatsächlich angeschaut wurden (7+ 2– 1=), während sie bei den Nicht-Blick-Versuchen auf dem Zufallslevel lagen (5+ 5– 0=).
18 Um zu verhindern, dass Hinweise durch Unterschiede in der Art und Weise gegeben wurden, wie der Beginn jedes Versuchs signalisiert wurde, benutzte ich mechanische Klicker, Glöckchen oder Piepser. Ganz gleich, welche Art von Signal verwendet wurde – die Ergebnisse waren immer die gleichen (Sheldrake, 1999b). In vielen Tests, die in Schulen durchgeführt wurden, ab-

solvierten die Schülerpaare ihre Tests auch gleichzeitig, und die Lehrer gaben ihr Signal der ganzen Klasse. Da jedes Paar ein anderes Zufallsverfahren anwandte, aber alle dasselbe Signal vom Lehrer zu Beginn jedes Versuchs hörten, konnte dieses Signal den Testpersonen keinerlei Informationen darüber übermitteln, ob sie gerade angeschaut wurden oder nicht. Die Ergebnisse waren dennoch positiv und wiesen das übliche Muster auf (Sheldrake, 1998, 1999b).

19 Sheldrake (2001).

20 Sheldrake (2000a, 2001).

21 Sheldrake (2000a).

22 Zusammenfassungen der Daten anderer Forscher enthalten Sheldrake (1998a, 1999b, 2000a, 2001).

23 Das statistische Verfahren wurde von Jan van Bolhuis, Assistenzprofessor für Statistik an der Freien Universität Amsterdam, entwickelt.

24 Die statistische Signifikanz der Ergebnisse des Amsterdamer Experiments ist zwar astronomisch, und sie bestätigt anscheinend geradezu überwältigend die Realität des Gefühls des Angestarrtwerdens, doch die Experimente wurden unbeaufsichtigt durchgeführt, und darum ist es möglich, dass einige Kinder gemogelt haben. Dennoch halte ich es für höchst unwahrscheinlich, dass sich die beobachteten Ergebnisse allein durch Mogeln erklären lassen. Gleichwohl wäre es sehr wünschenswert, dieses Experiment unter kontrollierten Bedingungen durchzuführen. Verbesserte Versionen dieses Experiments ließen sich relativ leicht an anderen Museen und Schulen installieren, ebenso wie auf PCs. Außerdem war der Computer im Amsterdamer Experiment nur darauf programmiert, die Anzahl der Menschen festzuhalten, die «Augen im Hinterkopf» hatten oder nicht hatten. Er zeichnete die Ergebnisse für Blick- und Nicht-Blick-Versuche nicht getrennt auf. Bei einer verbesserten Version dieses Experiments wäre es wichtig, dass diese Daten ermittelt und gespeichert würden.

25 Diese Experimente wurden durch meine Mitarbeiterin Pam Smart mit ihren Schwestern, Neffen, Nichten und ihren Freunden in Ramsbottom in Greater Manchester durchgeführt. Bei den Blick-Versuchen lagen die richtigen Vermutungen der Testpersonen sehr signifikant über dem Zufallslevel, und bei den Nicht-Blick-Versuchen unterschieden sie sich nicht signifikant von den wahrscheinlich zu erwartenden Ergebnissen.

Die Gesamttrefferzahlen aus insgesamt 28 Tests (die aus jeweils 20 Versuchen bestanden) lauteten 17+ 7– 4= (17 Testpersonen hatten also häufiger Recht als Unrecht, 7 häufiger Unrecht als Recht, und 4 stellten gleich viele richtige und unrichtige Vermutungen an). Dieses positive Ergebnis war statistisch gesehen signifikant ($p < 0,05$).

26 Die Trefferquoten lauteten 23+ 10– 4=.
27 Das Gefängnis war in Willich. Die Trefferquoten lauteten 9+ 3– 1=.
28 BBC 1, Fernsehsendung «Out of This World», erstmals am 30. Juli 1996 ausgestrahlt.
29 Das Management der BBC bestand darauf, dass das Studiopublikum im Voraus Einverständniserklärungen unterzeichnete, in denen es darauf hingewiesen wurde, dass es an einem Experiment über geheime Observation teilnehmen könnte. Als die Leute das Gebäude betraten, ließen wir sie von Praktikanten filmen, die ziemlich auffällig hinter Säulen standen, in der Hoffnung, dass die meisten beim eigentlichen Experiment denken würden, es wäre schon vorbei.
30 Sheldrake (1996).
31 Ich habe 1986 die Mind Science Foundation in San Antonio in Texas besucht, als William Braud und seine Kollegen Experimente über die Auswirkungen von Intentionen auf Testpersonen in getrennten Räumen durchführten und dabei ihre emotionale Erregung anhand ihres Hautwiderstands maßen. Ich erzählte von meinen ersten Forschungen im Zusammenhang mit dem Gefühl des Angestarrtwerdens, bei denen ich das direkte Anstarren verwendet hatte. Braud und seine Kollegen kombinierten später diese beiden Methoden bei ihren bahnbrechenden Experimenten mit Fernsehüberwachungsanlagen.
32 Braud, Shafer und Andrews (1990, 1993a, 1993b), Schlitz und LaBerge (1994, 1997), Delanoy (2001), Schlitz und Braud (1997). Ausführliche Analysen enthalten Delanoy (2001) und Schmidt u. a. (im Druck).

12. Der böse Blick und die Entstehung des Rationalismus

1 Jones (1992).
2 Dundes (1992).
3 Ebenda, S. 67.
4 Am ICRISAT, dem International Crops Research Institute for the Semi-Arid Tropics.
5 Dundes (1992), S. 12.
6 Ebenda, S. 13.
7 Budge (1930), S. 13.
8 Huxley (1990).
9 Elsworthy (1895), S. 143.
10 Dundes (1992), S. 112.
11 Ebenda, S. 259.

12 Ebenda.
13 Thomas (1973), S. 79.
14 Ebenda, S. 540.
15 Ebenda, S. 535.
16 Ebenda, S. 531.
17 Ebenda, S. 533f.
18 Ebenda, S. 684.
19 Die letzte strafrechtliche Verfolgung eines Falles von «Hexerei» nach dem Witchcraft Act von 1736 war der Prozess gegen das spiritistische Medium Helen Duncan im Jahre 1944. Im Anschluss an diesen Prozess wurde der Witchcraft Act 1951 durch den Fraudulent Medium's Act ersetzt (Cassirer, 1996).

13. Sind Bilder im Gehirn oder dort, wo sie zu sein scheinen?

1 Lindberg (1981).
2 Ebenda, S. 351.
3 Ebenda, S. 202.
4 Für Descartes war das Reich des Geistes das Reich Gottes, der Engel und des menschlichen Geistes, aber es schloss die Tiere und alles Übrige in der menschlichen Welt aus.
5 Descartes lehnte ausdrücklich und ganz bewusst die aristotelische Philosophie ab, die allen Lebewesen, auch den Pflanzen und Tieren, eine Seele zuerkannt hatte. Das griechische Wort für Seele ist *psyche*, das auch in Begriffen wie «Psychologie» und «Psychotherapie» steckt. Das lateinische Wort für Seele ist *anima*, die Wurzel zum Beispiel eines Begriffs wie «animalisch». Aus dieser so genannten animistischen Sicht, gegen die Descartes aufbegehrte, haben Menschen und Tiere mit Pflanzen eine nährende oder vegetative Seele gemeinsam, die den Körper in der Entwicklung formt und diese Form erhält. Die Menschen haben auch mit Tieren eine animalische oder sensitive Seele gemeinsam, die ihre Empfindungen, Bewegungen und Instinkte koordiniert. Darüber hinaus besitzen wir Menschen eine intellektuelle oder rationale Seele. Vor Descartes galt der rationale Verstand als Teil eines größeren psychischen Systems, das den gesamten Körper erfüllte und darüber hinausreichte. Niemand nahm an, dass alle Aspekte dieser erweiterten Psyche bewusst wären. Um es moderner auszudrücken: Der bewusste Verstand war Teil eines viel größeren psychischen Systems, das großenteils unbewusst war.
6 Burtt (1932), 4. Kapitel.

7 Für die meisten gebildeten Menschen ist der kartesianische Dualismus etwas Selbstverständliches, aber nur wenige würden es wagen, diese Position zu verteidigen, falls sie in Frage gestellt würde, da dies zu so unlösbaren Problemen führt. Zwei seltene Ausnahmen waren der Neurophysiologe John Eccles und der Wissenschaftsphilosoph Karl Popper, die zusammen ein Buch mit dem Titel *The Self And Its Brain: An Argument for Interactionism* (Popper und Eccles, 1977; deutsch *Das Ich und sein Gehirn*) geschrieben haben.

8 Wallace (2000), S. 28f.

9 Ebenda, S. 49.

10 Die Standardposition der kognitiven Psychologie lässt sich als repräsentative Computeranschauung vom Geist bezeichnen. Eine eingehende kritische Würdigung enthält Shannon (1993).

11 Kayser (1997), S. 43.

12 Dennett (1991), S. 33.

13 Wallace (2000), S. 147.

14 Greenfield (2000), S. 12–15.

15 Piaget (1974).

16 Winer und Cottrell (1996).

17 Ebenda.

18 Ebenda.

19 Winer u.a. (1996).

20 Ein höherer Prozentsatz von Schulkindern und Collegestudenten erklärte, sie würden an die Intromissions-Theorie glauben, als ihnen rein verbale Fragen gestellt wurden, während dies weniger glaubten, als sie aufgefordert wurden, Bilder oder Computeranimationen zu verwenden oder eigene Zeichnungen zu erstellen (Cottrell und Winer, 1994; Winer u.a., 1996). Winer und seine Kollegen meinten, dies könne daran liegen, dass bei rein verbalen Antworten die Befragten eher wiederholen würden, was ihnen beigebracht worden sei, nämlich die «korrekte» Theorie des Sehens, während die Bildmethode eine «entwicklungsmäßig weniger fortschrittliche» und «primitivere» Art von Antwort zuließ. (Winer und Cottrell, 1996b)

21 Cottrell, Winer und Smith (1996).

22 Winer und Cottrell (1996b).

23 Winer u.a. (2002).

24 Winer und Cottrell (1996a).

25 Z.B. Bergson (1911), Burtt (1932).

26 Zitiert in Velmans (2000), S. 112.

27 Ebenda, S. 114.

28 Ebenda, S. 115.

29 Eine eingehende Darstellung, wie die visuelle Wahrnehmung in der realen Welt konkret funktioniert, findet sich bei Gibson (1986).

30 Die Wahrnehmung dieser Veränderung im Hintergrundfeld kann die Aufmerksamkeit der anderen Person auf sich ziehen oder auch nicht, genauso wie dies eine Veränderung in jedem anderen Sinn vermöchte. So könnte sich zum Beispiel jemand umdrehen, weil er auf ein plötzliches, unerwartetes Geräusch von hinten reagiert. Ob sich die Person nun umdreht oder nicht, hängt zum Teil von der Intensität des Geräuschs ab. Die meisten Menschen würden auf den Lärm einer Explosion hinter ihnen reagieren, nur wenige auf ein leises Rascheln. Aber die Reaktionen würden auch vom emotionalen Zustand des Betreffenden, von seinen Bedürfnissen und Interessen abhängen. Zum Beispiel ist die Empfindlichkeit von Menschen für Geräusche von hinten größer, wenn sie argwöhnisch sind, und geringer, wenn sie sich sicher fühlen. Genauso wird auch das Gefühl des Angestarrtwerdens vom emotionalen Zustand des Betreffenden beeinflusst, ebenso von konkurrierenden Reizen, die seine Aufmerksamkeit beanspruchen. Das Gefühl des Angestarrtwerdens kann – wie die Telepathie und andere Aspekte des siebten Sinns – in erster Linie die Emotionen samt den mit ihnen verbundenen physiologischen Veränderungen beeinflussen. Solche emotionalen Reaktionen können durchaus unbewusst sein. Eine aufschlussreiche Darstellung der Rolle von Emotionen und ihren Einflüssen auf Gefühle und das Bewusstsein findet sich bei Damasio (2000).

31 In der Wissenschaft sind Felder irgendeiner Art das einzige Medium, durch das solche Einflüsse weitergeleitet werden können. Vielleicht wird irgendwann in der Zukunft ein neues Denken hinsichtlich Interaktionen über eine Distanz hinweg möglich sein. Aber gegenwärtig stellt anscheinend irgendeine Art von Feldtheorie die einzige Möglichkeit dar. Ich bin mir darüber im Klaren, dass diese Feldhypothese hinsichtlich des Gefühls des Angestarrtwerdens noch vage ist und viele Fragen nicht beantwortet. Aber mir erscheint sie als die einzig plausible Möglichkeit, dieses Gefühl zu verstehen. Nur wenn Felder vom Gehirn ausgehen, sowie wir Personen oder Dinge ansehen, lässt sich das Anstarren wahrnehmen, sofern andere sinnliche Hinweise fehlen. Und wenn wir keine Felder um uns herum hätten, wären wir nicht in der Lage, Blicke von hinten wahrzunehmen. Die einzig denkbare Alternative zur Wahrnehmung von Blicken durch Felder wäre die Annahme, dass wir Sinnesorgane in unserer Haut haben, die solche Blicke wahrnehmen – also «Augen im Hinterkopf». Aber wenn dies der Fall wäre, dürfte das Gefühl des Angestarrtwerdens nicht funktionieren, wenn jemand bekleidet und seine Haut bedeckt ist. Auch Menschen mit langem Haar, das den Nacken bedeckt, müssten dann gegen die Effekte des Angestarrtwer-

dens von hinten immun sein. Aber auch dies ist nicht der Fall. Das Gefühl des Angestarrtwerdens scheint selbst dann zu funktionieren, wenn Menschen voll bekleidet sind, langes Haar haben und keine bloße Haut zu sehen ist.

14. Hellsehen

1 Inglis (1985).
2 St. Barbe Baker (1942), S. 41.
3 Puthoff und Targ (1976).
4 Braude (1979).
5 Radin (1997), S. 101. Da inzwischen die Geheimhaltung für einige der SRI-Forschungsergebnisse aufgehoben wurde, haben einige Testpersonen ihre eigenen Berichte über ihre Erfahrungen geschrieben, vor allem McMoneagle (1993) und Graff (1998).
6 Z.B. Millay (1999).
7 Schlitz und Gruber (1980, 1981).
8 Schlitz und Gruber (1980), S. 315.
9 Radin (1997), S. 102f.
10 Ebenda, S. 103.
11 Ebenda, S. 105.
12 Myers (1997).
13 Inglis (1985), S. 38f.
14 Targ und Katra (1998), S. 70–72.
15 Ebenda, S. 49.
16 Rhine (1937).
17 Z.B. Rhine (1937, 1954).
18 Taylor (1998).

15. Vorahnungen bei Tieren

1 Näheres dazu findet sich bei Sheldrake (1999a), 15. Kapitel.
2 Newsom und Scott (1999).
3 Sheldrake (1999a), 15. Kapitel.
4 Ebenda.
5 Hampshire (1999).
6 Von Support Dogs, einer britischen Wohltätigkeitsorganisation, die sich auf die Ausbildung von Hunden spezialisiert hat, welche vor Anfällen warnen.

7 Edney (1993).
8 Sheldrake (1999a), 6. Kapitel.
9 Chen u.a. (2000).

16. Vorahnungen bei Menschen

1 Saltmarsh (1938).
2 Ebenda, S. 56.
3 Barker (1967).
4 Behe (1988).
5 Ebenda, S. 137.
6 Ebenda, S. 125f.
7 Stevenson (1960).
8 Cox (1956).

17. Die Erforschung der Präkognition

1 Dunne (1958), S. 96.
2 J. Rhine (1954); L. Rhine (1967).
3 Radin (1997), 7. Kapitel.
4 Ebenda.
5 Targ und Katra (1998).
6 Radin (1997), 7. Kapitel.
7 Sobel (1996).
8 Es gibt allerdings eine sehr interessante Studie über Veränderungen im Hormonspiegel des Blutes vor dem Gewecktwerden zu einer ungewohnt frühen Zeit, die Jan Born und seine Kollegen in Lübeck durchgeführt haben (Born u.a., 1999). Bei dieser Studie schliefen die Probanden drei Nächte lang unter Laborbedingungen, wobei ihre Hirntätigkeit und ihre Augenbewegungen ständig überwacht und alle fünfzehn Minuten Blutproben genommen wurden. Sie gingen um Mitternacht zu Bett. Man erklärte ihnen, dass sie in einer der drei Nächte um sechs Uhr, in den anderen beiden Nächten aber erst um neun Uhr geweckt würden. Tatsächlich aber wurden sie in einer dieser beiden Nächte überraschenderweise auch schon um sechs Uhr geweckt. Als die Testpersonen wussten, dass sie früh geweckt werden würden, war eine signifikant verstärkte Ausschüttung des Hormons Adrenokortikotropin über einen Zeitraum von einer Stunde vor dem Wecken festzustellen. Eine geringere Ausschüttung gab es bei den Kontrollperso-

nen, die um neun Uhr geweckt wurden, ebenso bei den Testpersonen, die überraschend um sechs Uhr geweckt wurden. Dieses Hormon ist mit Stressreaktionen verbunden, und dies zeigt, dass die Testpersonen, die erwarteten, früh geweckt zu werden, bereits weit im Voraus physiologisch reagierten.
Allerdings wurde bei dieser Studie nicht das Phänomen des spontanen Erwachens vor dem erwarteten oder überraschenden Wecken um sechs Uhr untersucht. Außerdem waren die 15-minütigen Pausen zwischen den einzelnen Blutproben zu lang, als dass man irgendeine verstärkte Ausschüttung von Stresshormonen bei den unerwartet geweckten Testpersonen unmittelbar vor dem Erwachen hätte feststellen können.

9 Dunne (1958), 6. Kapitel.

10 Siehe z. B. Friedrich Kluge: *Etymologisches Wörterbuch der deutschen Sprache*, Berlin, New York 1989.

18. Der erweiterte Geist und die moderne Physik

1 Amöbenartige Zellen werden Amöbozyten genannt und bilden eine der drei Hauptfamilien von Zellen in mehrzelligen Tieren, nach der Klassifikation des Zytologen E.N. Willmer (Willmer, 1970).

2 Ebenda.

3 Radin (1997), Jahn und Dunne (1987).

4 Dossey (1993, 2001), Astin, Harkness und Ernst (2000).

5 Näheres dazu auf http://noosphere.princeton.edu und http://www.boundaryinstitute.org/randomness.htm.

6 Laplace (1932), S. 1f.

7 Eine sehr viel ausführlichere und umfassendere Darstellung bietet Stokes (1987).

8 Siehe Smythies (2000).

9 Siehe z.B. Dunnes Theorie der seriellen Zeit (Dunne, 1958).

10 Schmeidler (1972).

11 Targ, Puthoff und May (1979).

12 Gleik (1988).

13 Davies (1984), Greene (1999).

14 Hawking (2001).

15 Smythies (2000).

16 Taylor (2000).

17 Taylor ist sich natürlich dieser Probleme bewusst und versucht sie zu bewältigen (Taylor, 2000).

18 Stanford (1978).
19 Braud (1981).
20 Für Braud hängt Labilität mit Zufälligkeit zusammen, und in diesem Sinne stimmten seine Ideen durchaus mit Stanfords und anderen auf der Quantenphysik basierenden Theorien überein.
21 Eingehender mit Brauds Theorie befasst sich Hansen (2001), 21. Kapitel.
22 Walker (1974, 1984).
23 Eine kritische Würdigung von Walkers Ideen enthält Hansen (2001), 21. Kapitel.
24 Davies und Gribbin (1991), 7. Kapitel.
25 Josephson und Pallikari-Viras (1991).

19. Mentale Felder

1 Brenner (2001).
2 Thom (1975, 1983).
3 Näheres dazu in Sheldrake (1981, 1988).
4 Ebenda.
5 Creighton (1978).
6 Karplus (1995).
7 Anfinsen und Scheraga (1975).
8 Zhou und Karplus (1999).
9 «Die Topologie des Urzustands eines Proteins bestimmt anscheinend die Hauptmerkmale seiner sich faltenden Landschaft aus freier Energie.» (Baker, 2000)
10 Mehr dazu, einschließlich möglicher experimenteller Tests, in Sheldrake (1988).
11 Freeman (1999), S. 107.
12 Ebenda, S. 117.
13 Melzack (1992).
14 Mitchell (1872), S. 352.
15 Feldman (1940).
16 Sheldrake (1994), 5. Kapitel.
17 Eine ausführlichere Darstellung der medizinischen Forschung im Zusammenhang mit Phantomgliedmaßen enthält Sheldrake (1994).
18 Weinstein und Sarsen (1961).
19 Melzack (1992).
20 Ebenda.
21 Ebenda.
22 Melzack (1989), S. 9.

23 Ebenda.
24 Ramachandran und Blakeslee (1998).
25 Melzack und Bromage (1973).
26 Bromage und Melzack (1974).
27 Wie Poeck und Orgass (1971) gezeigt haben, treten zahlreiche Probleme auf, wenn Forscher versuchen, das Körperschema ins Gehirn zu verlegen, und wie dieser Begriff gewöhnlich verwendet wird, führt unweigerlich zu Zirkelschlüssen.
28 Siehe z.B. Palmer (1979).
29 Zitiert in Blackmore (1983), S. 48.
30 Moody (1976). Einen Überblick über die neuere Forschung von Erlebnissen in Todesnähe bei Patienten mit Herzstillstand enthält Parnia (2001); siehe auch www.horizon-research.co.uk.
31 Melzack (1989), S. 4. Siehe auch Phillips (2000), S. 11.

Anhang A. Wie man sich an der Forschung beteiligen kann

1 Sheldrake und Smart (1998, 2000a, b).

Anhang B. Die Experimente und Umfragen im Detail

1 Sheldrake und Morgana (in Vorbereitung).
2 Baker (2000), S. 40.
3 Sheldrake (1994).
4 Baker (2000), S. 38.
5 R. Baker im persönlichen Gespräch, 27. Mai 2000.
6 Baker (2000), S. 38.
7 Sheldrake (1998a, 1999b, 2000a, 2001).
8 Marks und Colwell (2000).
9 Colwell u.a. (2000).
10 Wie Marks und Colwell erzielten auch Wiseman und Smith (1994) ein unerwartet positives Ergebnis bei einem Blick-Experiment, das sie dann als Artefakt des Randomisierungsverfahrens zu erklären versuchten, aber in ihrem Fall schrieben sie dies der Tatsache zu, dass den Nicht-Blick-Versuchen mehr Blick-Versuche vorausgingen als umgekehrt. Sie empfahlen eine Ausgewogenheit der Sequenzen, indem auf jedes Set von randomisierten Sequenzen ein gegenteiliges Set folgen sollte – immer dann, wenn es im einen Set einen Blick-Versuch gab, sollte es im anderen Set einen Nicht-Blick-Versuch geben und umgekehrt.

11 Sheldrake (1999b), Tabellen 1 und 2.
12 Sheldrake (1998a).
13 Nachdem ich ihre Behauptungen im *Skeptical Inquirer* (Sheldrake 2000b) kritisiert hatte, konterten Marks und Colwell (2000b) mit dem Argument, bei der Randomisierung durch Münzwurf könnten ebenfalls Muster im Spiel gewesen sein, die die Testpersonen wahrnehmen könnten! Ich bat Marks, mir zu erklären, wie er sich dies konkret vorstelle, aber dazu schien er nicht in der Lage zu sein.
14 Sheldrake (1999b), Tabellen 3 und 4, Sheldrake (2000a).
15 Sheldrake (1999b, 2000a).
16 Wiseman und Smith (1994).
17 Sheldrake (2001).
18 Wiseman und Schlitz (1997).
19 Rosenthal (1976).
20 Zitiert in Playfair (2000), S. 15.

Anhang C. Eine kurze Geschichte früher Theorien des Sehens

1 Lindberg (1981), S. 1ff.
2 Dodds (1971).
3 Lindberg (1981), S. 3ff.
4 Ebenda, S. 9ff.
5 Ebenda, S. 15.
6 Ebenda, S. 19.
7 Ebenda, S. 26.
8 Ebenda, S. 58–86.
9 Ebenda, 7. Kapitel.
10 Ebenda, S. 203.

Literatur

Abraham, R., A two-worlds model for consciousness, in: *Subtle Energies and Uncharted Realms of Mind* (Proceedings of symposium), July, Esalen Institute, Big Sur, CA, 2000.

Adamson, J., *Born Free*, London 1960.

Anfinsen, C.B./Scheraga, H.A., Experimental and theoretical aspects of protein folding, in: *Advances in Protein Chemistry* 29, 1975, S. 205–300.

Astin, J.E./Harkness, E./Ernst, E., The efficacy of ‹distant healing›: A systematic review of randomized trials, in: *Annals of Internal Medicine* 132, 2000, S. 903–910.

Baker, D., A surprising simplicity to protein folding, in: *Nature* 405, 2000, S. 39–42.

Baker, R., *The Mystery of Migration*, London 1980.

Barker, J.C., Premonitions of the Aberfan disaster, in: *Journal of the Society for Psychical Research* 55, 1967, S. 189–237.

Behe, G., *Titanic: Psychic Forewarnings of a Tragedy*, Wellingborough 1988.

Bem, D.J./Palmer, J.K./Broughton, R.S., Updating the ganzfeld database: A victim of its own success?, in: *Psychological Bulletin*, 2001.

Berger, J., *The Parrot Who Owns Me*, New York 2001.

Bergson, H., *Materie und Gedächtnis. Eine Abhandlung über die Beziehung zwischen Körper und Geist*, Hamburg 1991.

Blackmore, S., *Beyond the Body*, London 1983.

Blackmore, S., Probability misjudgement and belief in the paranormal: A newspaper survey, in: *British Journal of Psychology* 88, 1997, S. 683–689.

Blake, H.N., *Talking With Horses: A Study of Communication Between Man and Horse*, London 1975.

Boone, J.A., *The Language of Silence*, New York 1970.

Born, J./Hansen, K./Marshall, L./Mölle, M./Fehm, H.M., Timing the end of nocturnal sleep, in: *Nature* 397, 1999, S. 29f.

Braud, W., Lability and inertia in conformance behavior, in: *Journal of the American Society for Psychical Research* 74, 1981, S. 297–318.

Braud, W./Shafer, D./Andrews, S., Electrodermal correlates of remote attention: Autonomic reactions to an unseen gaze, in: *Proceedings of Presented Papers, Parapsychology Association 33rd Annual Convention*, Chevy Chase, MD, 1990, S. 14–28.

Braud, W./Shafer, D./Andrews, S., Reactions to an unseen gaze (remote attention): A review, with new data on autonomic staring detection, in: *Journal of Parapsychology* 57, 1993 (a), S. 373–390.

Braud, W./Shafer, D./Andrews, S., Further studies of autonomic detection of remote staring: Replications, new control procedures, and personality correlates, in: *Journal of Parapsychology* 57, 1993 (b), S. 391–409.

Braude, S., *ESP and Psychokinesis: A Philosophical Examination*, Philadelphia 1979.

Brenner, S., *My Life in Science*, London 2001.

Broad, C.D., *Lectures on Psychical Research*, London 1962.

Broad, W./Wade, N., *Betrayers of the Truth: Fraud and Deceit in Science*, Oxford 1985 (dt.: *Betrug und Täuschung in der Wissenschaft*, Stuttgart 1984).

Bromage, P.R./Melzack, R., Phantom limbs and the body schema, in: *Canadian Anaesthetists' Society Journal* 21, 1974, S. 267–274.

Broughton, R.S./Alexander, C.H., Autoganzfeld II: An attempted replication of the PRL ganzfeld research, in: *Journal of Parapsychology* 61, 1997, S. 208–226.

Brown, D./Sheldrake, R., Perceptive pets: A survey in north-west California, in: *Journal of the Society for Psychical Research* 62, 1998, S. 396–406.

Brown, D./Sheldrake, R., The anticipation of telephone calls: A survey in California, in: *Journal of Parapsychology* 65, 2001, S. 145–156.

Budge, W., *Amulets and Superstitions*, Oxford 1930.

Burtt, E. A., *The Metaphysical Foundations of Modern Science*, London 1932.

Carlson, C., Artificial life: Boids of a feather flock together, in: *Scientific American*, November 2000, S. 94f.

Carr, B., President's note, in: *The Paranormal Review* 20, 2001, S. 11–13.

Cassirer, M., *Medium on Trial: The Story of Helen Duncan and the Witchcraft Act*, Stansted 1996.

Chen, M./Daly, M./Natt, S./Williams, G., Non-invasive detection of hypoglycaemia using a novel, fully biocompatible and patient friendly alarm system, in: *British Medical Journal* 321, 2000, S. 1565f.

Clements, H., *Alfred Russel Wallace*, London 1983.

Clutton-Brock, J., *Domesticated Animals From Early Times*, London 1981.

Colwell, J./Schröder, S./Sladen, D., The ability to detect unseen staring: A literature review and empirical tests, in: *British Journal of Psychology* 91, 2000, S. 71–85.

Conan Doyle, A., J. Habakuk Jephson's statement, in: *Cornhill Magazine*, Januar 1884.

Cooper, J., *The Mystery of Telepathy*, London 1982.

Coover, J.E., «The feeling of being stared at» – experimental, in: *American Journal of Psychology* 24, 1913, S. 570–575.

Coover, J.E., Experiments in Psychical Research at Leland Stanford Junior University, in: *Leland Stanford Junior Publications: Psychical Research Monograph* 1, 1917, S. 144–167.

Corbett, J., *Jim Corbett's India*, Oxford 1986.

Cottrell, J.E./Winer, G.A., Development in the understanding of perception: The decline of extramission perception beliefs, in: *Developmental Psychology* 30, 1994, S. 218–228.

Cottrell, J.E./Winer, G.A./Smith, M.C., Beliefs of children and adults about feeling stares of unseen others, in: *Developmental Psychology* 32, 1996, S. 50–61.

Cox, W.E., Precognition: An analysis, II, in: *Journal of the American Society for Psychical Research* 50, 1956, S. 99–109.

Creighton, T.E., Experimental studies of protein folding and unfolding, in: *Progress in Biophysics and Molecular Biology* 33, 1978, S. 231–297.

Crick, F., *The Astonishing Hypothesis: The Scientific Search for the Soul*, London 1994 (dt.: *Was die Seele wirklich ist*, München 1994).

Dalton, K., Exploring the links: creativity and psi in the ganzfeld, in: *Proceedings of the Parapsychological Association 40th Annual Convention* 1997, S. 119–131.

Damasio, A., *The Feeling of What Happens*, London 2000.

Davies, P., *Superforce*, London 1984.

Davies, P./Gribbin, J., *The Matter Myth*, London 1991.

Delanoy, D., Anomalous psychophysiological responses to remote cognition: the DMILS studies, in: *European Journal of Parapsychology* 16, 2001, S. 30–41.

Delanoy, D./Sah, S., Cognitive and physiological psi responses to remote positive and neutral emotional states, in: D.J. Bierman (Hrsg.), *Proceedings of Presented Papers of the 37th Annual Parapsychological Association Convention*, Fairhaven, MA, 1994.

Dennett, D., *Consciousness Explained*, Boston 1991.

Deutsch, D., *The Fabric of Reality*, London 1997.

Dodds, E.R., Supernormal phenomena in classical antiquity, in: *Proceedings of the Society for Psychical Research* 55, 1971, S. 189–237.

Dossey, L., *Healing Words*, San Francisco 1993.

Dossey, L., *Healing Beyond the Body*, Boston 2001.

Downer, J., *Supernatural: The Unseen Powers of Animals*, London 1999.

Dröscher, V.B., *Magie der Sinne im Tierreich. Neue Forschungen*, München 1966.

Dundes, A. (Hrsg.), *The Evil Eye: A Casebook*, Madison, WI, 1992.

Dunne, J.W., *An Experiment With Time*, London 1958.

Eason, C., *A Mother's Instincts*, London 1992.

Eason, C., *Psychic Power of Children*, London 1994.

Eason, C., *Psychic Families*, London 1995.

Edney, A.T.B., Dogs and human epilepsy, in: *The Veterinary Record* 132, 1993, S. 337f.

Ehrenreich, B., *Blood Rites*, New York 1997 (dt.: *Blutrituale. Ursprung und Geschichte der Lust am Krieg*, München 1997).

Eisenbud, J., *Psi and Psychoanalysis: Studies in the Psychoanalysis of Psi-conditioned Behavior*, New York 1970.

Elsworthy, F., *The Evil Eye*, London 1895.

Feldman, S., Phantom limbs, in: *American Journal of Physiology* 53, 1940, S. 590–592.

Fenwick, P./Fenwick, E., *The Hidden Door*, London 1998.

Freeman, W.J., *How Brains Make Up Their Minds*, London 1999.

Freeman, W.J./Schneider, W., Changes in spatial pattern of rabbit olfactory EEG with conditioning to odors, in: *Psychophysiology* 19, 1982, S. 44–56.

Freud, S., Psychoanalyse und Telepathie, in: *Gesammelte Werke chronologisch geordnet*, Bd. 17, Frankfurt a.M. 1983.

Frisch, K. von, *Tiere als Baumeister*, Frankfurt/Berlin/Wien 1974.

Gallup, G.H./Newport, F., Belief in paranormal phenomena among American adults, in: *Skeptical Inquirer* 15, 1991, S. 137–146.

Galton, F., *Inquiries into Human Faculty and its Development*, London 1883.

Gardner, M., *The Whys of a Philosophical Scrivener*, New York 1983.

Gibson, J.J., *The Ecological Approach to Visual Perception*, Hilisdale, NJ, 1986.

Gleik, J., *Chaos: Making a New Science*, London 1988.

Goodall, J., *Reason For Hope*, New York 2000 (dt.: *Grund zur Hoffnung*, München 2001).

Gould, L.L./Heppner, F.H., The vee formation of Canada geese, in: *Auk* 91, 1974, S. 494–506.

Gould, S.J., *Wonderful Life*, London 1989 (dt.: *Zufall Mensch*, München 1991).

Graff, D.E., *Tracks in the Psychic Wilderness: An Exploration of Remote Viewing, ESP, Precognitive Dreaming and Synchronicity*, Shaftesbury 1998.

Greene, B., *The Elegant Universe*, London 1999.

Greenfield, S., *Brain Story: Unlocking Our Inner World of Emotions, Memories, Ideas and Desires*, London 2000.

Gregory, W., *Animal Magnetism, Or Mesmerism and its Phenomena*, London 1919.

Gurney, E./Myers, F.W.H./Podmore, F., *Phantasms of the Living*, London 1886.

Hampshire, M., Pets that saved our lives, in: *Daily Mail*, 30. März 1999, S. 40–42.

Hansen, G.P., *The Trickster and the Paranormal*, Xlibris Corporation, USA, 2001.

Hawking, S., *The Universe in a Nutshell*, London 2001 (dt.: *Das Universum in der Nussschale*, Hamburg 2001).

Hawkins, L., The ice babies, in: *TV Times*, 23. März 1983.

Haynes, R., *The Hidden Springs: An Enquiry into Extra-Sensory Perception*, London 1973.

Heppner, F.H./Convissar, J.L./Moonan, D.E./Anderson, J.G.T., Visual angle and formation flight in Canada geese (*Branta canadensis*), in: *Auk* 102, 1985, S. 195–198.

Hölldobler, B./Wilson, E.O., *Journey to the Ants: A Story of Scientific Exploration*, Cambridge, MA, 1994 (dt.: *Ameisen – die Entdeckung einer faszinierenden Welt*, Basel 1995).

Horgan, J., *The End of Science: Facing the Limits of Knowledge in the Twilight of the Scientific Age*, London 1996.

Huth, A./Wissel, C., The simulation of the movement of fish schools, in: *Journal of Theoretical Biology* 156, 1992, S. 365–385.

Huxley, F., *The Eye: The Seer and the Seen*, London 1990.

Hygen, G., *Vardøger: Vårt Paranormale Nasjonalfenomen*, Oslo 1987.

Inglis, B., *Natural and Supernatural: A History of the Paranormal from Earliest Times to 1914*, London 1977.

Inglis, B., *The Paranormal: An Encyclopedia of Psychic Phenomena*, London 1985.

Jahn, R./Dunne, B., *Margins of Reality: The Role of Consciousness in the Physical World*, New York 1987.

Jennings, H.S., *Behavior of the Lower Organisms*, New York 1906.

Josephson, B.D./Pallikari-Viras, F., Biological utilization of quantum nonlocality, in: *Foundations of Physics* 21, 1991, S. 197–207.

Jung, C.G., *Erinnerungen, Träume, Gedanken*. Aufgezeichnet und herausgegeben v. Aniele Jaffe, Olten und Freiburg 1987.

Karplus, M., The Levinthal paradox yesterday and today, in: *Folding and Design* 2, 1995, S. 569–576.

Kayser, W. (Hrsg.), *A Glorious Accident*, New York 1997.

Kelly, E.W., The contribution of F.W.H. Myers to psychology, in: *Journal of the Society for Psychical Research* 65, 2001, S. 65–90.

Kiley-Worthington, M., *The Behaviour of Horses*, London 1987.

Kokubo, H., Contemporary active research groups in Japan for anomalous phenomena, in: *Japanese Journal of Parapsychology* 3, 1998, S. 19–63.

Kuhn, T.S., *The Structure of Scientific Revolutions*, Chicago 1970.

Lang, A., Second sight, in: *Encyclopaedia Britannica*, Cambridge 1911.

Laplace, P.S. de, *Philosophischer Versuch über die Wahrscheinlichkeit*, Leipzig 1932.

Lindberg, D.C., *Theories of Vision from Al-Kindi to Kepler*, Chicago 1981 (dt.: *Auge und Licht im Mittelalter*, Frankfurt a.M. 1987).

Lommel, P. van, Near death experience in survivors of cardiac arrest: a prospective study in the Netherlands, in: *The Lancet* 358, 2001, S. 2019–2045.

London, J., *The Call of the Wild*, London 1991 (dt.: *Der Ruf der Wildnis*, München 1991).

Long, W., *How Animals Talk*, New York 1919.

Marais, E., *The Soul of the White Ant*, Harmondsworth 1973.

Marks, D./Colwell, J., The psychic staring effect: An artifact of pseudo randomization, in: *Skeptical Inquirer*, September/Oktober 2000, S. 41–49.

Marks, D./Colwell, J., Fooling and falling into the sense of being stared at, in: *Skeptical Inquirer*, März/April 2001, S. 62f.

Markwick, B., The Soal-Goldney experiments with Basil Shackleton: New evidence of data manipulation, in: *Proceedings of the Society for Psychical Research* 56, 1978, S. 250–277.

Matthews, R., Sixth sense helps you watch your back, in: *Sunday Telegraph*, 14. April 1996.

Mayer, E.L., Subjectivity and intersubjectivity of clinical facts, in: *International Journal of Psycho-Analysis* 77, 1996, S. 709–737.

Mayer, E.L., On «telepathic dreams?»: An unpublished paper by Robert J. Stoller, in: *Journal of the American Psychoanalytic Association* 49, 2001, S. 629–657.

McFarland, D. (Hrsg.), *The Oxford Companion to Animal Behaviour*, Oxford 1981.

McKie, R., Royal Mail's Nobel guru in telepathy row, in: *The Observer*, 30. September 2001.

McMoneagle, J., *Mind Trek: Exploring Consciousness, Time and Space Through Remote Viewing*, Norfolk, VA, 1993.

Melzack, R., Phantom limbs, the self and the brain, in: *Canadian Psychology* 30, 1989, S. 1–16.

Melzack, R., Phantom limbs, in: *Scientific American*, April 1992, S. 120–126.

Melzack, R./Bromage, P.R., Experimental phantom limbs, in: *Experimental Neurology* 39, 1973, S. 261–269.

Michell, J./Rickard, R., *Phenomena*, London 1977 (dt.: *Die Welt steckt voller Wunder*, Düsseldorf/Wien 1979).

Millay, J., *Multidimensional Mind: Remote Viewing in Hyperspace*, Berkeley, CA, 1999.

Milton, J., Should ganzfeld research continue to be crucial in the search for a replicable psi effect? Part I. Discussion paper and introduction to an electronic mail discussion, in: *Journal of Parapsychology* 63, 1999, S. 309–333.

Milton, J./Wiseman, R., Does psi exist? Lack of replication of an anomalous process of information transfer, in: *Psychological Bulletin* 125, 1999, S. 387–391.

Mitchell, W., *Injuries of Nerves and Their Consequences*, Philadelphia 1872.

Moody, R.A., *Life After Life*, New York 1976 (dt.: *Leben nach dem Tod*, Reinbek b. Hamburg 1977).

Morell, V., The origin of dogs: running with the wolves, in: *Science* 276, 1997, S. 1647f.

Morgan, T.H., *Regeneration*, New York 1901.

Morris, D., *Animalwatching*, London 1990 (dt.: *Warum klappert der Storch?*, München 1996).

Murphy, M., *The Future of the Body*, Los Angeles 1992.

Murphy, M./White, R., *The Psychic Side of Sports*, Reading, MA, 1978 (dt.: *Psi im Sport*, München 1983).

Myers, A., *Communicating With Animals*, Chicago 1997.

Myers, F., Report of the literary committee, in: *Proceedings of the Society for Psychical Research* 1, 1882, S. 147.

Myers, F., *Human Personality and the Survival of Bodily Death*, London 1903.

Newsom, S./Scott, A., Wall of Death, in: *The Sunday Times*, 28. Februar 1999.

Niwa, H., Self-organizing dynamic model of fish schooling, in: *Journal of Theoretical Biology* 171, 1994, S. 123–126.

Novak, M., *The Joy of Sports*, New York 1976.

Palmer, J., A community mail survey of psychic experiences, in: *Journal of the American Society for Psychical Research* 73, 1979, S. 221–251.

Parker, A., A review of the ganzfeld work at Gothenberg University, in: *Journal of the Society for Psychical Research* 64, 2000, S. 1–15.

Parnia, S., Near death experiences in cardiac arrest and the mystery of consciousness, in: *Network: The Scientific and Medical Network Review*, August 2001, S. 6–9.

Parrish, J./Hammer, W., *Animal Groups In Three Dimensions*, Cambridge 1997.

Payne, P., *Martial Arts*, London 1981.

Penfield, W., *The Mystery of the Mind*, Princeton 1975.

Penrose, R., *The Emperor's New Mind*, Oxford 1989.

Peoc'h, R., Telepathy experiments between rabbits, in: *Fondation Odier de Psycho-Physique Bulletin* 3, 1997, S. 25–28.

Pepperberg, I., *The Alex Studies: Cognitive and Communicative Abilities of Grey Parrots*, Cambridge, MA, 1999.

Peterson, D.M., Through the looking glass: An investigation of the faculty of extra-sensory detection of being looked at. Unveröffentlichte Magisterarbeit, Universität Edinburgh, 1978.

Phillips, H., Mind phantoms, in: *New Scientist*, 8. Juli 2000, S. 11.

Piaget, J., *Das Weltbild des Kindes*, Frankfurt a.M. 1980.

Piaget, J., *Understanding Causality*, New York 1974.

Plant, C.W., *The Larger Moths of the London Area*, London 1993.

Playfair, G.L., Telepathy and identical twins, in: *Journal of the Society for Psychical Research* 63, 1999, S. 86–98.

Playfair, G.L., Mediawatch, in: *The Paranormal Review* 16, 2000, S. 15.

Playfair, G.L., *The Twin Connection*, London 2002.

Poeck, K./Orgass, B., The concept of the body schema: a critical review and some experimental results, in: *Cortex* 7, 1971, S. 254–277.

Pomeroy, H./Heppner, F., Structure of turning in airborne rock dove (*Columba livia*) flocks, in: *Auk* 109, 1992, S. 256–267.

Poortman, J.J., Het hegemonikon en zijn aandacht van den tweeden graad, in: *Tijdschrift voor Parapsychologie* 11, 1939, S. 97–120.

Poortman, J.J., The feeling of being stared at, in: *Journal of the Society for Psychical Research* 40, 1959, S. 4–12.

Popper, K./Eccles, J., *The Self and Its Brain: An Argument for Interactionism*, Berlin 1997 (dt.: *Das Ich und sein Gehirn*, München 1997).

Post, L. van der, *The Lost World of the Kalahari*, London 1962.

Puthoff, H.E./Targ, R., A perceptual channel for information transfer over kilometer distances: Historical perspective and recent research, in: *Proceedings of the IEEE* 64, 1976, S. 329–354.

Radin, D., *The Conscious Universe: The Scientific Truth of Psychic Phenomena*, San Francisco 1997.

Ramachandran, V.S./Blakeslee, S., *Phantoms in the Brain*, London 1998.

Recordon, E.G./Stratton, F.J.M./Peters, R., Some trials in a case of alleged telepathy, in: *Journal of the Society for Psychical Research* 44, 1968, S. 390–399.

Reichel-Dolmatoff, G., *Rainforest Shamans*, Dartington 1997.

Rhine, J.B., *New Frontiers of the Mind*, New York 1937.

Rhine, J.B., *New World of the Mind*, London 1954.

Rhine, J.B., A new case of experimenter unreliability, in: *Journal of Parapsychology* 38, 1974, S. 218–225.

Rhine, L.E., *ESP in Life and Lab*, London 1967.

Rhine, L.E., *The Invisible Picture: A Study of Psychic Experiences*, Jefferson, NC, 1981.

Richet, C., *Thirty Years of Psychical Research*, London 1923.

Rosenthal, R., *Experimenter Effects in Behavioral Research*, New York 1976.

Sabbagh, K., *A Rum Affair: A True Story of Botanical Fraud*, London 1999.

Saltmarsh, F.H., *Foreknowledge*, London 1938.

Schechter, B., Birds of a feather, in: *New Scientist*, 29. Januar 1999, S. 30–33.

Schlitz, M./Braud, W., Distant intentionality and healing: assessing the evidence, in: *Alternative Therapies* 3, 1997, S. 62–73.

Schlitz, M./Gruber, E., Transcontinental remote viewing, in: *Journal of Parapsychology* 44, 1980, S. 305–315.

Schlitz, M./Gruber, E., Transcontinental remote viewing: A rejudging, in: *Journal of Parapsychology* 45, 1981, S. 233–237.

Schlitz, M./Honorton, C., Ganzfeld psi performance within an artistically gifted population, in: *Journal of the American Society for Psychical Research* 86, 1992, S. 83–98.

Schlitz, M./LaBerge, S., Autonomic detection of remote observation: Two conceptual replications, in: *Proceedings of Presented Papers, Parapsychology Association 37th Annual Convention*, Amsterdam 1994, S. 352–360.

Schlitz, M./LaBerge, S., Covert observation increases skin conductance in subjects unaware of when they are being observed: a replication, in: *Journal of Parapsychology* 61, 1997, S. 185–195.

Schlitz, M./Radin, D.J., Telepathy in the ganzfeld: State of the Evidence, in: Jonas, W./Crawford, C. (Hrsg.), *Science and Spiritual Healing: A Critical Review of Research on Spiritual Healing, «Energy» Medicine and Intentionality*, London 2002.

Schmeidler, G.R., Respice, adspice and prospice, in: *Proceedings of the Parapsychological Association* 8, Durham, NC, 1972.

Schmeidler, G.R./Edge, H., Should ganzfeld research continue to be crucial in the search for a replicable psi effect? Part II. Edited ganzfeld debate, in: *Journal of Parapsychology* 63, 1999, S. 335–388.

Schmeidler, G.R./McConnell, R.A., *ESP and Personality Patterns*, New Haven 1958.

Schmidt, S./Schneider, R./Utts, J./Walach, H., Distant intentionality and the feeling of being stared at: two meta-analyses. In Vorbereitung.

Schouten, S.A., Analysing spontaneous cases: A replication based on the Rhine collection, in: *European Journal of Parapsychology* 4, 1982, S. 113–158.

Schwarz, B., *Parent-Child Telepathy: A Study of the Telepathy of Everyday Life*, New York 1972.

Selous, E., *Thought Transference or What? in Birds*, London 1931.

Shannon, B., *The Representational and the Presentational*, New York 1993.

Sheldrake, R., *A New Science of Life: The Hypothesis of Formative Causation*, London 1981 (dt.: *Das schöpferische Universum. Die Theorie des morphogenetischen Feldes*, München 1983).

Sheldrake, R., *The Presence of the Past: Morphic Resonance and the Habits of Nature*,

New York 1988 (dt.: *Das Gedächtnis der Natur. Das Geheimnis der Entstehung der Formen in der Natur*, Bern/München/Wien 1990).

Sheldrake, R., *Seven Experiments That Could Change the World: A Do-It-Yourself Guide to Revolutionary Science*, London 1994 (dt.: *Sieben Experimente, die die Welt verändern könnten. Anstiftung zur Revolutionierung des wissenschaftlichen Denkens*, Bern/München/Wien 1994).

Sheldrake, R., An experiment with birds, in: *Uccelli/Birds*, Rom 1996.

Sheldrake, R., The sense of being stared at: Experiments in schools, in: *Journal of the Society of Psychical Research* 62, 1998(a), S. 311–323.

Sheldrake, R., Experimenter effects in scientific research: How widely are they neglected?, in: *Journal of Scientific Exploration* 12, 1998(b), S. 73–78.

Sheldrake, R., Could experimenter effects occur in the physical and biological sciences?, in: *Skeptical Inquirer*, Mai/Juni 1998(c), S. 57 f.

Sheldrake, R., *Dogs that Know When Their Owners Are Coming Home, And Other Unexplained Powers of Animals*, London 1999(a) (*dt.: Der siebte Sinn der Tiere. Warum Ihre Katze weiß, wann Sie nach Hause kommen, und andere bisher unerklärte Fähigkeiten der Tiere*, Bern/München/Wien 1999).

Sheldrake, R., The ‹sense of being stared at› confirmed by simple experiments, in: *Biology Forum* 92, 1999(b), S. 53–76.

Sheldrake, R., Commentary on a paper by Wiseman, Smith and Milton on the ‹psychic pet› phenomenon, in: *Journal of the Society for Psychical Research* 63, 1999(c), S. 306–311.

Sheldrake, R., The ‹sense of being stared at› does not depend on known sensory clues, in: *Biology Forum* 93, 2000(a), S. 209–224.

Sheldrake, R., Research on the feeling of being stared at, in: *Skeptical Inquirer*, März/April 2000(b), S. 58–61.

Sheldrake, R., The ‹psychic pet› phenomenon, in: *Journal of the Society for Psychical Research* 64, 2000(c), S. 126–128.

Sheldrake, R., Telepathic telephone calls: Two surveys, in: *Journal of the Society for Psychical Research* 64, 2000(d), S. 224–232.

Sheldrake, R., Experiments on the sense of being stared at: The elimination of possible artefacts, in: *Journal of the Society for Psychical Research* 65, 2001, S. 122–137.

Sheldrake, R., Apparent telepathy between babies and nursing mothers: A survey, in: *Journal of the Society for Psychical Research* 66, 2002, S. 181–185.

Sheldrake, R./Lawlor, C./Turney, J., Perceptive pets: A survey in London, in: *Biology Forum* 91, 1998, S. 57–74.

Sheldrake, R./Smart, P., Psychic pets: a survey in North-West England, in: *Journal of the Society for Psychical Research* 61, 1997, S. 353–364.

Sheldrake, R./Smart, P., A dog that seems to know when his owner is returning:

Preliminary investigations, in: *Journal of the Society for Psychical Research* 62, 1998, S. 220–232.

Sheldrake, R./Smart, P., A dog that seems to know when his owner is coming home: Videotaped experiments and observations, in: *Journal of Scientific Exploration* 14, 2000(a), S. 233–55.

Sheldrake, R./Smart, P., Testing a return-anticipating dog, Kane, in: *Anthrozoos* 13, 2000(b), S. 203–212.

Sinclair, U., *Mental Radio*, London 1930 (dt.: *Radar der Psyche*, Bern/München/Wien 1973).

Sitwell, O., *The Scarlet Tree*, London 1946.

Smythies, J., The theoretical basis of psi, in: *Journal of the Society for Psychical Research* 64, 2000, S. 242–244.

Sobel, D., *Longitude*, London 1996 (dt.: *Längengrad*, Berlin 1999).

St. Barbe Baker, R., *African Drums*, London 1942.

Stanford, R.T., Toward reinterpreting psi effects, in: *Journal of the American Society for Psychical Research* 72, 1978, S. 197–214.

Steigr, B./Steigr, S. H., *Strange Powers of Pets*, New York 1992.

Stevenson, I., *Telepathic Impressions*, Charlottesville 1970.

Stevenson, I., A review and analysis of paranormal experiences connected with the sinking of the *Titanic*, in: *Journal of the American Society for Psychical Research* 54, 1960, S. 153–171.

Stokes, D.M., Theoretical parapsychology, in: *Advances in Parapsychological Research* 5, 1987, S. 77–189.

Stoppard, M., *Pregnancy and Birth Book*, London 1985 (dt.: *Das große Ravensburger Schwangerschaftsbuch*, Ravensburg 1986).

Storm, L./Ertel, S., Does psi exist? Comments on Milton and Wiseman's meta-analysis of ganzfeld research, in: *Psychological Bulletin* 127, 2000, S. 424–433.

Targ R./Katra, J., *Miracles of Mind: Exploring Nonlocal Consciousness and Spiritual Healing*, Novato, CA, 1998.

Targ, R./Puthoff, H.E./May, E.C., Direct perception of remote geographical locations, in: Tart, C.T. u.a. (Hrsg.), *Mind at Large*, New York 1979.

Taylor, J., A new theory for ESP, in: *Journal of the Society for Psychical Research* 62, 1998, S. 289–310.

Taylor, J., Information transfer in space-time, in: *Journal of the Society for Psychical Research* 64, 2000, S. 193–210.

Temple, R., *Open to Suggestion: The Uses and Abuses of Hypnosis*, London 1989.

Thom, R., *Structural Stability and Morphogenesis*, Reading, MA, 1975.

Thom, R., *Mathematical Models of Morphogenesis*, Chichester 1983.

Thomas, K., *Religion and the Decline of Magic*, Harmondsworth 1973.

Thouless, R., *From Anecdote to Experiment in Psychical Research*, London 1972.

Titchener, E.B., The feeling of being stared at, in: *Science New Series* 8, 1898, S. 895–897.

Twain, M., Brief, in: *Journal of the Society for Psychical Research* 1, 1884, S. 166f.

Ullman, M./Krippner, S./Vaughan, A., *Dream Telepathy*, London 1973.

Velmans, M., *Understanding Consciousness*, London 2000.

Walker, E.H., A review of criticism of the quantum mechanical theory of psi phenomena, in: *Journal of Parapsychology* 48, 1984, S. 227–232.

Wallace, A.R., *On Miracles and Modern Spiritualism*, London 1874.

Wallace, B.A., *The Taboo of Subjectivity*, Oxford 2000.

Weinstein, S./Sarsen, E.A., Phantoms in cases of congenital absence of limbs, in: *Neurology* 11, 1961, S. 905–911.

Whan, M., Mercurius, archetype and transpsychic reality: C.G. Jung's parapsychology of spirit(s), in: Barford, D. (Hrsg.), *Lands of Darkness: Psychoanalysis and the Paranormal*, London 2000.

Williams, J.H., *Bandoola*, London 1960.

Williams, L., Minimal cue perception of the regard of others: The feeling of being stared at, in: *Journal of Parapsychology* 47, 1983, S. 59f.

Willmer, E.N., *Cytology and Evolution*, London 1970.

Willmer, E.N., *The Sallow Bush*, London 1999.

Wilson, E.O., *Sociobiology*, Cambridge, MA, 1980.

Winer, G.A./Cottrell, J.E., Does anything leave the eye when we see?, in: *Current Directions in Psychological Science* 5, 1996(a), S. 137–142.

Winer, G.A./Cottrell, J.E., Effects of drawing on directional representations of the process of vision, in: *Journal of Educational Psychology* 88, 1996(b), S. 387–396.

Winer, G.A./Cottrell, J.E./Karefilaki, K.D./Gregg, V.A., Images, words and questions: Variables that influence beliefs about vision in children and adults, in: *Journal of Experimental Child Psychology* 63, 1996, S. 499–525.

Winer, G.A./Cottrell, J.E./Gregg, V.A./Fournier, J.S./Bica, L.A., Fundamentally misunderstanding visual perception: Adults' beliefs in visual emissions, in: *American Psychologist* 57, 2002, S. 417–424.

Wiseman, R./Schlitz, M., Experimenter effects and the remote detection of staring, in: *Journal of Parapsychology* 61, 1997, S. 197–207.

Wiseman, R./Smith, M.D., A further look at the detection of unseen gaze, in: *Proceedings of Presented Papers, Parapsychology Association 37th Annual Convention*, Amsterdam 1994, S. 465–478.

Wiseman, R./Smith, M.D./Kornbrot, D., Exploring possible sender-to-experimenter acoustic leakage in the PRL autoganzfeld experiments, in: *Journal of Parapsychology* 60, 1996, S. 97–128.

Wolman, B.B. (Hrsg.), *Handbook of Parapsychology*, New York 1977.

Woodhouse, B., *How Your Dog Thinks*, Letchworth 1992.

Wylder, J.E., *Psychic Pets: The Secret World of Animals*, New York 1978.

Yamamoto, M. u.a., Study on analyzing methods of human body functions using various simultaneous measurements, in: *Journal of International Society of Life Information Science* 18, 2000, S. 61–97.

Zhou, Y./Karplus, M., Interpreting the folding kinetics of helical proteins, in: *Nature* 401, 1999, S. 400–403.

Personenregister

Sachregister